Rückblicke – Ausblicke

40 Jahre Fernsehen
des Süddeutschen Rundfunks
Stuttgart

Redaktion:
Dr. Hans Heiner Boelte   Maximilian Britzger   Manfred Strobach   Rainer C. M. Wagner

Inhaltsverzeichnis

Inhaltsverzeichnis	2

Geleitwort
Von Hermann Fünfgeld, Intendant — 4

Mit der Herkunft zur Zukunft
Von Dr. Hans Heiner Boelte, Fernsehdirektor — 5

40 Jahre Fernsehen des SDR im Überblick
Wunder dauern etwas länger …
Von Dr. Franz Dülk — 6

FS-Sendeleitung
Die letzte Station
Von Dr. Uta Barbara Nachbaur — 18

FS-Information
Der Chefredakteur erinnert sich
Von Dr. Kurt Stenzel — 22

FS-Innenpolitik
Vom Telefonbuch zum TED
Von Jacqueline Stuhler — 24

FS-Ausland
Zwischen Krieg und Frieden
Von Veit Lennartz — 26

FS-Wirtschaft und Soziales
MuM – Menschen und Märkte: Eine Bilanz
Von Dr. Michael Zeiß — 30

Im Labyrinth der schwarzen Zahl
Von Reinhard Schneider — 32

FS-Kirche
Worte zum Sonntag
Von Dr. Heinrich Büttgen — 34

SDR-Fernsehen in Karlsruhe
Aus der Residenz des Rechts
Von Karl-Dieter Möller — 38

Die Badische Fernsehredaktion
Mannem vorn
Von Peter Seubert — 44

FS-Wissenschaft, Umwelt, Technik
Abenteuer Wissenschaft
Von Herbert Borlinghaus — 48

FS-Sport
Die Anfänge
Von Volker Rath — 52

Als Sportreporter unterwegs
Von Guido Dobbratz — 54

Los Angeles und die Folgen
Von Alfred Schier — 57

FS-Regionalprogramm
Blick ins Land
Von Arno Henseler — 60

FS-Landesprogramm Baden-Württemberg
Das neue Kooperationsgefühl
Von Viktor von Oertzen — 70

FS-Kultur, Spiel, Unterhaltung
Vier Programmbereiche unter einem Dach
Von Dr. Dieter Schickling — 74

FS-Dokumentar/Kultur und Gesellschaft
Immer Ärger mit der Wirklichkeit
Von Rainer C. M. Wagner — 76

FS-Kultur und Gesellschaft
Those were the days …
Von Manfred Naegele — 92

Fernsehspiel
Von Anouilh bis Achternbusch
Von Dr. Reinhart Müller-Freienfels — 100

FS-Familienprogramm
Kreative Fülle
Von Dr. Elisabeth Schwarz — 114

Reise in die Fantasie
Von Michael Maschke — 128

FS-Unterhaltung
Vom schweren Los des Schwerelosen
Von Edwin Friesch — 132

FS-Unterhaltung II
Mit Leidenschaft für Herz und Hirn
Von Dr. Wieland Backes — 150

FS-Produktion
Signale aus einem Zwischenreich
Von Manfred Strobach — 154

FS-Grafik
Die Suche nach dem Erscheinungsbild
Von Prof. Frieder Grindler — 164

FS-Grafik-Design
Vom Print zum Mediendesign
Von Hanjo Dohle — 168

FS-Ausstattung
Ausstattung – verlangt mehr als Ausstatten
Von Maximilian Britzger — 176

FS-Technik
Ausblick nach 40 Jahren SDR Fernsehen
Von Prof. Dr.-Ing. Dietrich Schwarze — 184

FS-Technik
Der Bleistift in der Hand der Programmgestalter
Die bildtechnischen Einrichtungen der Fernsehstudios Stuttgart-Berg 1965
Von Jakob Bühler — 188

FS-Produktionsbetrieb
Fernsehstudio Berg, Stand 1994
Von Manfred Sorn — 198

FS-Technik
Die Symbiose von Bild und Ton
Von Herbert Wallner — 204

Medienforschung für das SDR-Fernsehen
Kein Diktat der Quote
Von Dr. Michael Buß — 210

Chronik — 214

Die Organe des Süddeutschen Rundfunks — 236

Organisationsschema Süddeutscher Rundfunk — 238

Intendant
Geleitwort

Von Hermann Fünfgeld

Bei einem bemerkenswerten Jubiläum bietet es sich an, an die Vergangenheit ein wenig zu erinnern, zumal dann, wenn es sich um eine attraktive Historie handelt. Meine Vorgänger Fritz Eberhard und Hans Bausch waren in den 50er und 60er Jahren in der glücklichen Lage, ein neues Medium aufzubauen, zu entwickeln und völlig neue Inhalte in die Rundfunkkommunikation einfließen zu lassen. Es war die Zeit der Aufbruchstimmung mit vielen kreativen Elementen auf wirtschaftlich gesunder Grundlage und in einer medienpolitisch sicheren und unstreitigen Bahn.

Mit dem Beginn des dualen Rundfunksystems hat diese Jahrzehnte dauernde kontinuierliche Entwicklung Risse erhalten. Radio und Fernsehen stehen unter konkurrierenden Interessen und werden von der Politik, von konkurrierenden Mitveranstaltern, von technischen Innovationen und von einem nachhaltig sich verändernden Publikum völlig neuen Anforderungen gegenübergestellt. Wie sehr sich die Rundfunklandschaft geändert hat, wird durch einige Sätze deutlich, mit denen mein Vorgänger noch im Jahre 1979, als das SDR-Fernsehen 25 Jahre alt wurde, selbstbewußt die künftige Programmpolitik beschreiben konnte:

»Der Süddeutsche Rundfunk wird in den nächsten Jahren seinen achtprozentigen Anteil zum Fernsehgemeinschaftsprogramm in allen Sparten erfüllen. Er wird neben drei Vollprogrammen im Hörfunk und dem subregionalen Versuchsprogramm ›Kurpfalz-Radio‹ federführend und gemeinsam mit dem Südwestfunk sein regionales Programm von 18.00 bis 20.00 Uhr gestalten und er wird mit 40 Prozent am gemeinsamen Dritten Fernsehprogramm des Saarländischen Rundfunks, des Südwestfunks, des Süddeutschen Rundfunks beteiligt sein.«

Die Entwicklung der letzten Jahre hat zwar nicht in Zweifel gestellt, daß der öffentlich-rechtliche Rundfunk nach wie vor sein Programmangebot auf der Grundlage einer gesellschaftspolitischen Verantwortung wahrnehmen muß. Urteile des Bundesverfassungsgerichtes haben diese Verantwortung mehrfach bestätigt und speziell dem Süddeutschen Rundfunk in streitigen Auseinandersetzungen mit der Politik recht gegeben. Der SDR konnte jedoch nicht verhindern, daß zwischen dem Verfassungsauftrag und der konkreten Medienpolitik immer größere Dissonanzen auftraten. Die grundsätzliche Neuordnung der öffentlich-rechtlichen Rundfunkanstalten wurde auch in der Vergangenheit immer wieder diskutiert; in besonderer Weise ist dabei der Südwesten tangiert. Und hier wird die Frage gestellt, ob eine besatzungshistorisch entstandene Rundfunkstruktur in einer zu ordnenden Rundfunklandschaft noch Bestand haben wird.

Die Rundfunkanstalten in Saarbrücken, Baden-Baden und Stuttgart haben aus eigener Zuständigkeit Kooperationsformen entwickelt, die in dieser Form keine Parallelen in der ARD haben. Hörfunk- und Fernsehprogramme in kooperativem Verbund haben zu einer Optimierung des Programmangebotes, zu einer stabilen Akzeptanz durch die Hörer und Zuschauer und zu einer Verbesserung der wirtschaftlichen Leistungsfähigkeit beigetragen. Die Selbständigkeit des Süddeutschen Rundfunks und damit die Frage um den künftigen Standort des SDR ist bis heute trotz dieser Kooperationen unbestritten. Ob diese Position aufrechterhalten werden kann, wird nicht zuletzt von den politischen Entscheidungen der nächsten Monate abhängen.

Die politische Entscheidung darüber, ob bei der Neuordnung ein Bezug zum jeweiligen Bundesland favorisiert wird oder wirtschaftliche oder technische Umstände zu einer Neuorientierung über die Landesgrenzen hinaus bedacht werden müssen, stehen derzeit auf dem Prüfstand. Die einzige auch auf Dauer zu sichernde Legitimation des öffentlich-rechtlichen Rundfunks besteht in der Realisierung eines umfassenden Programmauftrages durch Qualität, Vielfalt und Akzeptanz.

Wie versteht der Süddeutsche Rundfunk seine Programmaufgabe im 40. Jahr seines Fernsehens? Dazu einige Anmerkungen:
– Innerhalb der Programmangebote des SDR sind Information, Bildung und Unterhaltung unverändert die bestimmenden Programmakzente.
– Öffentlich-rechtliche Landesprogramme für ganz Baden-Württemberg sind geeignet, eine verstärkte Integrationskraft der verschiedenen Regionen und der Bevölkerung zu entfalten.
– Das Fernsehprogramm Südwest 3 versteht sich als Vollprogramm, das den regionalen Bezug zum Zehn-Millionen-Einwohner-Land Baden-Württemberg in den Mittelpunkt seiner Berichterstattung stellt. Ein derart eigenständiges Programm ist in der Lage, die Realität und die Vielfalt des eigenen Landes zu reflektieren, Entfaltungsmöglichkeiten für kreative Kräfte zu sichern und damit auch Innovationsschwerpunkte in der Medienlandschaft zu setzen.

Nur durch konsequente Beachtung dieses gesetzlichen Auftrags im Sinne einer Gesamtversorgung wird sich die öffentlich-rechtliche Rundfunkanstalt SDR mit ihren Programmleistungen auf Dauer von den kommerziellen Konkurrenten unterscheiden.

Baden-Württemberg ist ein Land, das sich sehen lassen kann. Der SDR trägt dazu bei.

Fernsehdirektor
»Mit der Herkunft zur Zukunft«

Von Dr. Hans Heiner Boelte

1884
Vor 110 Jahren hat Fernsehen mit einem ersten Patent an Paul Nipkow angefangen.
1923
Mit dem »Ikonoskop«, einer elektronischen Bildzerlegerröhre für Fernsehkameras, kann über Programm konkret nachgedacht werden.
1935
Nach »Gleichschaltung« aller Medien 1934 beginnt der erste regelmäßige Fernsehbetrieb mit einem ersten attraktiven Höhepunkt bei den Olympischen Spielen in Berlin.
1950
Nach dem Wiederaufbau des Rundfunks unter Kontrolle der Alliierten, dann Landessendern, entsteht die ARD.
1963
Aus einem Monopol wird durch Gründung des ZDF ein Duopol.
1969
Das Dritte Fernsehprogramm startet. Die Landung auf dem Mond wird live übertragen.
1983
Die Bundesrepublik wird großflächig verkabelt, bis zu 38 Programme können verteilt werden.
Kommerzielle Programme lassen sich rechnen.
1994
Der Süddeutsche Rundfunk wird 70 Jahre.
Fernsehen im Südwesten kommt ins Schwabenalter.

Das bleibt Geschichte. Sie liegt vielfältig dokumentiert zur Erinnerung vor. Die neugierige Frage bleibt die alte: Wohin gehen wir?

Dies wissen wir nicht. Contra dictum: Wir brauchen einen Plan. Wir müssen entscheiden. Behutsam, Konsequenzen bedenkend, Vorteile und Nachteile abwägend, konsequent nur ein Ziel verfolgend. Dieses:

Den Zuschauern im Sendegebiet – das seit Start des integrierten Landesprogramms ganz Baden-Württemberg ist – ein bestmögliches Fernsehangebot offerieren. Die Zuschauer haben es verdient, denn sie zahlen unsere Leistung mit ihrer Gebühr.

Ob es schon in zwei Jahren 150 Sender in den Kabelnetzen gibt, gar 400 bis 700 bis zur Jahrhundertwende, werden wir später sehen. Ob das von uns angebotene Programm bei dieser Aussicht auf Vielfalt Bestand hat, das können wir Tag für Tag prüfen! Dabei gilt das immer gleiche Kriterium des in öffentlicher Verantwortung stehenden Rundfunks, nämlich ausgewogen durch Programmvielfalt die notwendige Unparteilichkeit in der Behandlung kontroverser Fragen sicherzustellen. Das bleibt unser publizistischer Auftrag. Es bleibt aber auch, daß wir uns von niemandem einreden lassen sollten, die mit beträchtlichem Aufwand produzierten populären Shows oder Fußball oder volkstümliche Unterhaltung, gehörten nicht gleichrangig zu unserem Auftrag.

Die Existenzberechtigung bedarf des Nachweises. Wollen die Zuschauer das Programm, wie wir es wollen und machen? Anspruch und Realität werden in den vor uns liegenden Jahren durch einen enorm verschärften Wettbewerb geprägt sein. Kooperationen, Fusionen, Konzentrationen werden unabdingbar notwendig bleiben, um wirtschaftliche Effizienz bei steigender Konkurrenz zu sichern.

Der Spruch dieses Jahres aus Karlsruhe hat im Medienmarkt den öffentlich-rechtlichen Rundfunk als Garanten gegen »Defizite an gegenständlicher Breite und thematischer Vielfalt« erneut etabliert. Für den Süddeutschen Rundfunk bleibt dies bei aller Klarheit dennoch ein Balanceakt virtuoser Kunst zwischen Forum Baden-Württemberg und weltweit operierenden Märkten, zwischen gehaltvoller Kommunikation und am Publikumsgeschmack orientiertem Kommerz, zwischen immateriellem Gemeinwohl und materiellem Gewinn, kurzum zwischen Qualität und Quote.

So lange es uns gelingt, die beste Landesschau, das erfolgreichste Unterhaltungsprogramm, ja auch die auf höchsten künstlerischen Anspruch drängenden Dokumente der zeitgenössischen Kultur herzustellen, brauchen wir den Wettbewerb nicht zu fürchten.

Die Lebendigkeit, mit der der SDR in das Jahr 1995 gehen kann, nämlich selbstbewußt im Programm und finanziell konsolidiert, gibt Zuversicht.

Die Bilanz im Jahre 2004, wenn der Süddeutsche Rundfunk 80 Jahre, sein Fernsehen 50 Jahre alt sein wird, mag diesen Optimismus überprüfen. Bis dahin müssen wir in Plan und Vollzug handeln. In Krisenzeiten treten bestimmte Eigenschaften in schärferen Konturen hervor.

Die »bestimmten Eigenschaften« sind die guten alten des Süddeutschen Rundfunks. Fortiter in re, suaviter in modo, was nichts anderes heißt als: Starke Programmlinien und Profile vertiefen, schwache aufgeben, im Grundsätzlichen konstant, bei jeweiligen Wegmarken taktisch klug bleiben.

Mein Wunsch: Über Programmerfolge in Baden-Württemberg diesem Sender seine Zukunft zu erhalten. Honi soit qui mal y pense.

40 Jahre Fernsehen des SDR im Überblick

Wunder dauern etwas länger…

Von Dr. Franz Dülk

»Und dann hatte Pharao einen Traum, wie er stünde am Nil und sähe aus dem Wasser steigen 7 schöne, fette Kühe; die gingen auf der Weide im Grase. Nach diesen sah er andere 7 Kühe aus dem Wasser aufsteigen; die waren häßlich und mager, und die häßlichen und mageren fraßen die 7 schönen, fetten Kühe. Da erwachte Pharao.«

(Aus »Die Heilige Schrift«. Nach Dr. Luthers Übersetzung. Stuttgart 1931).

Die symbolträchtige Traumgeschichte im ersten Buch Mose geht weiter mit der jedem Kind bekannten Deutung durch Joseph, daß nämlich die fetten und die mageren Kühe zu verstehen seien als »sieben gute Jahre«, gefolgt von »sieben teuren« – im Sinne von dürren – Jahren. Läßt sich nun die biblische Weisheit von der fortwährenden Ablösung guter durch schlechte Tage (doch wohl auch umgekehrt?) über das Reich des Pharao hinaus übertragen? Beispielsweise auf so Profanes wie die zyklischen Phasen des Fernsehens im öffentlich-rechtlichen Rundfunk?

Zumal wenn man die Zahl »sieben« als alttestamentliche Zeitspanne und nicht unbedingt wortwörtlich nimmt, sondern kühn auch zwei oder drei mal »sieben Jahre« gelten läßt, dann könnte das anschauliche Bild durchaus passen. Und so sei es dem Chronisten gestattet, die Parabel aus der urägyptischen Traumstory von der Ablösung einer üppigen durch eine karge Periode probehalber auf die Zeitspanne der vorliegenden Dokumentation überzustülpen: Auf die ersten vier Dekaden des Fernsehens im SDR oder, exakter eingegrenzt, auf die Aktivitäten der 40 Jahre von 1954 bis 1994.

Was dabei herauskommt, sei gleich zu Beginn als – nachzuprüfende – Hypothese vorangestellt: Daß ungefähr die ersten dreimal sieben Jahre, die Zeit also bis zur Mitte der siebziger Jahre, in der Reflexion der Zeitgenossen und auch im Selbstbefinden der Mitarbeiter als die mittlerweile schon legendären »fetten Jahre« gelten dürfen, in denen dem noch jungen Medium Fernsehen so gut wie alles gelang.

Daß dann eine Phase folgte, in der sich niemand schlimme Gedanken machte, auch wenn Kundige das drohende Unwetter am Horizont bereits ausmachten. Und daß danach, spätestens seit Anfang der Achtziger, mehrere solcher Sieben-Jahres-Phasen der Stagnation und Bedrohung hintereinander den öffentlich-rechtlichen Rundfunk ins Gerede bringen und das Selbstbewußtsein seiner TV-Leute tüchtig ankratzen. Alles lediglich Spekulation?

Im Klartext: Spätestens mit dem vehementen Durchmarsch der privat-kommerziellen Konkurrenz auf den Bildschirmen der Bundesrepublik merkte jedermann, daß sich die vielbeschworene Balance vom »dualen Rundfunksystem« im vereinten Deutschland offenbar mehr als Wunsch denn als Realität herausstellen wird. Und die Einschätzung, daß der Trendpfeil sicher noch eine Weile nach unten weist, trübt verständlicherweise auch jene Jubiläumsstimmung, die bislang immer aufkam, wenn sich eine dem Gemeinwohl verpflichtete Rundfunkinstitution anhand einer runden Jahreszahl zum Rückblick aufmachte, der immer auch einen Ausblick nach vorn mit einschließt.

Guter Rat gefragt aber kaum zu finden

Und hält Pharaos Traum außer wüsten Bildern – denn nebenbei sah er außer fetten und mageren Kühen auch noch straffe und schlaffe Ähren im Schlaf – vielleicht auch einen Rat parat? Da sind erhebliche Zweifel angebracht. Mose jedenfalls wußte zu berichten, daß der offensichtlich verängstigte Pharao den Joseph zu sich rufen ließ, um sich den Traum deuten zu lassen – übrigens einen Fremden im Lande. Und der Seher gab dem Pharao den Rat, er möge einen verständigen und weisen Mann über Ägyptenland setzen, »daß er Amtsleute verordnet im Lande und nehme den Fünften in den 7 reichen Jahren und sammle alle Speise der guten Jahre, daß sie Getreide aufschütten in Pharaos Kornhäuser zum Vorrat in den Städten und es verwahren, auf daß man Speise verordnet finde in den 7 teuren Jahren, die über Ägyptenland kommen werden, daß nicht das Land vor Hunger verderbe…«

An dieser Stelle genug der Parallelen. Denn der im übrigen halbherzige Versuch der Rundfunkintendanten, bei den immer härter umkämpften sporadischen Gebührenerhöhungen jeweils einen Teil davon auf die hohe Kante und für voraussehbare schlechte Zeiten zurückzulegen, dürfte den Vergleich mit Josephs allgemeinverständlicher Empfehlung an den Herrscher beiderseits des Nils schwerlich standhalten.

Nein, es ist ehrlich zuzugeben: Kein biblischer Ratschluß vermag den jähen Fall – so es denn einer ist – von der Euphorie des ersten Vierteljahrhunderts zum momentanen Zustand vielfachen Jammerns und Wehklagens abzumildern und den Betroffenen, die sich wie von einem ungerecht bösen Schicksal heimgesucht fühlen, glaubwürdigen Trost zu spenden – überirdischen Trost zumal.

Wenn auch die Erforschung der Geschichte selten oder nie eine Lösung mitliefert: Lernen kann man allenthalben daraus. Und deshalb ist es – Trost hin, Trost her – sehr wohl angebracht, in gebührender Weise zurückzublicken, und mit etwas Wehmut und viel Phantasie des Tages und des Geschehens zu gedenken, da das Fernsehen im Süddeutschen Rundfunk zum allerersten Mal über die spärlichen Bildschirme in den bundesdeutschen Wohnzimmern flimmerte.

So geschehen am 5. November des Jahres 1954 – und lapidar eingegangen in die Chronik der Stuttgarter TV-Highlights: »Das SDR-Fernsehen erscheint erstmals im Abendprogramm des Deutschen Fernsehens (ARD)«. Lapidar festgezurrt, das seinerzeit mit einer Unmenge guter Wünsche und noch mehr guter Vorsätze begonnen hat.

Blick zurück – ohne Zorn und Zagen

Dieses Jahr 1954, ein sozusagen einschneidendes Datum, das der Jubilar, je mehr er »in die Jahre« kam, umso opulenter zelebrierte. Zehn Jahre Stuttgarter Fernsehen wurde 1964 mit einer ersten kleinen Broschüre gewürdigt. Die 25 Jahre TV – 1979 – waren dem Süddeutschen Rundfunk schon eine Publikation mittleren Umfangs wert. Und heute nach 40 Jahren anno 1994? Der geneigte Leser möge sich sein Urteil anhand der vorliegenden Publikationen selbst bilden.

Im Tenor, der die Rückblicke durchzieht, spiegelt sich sehr wohl die jeweils vorherrschende Grundstimmung. Ungetrübter Fortschrittsglaube beim ersten Jubiläum. Zuversicht und Stolz fünfzehn Jahre danach. Verunsicherung zwischen Resignation und »Jetzt-erst-recht«-Trotz nochmals fünfzehn Jahre später? Weil natürlich nicht alle Leser der vorliegenden Publikation die seinerzeitigen Vorläufer besitzen, seien sowohl »10 Jahre« als auch »25 Jahre« im jeweiligen Festgewand kurz gestreift.

Die schmale Schrift von anno 1964 gab sich als 64seitige Broschüre – mit 40 Seiten Text, 24 Seiten Fotos und vier Graphiken. Vor allem die vier graphischen Einschübe des Bühnenbildners Jürgen Schmidt-Oehm fielen auf und aus dem Rahmen: dank der Kraft ihrer Aussage und ihres markanten Werbewertes. Daraus bezogen die Macher der Broschüre von 1979 – diese von Frieder Grindler gestaltet, mit 72 Seiten Umfang und überwiegend farbig bebildert – den Einfall, das 15 Jahre alte Graphik-Quartett auf original-braunes Tosa-Büttenpapier und in archaischem schwarz-weiß noch einmal nachzudrucken und vorne in die üppige Schrift einzuheften.

1979 rankte der seinerzeitige Chef der Öffentlichkeitsarbeit, Dr. Karl »Charley« Lerch, seine Art Vorwort um eine im Heft von 1964 abgedruckte fast seherische Bemerkung von Intendant Hans Bausch über die damalige Trendlage des SDR-Fernsehens. Wohl strahlte zum »Zehnjährigen« der vielgerühmte »Beton-Spargel« auf dem Hohen Bopser das Programm schon weit in die Lande hinaus, doch das künftige TV-Studio im Park der Villa Berg war noch nicht ganz fertiggestellt, da glaubte der oberste Rundfunkchef feststellen zu können: Nunmehr seien die Provisorien überwunden – und die einstige »Werk-Intimität« sei dahingeschwunden …

Man bedenke: Gerade war das erste Jahrzehnt des Fernseh-Zeitalters ins Land gegangen, als Hans Bausch schon wehmütig die »Pionierzeit« abfeierte, in der die Schar der Mitarbeiter so klein war, daß jeder den anderen genau kannte. »Aber in dem Maße, in dem sich die Zahl der wöchentlichen Programmstunden erhöht hat, mußte auch der Mitarbeiterstab wachsen, so daß die alte ›Werk-Intimität‹ verlorengegangen ist«. Ob sich der Intendant bewußt war, daß er damit nicht einen momentanen Zustand beschrieb, sondern einen sozusagen fortwährenden Trend kennzeichnete? Die Fernsehanstalten werden immer größer, laufend mehr TV-Mitarbeiter kommen hinzu, die Produktion verläuft immer arbeitsteiliger – und von »Werkstatt-Intimität« wird heute schon lange nicht einmal mehr gesprochen.

Einsame Insel der Glückseligen?

Frage: Gilt das generell für alle Landesrundfunkanstalten? Oder macht – wie oftmals in vielerlei Bereichen – das Fernsehen in Stuttgart nicht die vielzitierte Ausnahme von der Regel? Worauf jener Rundfunkrat gerne anspielt, wenn er mutmaßt, bei dem mitunter belächelten »Spätzle-Sender« handle es sich inmitten einer unruhigen See eben doch um eine einsame »Insel der Glückseligen«. Solcher Sonderstellung schien 1979 auch Karl Lerch zuzuneigen, als er in seinem Vorwort ausführte, daß er der Verlust-Prognose seines Intendanten so nicht zustimmen könne:

»Glücklicherweise ist diese Befürchtung durch die Wirklichkeit zwar nicht gerade widerlegt worden, aber immerhin: dem Südfunk-Fernsehen haftet trotz eines größer gewordenen Mitarbeiterstabes noch immer das Geschmäckle einer durch Arbeit und Kollegialität verbundenen Gemeinschaft an, die mit Lust und Liebe, mit Augenmaß und ohne Allüren Fernsehprogramme für ein großes (und auch gelegentlich für ein anspruchsvolles) Publikum macht.« So habe beispielsweise die Einführung der Farbe auf dem Bildschirm – von vielen als die Revolution des Fernsehens empfunden – alles andere als eine »stürmische Entwicklung« ausgelöst, sondern alles sei »mit Bedacht vor sich gegangen, wie es sich hierzulande geziemt«.

Ob Charley Lerch sich da in den Spätfolgen nicht doch getäuscht hat? Aber vielleicht waren es in der Tat nicht die großen spektakulären technischen Errungenschaften, die das Fernsehen revolutionierten: die Farbe, das Kabel, die Satelliten. Sondern vielmehr ein ganz kleines »Spielzeug«, nämlich die Fernbedienung.

Nichts scheint stärker die Fernsehgewohnheiten des Normalzuschauers durcheinander gewirbelt zu haben – mit dem Resultat, daß kaum mehr eine TV-Sendung vom Anfang bis zum Ende angeschaut und statt dessen ungeniert und nervös durch den Dschungel der Programmvielfalt im Äther gezappt wird …

40 Jahre Fernsehen des SDR im Überblick

»Abgestiegen vom hohen Roß...«

1979 wurde dem Intendanten Prof. Dr. Hans Bausch ein Nachwort zugewiesen, das er in seiner unnachahmlichen Art zu einer umfassenden Situationsbeschreibung der rundfunkpolitischen Lage der Nation ummünzte. Nicht ohne Stolz zählt er auf, was der Süddeutsche Rundfunk in den nächsten Jahren zu leisten habe. Und wie so oft gelingt ihm ein plastisches Bild von dem Wandel, den er für unumgänglich hält: »Vom hohen Roß, um alles besser zu wissen als der Bürger, sind wir schon vor Jahr und Tag abgestiegen, obwohl ich einräumen muß, daß mancher junge redaktionelle Mitarbeiter es erst noch lernen muß, daß er scheitert, wenn er auf dem falschen Pferde reitet ...«

Und dann schießt er sich auf das Gegnerbild ein, das seitdem wie ein roter Faden die Debatte der rundfunkpolitischen Diskussionen durchzieht. Die Verantwortlichen in den Häusern und den Gremien, will er damit wohl sagen, wüßten schon den rechten Weg im Dickicht der Kommissionen, Mediengesetze, dualen Systeme etc.! Bausch: »Es geht weiter; doch wie es weitergeht, ist nicht allein die Sache der Organe des Süddeutschen Rundfunks, sondern der Politiker, die den Süddeutschen Rundfunk vor mehr als 30 Jahren gegründet und auf eine deutsche Rechtsgrundlage gestellt haben, nachdem ›Radio Stuttgart‹ seine Aufgabe erfüllt hatte.« Da hatten sie es schriftlich, die Herren Politiker – das Mandat, die Zuständigkeit und die Verantwortung.

Nein, von Donnergrollen und dem Heraufziehen eines Unwetters am Horizont war in dieser Hochglanzbroschüre von 1979 allenfalls zwischen den Zeilen etwas zu spüren. Die Ahnung von drohenden mageren Jahren – das war nicht das Thema der Jubiläumsschrift zum »Silbernen«, die heiter und anekdotisch daherkam und konsequent ihrem Titel treu blieb, der von schlichter Eigenwilligkeit war: »Das Blaue Wunder«.

Nicht delegiert, sondern selbst getippt

Als sich nämlich der Herr Fernsehdirektor höchstselbst daran machte, die Geschichte und vor allem die Geschichten vom Wachsen seiner Anstalt im Lauf des ersten Vierteljahrhunderts eigenhändig niederzuschreiben, kam ein rühmenswertes Opus heraus. Auf fast spielerische Art zeichnet es auf, was in der Wirklichkeit harte Arbeit war, – was mit einer Überfülle von Namen ahnen läßt, welche Potenz an Kreativität zupacken muß, damit die Kameras etwas einzufangen haben, – was den Betroffenen auf verblüffende Weise gestattete, mit Hilfe von Fußnoten die subjektiven Auslegungen Horst Jaedickes zurechtzurücken, – und was alles in allem einer verschworenen Werksfamilie ein Denkmal setzt, die es in dieser Form längst nicht mehr gibt. Falls es sie je gegeben hat.

Horst Jaedicke, Fernsehdirektor des SDR von 1958 bis 1984, kam auf sein »Blaues Wunder«, wie er mitteilt, weil die allerersten Turnübungen des neuen Mediums in einem wackeligen Holzhaus inmitten des Funkhaushofes in der Stuttgarter Neckarstraße vor sich gingen, belächelt von den feinsinnigen Funkleuten und verspottet mit Anspielungen von der Art: »Die werden ihr blaues Wunder noch erleben!«

Genußvoll beschreibt er den eigentlichen Premierentag: Die erste Einspielung des jungfräulichen Stuttgarter Programms ins Abendangebot des Deutschen Fernsehens, geschehen am 5. November 1954. Der Ablauf dieses Live-Abends: Grußwort von Intendant Dr. Eberhard, eine Filmreportage vom Bau des Fernsehturms, ein Reichert-Auftritt, ein TV-Spiel und ein Tagesschaubeitrag über den frühen Fall einer Anklage wegen Umweltsünden. Dazu Horst Jaedickes Extrakt: »Die Presse gab freundliche Billets an den Kurzfilm über den Bau des Fernsehturms, an Willy Reicherts gemütvolle Analyse der schwäbischen Seele und für das Antikriegsstück im klassischen Gewande ›Ein Opfer für den Wind‹ ... Als man sich nach der Sendung in den Armen lag, erleichtert, gelöst, glücklich, wurde eines immer deutlicher: Man hatte das blaue Wunder erlebt.«

Wenn Direktoren sparen: Knaller oder Klarheit

Da war es wieder – das blaue Wunder. Und wie ein versierter Komponist variiert Horst Jaedicke sein Grundthema geschickt durch alle möglichen Tonarten. Da greift er mal zu gespielter Verharmlosung, so wenn er den Einzug des durchaus als Konkurrenten empfundenen ersten Fernseh-Chefredakteurs Helmut Hammerschmidt (1961) kommentierte: »Mit ihm endete die Idylle des Programmachens. Politik zog ein ... « Da nahm er sich selbst ein wenig auf die Schippe, wenn er die Pleite der legendären Silversternacht-Katastrophe von 1962 beschrieb, als die Live-Übertragung nach Mitternacht nicht zuletzt deshalb so bejammernswert ausfiel, wie sich Augenzeugen erinnern, weil der Fernsehdirektor die Kosten für ein Feuerwerk elegant einzusparen glaubte, indem er anordnete, die Kameras einfach aus den Fenstern des provisorischen Studios in den Messehallen auf dem Killesberg zu halten. Und es war halt reichlich dünn, was die Stuttgarter an Raketen und Knallkörpern verplemperten. Schwaben sind Schwaben eben auch in einer Neujahrsnacht.

So oder ähnlich erfuhr Jaedickes Nachfolger sein Aha-Erlebnis, mit einer von nicht wenigen gleichfalls als Katastrophe empfundenen Live-Sendung. Bei der großen Geburtstags-Show »100 Jahre Automobil« im Januar 1986 aus der Stuttgarter Schleyer Halle führte Kompetenzunklarheit oder was auch immer zu Überziehung, Nervosität, Verärgerung. Und Direktor Dr. Hans Heiner Boelte klopfte sich an die Brust: »Enttäuscht sind wir, bestraft werden wir mit Spott: Sie, die Zuschauer mit Unterhaltung gelangweilt zu haben, hängt uns lange nach und tut uns leid.«

Wie gut, daß hierzulande die Herren über das Fernsehen sich nicht nur gerne auf dem Bildschirm zeigen, sondern nicht minder bereitwillig zur Feder greifen und so den Chronisten des Werdegangs der Institution mit einprägsamen Schilderungen und schlagkräftigen Zitaten wohl versorgen.

So was wie seine elektrische Eisenbahn

Das neue Medium wurde offensichtlich anfangs als großes Spielzeug empfunden, unterstellten doch einige dem risikofreudigen Intendanten Dr. Fritz Eberhard die Erfüllung eines Kindertraums: »Jetzt hat er seine elektrische Eisenbahn!« Noch mehrere Jahre rangierten Neuigkeiten seiner Entwicklung im offiziellen Geschäftsbericht des Süddeutschen Rundfunks (zitiert fortan mit GB plus Jahreszahl) unter dem Tarnnamen »Bildfunk-Programm«, bis Fernsehen ab 1958 endlich »Fernsehen« heißen durfte.

Der Spatenstich zum Fernsehturm (1. 6.), der Ausbau von Halle 4 des Killesberg-Parks in ein provisorisches TV-Studio (29. 6.) und das Einklinken des SDR in die Regionalsendung »Sport im Südwesten« (4. 10.): Alles noch geschehen im Premierenjahr 1954 – bei bloßen 4663 »Fernsehteilnehmern« zum Jahresschluß. So reizvoll es wäre, die Glanzpunkte durch die Jahre bis heute fortzusetzen, – es muß wegen weiterer Details auf die Spartenberichte und die beiliegende Chronik verwiesen werden.

Gewiß, der ungestüme Sprößling war keinesfalls von schlechten Eltern. In der Familie der ehrenwerten Gesellschaft der heutigen Landesrundfunkanstalten gewährt die Gründung einer »Süddeutscher Rundfunk AG.« bereits im März 1924 fast so etwas wie einen Adelsrang. Aber für die Wertschätzung, die das Flimmer-Medium unter den sendungsbewußten Radioverantwortlichen lange Zeit genoß, mag ein vom Chronisten verbürgter Klageschrei des verdienstvollen Verwaltungsdirektors Friedrich Müller als Indiz gelten. Als er eines Tages mitansehen mußte, daß man in den von ihm höchst geschmackvoll mit antiken Spiegeln ausgestatteten TV-Konferenzsaal ordinäre Monitore aufgestellt hatte, nur um Fernsehprogramme anzuschauen, entfuhr ihm der Seufzer: »Was hatten wir im Funk doch für ein kultiviertes Ambiente, bevor die da kamen – die Leute vom Zirkus.« Gemeint waren die vom Fernsehen.

Wer hat Angst vor dem schwarzen Mann?

Angesichts solcher tapsigen Gehversuche in den Aufbruchjahren, die weniger wegen der einsetzbaren Finanzmittel, sondern eher wegen des ungebändigten Optimismus der jungen Fernsehmacher zu den »fetten Jahren« gerechnet werden dürfen, nimmt es gewiß wunder, daß jemand sich vor diesem schwarz(-weiß)en Männchen ängstigen konnte. Doch die gab es – voran die Filmwirtschaft, deren Boß Walter Koppel tönte: »Kein Meter Film dem Fernsehen« (und was ist aus solchen Schwüren geworden!). Oder manches Presseorgan, das, wie »Hör zu«, außer dem Programm nicht eine Zeile über das Fernsehen drucken wollte. »Und noch heute bereitet es jedem anständigen Print-Journalisten unbändige Freude, dem dicken, selbstgefälligen Fernsehen eines vors Bein zu treten«, fand 1979 Horst Jaedicke. Wobei 1994 zu ergänzen wäre: Gerade heute – und ganz besonders gern der öffentlich-rechtlichen Spielart von TV.

Wie ein Leitfaden zieht sich durch all die Fernseh-Jahre die mühe- und lustvolle Suche nach dem eigenen Weg. Oder wie FS-Direktor Jaedicke es nannte: »Der Stuttgarter Stil«. Was wurde über dieses Thema nicht alles geschrieben, spekuliert und interpretiert – ohne daß eindeutig geklärt wäre, was letztendlich dahinter steckt. Einigkeit besteht allenfalls über das Ergebnis: Daß es dem kleinen Sender im Schwabenland irgendwie gelungen ist, im stetig wachsenden Wald von Programmen aus allen deutschen Regionen seine spezifischen Duftmarken zu setzen und Beispielhaftes, gelegentlich Vorbildliches auf den Bildschirm zu bringen. So etwa im Bereich des großen Fernsehspiels und in der populären Unterhaltung (»Bonsoir Kathrin«), im Fernsehdokumentarismus (wo »Stuttgarter Schule« zum Wertbegriff wurde) und mit der zeitkritischen Magazinform (Stuttgart als Brutstätte von »Report«), auch dank Technik und Produktion (Olympia und WM) und hin bis zu Ausstattung und Graphik.

Wer diese und andere Erfolge Revue passieren läßt, sollte freilich auch nicht Niederlagen und Pleiten unter den Teppich kehren. Oft haben sie mit dem schon 1953 errichteten Überdach über dem ganzen Ersten zu tun: der Arbeitsgemeinschaft der ARD. Die Programmgemeinschaft ARD – viel gelobt und oft getadelt, unverzichtbar, weil sie auseinanderstre-

40 Jahre Fernsehen des SDR im Überblick

bende fugale Kräfte immer wieder zusammenbündelt, aber von Mitarbeitern in den Regionen oft als lästiger Wasserkopf empfunden, der ihre spontanen und originären Einfälle fortwährend zurechtstutzt. Die ARD – gesteuert durch eine ambulant tagende, mysteriöse »Programmkonferenz«, deren Prozedur kaum jemand so treffend glossierte wie der langjährige virtuose Mitspieler in diesem Orchester: als »die Börse der Sendungen – man handelte, wucherte, pries an, erfand, verschwieg und stapelte hoch. In die offenen Tage hinein wurde ein Programm gebaut, das gelegentlich nicht nur die Macher erfreute« (O'Ton Jaedicke).

Zick-Zack-Pfad zur Regionalisierung

1955 begann das, was später Regionalisierung hieß und sich in der Praxis als ein regelrechter Zick-Zack-Weg erwies, der einerseits zur »Abendschau« im Ersten und andererseits zur regionalen Gewichtung des Landesprogramms im Dritten führte. Schon früh war man sich mit der Nachbaranstalt Südwestfunk einig, durch ein Regionalprogramm »das Landesgefühl zu verstärken«. Fast so etwas wie eine Liebeserklärung, die heutzutage manchmal etwas einseitig anmutet. Da erweist sich ein Nebeneffekt umso erfreulicher: »Dieses Regionalprogramm war zugleich Pflanzstätte vieler Talente«, notierte Jaedicke, und fand seine Gewächse allenthalben in der TV-Szene der gesamten Bundesrepublik tätig.

Aber hierzulande begann mit der Konzentration auf die Region auch das Malheur. Denn ein Landesprogramm, das diesen Namen verdient, muß verständlicherweise die Berichterstattung aus ganz Baden-Württemberg zum Ziel haben. Und weil die seinerzeitigen Besatzungsmächte – Amerikaner und Franzosen – bei Kriegsende 1945 eine Zweiteilung der Länder im Südwesten der Bundesrepublik in je ein Einzugsgebiet des »Süddeutschen Rundfunks« im Norden und des »Südwestfunks« im Süden dekretiert hatten, waren die beiden Nachbarn zur Zusammenarbeit verdammt. Und daraus wurde ein Dauerthema, das sich durch all die Entwicklung zieht, durch die »fetten« nicht weniger wie durch die »mageren Jahre«. Was 1994 kocht und gelegentlich überkocht, war schon vier Jahrzehnte davor auf dem Feuer gestanden.

Wie verschlungen sich der Fortschritt mitunter den Weg bahnt, demonstrierte das SDR-Fernsehen bei der Einführung des Werbefernsehens zum Jahresanfang 1959: Verschämt strahlte man das Südschienen-Werbeprogramm von BR, HR und SWF aus – ohne selbst Werbespots und sich die Hände schmutzig zu machen. »Das Werbefernsehen ist die Tochter, die man auf den Strich schickt, damit der Sohn – das normale Programm – Theologie studieren kann«, mokierte sich Jaedicke. Erst einige Monate danach wurde dann die Rundfunkwerbung Stuttgart begründet, gleichsam mit schlechtem Gewissen, aber dann hochwillkommen als zusätzlicher Dukatenesel für den schier unersättlichen Programmbedarf. Auch mit seiner Vorabendredaktion strebte Stuttgart erfolgreich nach Profilierung und nach Quoten, ehe die sogenannte Harmonisierung des Vorabends ab Jahresbeginn 1994 alle regionalen Spitzen kappte – um der bundesweit einheitlichen Ausstrahlung willen, die weiter auf sich warten läßt.

Dienst an der Region gilt nach wie vor weiterhin als ein Grundpfeiler der Landesrundfunkanstalt. Aber fortan nicht mehr im Ersten, sondern verstärkt und exklusiv im Dritten Programm, und der Zuschauer ist selber dran Schuld, wenn er im vermehrten Programmangebot seine Heimat kaum mehr findet oder schon gar nicht mehr sucht. So jedenfalls sprechen die Zahlen der TV-Marktanteile im Mai 1994: RTL 18,4% – ZDF 16,8 – ARD 16,4 – SAT.1 14,1 … Dritte Programme 8,6 Prozent.

Trends und Risiken unter neuen Herren im Haus

Historische Rückblicke anderer Anstalten können auf Kunstgriffe wie »fette« und »magere« Jahre wohl verzichten, denn bei ihnen sorgen häufige Intendantenwechsel für natürliche Zäsuren. Nicht so beim Süddeutschen Rundfunk, der sich in den 40 Jahren, seit es Fernsehen gibt, mit lediglich drei Hausherren begnügt hat. Die Wachablösung 1958 interpretierte Jaedicke so: »Mit Dr. Eberhard ging die Väter-Söhne-Zeit zu Ende«. Während 1989/90 der Intendantenwechsel zum bisherigen Stellvertreter Hermann Fünfgeld nahezu geräuschlos vor sich ging, war er 1958 höchst dramatisch abgelaufen: Der Rundfunkrat versagte dem bisherigen Amtsinhaber die Stimmen und kürte statt seiner im dritten (!) Wahlgang den 36jährigen Dr. Hans Bausch.

Angetreten am 1. 9. 58 und ausgeschieden zum 31. 12. 89 – über drei Jahrzehnte an der Spitze einer der mittelgroßen Rundfunkanstalten, sieben Mal wiedergewählt, zweimal Vorsitzender der ARD und zugleich Mitglied in zahlreichen nationalen und internationalen Ausschüssen und Kommissionen: In der Kürze der Zeit ist es nicht zu bewältigen, den überragenden Rang von Prof. Bausch gebührend einzuordnen und seine Spuren im SDR-Fernsehen halbwegs gerecht zu würdigen. Höchst respektvoll spricht man über Stuttgart hinaus rückblickend von der »Ära Bausch«.

Für die Fernsehmacher, die ihn persönlich erlebten, war vielleicht dies das Herausragende: daß Bausch sich nicht nach der Manier mancher Anstaltsbosse in alle Kleinigkeiten seines Hauses einmischte, sondern daß er delegieren konnte und Vertrauen zu schenken wußte. Nach innen sorgte er, solange »die Chemie stimmte«, für ein unverkrampftes Verhältnis, das auch den Gebrauch von Kritik und Angriff einschloß. Und gegen Attacken von außen wußte jeder Mitarbeiter sich geschützt – weil der Intendant selbst solche Angriffe zunächst auf sich selbst zog und bezog.

Binnen Jahresfrist war in der Geschäftsleitung auch der Chefsessel in der wichtigen Direktion Fernsehen neu zu besetzen. Dr. Helmut Jedele ging 1959 als neuer Boß zur Bavaria nach München, und ihm folgte zu Hause der Mann der ersten Stunde – Horst Jaedicke. Als er von Bausch die Leitung anvertraut bekam, soll er geantwortet haben: »Mein Rat an den Intendanten war sicherlich nur kokett gemeint: ›Ich an Ihrer Stelle würde mich nicht nehmen.‹ Aber er hatte keinen anderen.« Soweit Jaedicke selbst im »Blauen Wunder«. Und an dieser Stelle durfte Gerhard Konzelmann – zeitweise Assistent in der Fernsehdirektion – per Fußnote seinem Ex-Chef ins Stammbuch schreiben: »Horst Jaedicke verschweigt seine Funktion des ständigen Anregers. Daß er der geistige Wachhund ist, der von der Angst geplagt wird, das Fernsehen des Süddeutschen Rundfunks könnte in seinen Strukturen erstarren zum Denkmal vergangener Erfolge ...« Ihm sei vor allem der Dienst am Zuschauer wichtig – und »daß er mit dieser Haltung gegen den Strom schwimmt, freut ihn«.

Damit waren die Würfel gefallen: Zwei Männer, der eine 31 und der andere 37 Jahre, an der Spitze der Institution, die es anläßlich des vorliegenden Jubiläums gerade auf 40 Lebensjahre bringt – dieser Zahlenvergleich vermag die Dimensionen der innerbetrieblichen Beständigkeit und verläßlichen Kontinuität ins rechte Lot zu rücken.

Mut zur Weltoffenheit

Weil später draußen der Eindruck entstand, das SDR-Fernsehen habe sich mehr und mehr in sein schwäbisches Kernland eingemauert – Stichwort Provinzialismus –, sei mindestens gestreift, daß dies nicht immer so war. In die sechziger und siebziger Jahre fallen bemerkenswerte Vorstöße des »Spätzlesenders« hinaus in die Welt. Der 1959 von ihnen mitbegründeten »Bavaria Atelier Gesellschaft mbH« gaben die Stuttgarter gleich eine halbe Mannschaft mit nach München. Ein spürbarer Aderlaß, dem beim Start des Zweiten Deutschen Fernsehens der nächste Exodus folgte – 1963 nach Mainz. Und 1961/62 brachte das SDR-Team unter dem ersten Chefredakteur Helmut Hammerschmidt mit BR und WDR ein Drei-Anstalten-Magazin unter dem gemeinsamen Sendungstitel »Report« mit weltweitem Berichterstatterehrgeiz unter einen Hut. Jahrelang galt unter Insidern, wenn einer sich anderswo bewirbt und dabei auf eine Lehrzeit »made in Stuttgart« verweisen kann, hat er gute Chancen.

Als die ARD daran ging, die Welt aufzuteilen in Korrespondentenplätze für die einzelnen Anstalten, da hob der SDR zweimal den Finger: Der unruhige Nahe Osten (mit Sitz erst in Beirut, dann in Kairo) und das Südliche Afrika (von Johannisburg aus) fielen an Stuttgart, und den Korrespondenten sowie den Heimatredaktionen ist es zu danken, daß sich der SDR dabei eine vielbeachtete Reputation erwerben konnte – freilich wegen der Kriegs- und Bürgerkriegsbrisanz gerade in diesen Korrespondentenregionen auch gehörig viel investieren mußte.

Mit der großen Liveübertragung vom Staatsbesuch der Königin Elizabeth im Ländle im Mai 1965 verschaffte sich das SDR-Fernsehen eine lobende Erwähnung im Buch der großen TV-Ereignisse. Unvergessen, wie die Kameras von der Aussichtsplattform des Fernsehturms herab haargenau ablichteten, wie drunten die Chauffeure den Parade-Mercedes von Prinz Philipp anschieben mußten – der leeren Batterie wegen. Aber es waren vielleicht weniger die großen Spektakel, sondern mehr die kleinen Einfälle, mit denen Stuttgart von sich reden machte. So etwa die vorübergehende Abschaffung der unverzichtbar scheinenden Ansagerinnen, die Jaedicke schelmisch durch originelle Pausenfüller ersetzte: grellbunte Piepmätze und wohlgestriegelte Pferde.

Studios gebaut und Programme akzentuiert

Zwischen der großen weiten Welt und der intimen Heimatregion: So bivalent ist der Aktionsradius des Fernsehen einer Landesrundfunkanstalt. Nach der Etablierung des damals höchst modernen TV-Betriebs in und unter der Villa Berg in der Landeshauptstadt wurden konsequenterweise die Regionalstudios auf- und ausgebaut – in Mannheim, Heidelberg, Ulm und Heilbronn. Freilich ist hier anzumerken, daß sich der Trend inzwischen umgekehrt hat: Heutzutage machen eher Reduzierungen der regionalen Präsenz der Rundfunkanstalten draußen im Lande die Runde.

Ein wirkliches Weltereignis geschah dann am 25. August 1967. »Es sah nur so aus, als hätte der damalige Vizekanzler Willy Brandt die Fernsehwelt mit einem Knopfdruck bunt gemacht. In Wirklichkeit hatte man schon zwei Jahre Vorbereitungen auf diesen Tag getroffen. Der Südfunk erlaubt sich allerdings ein langsames Anlaufen.« So berichtete Horst Jaedicke, der es gestattete, daß eine Stuttgarter Fernseh-Crew 1970 auf der großen Industriemesse in Kairo erstmals die Vorzüge der in Deutschland entwickelten PAL-Farbfernseh-Norm vor einem großen Publikum demonstrierte.

40 Jahre Fernsehen des SDR im Überblick

Blieb lediglich noch eine letzte Lücke zu schließen, um zu den vorauseilenden Münchnern und Kölnern aufzuschließen: Ein Drittes Fernsehprogramm mußte her, und es wurde – nach einigem Hin und Her – von Beginn an für den Südwesten gemeinsam konzipiert. Seit dem offiziellen Start am 5. April 1969 betreiben Süddeutscher Rundfunk, Südwestfunk und Saarländischer Rundfunk gemeinsam dieses Dritte Programm, anfangs abgekürzt »S 3«, eine typische Jaedicke-Erfindung, und heute ausgeschrieben mit »Südwest 3«. Inzwischen ist es laut Slogan »Das Erste im Land«.

Ziemlich genau zur Halbzeit der 40 Jahre waren die Claims abgesteckt, nach drinnen wie nach draußen. Jetzt galt es den ganz normalen Alltag in den Griff zu bekommen.

Aus Selbstsicherheit in Ungewissheit

Der kritischste Punkt des anfänglichen Vergleichs mit den »fetten« und den »mageren Jahren« ist die Datierung der Wende: Wo setzt man den Dollpunkt an, an dem die Entwicklung sozusagen umkippt? Eindeutig mit einer Jahreszahl läßt sich die Umkehrung verständlicherweise nicht fixieren – allenfalls mit Zeiträumen und unter Verweis auf Strömungen. Da meinen die einen, als Mitte der siebziger Jahre erstmals ein lähmendes Feilschen um die davor meist glatte Erhöhung der Rundfunkgebühren anhob, zogen fast greifbar die ersten dunklen Wolken am Horizont auf.

Da erblicken andere in der Gewitterfront der von den Ländern erlassenen neuen Mediengesetze die untrüglichen Alarmzeichen. Da datieren die meisten das Aufkommen der privat-kommerziellen Mitbewerber auf dem Bildschirm als den Beginn der wahren Götterdämmerung – und konsequent die Überholung der Öffentlich-Rechtlichen als den Absturz in den Untergang des Abendlandes. Und viele sehen den Bruch in der Zuspitzung des Konkurrenzkampfs zum Verdrängungswettbewerb – sichtbar gemacht durch die vehementen Einbrüche im Werbefernsehgeschäft. Der verläßliche Gebührenzustrom versiegt, das Geld wird knapp, die Zuschauer machen sich rar, die Politiker lassen ihre Muskeln spielen, die Programmacher reagieren verwirrt …

Vieles kam zusammen, was in der Summe die heutige Misere kennzeichnet, und falls Misere ein zu starkes Wort ist, dann meinetwegen: Enttäuschung über ein undankbares Publikum und Verärgerung über wankelmütige Parlamentarier, – vielerorts Krisenstimmung und Verunsicherung, – inklusive gelegentlicher Existenzangst bei Mitarbeitern bis hin zur offenen Resignation, man müsse schleunigst bisher hochgehaltene hehre Grundsätze des gemeinverpflichteten Rundfunks über Bord werfen, denn es bleibe offensichtlich nichts anderes mehr übrig, als mit den Wölfen zu heulen …

Schon wird gefragt, für was es überhaupt noch einer »Zwangsgebühr« bedürfe. Der Sturz aus behüteter Selbstsicherheit in die Ungewißheit ungehemmten Wettbewerbs erfährt im deutschen Südwesten noch eine verschärfende Zuspitzung durch den seit den achtziger Jahren vom Zaun gebrochenen Richtungsstreit über die künftige Neuordnung des Rundfunkwesens, sprich: die Konsequenzen aus dem Nebeneinander von zwei Rundfunkanstalten in einem Land. Der nicht-kommerzielle Rundfunk ist ins Gerede gekommen. Eine »Rundum-Bereinigung«, wie sie der Vorstoß des seinerzeitigen Stuttgarter Ministerpräsidenten Lothar Späth laut vordachte, trug Unruhe bis in die letzte Redaktionsstube. Schien die Generalattacke auch abgewendet durch das Scheitern der ersten Angriffswelle und durch freiwillige Schwüre der betroffenen Häuser SDR und SWF, die eine Kooperation nicht nur versprachen, sondern tagtäglich und fortwährend vermehrt praktizieren: Ganz ausgestanden ist die existenzbedrohende Gefährdung mitnichten, zumal die ursächliche Ausgangslage ja weiterbesteht.

Steht die erste Hälfte der vierzig Jahre Fernsehen im SDR unter dem Motto, es ist eine Lust zu leben und Programm zu machen, so wurde aus Lust allmählich Last. Zusätzlich wähnen sich die Programmacher im Südwesten dabei eingeschnürt, im Vergleich zu Kollegen in anderen Rundfunkanstalten, denen – sogar in Frankfurt – ein souveränes Drittes TV-Programm als originäre Spielwiese gestattet ist. Dagegen sind die Stuttgarter selbst auf den zusätzlichen Frequenzen zur Zusammenarbeit – mit Baden-Baden und Saarbrücken – angehalten, und das heißt in der täglichen Abwicklung: zu Anpassung und Unterordnung verdonnert.

»Fernseharbeit kennt nicht Punkt noch Komma«

Niemand wird bestreiten, daß der öffentlich-rechtliche Rundfunk im allgemeinen und die Rundfunkanstalten im Südwesten im besonderen gegenwärtig voll unter das Menetekel der »dürren Kühe« geraten ist. Und zwar bereits in die zweite Zeitspanne der »dürren Jahre«, um ein allerletztes Mal das symbolbefrachtete Bild aus der Bibel zu bemühen. Unter solcherart ungünstigem Stern standen und stehen die Meilensteine, die das Geschehen der letzten Jahre markieren, drinnen wie draußen.

Es ist nun nicht so, als wären »die da oben« blind in die Talfahrt getrudelt. Wer lesen konnte, war gewarnt, als der Geschäftsbericht 1971 (!) schon prophezeite und das derzeitige Reizwort offen beim Namen nannte: »Die Kooperation ist ein wenn auch aus der Verlegenheit geborenes Mittel, finanzielle Probleme anzugehen. Andererseits darf sich niemand der Illusion hingeben, als könnte die finanzielle Misere, in die der Rundfunk ohne sein Zutun geraten ist, mit der Kooperation aus der Welt geschafft werden, denn es sind die Apparate der selbständig bleibenden Anstalten, die das Geld kosten.« So bereits vor 23 Jahren prognostiziert – doch wer konnte, wer wollte damals schon ohne drängende Not auf Warnzeichen achten?

Praktisch könnte man den Umschwung ansetzen auf das Ende des »Blauen Wunders« – datiert auf 1979, als zum SDR-Fernsehen gerade 330 festangestellte Mitarbeiter zählten. Setzen wir an die Bruchstelle nochmals einen Gedanken, wie ihn Horst Jaedicke in seiner unnachahmlichen Art formulierte, Schwergewichtiges anscheinend ganz leicht daherkommen zu lassen. Nach den ersten 25 Jahren, meinte er, dürfte der Aufbau des SDR-Fernsehens als abgeschlossen gelten. Aber wie er das begründet, so könnte man das auch heute nach 40 und wahrscheinlich ebenfalls noch morgen nach 50 Jahren umschreiben, so oder wenigstens so ähnlich:

»... Fernseharbeit kennt keinen Punkt und kein Komma. Sie geht weiter. Tag für Tag. Geschichte ist festgetretene Gegenwart. Wir sind jetzt an dem Punkt, wo der Boden weicher wird. Wo feste Standpunkte seltener werden. Vieles ist strittig, weil seine Auswirkungen noch unbestätigt sind.«

Stichworte zur Lage an mehr als einer Front

Mit allen Vorbehalten unternimmt der Überblick nunmehr den – zugegeben problematischen – Versuch, das letzte Drittel dieser runden vierzig Jahre stichwortartig anzureißen, und zwar der Übersichtlichkeit halber in drei konzentrischen Kreisen.

Zuerst der Blick auf die allgemeine politische Situation, die für die sogenannten Rahmenbedingungen zu sorgen hat, und – eng damit verflochten – die Konzentration auf die Lage der ARD, die bekanntermaßen die Entfaltungsmöglichkeiten und das vielbeschworene Klima jedes ihrer Mitglieder steuert. Im SDR diagnostizierte der Geschäftsbericht hierzu bereits »Unsicherheit auf der ganzen Linie«.

(1) Kein Ereignis hat die letzten, ja die gesamten 40 Jahre stärker berührt als die Wiedergewinnung der deutschen Einheit. Die Regierungschefs von nunmehr 16 Ländern unterzeichneten den neuen Staatsvertrag über den Rundfunk im vereinten Deutschland, der am 1. 1. 92 in Kraft trat: die künftige Rahmenordnung für die Fortentwicklung von Radio und Fernsehen. Daneben und vielleicht davor beherrschten Themen vom Regionalstreit bis zum Europazwist die rundfunkpolitische Debatte. Stichworte: Landesmediengesetz, Satellitenaufschaltung, Europäischer Kulturkanal, Herkunftsquoten.

(2) Neue Schlagworte machten die Runde und konnten einen das Fürchten lehren: Duales System, Grundversorgung, Synergieeffekt. Der Rundfunkstaatsvertrag vom 1./3. April 1989 etablierte für die Bundesrepublik ein Nebeneinander von öffentlich-rechtlichem und privat-kommerziellem Rundfunk. Freilich tat er das so vieldeutig, daß seitdem unentwegt an der Interpretation gebastelt wird und daß heute so eifrig über die Auslegung wie vordem über das Duale System selbst gestritten wird.

(3) Oft schreiben Verträge und Gesetze nur fest, was die Wirklichkeit längst angeschoben und hingestellt hat. Die Konkurrenzsituation hatte sich in den Jahren immer weiter verzerrt und sie tut es derzeit noch – immer mehr zugunsten der privaten Mitbewerber. »Der Wind wird schärfer: Die ARD verliert 1993 mit ihrem ersten Programm die erste Stelle unter den Fernsehanbietern« (GB 93). Und seitdem hat sich RTL bei den TV-Marktanteilen ausgewiesenermaßen vor das ZDF und die ARD geschoben. In der seemännisch geprägten Interpretation von Fernsehdirektor Dr. Boelte: »Die veränderte Marktsituation hat dazu geführt, daß die ARD nicht mehr mit der Ruhe des selbstbewußten Tankers die Medienmeere kreuzt, sondern, ablesbar an kurzfristigen Einzelentscheidungen, ins Schlingern kommt.«

SDR fortan mit 7,5% bei der ARD

(4) Eine für Stuttgart bedeutsame Auswirkung der neuen Staatsverträge ist die Verschiebung der Quoten im ARD-Gemeinschaftsprogramm: Der Pflichtanteil des SDR wurde von einst 9 über 8 auf fortan 7,5 Prozent abgesenkt. Wem dies ein Trost ist: Bestätigt wurde die bisherige Finanzerhebung. »Der öffentlich-rechtliche Rundfunk finanziert sich durch Rundfunkgebühren, Einnahmen aus Rundfunkwerbung und sonstigen Einnahmen; vorrangige Finanzierungsquelle ist die Rundfunkgebühr«, sagt §11 des Staatsvertrages.

(5) Hintergrund vieler Querelen der letzten Jahre ist die Talfahrt der Einnahmen in Verbindung mit einer Explosion der Kosten. Unzählig sind die Klagen über unentwegte Verteuerungen, auf die das öffentliche Fernsehen nicht mehr entsprechend reagieren kann. Die Preise für ausländische Serien, die Gestehungskosten für Eigenproduktionen, allen voran die Ausgaben für Lizenzrechte bei großen Sportereignissen: alles ist im Rutschen – nach oben. Zwar waren die Rechte an den Olympischen Spielen und bei der Fuß-

40 Jahre Fernsehen des SDR im Überblick

ballweltmeisterschaft bereits vor Jahren gesichert – und sie brachten der ARD und dem ZDF denn auch 1992 und 1994 schöne Traumquoten ein. Aber andererseits sind die Anstalten, trotz aller Meriten, bei den Erstrechten für den Bundesliga-Fußball längst von den Kommerziellen ausgestochen und abgehängt.

(6) Überhaupt scheint der Einfluß auf die Einnahmen der Öffentlich-Rechtlichen einem Hasardspiel zu gleichen. Bei der Festsetzung der Rundfunkgebühr hören die politisch Verantwortlichen weniger und weniger auf die betroffenen Häuser und entscheiden oft recht willkürlich und ohne Bezug auf den Sender in ihrem Land. Schmerzlich mußte Intendant Prof. Bausch mitansehen, wie »seine« Stuttgarter Landesregierung quasi im Alleingang die 1988 von den anderen Länderparlamenten bereits ratifizierte maßvolle Gebührenerhöhung zum 1. 1. 89 scheitern ließ.

(7) In noch stärkerem Maß stehen die Landesrundfunkanstalten vor einem Desaster beim Abrutschen bislang fest einkalkulierter Einnahmen aus dem Werbefernsehen. Warum die Werbung so konsequent zu den Privaten abwandert, ist schwerlich allein damit zu erklären, daß dort bis in die Nacht und auch sonntags geworben werden darf. Wenn die SDR-Werbung erstmals 1993 keine Gewinne mehr abwirft und weiterhin Werbeerlöse ausbleiben und Gebühren nur kleckern: Wie soll da künftig die vielgerühmte »Mischfinanzierung« funktionieren?

Nicht immer siegt, wer vor Gericht gewinnt

Zum zweiten ist die derzeitige Befindlichkeit des SDR-Fernsehens durch die Grenzfallsituation im Südwesten determiniert, sprich durch die Besonderheit in einem Zwei-Anstalten-Land, dem einzigen in der Republik. Dies bewirkt Druck von außen, weil jeder Versuch der politischen Instanzen zu einer Flurbereinigung solcher besatzungszeitlicher Überreste als Existenzbedrohung empfunden wird. Und verursacht Druck von innen, weil sich Süddeutscher Rundfunk und Südwestfunk aneinander gekettet fühlen wie siamesische Zwillinge (die sie glücklicherweise nicht sind).

(1) In dem für die Öffentlichkeit schwer verständlichen Tauziehen um das Landesmediengesetz in Baden-Württemberg mußte der Landtag am 11. Dezember 1991 bereits die dritte Fassung verabschieden: nicht zuletzt wegen der Korrekturen, die das Bundesverfassungsgericht dekretiert hatte, nachdem der SDR und danach der SWF sie eingeklagt hatten. Landesregierung und Rundfunkanstalt als Kontrahenten vor den Schranken des Gerichts – ehedem eine wohl undenkbare Vorstellung. So geriet das Landesmediengesetz – nebst Regionalauslegung und Frequenzgerangel – auch zum Indiz für eine zunehmende Dialogunfähigkeit zwischen zwei gegensätzlichen, nichts desto trotz aufeinander angewiesenen Kräften, die mit »Exekutive« und »Kontrolle« nur unzulänglich pointiert sind. Und steht da nicht irgendwo, das Land Baden-Württemberg sei expressis verbis das »Muttergemeinwesen« des Süddeutschen Rundfunk?

(2) Nach seiner Wiederwahl holte Ministerpräsident Lothar Späth am 9. Juni 1988 zu einem Frontalangriff auf die in Jahrzehnten gewachsene Rundfunkstruktur im Lande aus. Sein Denkmodell einer Fusion hätte den SDR und den SWF um ihre bisherige Selbständigkeit gebracht. Die durch das McKinsey-Gutachten angeheizte Woge offener Verunsicherung in den Häusern brachte die Rundfunklandschaft des Südwestens öfter in die Schlagzeilen als ihre programmlichen Leistungen. Vielleicht war es nichts weiter als ein Waffenstillstand, was der Geschäftsbericht 1991 so meldete: »Das Fusionskonzept ... konnte aufgrund qualifizierten Einspruchs durch ein selbstverantwortetes Kooperationsmodell aufgefangen werden.«

(3) Seitdem wird also kooperiert – unter Schmerzen oft, mitunter auch erfolgverheißend. Vor allem in den gemeinsamen Hörfunkprogrammen und auf dem Bildschirm in »Südwest 3«, das fortwährend sein Schema wechselt. Das Dritte FS-Programm wurde so etwas wie der Pegelstand für die Kooperationsintentionen. Erst die komplette Herausnahme der regionalen Programme aus dem Ersten ins Dritte zum 1. 6. 93 sorgte zumindest für Planungssicherheit. Hat sich der Profilwechsel ausgezahlt? Dazu zwei Zahlen aus ein und derselben Quelle. GB 93: »Südwest 3 konnte in den Anfangsmonaten des Jahres 1994 mit 7,2% im Januar und 7,7% im Februar nach den Unterlagen der Zuschauerforscher als ›erfolgreichstes Drittes Fernsehprogramm der ARD‹ bezeichnet werden«. Und im Jahr davor: »Südwest 3 wird von rund 75 Prozent der technisch erreichbaren Zuschauer gar nicht mehr eingeschaltet« (GB 92).

Aber dafür auch über Satellit

(4) Eine Novität brachte das Jahr 1993, als, trotz bisheriger Argumentation, »Südwest 3« auf den Satelliten Astra gegeben wurde. Seitdem ist das Regionale Programm bundesweit zu empfangen, aber der angeblich unvermeidbare Wechsel des Angebots aus Stuttgart/Baden-Baden mit dem aus Mainz sorgt für viel Verwirrung.

(5) Daß »zwischen der Landesrundfunkanstalt SDR in Stuttgart und dem Medienstandort Baden-Württemberg vielfältige Wechselbeziehungen bestehen«, damit drückt der GB 93 eine Binsenweisheit aus, was aber den Kern der darauf folgenden Aussage nicht entwertet: »Nur die volle Funktionstüchtigkeit des öffentlich-

rechtlichen Rundfunks dient der Stärkung des Medienstandorts Baden-Württemberg.«

(6) Gleichsam unterhalb der hohen Politik und im täglichen Grabenkrieg haben die Mitarbeiter in Hörfunk und Fernsehen ihre Kooperationsbereitschaft zu praktizieren.

Manche der Themen sind neu – andere gleichsam nur frisch gestrichen. Auf einmal tauchen Schlagworte auf wie »Selbstbeschränkung«, an denen sich interne Bedarfsanmeldungen fortan zu orientieren haben: »Nicht Selbstbedienung sondern verantwortliche Bestimmung und Selbstbeschränkung im Bezug auf angemessene Belange der Teilnehmer wird das Thema unter den öffentlich-rechtlichen Rundfunkanstalten sein«, dekretiert der GB 93. Auch gespart wird mancherorts, koste es, was es wolle.

(7) Denn kaum ein Appell wird öfter variiert als »Sparen«, so im GB 93 in einem eigenen Abschnitt unter »Wirtschaftlichkeits-, Rationalisierungs- und Sparmaßnahmen«. Dabei gelingt das Kunststück, vier Positionen von der Qualität wie »Schließung des Kopierwerkes in 1993« und »Verzicht auf den Bau eines Fernsehnachbearbeitungsstudios im Zusammenhang mit der Kooperation mit dem SWF« zusammenzufassen unter der aufbauenden Überschrift »Investitionen«.

Mikrokosmos auf dem Prüfstand

Und zum dritten schließlich: Zoom auf die Situation im SDR-Fernsehen. Der Mikrokosmos gleichsam auf dem Prüfstand, der Jubilar zwischen den Mühlsteinen.

(1) Institutionen werden immer auch von Personen bestimmt. Das letzte Drittel der 40 Jahre brachte bedeutende Wechsel auf leitenden Positionen: Auf Prof. Hans Bausch folgte 1990 Hermann Fünfgeld als Intendant. Den Fernsehdirektor Horst Jaedicke löste 1984 Dr. Hans Heiner Boelte ab. Und nach Dr. Emil Obermann (ab 1964) und Ernst Elitz (ab 1985) holte sich der SDR 1994 Dr. Kurt Stenzel als Fernseh-Chefredakteur. Im Verlauf der letzten Dekade ist eine Reihe von Mitarbeitern der ersten Stunde in den Ruhestand gegangen, und als sich Ende 1992 Guntram von Ehrenstein (Filmschnitt) und Walter Leitenberger (Kamera) zünftig von den Kollegen verabschiedeten, empfanden dies nicht wenige alte Hasen als das Ende einer Ära.

(2) Zumal Fernsehsender ihre Existenzberechtigung vornehmlich durch ihre Programmleistungen erbringen (sollten), hat der Überblick wenigstens einige dieser Höhepunkte zu würdigen. Umfassend sind sie an anderer Stelle nachzulesen: unter den Tätigkeitsberichten der jeweiligen Abteilungen und Redaktionen, in unterschiedlicher Akzentuierung und Gewichtung. Und auch die Chronik in dieser Jubiläums-Broschüre geht immer wieder auf programmliche Highlights ein.

Die Hauptabteilung Information durfte sich vornehmlich im Erfolg des Dauerbrenners »Pro & Contra« sonnen. Gut eingeschlagen ist auch das Remake des Reihentitels »Zeichen der Zeit«. »Schlaglicht« bringt emsig brisante Themen von draußen in die regionale Stube. Und mit »Teleglobus« hat sich die Außenpolitik ein – unnötigerweise zu oft hin- und hergeschobenes – Magazinrevier erschlossen.

Bei der wundersamen Vermehrung der Nachrichtentermine denkt man unwillkürlich an Kaninchen. Abendschau und Landesschau wandern durch die Programme und durch die Sendezeiten – öfter und oft schneller als die Zuschauer zu folgen vermögen. In den kirchlichen Sendungen spiegelt sich ein Katholikentag (92) ebenso wie das Jahr der Bibel, und nicht vergessen sollte sein, daß Pfarrer Jörg Zinks Worte zum Sonntag jedesmal mehr Zuschauer zum Nachdenken brachten als einige Dutzend Gemeindepfarrer in ihren Kirchen. »Wirtschaft und Soziales« aus Stuttgart, »Recht und Justiz« aus Karlsruhe sowie »Wissenschaft, Technik, Umwelt« aus Mannheim verdienen sich ständig steigende Beachtung.

Neu, einfallsreich und entwicklungsfähig versteht sich das SDR/SWF-Landesprogramm als Klammer mit dem Nachbarn Südwestfunk. Diese Teilfusion hat sicher Modellcharakter für die Zukunft des ganzen Senders. Die Badische Fersehredaktion hat sich im Programm und in der Stadt Mannheim konsequent etabliert, daß sie auch den Wechsel ihres Leiters und bisher die immer lauter werdenden Sparparolen überstehen dürfte.

Erfolg – mit Fallstricken

(3) Eine besondere Erwähnung verdient wohl der Sport im SDR-Fernsehen, offenbar favorisiert vom neuen Fernsehdirektor, gestärkt durch eine risikofreudige Technik-Direktion und routiniert realisiert von der Mitarbeitercrew. So war das Fernsehen des SDR federführend bei der viel gelobten Berichterstattung über die Leichtathletik-Europa-Meisterschaften 1986 in Stuttgart und 1987 in Rom, desgleichen liefen bei den Olympischen Spielen 1984 in Los Angeles die Fäden in Stuttgart zusammen. Auch wenn sich bei den Radweltmeisterschaften 1991, offensichtlich infolge Übereifers beim Lizenzschacher, gleichsam die Räder durchdrehten: Insgesamt erwarb sich der »Sportsender Stuttgart« viel Lob und die Verantwortung für das olympische Geschehen von Barcelona 1992 und holte sich von der ARD die repräsentative »Sport-Gala« gleich siebenmal hintereinander nach Ludwigsburg.

(4) In der (zweiten) Hauptabteilung Kultur, Spiel, Unterhaltung sind unterschiedliche Aktivitäten zusammengefaßt – vom Zeitgeist-Magazin »Et Zetera« bis zu filmischen Dokumentationen, von Talkrunden bis zu vorproduzierten Unterhaltungs-Shows.

40 Jahre Fernsehen des SDR im Überblick

Die Redaktionen von »Kultur und Gesellschaft« führen bewährte Traditionen fort, pflegen das Autoren-Profil im Geiste von Heinz Huber, Roman Brodmann, Horst Stern und Loriot und dienen mit ihren vielfältigen Innovationen immer wieder als Paradebeispiele, wenn einer fragt, wodurch sich die Öffentlich-Rechtlichen eigentlich von den Kommerziellen unterscheiden.

An der Musikredaktion hängt ein jährlich wiederkehrendes Festival wie die Schwetzinger Festspiele genau so wie ein einmaliges Jubiläum vom Typ Rossini-Jahr.

(5) Der Programmbereich »Spiel und Serien« ließ »Das Boot« auf große Fahrt auslaufen, hievte mit Kommissar Bienzle einen neuen Schwaben auf den Tatort-Schirm und brachte das Berufsbild von Pfarrer und von Pfarrerin in bundesweit kontroverse Diskussion. Die Unterhaltungsredaktion »Show und Spiele« macht sich fortwährend Gedanken um mehr Lachen im Programm und verteidigte mit dem 1992 runderneuerten »Verstehen Sie Spaß?« unter dem neuen Moderator die langjährige Spitzenposition am Samstagabend. Der Redaktion »Unterhaltende Information« gelingt offensichtlich der Gegenbeweis zum Sprichwort, wonach Reden nur Silber sei, und mit Talk-Reihen vom Nachtcafé bis zur Couch-Parade sorgt das SDR-Fernsehen für Gesprächsstoff vom Rundfunkrat bis in die häuslichen Wohnzimmer.

(6) Das Familienprogramm räumt die Bildschirme der Kids für Mickey Mouse & Co und schreckt selbst nicht vor »Munsters« zurück. Das Vorabendprogramm läßt weiterhin die Mammut-Brummis »auf Achse« um die Welt donnern, kreiert laufend Serien in neuen Staffeln und Folgen – und verteidigt eine wichtige Umschaltposition gegen eine wahre Serienflut in den Konkurrenzprogrammen der Kommerziellen.

(7) Wohl ist das SDR/SWF-Landesprogramm inzwischen herausgelöst und gebündelt – wir erinnern an das Modell der Teilfusion. Im Grunde alle anderen Redaktionen – genau wie Programmplanung und Sendeleitung, wie Technik und Produktion – bedienen das Erste wie das Dritte Programm und außerdem, seit das ARD-eigene Satellitenprogramm »Eins Plus« 1993 weggefallen ist, das gemeinsame Satellitenprogramm 3sat (mit ZDF, ORF, SRG) und in verstärktem Maß auch »Arte«, den europäischen Kulturkanal.

Was wären wir ohne uns?

Das Fernsehen im Süddeutschen Rundfunk kann also im November 1994 auf vierzig Jahre zurückblicken. Wenn sich eine Anstalt mittlerer Größe, im Gegenwind widriger Strömungen und inmitten eines Dickichts ständig weiter wuchernder Fernsehprogramme, bemerkbar machen will, muß sie sich anstrengen – künftig mehr noch als bislang schon. Dazu müssen die Mitarbeiter motiviert werden – und nicht entmutigt. Als der Autor des »Blauen Wunders« seine damalige Jubiläums-Broschüre abschloß, hatte er unter dem 7. Februar 1979 noch ein vierteiliges »Potpourri in Bild und Ton« über die 50er Jahre zu notieren. Mit einem Titel, den der Autor von 1994 genüßlich auf der Zunge zergehen läßt: »Was wären wir ohne uns« …Ja, was?

Wieviel gewonnen, wieviel verloren …

Bei den in vier Jahrzehnten zu rühmenden unendlich vielen Zugewinnen – von Programmstunden über Personalstellen bis zu immer mehr Formularen – wäre es verwunderlich, wenn in einem arbeitsteiligen Haus wie dem Fernsehen des SDR nicht auch das eine oder andere verloren ginge. Schon nach dem ersten Jahrzehnt, so hörten wir Hans Bausch seufzen, sei die »Werk-Intimität« dahingeschwunden.

Nach 25 Jahren, so ist vielleicht Horst Jaedickes Anspielung auf den »weicher werdenden Boden« zu deuten, blieb eine gehörige Portion Siegeszuversicht auf der Strecke. Wollen wir hoffen, daß das einigende Gefühl, trotz auseinanderstrebender Kräfte zusammenzugehören und irgendwie etwas besonderes zu sein, nicht so brüchig geworden ist, daß man sich um den – ein großes Wort – »Familienzusammenhalt« sorgen muß, der das Fernsehen des Süddeutschen Rundfunks zweifellos auszeichnet.

Zum Schluß also kein Fazit – statt dessen ein Wunsch. Wer in diese Richtung denkt, dem bedeutet »Wunder« nicht das erreichte Ziel eines Fortschritts, sondern eher das Dauerhafte eines Zustands, einer Befindlichkeit. In diesem Sinn hat das Sprichwort bestimmt recht: Wunder dauern etwas länger …

NB. Für den Nachabsatz darf/muß der Chronist kurz aus der Anonymität heraustreten. Keinesfalls wollte ich die Zukunft schwarz-malen, möchte ich nachhaltig versichern. Und so sollte kein Mitarbeiter und kein Beobachter in seinem Optimismus wanken, so er ihn hat. Dabei ist mir freilich bewußt, der ich gut drei Viertel der zu beschreibenden vier Jahrzehnte in den Diensten dieses Süddeutschen Rundfunks persönlich miterlebt und miterlitten habe, daß mein Überblick vorn und hinten tadelnswerte Lücken aufweist. Aber da geht es mir wie heutzutage vielen Rundfunkmachern landauf, landab: Wohl wüßte ich, wo ich hier und da ausführlicher hätte werden müssen – allein die Umstände sind nicht so, daß ich darf, was ich könnte und wie ich möchte. Der Umfang der Broschüre, das Papier, die Illustrationen: alles abgesteckt, begrenzt, limitiert. Die klapperdürren Kühe lassen grüßen.

Stuttgart

STUTTGART

FS-Sendeleitung
Die letzte Station

Von Dr. Uta Barbara Nachbaur

»1. Januar 1970: Erste Erhöhung der Fernsehgebühr von DM 5,– auf DM 6,– Sendeleitung wird selbständige Abteilung, Leiter: Klaus Hohmann«,

so ist in der Schrift »Das Blaue Wunder: 25 Jahre Südfunk Fernsehen« von Horst Jaedicke 1979 zu lesen. Die Gleichzeitigkeit dieser beiden Änderungen ist zwar rein zufällig. Dennoch scheint immer wieder neu Erklärungsbedarf für diese Berufssparte des Fernsehens zu bestehen.

Ob Klaus Hohmann solch provokative Fragen vorausahnte, wie sie 1992 in der Glosse über den Sendeleiter in der Septemberausgabe der ARD-Zeitschrift »Das Erste« gestellt wurden: »Es gibt Berufsbezeichnungen, die kurz und klar die ausgeübte Tätigkeit verraten: Ein Maurer mauert, ein Maler malt, eine Sängerin singt. Was aber macht ein Sendeleiter?« Der folgende Witz soll aus den siebziger Jahren stammen: »Was ist der Unterschied zwischen einem Sendeleiter und einem Zitronenfalter? Keiner, der Zitronenfalter faltet auch keine Zitronen.«

So gab der erste Sendeleiter mit eigener Abteilung bereits drei Monate nach Amtsantritt in dem Artikel »Sendeleiter beim Fernsehen« in der Märzausgabe von »Südfunk« (1970, S. 4) Antwort auf viele Fragen: »Die Sendeleitung ist mit dem Programm befaßt, das gesendet wird – oder noch besser: wenn es gesendet wird. Davor liegt ein großes Feld von Arbeit in den Redaktionen und im Produktionsbetrieb. … Auf diesem Weg ist die Sendeleitung die letzte Station.« Das Aufgabenspektrum der Sendeleitung, das Hohmann beschreibt, dient der Koordination von Planungsvorgängen und der zuschauerattraktiven Gestaltung und Abwicklung des Sendeablaufs. Stichworte sind: langfristige Programmplanung, kurzfristige Programmentscheidung, Abstimmung hausinterner Planung mit den Programmvorhaben der Partneranstalten in Gemeinschaftsprogrammen mit SDR-Beteiligung, Sendeabwicklung, Programmpräsentation und Programmerfolgskontrolle.

Warum kommt es 1970 zu der beschriebenen Strukturänderung in Stuttgart? Ein kurzer Blick zurück auf die Entwicklung des Südfunk-Fernsehens seit der ersten Programmstunde am 5. November 1954 mag dies erklären.

Am Premierenabend 1954 sendet der SDR im Gemeinschaftsprogramm der ARD im Anschluß an die Tagesschau aus Hamburg zwei Programmstunden Dokumentarisches, Unterhaltsames und Fiktionales. Da Schnellumschaltungen zwischen Sendeanstalten damals noch nicht möglich waren, wurde das Abendprogramm im Anschluß an die Tagesschau in den ersten Fernsehjahren jeweils einem Sender zugeteilt, der an seinem Programmtag das gesamte Abendprogramm in eigener Kompetenz und Gestaltung bestritt. Die sogenannten »Patentage« wurden zwischen den Fernsehchefs der Landesrundfunkanstalten gemäß ihrer Quote ausgehandelt, dem SDR standen damals 9 % zu. Nur 16 Jahre nach dem Sendestart des Süddeutschen Rundfunks hat sich seine Programmproduktion vervielfacht: Abendprogramm der ARD, Regionalprogramm am Vorabend (seit 1957 werktäglich, Kooperation mit dem SWF,

Klaus Hohmann

seit 1960 eigenes Werbefernsehen), Nachmittagsprogramm der ARD (seit 1956), S 3 (Kooperation mit Partneranstalten, seit 1969 an einzelnen Wochentagen, seit 1971 täglich).

Die Aufgaben der Sendeabwicklung und Präsentation können nicht mehr wie in der Pionierzeit des Fernsehens von Kollegen anderer Bereiche miterledigt werden. Auch im Bereich Programmplanung und -koordination entstehen zusätzliche Arbeitsanforderungen. 1958 wird in der ARD ein schematisches Programmraster eingeführt, die Eigenständigkeit der beteiligten Häuser wird kleiner. Alte und neue notwendige Kooperationen in ARD und S 3 waren ein Schritt in Richtung auf das heutige System, ein kompliziert ineinander verwobenes, äußerlich aber reibungslos funktionierendes Netzwerk von Anstalten, Programmsparten, Sendeplätzen und Sendeformen. All dies erfordert eine strukturelle Anpassung. Die Sendeleitung wird geboren und der Fernsehdirektion direkt unterstellt.

Hanns Funk

Manfred Strobach

Egon Mayer

Nach dem 1. 1. 1970 verändert sich nicht nur das Gesicht des Sendeleiters – auf Klaus Hohmann (bis Januar 1983) folgen Hanns Funk (Mai 1983–Juni 1986), Manfred Strobach (Juli 1986–Juli 1988) und Egon Mayer (seit August 1988). Die Entwicklungen in der Medienlandschaft der letzten Jahre verändern durch neue Arbeitsanforderungen auch das Gesicht der Sendeleitung, alte Bereiche entwickeln sich weiter, neue kommen hinzu.

Der Bereich Programmplanung und -koordination weitet sich. Die ARD und als Teil von ihr gemäß seiner Quote von heute 7,5 %, der SDR, gestaltet seit Mitte der achtziger Jahre Satellitenprogramme mit: von Oktober 1985 bis Februar 1987 Beteiligung an Europa-TV, von März 1986 bis Dezember 1993 an Eins Plus, seit Januar 1994 an 3sat und seit Mai 1992 am Kulturkanal ARTE. Die Vernetzung der Kanäle mit SDR-Beteiligung, aber auch die Konkurrenz durch die ständig steigende Zahl kommerzieller Anbieter seit 1984 stellt neue Fragen an die Programmplanung und erfordert eine bereichsübergreifende Zusammenarbeit mit Redaktionen, Medienforschung und Programmwirtschaft: Langfristige Programmplanung, Ausgestaltung von Programmplätzen, Auseinandersetzung mit Programmschema und Programmprofil der verschiedenen Kanäle mit SDR-Beteiligung, Mehrfachnutzung von Programmen, Programmerfolgskontrolle. Das Aufgreifen dieser neuen Anforderungen und deren Eingliederung in die Arbeitsbereiche der Sendeleitung gehen auf die Initiative des derzeitigen Sendeleiters Egon Mayer zurück.

Programmerwerb und Programmvertrieb gewinnen als neuer Bereich in der Sendeleitung in den achtziger Jahren langsam Gestalt. Heißt es in den siebziger Jahren noch: »Wir senden, wir verkaufen kein Silber« – Silber entstand als Abfallprodukt im Kopierwerk – so wird in den achtziger Jahren unter der Ägide des Fernsehdirektors Dr. Hans Heiner Boelte das Heben eigener Archivschätze von potentiell marktfähigen Programmen zur Pioniertätigkeit. Konrad Bonkosch wird

FS-Sendeleitung

innerhalb der Sendeleitung mit dem Aufbau einer Organisation und Kommunikationsstruktur im Haus und nach außen zu Kunden und Vertriebstöchtern betraut. Programmerwerb dagegen gibt es schon seit Anfang des Südfunk-Fernsehens. Unter Dr. Jedele, Fernsehbeauftragter und seit 1959 Fernsehdirektor, beschafft Ernst von Mossner Filme von anderen Sendern. Mit Herbert Rebhuhn wird der Ankauf von Produktionen und Ausschnitten in den sechziger Jahren vom Archivbereich gelöst. Langsam setzt die Modernisierung ein, die alte Adler-Schreibmaschine wird in den achtziger Jahren vom Computer abgelöst, das Fax-Gerät ersetzt den Postverkehr ins Funkhaus, wo lange Zeit das einzig verfügbare Telexgerät stand. Der Programmaustausch entsteht nach 1969, dem Programmbeginn von S 3 auf der Grundlage der Verwaltungsvereinbarung zwischen den Dritten Programmen.

1986 wechselt das Archiv mit der Person des scheidenden Produktionschefs und neuen Sendeleiters Manfred Strobach von der Produktion zur Sendeleitung. Eine ältere Mitarbeiterin soll gesagt haben: »Ich will mich nicht mehr an einen neuen Chef gewöhnen, nehmen Sie uns halt mit.« Die Ansiedlung des Archivs in der Sendeleitung hatte aber natürlich sachgebundene Gründe. In den achtziger Jahren wird das Archiv dann im SDR Vorreiter in Sachen Computer. FESAD, im Haus entwickelt, wird bereits 9 Jahre im SDR und inzwischen von 8 weiteren ARD-Anstalten benutzt und ist Basis des Online-Verbunds des ARD-Pools. Wieviel sich geändert hat, zeigt folgende Begebenheit: 1959 sagte man einer neuen Archivmitarbeiterin am ersten Arbeitstag: »Sie müssen halt ein paar Titel in ein Büchlein eintragen.« Dies entpuppte sich allerdings damals schon als Falschmeldung, da die steigende Zahl an Filmen von den Archivkollegen die Entwicklung und den Aufbau eines Archivsystems verlangte, damit die Schätze – inzwischen sind es knapp 27 000 Dokumente – nicht auf Dauer unauffindbar in den Kellern verschwinden. Archivsicherung durch Bandüberspielung wurde als Herausforderung in den achtziger Jahren durch Umstellung der Datenträger notwendig. 1984 wurde 2 Zoll endgültig von 1 Zoll, 1991 U-Matic von Beta SP abgelöst. Die alten Abspielgeräte wurden aufgegeben. Die Überspielung der 2 Zoll-Bänder auf 1 Zoll wird 1995 abgeschlossen, die der U-Matic-Bänder dauert noch an, in einer Zeit, in der eine neue Revolution ins Haus steht: das digitale Fernseharchiv, das multimediale Dienste ermöglicht.

Sendeabwicklung und Präsentation sind seit 1987 unter der Leitung von Heinz Trumpf in dem Bereich Präsentation in der Sendeleitung zusammengefaßt. Seitdem gewinnen Fragen nach einem stimmigen Erscheinungsbild des Senders als Umfeld für die Einzelsendungen und Fragen der Programmpromotion im eigenen Kanal zunehmend an Bedeutung. In der Präsentation ist auch die Redaktion der Vorschausendung »Fängt ja gut an!« angesiedelt.

Die Sendeleitung als eigenständige Abteilung gibt es seit 1970. Wie aber wurde Planung, Sendeabwicklung, Präsentation und Archivierung in den Anfangsjahren des Fernsehens organisiert?

Von der Werkstattintimität der frühen Jahre (1954–1969) gilt: »Es gab noch keine Wände zwischen den Abteilungen« (Hans Ulrich Reichert).

Wichtige Institution der Programmplanung war das »Spankörble«, wo zwischen Wänden aus Holzgeflecht vor und nach Sendetagen des SDR auf langen Sitzungen des Fernsehdirektors und der verantwortlichen Kollegen aus dem Programm um Sendungen gestritten und neue Programmideen zur Diskussion gestellt wurden. Das »Spankörble« wurde als Tribunal und Erfinderbörse legendär. Unvergessen unter den Mitarbeitern sind auch die langen Abende im »Kleinen Termin«. Hier saßen sie alle nach Sendetagen zusammen, feierten und diskutierten, ob Redakteur oder Ansagerin, Techniker oder Schauspieler, oft auch der Fernsehdirektor. Einmal im Monat vertrat dieser dann die SDR-Interessen im Kollegenkreis der ARD und erstritt Sendeplätze: »Man handelte, wucherte, pries an, erfand, verschwieg und stapelte hoch« (Horst Jaedicke, »Das Blaue Wunder«).

Die Sendeabwicklung wurde von Kollegen aus verschiedenen Bereichen »miterledigt«. Auf den Archivleiter Ernst von Mossner folgte 1958 der Programmacher und Referent des Fernsehdirektors, Gerhard Konzelmann, und Mitte der sechziger Jahre der Programmacher, Referent des Fernsehdirektors und ab 1967 Produktionschef Hans Ulrich Reichert. Sie alle verantworteten die Aufgaben des Chefs vom Dienst »nebenbei«: Koordination von Technik und Senderegie an

Immer wichtiger werdender Bereich der Hauptabteilung Sendeleitung: das Fernseharchiv. Das Foto aus dem Jahr 1965 zeigt im Hintergrund die langjährige Leiterin Ingeborg Grubinger.

Sendetagen, Ansagetexte, Überwachen der Synchronität von Bild und Ton, Einsatz von Stördias und Notansagen bei Sendepannen.

Die Programmpräsentation nach außen lag fast ausschließlich in den Händen der Ansagerin als Visitenkarte des Senders. So stand Dagmar Bergmeister viele Jahre für den Südfunk, ersetzte gleichsam die Senderkennung, war aber vor allem Sympathieträgerin für das Haus, zuständig für Programmwerbung und Programminformation. Als solche mußte sie auch Krisensituationen meistern, so am 18. August 1964, als die deutsche Fischwerbung die Ausstrahlung des Films »Flug in Gefahr«, in dem eine Fischvergiftung fast zum Flugzeugabsturz führt, verhindern wollte. Fernsehdirektor Jaedicke schrieb eigenhändig die Absage für Dagmar Bergmeister: »Die deutsche Fischwerbung legt Wert auf die Feststellung, daß der in diesem Film verwendete Fisch nicht aus ihren Beständen stammt.« Das Versöhnungsangebot der Fischwerbung folgte in Form einer Einladung zu einem Fischessen in Bremerhaven.

Das Archiv entstand im Vorzimmer von Dr. Jedele, wo die vom SDR produzierten Filme deponiert wurden. Als Raumnot entstand, beauftragte Dr. Jedele Ernst von Mossner mit der Verwaltung der Filme. Dies war der Beginn des Fernseharchivs, das 1959 noch lediglich aus zwei Schreibtischen, einem Schneidetisch und ungefähr 150 Filmen bestand. Der Aufbau des Archivs ist mit den Namen Werner Sommer, Herbert Rebhuhn und Ingeborg Grubinger verknüpft, der ein außergewöhnliches Gedächtnis nachgesagt wird. Noch einige Zeit nach ihrer Pensionierung erreichten sie Hilferufe von Redakteuren auf der Suche nach alten Programmbeiträgen: »Das gab es doch mal …«. Doch bereits in der Zeit von Ingeborg Grubinger hielt FESAD Einzug, heute ein unverzichtbares Recherche-Instrument.

40 Jahre Fernsehen: Die Entwicklungen in der Medienlandschaft haben auch das Gesicht des Süddeutschen Rundfunks verändert und in der Konsequenz strukturelle Neuordnungen ausgelöst. Die Sendeleitung ist hier sicher ein Beispiel, verfolgt man die Entwicklung von der Pioniertätigkeit in Planung, Sendeabwicklung und Archivierung in den Anfangsjahren über die strukturelle Neuorganisation 1970 bis hin zur Hauptabteilung heute.

Dagmar Bergmeister, als junge Ansagerin 1954 und heute am Südwest-3-Telefon.

Dagmar Bergmeister

»Grüß Gott, hier ist das Südwest-3-Telefon!« Mit nach wie vor freundlich warmem Timbre meldet sich seit zehn Jahren fast jeden Abend unter der Telefonnummer (07 11) 26 46 26 eine Dame, die auch mit ihrer Stimme für das SDR-Fernsehen allerdings schon vor 40 Jahren viele Sympathien erworben hat. Anno 1954 hatte ein Fotograf der Gründermannschaft des Stuttgarter Fernsehens ein junges Talent empfohlen, das sich bislang als Sekretärin, Fotomodell und Mannequin bewährt hatte. 25 Lenze zählte Dagmar Bergmeister damals, als sie auf dem Killesberg zur ersten »Probe-Ansage« antreten durfte. Aber weil sich die (selbst ja unerfahrenen) Experten ein Urteil unter reellen Live-Bedingungen bilden wollten, mußte die charmante Kandidatin am 16. 12. 1954 wieder aus Hannover anreisen zum konsequenten Rotlicht-Test vor den SDR-Kameras – und »Daggi« wirkte so überzeugend, daß sie nun verbindlich verpflichtet wurde. (Auch wenn keiner der Fernseh-Bosse gemerkt hatte, daß die empfohlene »Zahn-Korrektur« nur vorgetäuscht war.) Und so wie das Fernsehen in den Gründerjahren selbst schon ein Ereignis war, so wurde Dagmar Bergmeister – wie ihre Kolleginnen für die Nachbarsender – zur Symbolfigur für den SDR. Ein im wahren Wortsinn gern gesehener Gast in den deutschen Wohnstuben, an den man sich nicht nur mit Autogrammwünschen, sondern mit Fragen aus Herzensnot und Familiensorge wenden konnte. Kein Zuschauer hat ihr eine Ohnmacht vor laufender Kamera verübelt oder es krumm genommen, daß sie bei einer improvisierten Pannen-Absage statt dem »Ende des ARD-Abendprogramms« das »Ende des Deutschen Fernsehens« verkündete.

Sechzehn Jahre lang begrüßte Daggi – immer freundlich, immer korrekt – die Zuschauer, bis das Fernsehen in die Jahre und damit in den »Jugendlichkeitswahn« geriet. Im Jahre 1970 nahm sie »grußlos, aber nicht im Zorn« Abschied vom Bildschirm. Als aber Intendant Bausch nach persönlicher Erfahrung mit Zuschauergesprächen am »Olympia-Telefon« anno 1984 den Verantwortlichen für das Dritte Programm die Einrichtung eines permanenten Service-Telefons empfahl, hatte er auch gleich eine Personalempfehlung für diese neue Art der Zuschauerbetreuung: Dagmar Bergmeister. So wurde die liebenswerte wie liebenswürdige Hannoveranerin (inzwischen über vier Jahrzehnte in Stuttgart zuhause) erneut zu einer »Stimme des Südfunks«, die nun am Südwest-3-Telefon nicht nur für Programmauskünfte, Anregungen und Kritik zuständig ist, sondern dank ihrer Fernseh- und Lebenserfahrung Trost und Rat zu vermitteln weiß, wenn's nicht um das Medium geht, über dessen Wirkung sie oft mehr erfährt als so mancher Medienforscher.

FS-Information
Der Chefredakteur erinnert sich

Von Dr. Kurt Stenzel

Erinnerung macht oft sentimental. Man neigt dazu, Menschen und Ereignisse im Rückblick allzu positiv zu sehen, vor allem dann, wenn es auch um ein Stück eigene Geschichte geht.

40 Jahre wird das Fernsehen des Süddeutschen Rundfunks alt, 28 Jahre bin ich dabei. Der SDR war immer besonders stolz auf seine Unabhängigkeit. Also sollten wir uns heute fragen: Stimmt es, waren wir der kleine, aber feine Sender im Wilden Süden, oder haben wir uns die ganze Zeit etwas vorgemacht?

Zunächst einmal: Ich habe in den letzten 28 Jahren nicht einmal erlebt, daß Politiker, welcher Couleur auch immer, bei mir angerufen hätten, um Druck auszuüben und Einfluß auf das Programm zu nehmen. Vielleicht lag das an mir, aber das glaube ich nicht. Es lag am System Süddeutscher Rundfunk. Natürlich gab es den Versuch der indirekten Einflußnahme: diese oder jene Personalentscheidung, dieses oder jenes Ereignis, auf das man gut und gerne hätte verzichten können. Gefälligkeiten eben, aber Gefälligkeiten führen selten zu einem attraktiven Programm. Schwächen zwar, aber Schwächen sozusagen im Rahmen der conditio humana. Im großen und ganzen hat das System funktioniert: die Intendanten, die Gremien, die Programm-Macher. Und zwar so gut, daß der SDR ein liberales Image hatte und hat. Wie ich meine nicht zu Unrecht.

40 Jahre sind eine lange Zeit, und wenn man zurückblickt, so gibt es zu den Anfängen einen entscheidenden Unterschied: 1954 waren wir tatsächlich das Erste und zwar in jeder Beziehung. Heute sind wir ein Sender unter vielen. Und nicht nur die Zahl hat sich geändert, sondern vor allem die Konkurrenz untereinander: Es gibt nicht mehr das Nebeneinander von ARD und ZDF, die z.B. Schonzeiten für Informationsprogramme vereinbart haben, sondern den Kampf um Einschaltquoten zwischen den kommerziellen und den öffentlich-rechtlichen Sendern beinahe um jeden Preis. Ein Sündenfall? Jedenfalls sind die Programme dadurch nicht besser geworden.

Personen sind Programm im Fernsehen: Emil Obermann (ganz rechts) in »Pro und Contra«.

Helmut Hammerschmidt und das politische Magazin »Report«.

Ernst Elitz (links) mit den Intendanten Buchwald (SR), Fünfgeld (SDR) und Voss (SWF) im SDR-Studio.

Und wir, haben wir uns auf die neue Situation richtig eingestellt? Machen wir Programm, das die Zuschauer annehmen und das unserem Auftrag gerecht wird? Es gibt zwar keinen Grund zum Übermut, aber sicherlich keinen Grund zur Zerknirschung. Wenn die meisten Leute ihr Gerät einschalten, also in der Hauptsendezeit zwischen 18.00 und 23.00 Uhr, haben ARD und ZDF die meisten Zuschauer. Und: In dem Bereich, den ich genauer übersehen kann, in Politik und Kultur, machen wir das bessere Programm. Natürlich ist das alles kein Grund, sich jetzt zum 40jährigen Geburtstag selbstzufrieden zurückzulehnen. Es gibt Probleme, die wir noch besser als in der Vergangenheit in den Griff bekommen müssen: neues Programm wagen, konsequentes Kostendenken, flexiblere Strukturen und vor allem, die Schere aus dem Kopf.

Personen sind im Fernsehen Programm. An einige, die der Hauptabteilung Information ihre Prägung gaben, möchte ich erinnern: an Helmut Hammerschmidt und das politische Magazin »Report«, an Emil Obermann und die Diskussionssendung »Pro + contra«, an Walter Mechtel und die Auslandsberichterstattung. Sie haben Maßstäbe gesetzt.

Aktuelle flexible Sendungstypen in der ARD und in Südwest 3: »Im Brennpunkt« 1984.

»Wortwechsel«, eine Gesprächsreihe mit prominenten Zeitzeugen, z. B. Bischof Klaus Engelhardt 1994 (links).

Die »Schlaglicht«-Mannschaft, v. l. n. r.: Marion Frey, Stefan Schaaf, Jacqueline Stuhler, Klaus Jancovius, Yvonne Blaise, Jürgen Appel, Rainer Kamm.

FS-Innenpolitik
Vom Telefonbuch zum TED

Von Jacqueline Stuhler

Am Anfang der Redaktion Innenpolitik stand ein markanter Bürstenkopf – oder doch nicht? Als Emil Obermann 1964 Chefredakteur des SDR-Fernsehens wurde, hatte die Geburtsstunde der Redaktion schon geschlagen. Das politische Magazin ANNO, später REPORT wurde hier – neben München und Baden-Baden – betreut und die Beteiligung erst ganz aufgegeben, als sich Emil Obermann daran machte, ein Streitgespräch für das Fernsehen zu kreieren. Mit seinen Redakteuren erfand er 1968 PRO + CONTRA. Eine Sendung, die das Medium für gesellschaftliche Kontroversen öffnen wollte und auf die Kraft der Argumente baute. Sie nahm sich das traditionelle Gerichtsverfahren zum Vorbild: mit Anwälten, die gegeneinander stritten und mit Zeugen, die zur Sache aussagten.

Kein Thema wurde ausgelassen, das Deutschlands Gemüter erhitzte: »Tempo 100« (1971), »Radikale als Lehrer« (1972), »Rauchverbot am Arbeitsplatz« (1975), »Neutronenwaffe« (1981), »Volkszählung« (1983) oder »Ausstieg aus der Kernenergie« (1986). Von Helmut Schmidt bis Gerhard Stoltenberg, von Lothar Späth bis Manfred Wörner, von Günther Grass bis Petra Kelly reichte die Liste der prominenten Sachverständigen. PRO + CONTRA wurde eine der traditionsreichsten Sendungen in der ARD, ein Markenzeichen des SDR im Ersten Deutschen Fernsehen.

Ein Viertel Jahrhundert ist seither vergangen. Nahezu 200 mal wurde PRO + CONTRA ausgestrahlt. Auf Emil Obermann ist Ernst Elitz gefolgt, der das Stuttgarter Streitgespräch bis 1994 präsentierte. Und aus der Innenpolitik ist eine Redaktion mit sechs ständigen Mitarbeitern geworden.

Unter der Ressortleitung von Victor von Oertzen und Jürgen Appel war die Zahl der Redakteure kontinuierlich gestiegen. Es gab neue Aufgaben und neue Programmideen. So entstand zum Beispiel eine vielbeachtete Gesprächsreihe mit prominenten Zeitzeugen, die inzwischen zu einem Dauerbrenner in Südwest-3 geworden ist. Bundespräsident Richard von Weizsäcker wurde zur Person befragt, auch Edzard Reuter, Aenne Burda, Gerd Bucerius. Hervorragende Filmemacher wurden betreut: Roman Brodmann produzierte 1987 für die ARD seine spannenden Wahlkampfportraits der beiden Spitzenpolitiker Helmut Kohl und Johannes Rau. Ein Jahr später untersuchte er in »Die Wahl nach Barschel« die Folgen der Affäre für die politische Kultur. Für ihren Film über deutsche Urlauber auf Mallorca erhielt Juliane Endres den Adolf-Grimme-Preis 1991.

Hintergrundinformation und aktuelle Berichterstattung: Damals wie heute sind Redakteure der Innenpolitik zuständig, wenn gesellschaftliche und politische Ereignisse in Baden-Württemberg auch Zuschauer in Kiel und Kassel interessieren. Wenn die Richter am BVG in Karlsruhe zur Frage der Abtreibung urteilen, wenn

Emil Obermann

»Der mit dem Bürstenschnitt«, immer wieder hört man diese Bemerkung. Und wie sein berühmter Haarschnitt war Emil Obermann: aufrecht, widerborstig, originell.
Geboren am 27. 12. 1921 in Stuttgart. 1940 Abitur in Ludwigsburg, danach Kriegsdienst. Unvergessen sind die Erlebnisse des Gebirgsjägers Obermann mit seinem Muli. Ein Obergefreiter, der später ein brillanter Wehrexperte der ARD wurde. Nach seiner Rückkehr aus der Kriegsgefangenschaft studierte Obermann in Stuttgart und Heidelberg Nationalökonomie, Soziologie, Neuere Geschichte und Staatsrecht. Seine Doktorarbeit, eine ideale Basis für den späteren Journalisten Obermann: »Vom preußischen zum deutschen Militarismus«. Seine Stationen als Journalist: 1951 »Deutsche und Wirtschaftszeitung« in Stuttgart. 1952 SDR-Hörfunk. Von 1954 bis 1964 Korrespondent im Bonner Büro des Süddeutschen Rundfunks. Seither kennen die Hörer seine Stimme, seine geschliffenen Kommentare, seine Berichte zu sicherheitspolitischen Fragen. Emilio, wie ihn seine Kollegen nennen, war Bonner mit Leib und Seele. 1964 holte ihn Intendant Bausch zurück nach Stuttgart. Obermann wurde Chefredakteur im Fernsehen, eine neue Erfahrung, ein neues Medium, das er bald mit seinem Kopf prägte. »PRO +CONTRA« machte Emil Obermann berühmt. Von 1967 bis zu seiner Pensionierung 1985 moderierte er das Stuttgarter Streitgespräch nicht weniger als 131 mal. Im Februar 1994 ist er im Alter von 72 Jahren gestorben.
Emil Obermann war ein Journalist der alten Schule, ein Garant für Fairneß, für Seriosität, für Professionalität.

Dr. Emil Obermann, Chefredakteur 1964–1985

die ÖTV für höhere Löhne kämpft und der Automobilkonzern Daimler-Benz in die Krise fährt, sind das beispielhafte Anlässe für BRENNPUNKTE des SDR in der ARD.

Aktuell reagieren, einordnen, analysieren – die Kriterien des Brennpunktes sollten nicht für das Erste Programm reserviert bleiben. 1986 wurde deshalb in der Innenpolitik das SCHLAGLICHT entwickelt. Ein wöchentliches, 30-minütiges politisches Magazin für das Sendegebiet von Südwest 3. Intern verband sich damit eine kleine Revolution. Denn zum ersten Mal gestalteten die politischen Redaktionen von SDR, SWF und Saarländischem Rundfunk eine gemeinsame Regelsendung! Im Konsens wurde das Thema bestimmt, und wenn die Sendung über das Jahr auch 26 mal aus Stuttgart, 18 mal aus Baden-Baden und 8 mal aus Saarbrücken präsentiert wurde, so war sie doch stets das Ergebnis gemeinsamer Anstrengung und Kompetenz.

Ein frühes und erfolgreiches Modell späterer Senderkooperation.

Das Konzept dieser Informationssendung, die 1989 für die Ausgabe »DDR in der Sackgasse?« mit dem renommierten Jakob-Kaiser-Preis ausgezeichnet wurde, ist bis heute lebendig und entspricht dem Selbstverständnis der Redaktion. Das SCHLAGLICHT verzichtet auf vordergründigen Boulevardstil und arbeitet das Thema der Woche auf. Die Palette ist breit: Menschen- und Waffenhandel, Asylrecht und Rechtsradikalismus, Labortiere und Arzneimittelversuche, Umweltzerstörung. Welche Relevanz haben Bonner Entscheidungen für die Region? Wie reagieren die Bürger in Stuttgart, Mannheim oder Freiburg? Aspekte für das SCHLAGLICHT. Seit 1994 bemüht sich die Redaktion unter der Leitung von Jacqueline Stuhler dabei verstärkt um die aktuelle Reportage. Sie setzt auf die erzählte Geschichte und auf die Wiedererkennbarkeit ihrer Arbeit im immer dichter werdenden TV-Informationsteppich.

Die Zulassung kommerzieller Fernsehsender in Deutschland war eine Bewährungsprobe auch für PRO + CONTRA. Während RTL und SAT1 Aggression und Sensation zur Grundlage ihrer Streitsendungen machten, hielt PRO + CONTRA am bewährten Konzept der Streitkultur fest. Straffer Gedankenaustausch mit präzisen Fragen, pointierten Antworten und geschliffenen Plädoyers. Moderator Ernst Elitz brachte es auf die prägnante Formel: »Bei uns zählt nicht die Lautstärke, sondern das Argument«. Der Erfolg gab ihm Recht. Während die private Konkurrenz ankündigte, ihre Sendungen »Heißer Stuhl« und »Einspruch« aus dem Programm zu nehmen, verfolgten 1993 im Durchschnitt 4,12 Mio. Zuschauer die Sendung PRO + CONTRA. Und Tausende von ihnen wirkten aktiv über das Telefon mit.

Die 25köpfige Jury im Studio – einst willkürlich aus dem Stuttgarter Telefonbuch ausgesucht – war 1986 durch TED ersetzt worden. Das Teledialogsystem erfaßte zunächst tausend, später alle abstimmungswilligen Zuschauer.

Bis heute ist diese technische Annäherung an den veränderten Zeitgeschmack keine repräsentative Umfrage! Das Ergebnis ist jeweils Meinungsbild und Trend. Nur ein spielerisches Element in der Sendung und doch in der Öffentlichkeit so oft mißverstanden. PRO + CONTRA wird deshalb mit seinem neuen Moderator, Fernsehchefredakteur Kurt Stenzel, zum bewährten Abstimmungsmodus zurückkehren! Der Kreis schließt sich: 1968 gehörte Stenzel zu jenen Redakteuren um Emil Obermann, die PRO + CONTRA erfanden.

Ernst Elitz, Chefredakteur 1985–1994

Dr. Kurt Stenzel, Chefredakteur seit 1994

FS-Ausland
Zwischen Krieg und Frieden

Von Veit Lennartz

Als Eberhard Gelbe-Hausen als Korrespondent für Hörfunk und Fernsehen im Jahre 1963 für den SDR nach Genf ging, da hatte fast zeitgleich am 5. April 1963 die erste Sendung des »Weltspiegel« in der ARD Premiere.

Auslandsberichterstattung war Ende der 50er Jahre noch ein richtiges Abenteuer. Ganz anders als heute, wo die Nachrichtenbilder per Satellit direkt in unser Wohnzimmer kommen, drehten die ersten Korrespondenten auf Film, der entwickelt und per Flugzeug verschickt werden mußte. Das dauerte oft Wochen. Gefragt war dann auch mehr die Hintergrundanalyse. Der Hörfunk mit seinen Telefonschaltungen war dem Fernsehen in der Schnelligkeit damals weit überlegen.

Ende 1962 beschlossen NDR und WDR, einen speziellen Sendeplatz für Auslandsberichte zu schaffen. Der »Weltspiegel« entstand. Nach und nach wurde das Korrespondentennetz der ARD erweitert und zählt heute zu den umfangreichsten überhaupt. In 23 Staaten der Welt arbeiten mehr als 30 ständige Fernsehkorrespondenten.

Bis 1975 wurde der »Weltspiegel« in wöchentlichem Wechsel von WDR und NDR gestaltet, seitdem sind auch SDR und BR beteiligt. Die erste Redaktionsleitung und Moderation beim SDR hatte Dr. Kurt Stenzel, der später als Korrespondent nach Kairo ging und heute Chefredakteur des Fernsehens ist.

In der Mitte der 60er Jahre wurde von den Fernsehanstalten der ARD ein umfassendes Korrespondentennetz entwickelt. Dem Süddeutschen Rundfunk wurde die Aufgabe zugewiesen, aus dem arabischen Raum zu berichten. Das Arbeitsgebiet des Arabien-Korrespondenten ist riesig: es reicht von Marokko an der Atlantikküste bis zur irakisch-iranischen Grenze. Die Nahostberichterstattung war bis zum Jahre 1966 eindeutig auf Israel ausgerichtet. Dem Arabien-Korrespondenten stellte sich die Aufgabe, die Fernsehzuschauer über Politik, Religion und Kultur der islamisch-arabischen Bevölkerung zu informieren. Insbesondere war das Entstehen der Palästinensischen Befreiungsbewegung und ihr Wandel zur politischen Organisation zu beobachten.

Die Redaktionen von »Tagesschau« und »Tagesthemen« wurden zu den wichtigsten Auftraggebern.

Auslandsberichterstattung gehört nicht erst seit 1975 beim SDR zum Alltagsgeschäft. Zu Beginn der 60er Jahre befaßte sich die Dokumentarabteilung in ausführlichen Filmreportagen mit Krisenherden der Welt. Peter Dreessen berichtete aus Nahost und Zypern. Dann übernahm die Chefredaktion das Aufgabengebiet der Auslandsberichterstattung. Sie entsandte Walter Mechtel zur Beobachtung des Vietnamkrieges. Er wurde im Jahre 1966 der erste Arabien-Korrespondent der ARD. Am 18. November 1967 wurde er in Aden von einem arabischen Terroristen erschossen. Der Grund für die Ermordung ist nie eindeutig festgestellt worden. Anzunehmen ist, daß Mechtels mutige Berichterstattung über den Gaskrieg der Ägypter im Jemen dem Geheimdienst in Kairo mißfallen hat.

> Hautnah erlebte das SDR-Team die Ermordung des ägyptischen Präsidenten: Knapp zehn Meter betrug der Abstand der Empore, auf der Anwar as-Sadat die Militärparade zum Jahrestag des Krieges von 1973 abnahm. Das Attentat geschah überraschend. Von einem Lastwagen, der in der Paradekolonne fuhr, sprangen Soldaten herunter. Sie schossen und warfen Handgranaten. Der Präsident und die meisten der Gäste, die auf der Empore saßen, sanken getroffen zusammen. Das SDR-Team Gerhard Konzelmann, Hans Schalk und Roland Engele blieb unverletzt. Die Attentäter waren überzeugte Moslems, die dem ägyptischen Präsidenten vorwarfen, er betreibe die Trennung

Walter Mechtel bei seiner Rückkehr aus Vietnam 1965

Heinrich Büttgen in Südafrika

Gerhard Konzelmann mit PLO-Chef Yassir Arafat

Ulrich Kienzle mit Kamerateam im Libanon

Kurt Stenzel mit König Hussein von Jordanien

FS-Ausland

Der Nahe Osten blieb bis heute ein gefährliches Pflaster. Gerhard Konzelmann, der nach Mechtel Korrespondent wurde, erlebte Flugzeugentführungen, Geiselnahmen, Bürgerkrieg im Libanon, die israelische Belagerung von Beirut im Jahre 1982 und nicht zuletzt das Attentat auf den ägyptischen Präsidenten Anwar as-Sadat. Kameramann Hans Schalk war der einzige, der die Ermordung Sadats während einer Militärparade filmte.

Das Studio des SDR befand sich damals in Beirut. Bald wurde die Situation im Libanon jedoch so bedrohlich, daß das Büro nach Kairo verlegt wurde. In jener Zeit war Ulrich Kienzle Korrespondent, der den Bürgerkrieg im Libanon hautnah miterlebte. Immer wieder gab es Kriege. 1978 bombardierten die Amerikaner die libyschen Städte Tripolis und Bengasi, acht Jahre lang bekämpften sich der Irak und der Iran mit fast 1 Million Toten, und im Januar 1991 hielt die Welt den Atem an, als eine Allianz unter Führung der Amerikaner Kuwait von der irakischen Besetzung befreite.

Ausgangspunkt der Kriege in Nahost waren zumeist die heimatlosen Palästinenser, der Hintergrund war immer der Konflikt zwischen Juden und Arabern. Erst mit dem Gaza-Jericho-Abkommen im Jahre 1993 wurde das Fundament der staatlichen Anerkennung gelegt. Im Juli 1994 beendeten Israel und Jordanien offiziell den 46jährigen Kriegszustand.

Alle diese Ereignisse wurden von den Korrespondenten des SDR ausführlich beschrieben. Drei Jahre lang war Walter Helfer im Einsatz, fünf Jahre lang Patrick Leclercq. Wesentlichen Anteil an der Arbeit in dieser schwierigen Region hatten die Kolleginnen und Kollegen von Kamera, Ton und Schnitt, die in Kairo eingesetzt waren und nicht zuletzt die arabischen Mitarbeiter.

Auch das zweite Berichtsgebiet des SDR, das südliche Afrika, ist bis heute eine unruhige Region. Seit 1976 unterhält der SDR ein Studio in Südafrika, zuerst in Pretoria, danach in Johannesburg. Die Berichtsgebiete umfassen Südafrika, Namibia, Botswana, Zimbabwe, Angola und Mosambik. Ulrich Kienzle war der erste ständige Korrespondent, der für die

Walter Sucher mit Winnie Mandela in Südafrika

Patrick Leclercq in Kairo (rechts)

Andreas Cichowicz in Soweto

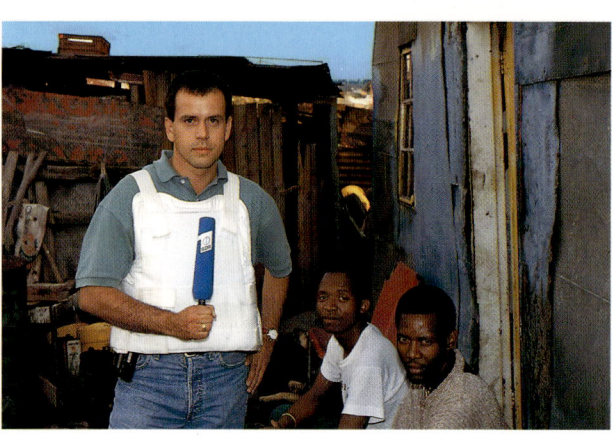

ARD aus dem südlichen Afrika reportierte. Es folgten Walter Sucher, Heinrich Büttgen, Patrick Leclercq, Thomas Roth, Andreas Cichowicz und Veit Lennartz.

Das südliche Afrika ist eine Region typischer Stellvertreterkriege gewesen. Ost und West bekämpften sich in Angola und Mosambik unter heftiger Einmischung Südafrikas. Das südliche Afrika ist aber auch gleichzeitig ein Beispiel dafür, daß Nationen den Weg in eine friedliche Zukunft schaffen. Den herausragendsten Wandel vollbrachte Südafrika mit den ersten freien Wahlen im April 1994. Auch die Presse darf nun wieder frei berichten. Jahrelang gab es eine strenge Zensur, Filmberichte wurden zeitweilig im Beisein von Rechtsanwälten getextet. Im Jahr 1986 wurde Heinrich Büttgen von den Behörden aus dem Land gewiesen. Die damals mächtigen Politiker in Südafrika waren mit Büttgens objektiver Berichterstattung über die Apartheid nicht einverstanden. Besonderes Mißfallen hatte seine Reportage »10 Jahre Soweto« erregt.

Ohne Zweifel hat die Presse einen großen Anteil am Wandel in Südafrika gehabt. Im Umfeld der ersten freien Wahlen hat das Büro in Johannesburg, verstärkt durch die Auslandsredaktion in Stuttgart, 12 Features für das Erste und Dritte Programm produziert. Die Amtseinführung Mandelas wurde vom SDR zweieinhalb Stunden lang live in der ARD übertragen.

Die Auslandsberichterstattung hat beim SDR immer eine wichtige Rolle gespielt. Anfang 1973 startete der Südfunk das Auslandsmagazin »Kompaß«. Von 1986 bis 1990 gab es die Reihe »Zwischen Kairo und Kapstadt« im Dritten Programm, und seit 1990 ist wöchentlich der »Teleglobus« in Südwest 3 auf Sendung, der mit großem Erfolg das Weltgeschehen widerspiegelt. Bis 1986 leitete Patrick Leclercq die Auslandsredaktion, ihm folgte acht Jahre lang Veit Lennartz. In den letzten fünf Jahren hat die Redaktion ihre Leistung von 1020 Sendeminuten auf 3060 Minuten im Jahre 1993 gesteigert. Insgesamt steuert »das Ausland« mit seinen Büros 76 Stunden (1993) zum Gesamtprogramm bei.

Thomas Roth und Kameramann Michael Conde mit Nelson Mandela

Die Auslandsredaktion in Stuttgart v. l. n. r. Jörg Armbruster, Roberto Sanchez, Sabine Barotti, Rainald Becker und Veit Lennartz (Leitung).

FS-Wirtschaft und Soziales
MuM – Menschen und Märkte: eine Bilanz
Von Dr. Michael Zeiß

Innovation« – »Rentenanpassung« – »lean production« – »Solidaritätszuschlag« – »Beschäftigungslücke«: Wirtschaft und Soziales, trocken und kompliziert. Zusammenhänge, die allerdings jeden betreffen und über die auch viele etwas wissen wollen. Berichterstattung über Wirtschaft und Soziales ist in einer Region wie Baden-Württemberg, dem Land der Erfinder, Tüftler und Denker, der Daimler, Porsche und Bosch, der erfolgreichen Gewerkschaften und fleißigen Arbeitnehmer ganz bestimmt öffentlich-rechtliche journalistische Pflicht. Sie zu erfüllen, ist reizvolle Aufgabe der SDR-Fernsehredaktion Wirtschaft und Soziales. Mit eigenständigen Sendungen, seit 1985 in Südwest 3, über 250 mal: hintergründig, dennoch aktuell, 30 bzw. 45 Minuten lang, mit Platz also für den zweiten Gedanken, Berichte und Reportagen über Mächte und Moneten, Manager(innen) und Milliarden, kurz über Menschen und Märkte, weshalb die Sendung heute MuM heißt. Dazu kommen Features, Berichte und Kommentare in der ARD; außerdem hunderte von Reporter-Berichten und Beiträgen für aktuelle Magazine und Nachrichtensendungen in Südwest 3. In diesem Kanal herrscht Arbeitsteilung auf dem weiten Feld der Ökonomie. Der Südwestfunk hat mit seinen Sendungen vor allem die Verbraucher im Visier (Infomarkt - Marktinfo), während der Süddeutsche Rundfunk auf Technologie, Betriebe, Arbeitnehmer, aber auch auf Arbeitslose und Soziales blickt.

Die Konkurrenz von Dallas und Denver ist gnadenlos. Die Redaktion Wirtschaft und Soziales hält dagegen, mit ihrem eigenen Stil.

Menschen stehen für Macht und Ohnmacht in der Wirtschaft, für Entscheidungen, Tendenzen und Entwicklungen. Also: Personalisierung wirtschaftlicher Zusammenhänge. Monika Wulf-Mathies, ÖTV-Chefin und Frau unter Dampf. DIHT-Chef und Sägenfabrikant Hans Peter Stihl, Mister Mercedes Werner Niefer, Airliner und Rennfahrer Niki Lauda, Jena-Retter Lothar Späth – Beispiele für Porträts über Menschen an der Spitze. Aber auch: filmische Beobachtung aus der Perspektive von unten. Mit der Kamera den Alltag von Kanalarbeiter, Lokführer, Tierpfleger, Finanzbeamten, Landwirt, Arbeitslosen, Familienvater ... beobachen.

Berichterstattung mitten aus dem Wirtschaftsleben heißt auch: Sendungen machen, vor Ort. Wenn es um die Gesundheitsreform geht – mitten aus dem Krankenhaus. Wenn es um Arbeitslose geht – mitten aus dem Arbeitsamt. Wenn es um lean production geht – mitten aus dem Metallbetrieb. Wenn es um Konzen-

Michael Zeiß (l) und Dietmar Krepper (r) mit ihrem chinesischen Team bei Dreharbeiten über südwestdeutsche Unternehmer in der Provinz Jiangsu. (rechts oben)

Live-Diskussion in einem Industriebetrieb mit Arbeitgeber- und Arbeitnehmervertretern.

Das SDR-Team nach einer Live-Produktion in einer Chemiefabrik. (rechts unten)

tration geht – mitten aus dem Supermarkt.

Manchmal gelingt es, leider viel zu selten, Menschen, Mächte und Märkte kritisch zu beobachten. Mal ist der Skandal größer, mal kleiner. Erst geschluckt, dann ausgespuckt – Thomson und seine deutschen Töchter. Gute Arbeit, böser Lohn – wie die Anerkennung von Berufskrankheiten verweigert wird. Giftmüll auf der Kippe – Abfalltourismus aus Südwest. Markenpiraterie – das üble Geschäft mit dem guten Namen. Abgespeist und ausgetrickst – die Ohnmacht der Aktionäre. Der Fall Südmilch. 007 im Auftrag ihrer Industrie – Klau-how für Vaterland und Wirtschaft. Bosse hinter Gittern – wie Unternehmer krumme Geschäfte drehen. Meist ist es die Natur, auf die Egoismus und Profitstreben nur wenig Rücksicht nehmen. Aber oft kommen auch die Menschen mit den Regeln der Marktwirtschaft nicht so recht klar.

Die Zeichen der Zeit erkennen, also Trends ausfindig machen. Auch ein Mittel, um Zuschauer in den Bann zu ziehen. Zum Beispiel: power play – Trends auf der IAA. Image im Eimer – die Gewerkschaften auf der Suche nach einem neuen Profil. Küche, Kinder und Computer – Frauenarbeit im Wandel. Mikrochip im Werkzeugkasten – das alte Handwerk auf neuen Wegen. Lurchi im Land des Bären – wie der sowjetischen Schuhindustrie auf die Beine geholfen wird. Der goldene Schnitt – Revolution in der Chirurgie. Der bange Marsch – das China-Geschäft der südwestdeutschen Wirtschaft. Selbstmord mit Messer und Gabel – falsche Ernährung als Milliardengrab. Pragstraße – vom Niedergang einer Industriemeile.

Manchmal gewinnt sogar völlig neue Einsichten, wer einen Blick aufs Alltägliche wirft. Volles Boot – leere Kassen? – wie eine Gemeinde mit Ihren Zuwanderern auskommt. Die ausgebeutete Familie – wer Kinder hat, zahlt drauf. Ausgesperrt – Chaos auf dem Wohnungsmarkt. Alte machen mobil – von den Schwierigkeiten alt(ernativ)er Lebensformen.

Statt trockener Bilanz-Analyse Leben pur. Locker, reportagemäßig, die Menschen trotzdem ernst genommen, den Zuschauer gepackt an seinen Wünschen, Freuden, Emotionen. Looping – Nervenkitzel für Millionen. Blütenträume – das knallharte Geschäft mit zarten Knospen. Liebe, Triebe, Tralala – wer verdient am deutschen Schlager? Geld essen Filme auf – wie funktioniert die Welt-Filmindustrie? Traumtänzer – das gute Geschäft mit Disko-Queen und Co. Der Bär ist los – wie Steiff Kinderherzen bricht. Reportagen, in denen nach den wirtschaftlichen Grundlagen der schönen Seiten des Lebens geforscht wird.

FS-Wirtschaft und Soziales
Im Labyrinth der Schwarzen Null

Von Reinhard Schneider

Brief an die Wirtschaftsredaktion: »Soeben erhielt ich Ihre Videokassette über die Sendung MuM ›Die ausgebeutete Familie‹. Ich danke Ihnen ganz herzlich dafür. Sie haben mir damit eine sehr große Freude gemacht.«

Die Freude ist ganz unsererseits, denn solche Post ist selten. Was sonst in Massen auf den Tisch flattert, entstammt den kurzschlüssigen Denkprozessen von Pressestellen und PR-Abteilungen: »...mit unserem neuen, innovativen Hightech-Produkt gehen wir einen wegweisenden Schritt in die richtige Richtung ...« und so weiter und so fort blubbern die Sprechblasen in erschöpftem Büttenpapier. Hochnotdringliche Geschäftsinformationen (»Patentierte Weltneuheit: Automatisches Katzenklo kommt auf den Markt«) – sie machen uns besonders froh, können wir doch solch flüssige Elaborate der

> **Impressum:**
> Die SDR Fernsehredaktion Wirtschaft und Soziales erblickte das Licht der Welt 1986 als eigenständige Fachredaktion. Redaktionsgründer und erster Ressortleiter war Jürgen Molfenter.
> Heute arbeiten in der Redaktion:
> Tilman Achtnich
> Dietmar Krepper
> Silvia Ludwig
> Harald Schibrani
> Michael Zeiß

Kommunikationsagenturen mit honorarfreiem Fingerabdruck zur sofortigen Entsorgung freigeben: große Ablage – der Papierkorb.

Zugegeben, die Öffentlichkeitsarbeiter haben es nicht leicht mit uns. Und wir Journalisten im audiovisuellen Medium haben es schwer mit ihnen. Mit den einen mehr, mit den anderen noch mehr. Zur groben Unterscheidung gibt es vier Kategorien:
– Pressestellen zur Informations-Verhinderung
(»...dazu sagen wir nichts.«)

Die wissen was, rücken aber nicht raus damit.
– Pressestellen zur Informations-Verschleppung
(»...schicken Sie uns doch ein FAX.«)
Die wissen vielleicht was, trauen sich aber nicht.
– Pressestellen zur Informations-Beschaffung
(»...wir rufen zurück.«)
Die wissen nichts, aber manchmal rufen sie sogar zurück.
– Pressestellen zur Informations-Befriedigung.
Die wissen was und reden viel, oft in vertraulich-konspirativem Kumpelton:
(»...das sag ich nur Ihnen...«, sagen sie jedem.)

Allen gemeinsam ist: Vom Fernsehen haben sie wenig Ahnung.

Ein Beispiel – mitten aus dem Alltag gegriffen. Interview mit dem Vorstandsvorsitzenden in der Konzernzentrale. Die Pressestelle hat sich auch schon heftig Gedanken gemacht, wo die Kameras aufgebaut werden könnten. Eine Sternstunde guter Zusammenarbeit. Wir schreiten wohlgemut zum Ort der Tat: das Betriebskasino. Malen Sie sich das selbst aus: der Chef eines Weltkonzerns in der kahlen Kantine, in Essig und Öl, in Resopal: quadratisch, praktisch, schlecht.

Wir versuchen das durchaus pragmatische Argument, hier sei doch genug Platz, mit dem sanften Hinweis zu umgehen, daß Fernsehen doch irgendwie etwas mit Bildern zu tun hätte, mit bewegten zumal, und daß dieser Tempel der Kalorien-Zufuhr vielleicht nicht unbedingt der geeignete Hintergrund sei für ein Gespräch über Weltmarkt, Wachstum und Zukunftsstrategien. Wir versuchen zu den grauen Zellen der Pressestellen-Mitarbeiter vorzustoßen, appellieren, beschwören, glauben fest, daß sie ihn begriffen haben – den Unterschied zwischen Kamera-Schwenk und Schwenk-Braten – und ... »aber wir haben nichts anderes!« In solchen Momenten gibt es zwei Möglichkeiten: Entweder eine Beleidigungsklage riskieren oder die Sendung retten. Meistens entscheiden wir uns für

letzteres. Wir suchen und finden selbst eine geeignete Ecke und bewahren damit die »Kollegen« der Pressestelle – ohne daß der Chef davon erfährt – vor der drohenden fristlosen Kündigung wegen Unfähigkeit, Imageschädigung und Sabotage. Pressestellen – unser täglich Brot!

Was wir besonders mögen, sind Bilanz-Pressekonferenzen. Nicht weil es da etwas zu essen gibt (deshalb auch »Fresse-Konferenzen« genannt), sondern wegen des beliebten Gesellschaftsspiels »Journalisten fragen, Manager reden sich raus«. In guten Zeiten versuchen sie mit vielen schönen nichtssagenden Worten den fetten Gewinn zu verschleiern. In weniger guten Zeiten versuchen sie mit vielen schönen nichtssagenden Worten den Verlust zu beschönigen. Gefangen im Labyrinth der Schwarzen Null. Eine ganz neue Spielregel hat kürzlich der Chef eines Kommunikationskonzerns aufgestellt: Interview für Zeitung und Hörfunk ja, Fernsehen nein. Nicht daß er den anderen viel gesagt hätte, aber uns: gar nichts. Worauf der Pressereferent – ein Profi in Übertragungs- und Vermittlungstechnik – freundlichst vermittelte: Wir könnten doch den Ton von der Hörfunk-Übertragung mitschneiden. Worauf wir ihm weniger freundlich vermittelten, daß eine Fernseh-Übertragung rein technisch gesehen etwas mit Bildern zu tun hätte. Trotzdem: keine Chance, Drehverbot! Der Chef erklärte, er wolle sich in dieser schwierigen Geschäftslage nicht auf dem Bildschirm sehen – nichts für ungut. Wir erklärten, daß seine Mitarbeiter wahrscheinlich auch nicht lesen oder hören wollten, was er zu sagen hat. Hinterher hat er sich entschuldigt: Er hätte es vielleicht vorher sagen sollen, aber nichts für ungut. Hinterher ist man meistens klüger. Und deshalb wissen wir nicht, ob der Chef jetzt, da diese Zeilen gedruckt sind, immer noch derselbe ist. Nichts für ungut.

Ende des Briefs an die Wirtschaftsredaktion: »Obwohl ich anfangs dagegen war, wie Sie wissen, muß ich gestehen, daß es mir dann doch Spaß gemacht hat, mit Ihnen und Ihrem Kamerateam zusammenzuarbeiten. Sehr nett fand ich es, daß Sie mir beim Pflaumenpflücken geholfen haben.«

P.S. von uns: schönen Gruß an alle Pressestellen. Auf weitere gute Zusammenarbeit und: nichts für ungut.

Dr. Tilman Achtnich, Dipl.-Geologe, Hobby-Bergsteiger, Experte für Verbraucherschutz, kriminelle Unternehmer und geplagte Arbeitnehmer.

Dietmar Krepper, Dipl.-Volkswirt, seine Schlosserlehre verbindet ihn mit Technik made in Baden-Württemberg. Spezialität des Hobby-Tauchers: obenliegende Nockenwellen und tiefliegende Verkehrsprobleme.

Harald Schibrani, Dipl.-Betriebswirt. Als gelernter Bankkaufmann läßt er sich keine 0 als 1 vormachen. Der Tennis-Freak bleibt cool, auch wenn es um heiße Auseinandersetzungen geht.

Reinhard Schneider, Dipl.-Biologe, ohne Scheu vor großen Tieren und auf der Suche nach Zwischenmenschlichem in der Wirtschaft. Als Hobby-Taucher sieht er Raubfische lieber als Kredithaie und Baulöwen.

Dr. Michael Zeiß, Dipl.-Kaufmann, fühlt sich der Eintracht verpflichtet, als Fußballstratege besonders der aus Frankfurt. Übt als Mannschaftskapitän der Wirtschaftsredaktion den Doppelpaß mit Prominenten.

FS-Kirche
Worte zum Sonntag
Von Dr. Heinrich Büttgen

»Die Katholiken mit ihren prunkvollen Messen sind viel fernsehgerechter als wir nüchternen Protestanten.« Das war die Meinung des Rundfunk- und Fernsehbeauftragten der Evangelischen Kirche Deutschlands, Kirchenrat Robert Geisendörfer, und des Rundfunkrates im Hessischen Rundfunk, Pfarrer Werner Heß. »Versucht es doch einmal« – regten Intendanten und Direktoren der Rundfunkanstalten an.

Das war 1954, vor 40 Jahren. Das Experiment, Gottesdienste zu übertragen, erwies sich als möglich. Zwar waren solch fromme Sendungen auch in der Zeit, als es nur ein Fernsehprogramm gab, keine Straßenfeger. Aber bald hatten Gottesdienste ihr Stammpublikum.

Kurz darauf wurde Werner Heß Fernsehdirektor, später Intendant des Hessischen Rundfunks. Zusammen mit Robert Geisendörfer entwickelte er eine einmalige Form öffentlich-rechtlicher und kirchlicher Programm-Kooperation, die bis heute aktuell ist: Fachredakteure für religiöse Themen sitzen mit kirchlichen Fernsehbeauftragten an einem Tisch.

Zu den Gottesdienstsendungen anno 1954 kam – als religiöses Kurzprogramm – das »Wort zum Sonntag«. Seit seiner ersten Ausstrahlung vor 40 Jahren ist es nie ausgefallen. Hinter der Tagesschau ist es die zweitälteste kontinuierliche Sendung des Deutschen Fernsehens.

Hinzu kamen – zunächst an Sonntagvormittagen – Berichte aus dem kirchlichen Leben beider großer Konfessionen. Und – nicht zu vergessen – Liveübertragungen von Gottesdiensten an kirchlichen Hochfesten, auch aus Rom, wenn der Papst an Ostern das Hochamt feierte und anschließend den Segen Urbi et Orbi, der Stadt Rom und dem Erdkreis, erteilte.

Als eine der zunächst neun ARD-Anstalten (seit 1990 sind es elf) ist auch der Süddeutsche Rundfunk Mitglied der Koordinationskonferenz für Kirchliche Sendungen in der Arbeitsgemeinschaft der öffentlich-rechtlichen Rundfunkanstalten Deutschlands (ARD). Hier wird das religiöse Programm besprochen, beschlossen und koordiniert.

Jörg Zink
Fast 30 Jahre lang war er Fernsehpfarrer, sprach mehr als hundert Mal das »Wort zum Sonntag«: der Theologe und Schriftsteller Jörg Zink. Seine Medientätigkeit übte er seit 1961 als Beauftragter für Fernsehfragen der Evangelischen Landeskirche in Württemberg aus. Am 1. Januar 1990 verabschiedete sich Zink mit dem »Wort zum Jahreswechsel« von seiner Fernsehgemeinde.
Am 22. November 1922 wurde er im hessischen Elm, Kreis Schlüchtern, als Sohn eines Buchhändlers geboren. Nach dem Besuch des Gymnasiums in Ulm war er im 2. Weltkrieg Kampfflieger bei der Luftwaffe. Danach studierte er in Tübingen evangelische Theologie und schloß 1955 mit der Promotion ab.
Bevor er seine »Medienkarriere« startete, war er noch Gemeindepfarrer in Esslingen (1955–57) und in der evangelischen Jugend- und Sozialarbeit in Gelnhausen tätig.
Außer seinen zahlreichen Fernsehdokumentationen zu kirchlichen Themen gestaltete er auch Andachten, Vorträge und Gottesdienste im Hörfunk.
Darüber hinaus war er als Buchautor jahrzehntelang publizistisch tätig (Die Auflage seiner über hundert Schriften und Bücher liegt bei etwa 11 Millionen). Hierbei machte er vor allem dadurch auf sich aufmerksam, daß er theologische Fragen allgemeinverständlich darstellte – u. a. durch eine Übertragung des »Alten Testaments« in heutiges Deutsch. Immer wieder mischte er sich in seiner publizistischen Arbeit in aktuelle gesellschaftliche Fragen wie z. B. die Umweltzerstörung ein. Er habe, so Zink selbst, schon »grün« geredet und geschrieben, als es diesen Begriff im politischen Bereich noch gar nicht gab.

Auch kirchliche Sendungen sollten massenattraktiv werden. 1967 entwickelte der SDR einen Bibelquiz »Die Reise nach Jerusalem«.

Beide Kirchen schicken, seit es die ARD gibt, Beauftragte in den Rundfunkrat und/oder beauftragen sie, Bindeglieder zu den Redaktionen »Kirche und Gesellschaft« in Hörfunk und Fernsehen zu sein. Hier, stellvertretend, einige Namen, kirchliche Repräsentanten der ersten Stunde:

Oberkirchenrat Dr. Manfred Müller, Stuttgart
Pfarrer Hermann Breucha, Stuttgart-Degerloch
Oberkirchenrat Walter Arnold, Stuttgart

Der Süddeutsche Rundfunk beauftragte von 1954 bis heute für das Fernsehen folgende Redakteure mit der Leitung der Fachredaktion »Kirchliche Sendungen«:

Hans Ulrich Reichert (1954–63)
Dr. Franz Dülk (1963–68)
Dr. Heinrich Büttgen (1968–82)
Deli Maria Schramm (1983–87)
Dr. Heinrich Büttgen (seit 1988)

Nicht nur in der Unterhaltung oder bei brisanten politischen Ereignissen gebiert das Medium Fernsehen Stars. So etwas kann auch bei sonst wenig populären kirchlichen Sendungen vorkommen. Beispiel: Pfarrer Dr. Jörg Zink. Über 30 Jahre hat er das Wort zum Sonntag gesprochen. Zink wurde für den Süddeutschen Rundfunk zu einem Markenzeichen. Weil er immer versucht hat, Probleme in der Kirche beim Namen zu nennen und auch auf die Verantwortung der Politiker, z. B. zur Erhaltung der Schöpfung, hinzuweisen.

Beim Süddeutschen Rundfunk/Fernsehen hat sich die Redaktion »Kirchliche Sendungen« wie folgt entwickelt:

I. 1954–1970:

Sendetermine gab es nur im ersten Programm. Wir hatten 8% des ARD-Kirchenprogramms zu füllen. Das waren pro Jahr:
ca. vier Worte zum Sonntag,
drei Features, davon eine Auftragsproduktion,
einen Vespergottesdienst (alternierend evangelisch/katholisch)
Anteil am ARD-Feiertagsprogramm

FS-Kirche

(Adventssingen, ev. Kirchentag/Katholikentag, Ostern aus Rom).

II. 1970–1982:

Erstes Programm wie Punkt I. Im Dritten Programm hatten wir zwar keine festen Sendetermine, jedoch brachte die Redaktion eine Sendereihe von 13 Folgen ein: »Europa kommt von Osten«. Außerdem entstanden unter der Regie von Dieter Schlotterbeck zwei Spielfilme: Edith Stein (1981) und Charles de Foucauld (1988).

Von 1971–1982 befand sich die Redaktion »Kirchliche Sendungen« in Mannheim, da der Fachredakteur zugleich die Leitung der dortigen Badischen Fernsehredaktion innehatte.

III. 1983–1987:

Während bis Ende 1982 die Redaktion »Kirchliche Sendungen« nur mitbetreut wurde (die Redakteure hatten zusätzlich noch andere Aufgaben), entwickelte sie sich ab 1983 unter der Leitung von Deli Maria Schramm zu einer Vollredaktion. Im Ersten Programm blieb es im wesentlichen bei den 8% ARD-Anteilen, jedoch erhielt die Redaktion im Dritten Programm feste Sendeplätze. Das schlug sich in 12 Features von je 30 Minuten und in 12 Denkanstößen (je 5 Minuten) nieder. In dieser Zeit entstand auch die 13teilige Fernsehreihe »Christliche Frauengestalten« von Gino Cadeggianini.

IV. 1988–heute:

Nach der Rückkehr aus Afrika, wo er bis 1987 ARD-Korrespondent war, übernahm Dr. Heinrich Büttgen wieder die Redaktionsleitung »Kirchliche Sendungen«. Frau Schramm hatte die Altersgrenze erreicht und war in den Ruhestand verabschiedet worden.

Inzwischen wurde in Zusammenarbeit mit den Südwestfunk-Redaktionen in Baden-Baden und Mainz ein monatliches Kirchenmagazin aus der Taufe gehoben, das den Titel »Miteinander« erhielt.

Ein Jugendmagazin »Um Himmels Willen« entstand zunächst mehr aus Zufall. Es hatte aber dann so großen Erfolg, daß der SDR aus »Miteinander« ausstieg und sich ganz auf »Um Himmels Willen« konzentrierte.

Die Bombendrohung

Tiefenbronn, Januar 1981, kurz nach 17 Uhr. Vor wenigen Minuten hatte die Live-Sendung eines Vespergottesdienstes im ARD-Programm begonnen. Mit Erzbischof Dr. Oscar Saier aus Freiburg. Ich sitze mit Marc Froidevaux, dem Regisseur, vor der Kirche im Übertragungswagen. Da wird die Tür aufgerissen und ein Kollege ruft: »Bombendrohung. Wir haben einen Anruf erhalten, daß in wenigen Minuten in der Kirche eine Bombe hochgeht. Was sollen wir jetzt tun?« »Weitermachen«, sage ich. »Der Anruf kommt von einem Verrückten. Die Kirche war während unserer Vorarbeiten für den Publikumsverkehr geschlossen. Es war außer dem Team niemand dort. Es kann gar keine Bombe in der Kirche sein.« Da war die Polizei anderer Ansicht. In Sekundenschnelle war sie mit einem Streifenwagen an der Kirche. Die Beamten pflichteten mir zwar bei, daß der Anruf wahrscheinlich ein schlechter Scherz sei. Aber man wolle absolute Sicherheit, die Kirche müsse sofort geräumt werden. Ich formulierte schnell eine Ansage für die Zuschauer und rief in Stuttgart ein dort für alle Fälle bereitliegendes Ersatzprogramm ab. Die Live-Sendung wurde abgebrochen. 10 Minuten später kam Entwarnung. Die Polizei hatte die Kirche mit Hunden durchsucht und keine Bombe gefunden. Aber die Live-Sendung war »gestorben«, der Erzbischof fuhr unverrichteter Dinge nach Freiburg zurück.
Ende der Geschichte: Am nächsten Tag erhielt der Pfarrer von Tiefenbronn ein anonymes Entschuldigungsschreiben des Anrufers. Im Kuvert lagen 100 DM »Bußgeld.« H. B.

Durch insgesamt fünf ARD-Features, zwölf Halbstundensendungen in SW3, 52 Denkanstöße und das auf den SDR anteilig entfallende Feiertagsprogramm wurden zwei ständige Redakteure und eine Sekretärin in der Redaktion notwendig. Außer dem Redaktionsleiter waren bzw. sind in der Redaktion »Kirchliche Sendungen« beschäftigt.

1. Frau Maria Nohe (1987–1989), derzeit noch als freie Mitarbeiterin für das Jugendmagazin tätig.

2. Uwe Bork (1989–1991), der das Jugendmagazin erfand und entwickelte. Es wird seitdem von Andreas Malessa moderiert.

3. Uwe Mönninghoff (seit 1991), Programmproduzent sowie Redakteur für »Um Himmels Willen« und die Denkanstöße.

4. Für das Sekretariat ist Frau Traute Rühle zuständig.

Bei Bedarf arbeitet die Redaktion mit freien Mitarbeitern aus dem Haus und Fremdfirmen.

Insgesamt trug die Fernsehredaktion »Kirchliche Sendungen« im Jahr 1993 vier Stunden und 16 Minuten (elf Beiträge) zum ARD-Programm – 13 Stunden und elf Minuten (65 Beiträge) zum Südwest 3-Programm sowie eine Stunde und 30 Minuten zum Eins-plus-Programm bei – dies als Beispiel eines Jahres.

Als evangelischer Fernsehbeauftragter vertritt seit 1980 Pfarrer Ottheinrich Knödler die württembergische Landeskirche beim SDR und Dr. Peter Kottlorz die Katholische Diözese Rottenburg-Stuttgart (seit Februar 1990).

Über die Akzeptanz der kirchlichen Fernsehsendungen im ARD-Programm bei den Zuschauern ist folgendes zu sagen:

Die Zuschauerquoten für die Regeltermine am Sonntag, 17.30–18.00, liegen bei etwa vier Prozent, für »Wort zum Sonntag« bei ca. sieben Prozent, für die Spätsendungen im Hauptabendprogramm bei drei Prozent. Niedrig liegen die Zuschauerquoten bei Beiträgen, die von vornherein als kirchlich-religiöse Sendungen angekündigt werden (z. B. Verkündigungssendungen). Hier beträgt die Zuschauerquote im Durchschnitt nur zwei Prozent.

Kirchliche Sendungen, das weiß man seit 1954, sind zwar keine Straßenfeger, aber sie haben ihr interessiertes Publikum. Auch wenn dies nur – zahlenmäßig betrachtet – zur Minderheit der Zuschauer zählt.

Zum Pflichtprogramm einer Kirchenredaktion gehören Berichte von den Kirchentagen beider großer Konfessionen. Hier der Katholikentag 1977 in Stuttgart.

Das Jugendmagazin »Um Himmels willen«.

SDR-Fernsehen in Karlsruhe
Aus der Residenz des Rechts

Von Karl-Dieter Möller

Der Raum hat die Größe eines deutschen Reihenhaus-Wohnzimmers. Nur das Ambiente will dazu so recht nicht passen. Zahlreiche kleine Scheinwerfer unter der Decke, zwei aufgezogene, überdimensionale Farbfotos vom Bundesverfassungsgericht und Bundesgerichtshof, blaue Stellwände. Der Ort: das kleine Fernsehstudio der Redaktion RECHT UND JUSTIZ des SDR in Karlsruhe.

Als sich Anfang 1994 Verfassungsgerichtspräsident Roman Herzog mit den Worten verabschiedete: »Jetzt werde ich sicher so schnell nicht wieder hier sein können«, hatte dies fast schon etwas familiäres an sich. Häufig war der jetzige Bundespräsident Roman Herzog Gesprächsgast in diesem kleinen Studio in der Kriegsstraße 170 in Karlsruhe.

Im Schatten des großen SDR-Hörfunkstudios Karlsruhe – des »blauen Hauses«, wie es wegen seiner blau gekachelten Außenfassade in Karlsruhe genannt wird, liegen etwas versteckt im Hinterhof die wohl bestgesicherten Räume des Süddeutschen Rundfunks. Kameraüberwachung, schußsichere Scheiben, Stahldecken, Alarmknöpfe. Was so martialisch klingt, hat für die, die hier arbeiten, längst seinen Schrecken verloren. Es sind die Mitarbeiter und Mitarbeiterinnen der ARD-Fernsehredaktion RECHT UND JUSTIZ des Süddeutschen Rundfunks Iris Eichler, Brigitte Knopf, Karl-Dieter Möller, Rosina Seith, Axel Sonneborn, Brigitte Wuchner und die zwei Regionalkorrespondenten des gemeinsamen Landesprogramms SDR/SWF, Wolfgang Breuer und Claus Kober.

Vom Hörfunk zum Fernsehen

Am Anfang war das Wort und dann erst kam das Bild. Getreu dieser Devise verfuhr in Stuttgart Fernsehdirektor Horst Jaedicke und in Karlsruhe Studioleiter Helmut Haag. Ein Mann des Wortes, Rudolf Gerhardt, seit 1972 im Studio Karlsruhe vor allem für die Hörfunk-Berichterstattung über das Geschehen in der »Residenz des Rechts« verantwortlich, wechselte 1981 endgültig in die Sparte Fernsehen. Er wurde jetzt einer von denen, die ein Verfassungsrichter einmal als »verfassungsrechtlich verankerte Landplage« bezeichnet hat. Rudolf Gerhardt, von Hause aus Jurist, und 1967 über das Verbot von Film- und Fernsehaufnahmen im Gerichtssaal promoviert, sollte nun der Theorie die Praxis folgen lassen. Neben dem justizpolitischen Korrespondenten vertrat bereits Ende 1979 der Journalist Eckhard E. A. Hepp als Regionalkorrespondent des SDR-Landesprogramms in Karlsruhe die Interessen des SDR-Fernsehens im Raum Bruchsal, Karlsruhe, Pforzheim. Beide Redakteure waren der damaligen Badischen Fernsehredaktion Mannheim/Karlsruhe, mit Sitz in Mannheim, zugeordnet.

Von Karlsruhe aus versuchte der neue justizpolitische Korrespondent die an sich wenig »optische« Rechtsprechung des Bundesverfassungsgerichts und des Bundesgerichtshofs in TAGESSCHAU und TAGESTHEMEN sichtbar zu machen. Mehr Auslauf ließen Rudolf Gerhardt dann die von ihm gegründeten Sendereihen »Gerichtstag in Karlsruhe« (1981–1990) und das »URTEIL DES MONATS«, das im August 1985 zum ersten Mal im 3. FS-Programm ausgestrahlt wurde.

Mit dem »Gerichtstag in Karlsruhe« wollte der SDR einen Ausweg aus dem Dilemma suchen, daß weder Hörfunk noch Fernsehen in Deutschland Gerichtsverhandlungen übertragen dürfen. Im großen Sitzungssaal des Oberlandesgerichts Karlsruhe wurden viermal jährlich Zivilrechtsfälle wirklichkeitsgetreu aufgezeichnet. Wirklichkeitsgetreu insofern, als vor der Kamera echte Prozeßgegner ihre Händel ausfochten, beraten und vertreten von Rechtsanwältinnen oder Rechtsanwälten. Das Schiedsgericht bestand aus Richterinnen und Richtern des Oberlandesgerichts Karlsruhe. Was diese Sendung von anderen Rechtssendungen abhob war, daß die sonst geheime Beratung des Richterkollegiums nach einer Verhandlung aufgezeichnet und später gesendet wurde. Der Zuschauer erfuhr also, mit welchen Überlegungen die Richter zu ihrem Urteilsspruch gekommen waren.

Das »URTEIL DES MONATS« nahm in 15 Minuten jedesmal eine wichtige Gerichtsentscheidung »unter die Lupe«. Im Gespräch mit Richtern, Professoren und Rechtsanwälten wurde das Urteil dem Zuschauer näher erläutert und hinterfragt.

Die »Baulichkeiten«

Die anfangs beengte räumliche Unterbringung der Fernsehredaktion Karlsruhe entspannte sich Anfang der 80er Jahre durch eine bauliche Erweiterung. Sie mußte allerdings in erheblichem Umfang auf Si-

Fernsehdirektor Hans Heiner Boelte (M.) verabschiedet am 21. 1. 1987 R. Gerhardt (l.) und führt K.-D. Möller (r.) ein.

K.-D. Möller (r.) bei seiner Amtseinführung mit Intendant Hans Bausch (M.) und Ernst Benda, Präsident des Bundesverfassungsgerichts (l.).

Aufzeichnung der Sendung »Gerichtstag« mit echten Prozeßgegnern vor den Fernsehkameras.

SDR-Fernsehen in Karlsruhe

cherheitsinteressen des Landeskriminalamtes Baden-Württemberg Rücksicht nehmen. Denn hier im kleinen Fernsehstudio waren und sind immer wieder Gesprächspartner zu Gast, die mit der höchsten Sicherheitsstufe versehen sind.

1986 verließ Rudolf Gerhardt dann den Süddeutschen Rundfunk, weil ihn eine neue Aufgabe reizte: Eine Professur für Journalistik an der Uni Mainz, um seine in allen Medien gesammelten Erfahrungen an Studenten und Studentinnen weiterzugeben.

Der »Wechsel«

Ob der unverbaubare Ausblick auf riesige blühende Kastanienbäume aus seinem neuen Büro in Karlsruhe dem gelernten Juristen und Journalisten Karl-Dieter Möller den Wechsel aus dem ZDF-Hochhaus in Mainz erleichterte, ist nicht überliefert. Am 1. November 1986 kam er aus der ZDF-Redaktion Recht und Justiz in Mainz nach Karlsruhe in die »Residenz des Rechts«. Diesen Wechsel ließen Fernsehdirektor Hans Heiner Boelte und Chefredakteur Ernst Elitz in die Zukunft investieren. Wer anders als das öffentlich-rechtliche Fernsehen sollte die »dritte Gewalt« in unserer Demokratie besser beobachten, über sie berichten und begleiten als eine eigenständige Fernsehredaktion auf diesem Gebiet? So war denn auch der 1. November 1986 die »Geburtsstunde« der neuen und ersten eigenständigen Fernsehredaktion RECHT UND JUSTIZ des Süddeutschen Rundfunks in der ARD.

Das »Programm«

Die Redaktion war und ist eine »Außenstelle« der Chefredaktion Fernsehen in Stuttgart, zuständig für alles, was im Fernsehen des SDR mit Recht und Justiz – oder, wie andere sagen: mit Mord und Totschlag, mit Organklage und Verfassungsbeschwerde – zu tun hat.

Das Landesprogramm mit seinen aktuellen Sendungen wird dabei ebenso »bedient«, wie die sich mehrenden aktuellen

Redakteur K.-D. Möller (l.) und Moderator R. Gerhardt (r.) bei der Aufzeichnung eines »Gerichtstages«.

Der designierte Bundespräsident Roman Herzog (r.) im Studio Karlsruhe.

Die neue Präsidentin des Bundesverfassungsgerichts, Jutta Limbach, zum ersten Mal als Gast beim »Urteil des Monats«.

Der ARD-Ratgeber RECHT kommt seit 1994 auch aus Karlsruhe, moderiert von K.-D. Möller.

Sendungen des 1. Programms der ARD.

Der Berg von Fakten, Meinungen, Paragraphen und Gesetzestexten aber wächst täglich weiter. Allein mit der aktuellen Berichterstattung ist ihm nicht beizukommen. Dem interessierten Zeitgenossen, der diesen Berg besteigen möchte, geht es nämlich dabei oft wie weiland Sisyphus: Er hat so gut wie keine Chance. Damit das Bemühen um das Begreifen von Paragraphen, Gesetzestexten und Urteilen etwas kurzweiliger ausfällt, als das vergebliche Steinewälzen des antiken Herrn, begann die Redaktion im Jahre 1990 über ein neues Rechtsmagazin nachzudenken. Ein zugkräftiger Titel mußte her. Eine kleine Auswahl: »Recht – informativ«, »Recht – so«, »Recht – markant«, »b. u. v.« (beschlossen und verkündet), »Recht – brisant«, »Alles was RECHT ist«. Der letzte Titel gefiel dem Fernsehdirektor des SDR am besten. So gibt es seit 1991 für die Zuschauer in SÜDWEST 3 monatlich das Rechtsmagazin »Alles was RECHT ist«.

Was den Zuschauern »im wilden Süden« recht ist, sollte den Zuschauern von Flensburg bis München, von Aachen bis Frankfurt/Oder nur billig sein. Seit Juli 1994 strahlt der SDR im ARD/ZDF-Vormittagsprogramm alle 14 Tage jeweils montags die 15–35minütige Sendung »Recht in Deutschland« aus. Produziert und redaktionell ebenso verantwortet von der Fernsehredaktion in Karlsruhe. In diese Sendung ist inzwischen auch das »URTEIL DES MONATS« als eigenständiger Teil integriert.

Ohne das »Aktiengesetz« zu bemühen, aber mit exzellenter Akquirierung durch Fernsehdirektor Hans Heiner Boelte und Chefredakteur Ernst Elitz, »erwarb« der SDR, und damit die Redaktion RECHT UND JUSTIZ, Anfang 1994 einen 50%igen Anteil am »ARD-Ratgeber RECHT«. SDR und WDR sind jetzt auf dem sonntäglichen Sendeplatz mit jeweils vier bzw. fünf Sendungen vertreten.

Mit dem Kooperationsabkommen zwischen SDR und SWF 1991 änderte sich im Laufe des Jahres 1992 auch die redaktionelle Zuordnung der Karlsruher Korrespondenten im Landesprogramm. Im Zuge einer redaktionellen Abstimmung wird Karlsruhe der Abteilung Landesprogramm beim SWF in Baden-Baden zugeordnet. In der SDR-Fernsehredaktion Karlsruhe sitzen nun die zwei SWF-Journalisten Wolfgang Breuer und Claus Kober als Korrespondenten für das gemeinsame Landesprogramm.

Die »Technik«

So viel produziertes Programm bedarf einer umfangreichen technischen Unterstützung, wird der geneigte Leser vermuten. Richtig. Bis 1991 bestand diese für die Karlsruher Fernsehredaktion vor allem in einem Mini-Car-Unternehmen in Karlsruhe oder dem täglich zwischen Stuttgart und Karlsruhe verkehrenden »Essenwagen«. Aktuelle Bilder für TAGESSCHAU oder LANDESSCHAU wurden per Mini-Car nach Stuttgart geschafft; meist verbunden mit einem vorherigen Anruf bei der Autobahnpolizei und der bangen Frage: »Ist die A 8 Karlsruhe–Stuttgart frei oder staut es sich wieder?« Die eine oder andere fest verabredete TAGESSCHAU wurde ein »Stauopfer«.

Verständnis für die »technischen Nöte« fand die Karlsruher Redaktion bei dem stellvertretenden Intendanten und Technischen Direktor des SDR, Prof. Dr. Dietrich Schwarze und dem damaligen Leiter des Technischen Fernsehbetriebs, Manfred Sorn mit seinen Kollegen aus der Technik. Im Mai 1991 ist es dann soweit:

SDR-Fernsehen in Karlsruhe

Die Redaktion RECHT UND JUSTIZ (v. l. n. r.) Redaktionsleiter K.-D. Möller, B. Knopf, I. Eichler, A. Sonneborn.

eine neu installierte Fernsehtechnik wird eingeweiht. Sie ermöglicht nun aus Karlsruhe direkte Bild- und Tonüberspielungen nach Stuttgart und von dort praktisch in alle Welt. Der erste Erfolg: die monatliche Mini-Car-Rechnung reduziert sich erheblich. Dafür aber kämpfen wir anfangs mit den Tücken der Technik. »Der Pegel stimmt nicht, können sie in Karlsruhe nicht einmal nachregulieren?« Nicht immer gelingt es uns dabei, den Kollegen der Technik in anderen Überspiel- und Schalträume der ARD zu erklären, daß wir in Karlsruhe – außer überspielen – technisch gar nichts können.

Im Oktober 1993 wird die Technik weiter komplettiert. Nun sind auch Live-Gespräche aus dem kleinen Fernsehstudio möglich, die bisher nur aus Baden-Baden oder Stuttgart geführt werden konnten. Mancher Gesprächsgast für die TAGESTHEMEN hatte sich geweigert, abends noch für ein kurzes Gespräch nach Baden-Baden oder Stuttgart zu fahren. Dies ist jetzt nicht mehr nötig.

Am 12. Oktober 1993 geht die erste Live-Schaltung aus Karlsruhe in einen ARD-BRENNPUNKT. Der Anlaß: die »Maastricht«-Entscheidung des Bundesverfassungsgerichts.

Inzwischen wird die Live-Möglichkeit ebenso gerne vom Landesprogramm des SDR/SWF genutzt, wie von ARD-AKTUELL in Hamburg und den 3. Programmen der anderen ARD-Anstalten.

Übrigens: ein wohlgefüllter Schminkkasten steht den Gesprächsgästen auch zur Verfügung. Wenn dann allerdings die Regie eines anderen Senders bei einem Live-Gespräch anfragt, warum der Gast optisch so blaß »rüberkomme«, wissen wir: beim Schminken im »Do-it-yourself-Verfahren« hat er wohl den falschen Puder erwischt.

Die »Aktualität«

Die Endfertigung eines aktuellen Beitrages (Schnitt, Sprache, Mischung) für das MITTAGSMAGAZIN, die TAGESSCHAU oder die TAGESTHEMEN ist in Karlsruhe nicht möglich. Die in Karlsruhe sitzenden Regionalkorrespondenten des kooperierenden Landesprogramms SDR/SWF können ihre Beiträge in Baden-Baden jederzeit fertigen. Manchmal hat auch die SDR-Fernsehredaktion RECHT UND JUSTIZ Glück: Eine TAGESSCHAU kann in Baden-Baden gefertigt und auch von dort überspielt werden. Meistens aber hat sie Pech. Dann bleiben zwei Möglichkeiten: entweder sich die Kassetten mit den aktuellen Bildern unter den Arm klemmen und sich des inzwischen im Stundentakt zwischen Karlsruhe und Stuttgart fahrenden Inter-Regio-Zuges der Deutschen Bundesbahn bedienen, dann am Stuttgarter Hauptbahnhof möglichst schnell eine der U-Bahnen der Linie 14 oder 9 erwischen. Wenn alles klappt, schafft man es im Zeitalter der Satelliten- und Direktübertragungen »von Haus zu Haus« in gut anderthalb Stunden. Die andere Möglichkeit: es wird eines der privaten Studios, die mit modernster Technik ausgestattet, sich in Karlsruhe niedergelassen haben, für die Fertigung des aktuellen Beitrages angemietet. Nicht ganz billig, aber so geht's. Überspielt wird der Beitrag dann allerdings aus der SDR-Fernsehredaktion per Leitung via Stuttgart nach Hamburg, München, Dresden oder auch schon einmal nach Norwegen. Dann weiß die Redaktion: sie hat es wieder einmal geschafft.

Die Magazin-Sendungen »Alles was RECHT ist« und »ARD-Ratgeber RECHT« werden in den Fernsehstudios in Stuttgart produziert. »Recht in Deutschland« und »URTEIL DES MONATS« zeichnet die Redaktion in Karlsruhe auf.

Das »RECHT« dem Zuschauer in SÜDWEST 3 und im ARD-Programm näherzubringen oder zu erklären, bleibt nicht nur auf das Programm beschränkt. Beantwortet werden auch Hunderte von Zuschauerbriefen wie der folgende:

»Sehr geehrte Damen und Herren, ich bitte Sie um eine rechtliche Beratung zum leidigen Thema ›Kehrwoche‹. Wir sind ein älteres Ehepaar, 80 und 77, und haben Oktober 1993 wegen meiner Gehbehinderung unser Einfamilienhaus verkauft und eine Eigentumswohnung im Erdgeschoß eines dreistöckigen Sechsfamilienhauses gekauft. Die zwei Parteien im Erdgeschoß müssen ständig für alle Bewohner den Schmutz wegräumen, der unwillkürlich im Erdgeschoß anfällt, während die oberen Etagen sauber bleiben. Wir finden dies nicht in Ordnung.

Für Ihre Beurteilung wären wir Ihnen dankbar.«

Die Badische Fernsehredaktion

Mannem vorn

Von Peter Seubert

Als das Fernsehen 1955 in die Kurpfalz kommt, gibt es nur einen Mann: Eberhard Fingado. Der Filmemacher, der schon als Schulbub und Flakhelfer mit einer 16 mm-Kamera die Bombardierung Mannheims filmte, versorgt die Abendschau und die Tagesschau mit laufenden Bildern aus dem nordbadischen Raum. Im ersten Jahr der Beteiligung des SDR am Ersten Deutschen Fernsehen bis Ende 1955 verbucht er stolze 29 Einsätze.

Doch vor allem die Mannheimer fühlen sich vom neuen Medium und der Zentrale in Stuttgart vernachlässigt. Ihnen ist es noch immer ein Dorn im Auge, daß die Amerikaner die einstige Außenstelle der Süddeutsche Rundfunk AG, die seit 1926 aus dem Mannheimer Schloß funkte, nach dem Krieg kurzerhand und aus romantischen Gründen nach Heidelberg verlegt hatten.

Am 15. Mai 1961 ist es dann soweit: der Süddeutsche Rundfunk installiert ein Redaktionsbüro in den Räumen der Filmfirma Fingado. Besetzt mit einem Redakteur und begleitet vom Mißtrauen der Mannheimer Presse. Zur Geburtsstunde der Badischen Fernsehredaktion lamentiert der Mannheimer Morgen, daß bei einem sonntäglichen Blumenkorso durch Mannheims Innenstadt »das Südfunkfernsehen durch Abwesenheit glänzte« und fügt hinzu: »so sind denn die geplanten Bemühungen ab 15. Mai zu begrüßen, eine gewisse Skepsis bleibt jedoch weiterhin angebracht. Bis zum Beweis des Gegenteils ...«.

Die Badische Fernsehredaktion ist noch kein ganzes Jahr alt, da ist vor allem den Zeitungsjournalisten ihre Stadt noch immer zu wenig im Bild. Unter der Überschrift »was wurde daraus?« polemisiert die Badische Volkszeitung, die Fernsehredaktion friste ein Dornröschendasein, Intendant Bausch hätte sich noch nicht einmal blicken lassen, wörtlich »nach zehnmonatiger Tätigkeit der Redaktion fragen wir aber, was wurde daraus, was wurde für Mannheim, wo in jedem dritten Haushalt ein Fernsehgerät steht, eigentlich besser? Die Antwort ist nichts, gar nichts.« Und in einer Kolumne wird mit lokalpatriotisch gespitzter Feder noch eins draufgesetzt: »Mannheim ist beim SDR schlicht hinne«.

Mannem hinne – diese schrecklichste aller Kurpfälzer Visionen – sie muß auch den Intendanten Hans Bausch aufgeschreckt haben. Vier Monate später, es ist der Mai 62, reist er an, gibt eine Pressekonferenz im Palasthotel, und hebt die Badische Fernsehredaktion offiziell aus der Taufe. Die Zeitungen überschlagen sich, man spricht von Bereitschaft zu neuem Anfang, von glücklichen, zukünftigen Stunden ...

Doch der Stadt Mannheim ist das nicht genug. Sie will ein Fernsehstudio in der Quadratestadt und ergreift 1965 die Initiative. Sie bietet Grundstücke an und erklärt sich auch bereit, sie für den zusätzlichen Bau eines Studios in Mannheim in Reserve zu halten. Der SDR verweist in seiner Antwort auf Realisierungschancen eines Fernsehstudios im Zuge des Ausbaus des Dritten Fernsehprogramms nach einer Gebührenanhebung.

1970 beantwortet der SDR eine Erinnerung an die bereitgehaltenen Grundstücke sowie einen Hinweis auf die mögliche Beteiligung an der Bundesgartenschau mit einem Hörfunk- und Fernsehstudio zurückhaltend. Zwei Jahre später schreibt der Intendant an den Oberbürgermeister,

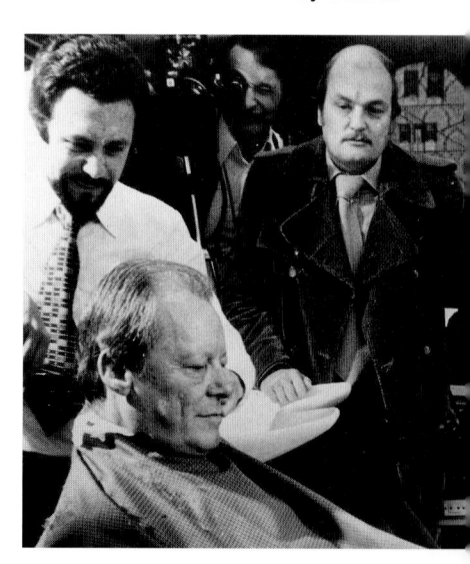

Eberhard Fingado filmt auf der Baustelle des Mannheimer Fernmeldeturms.

Eberhard Fingado, Mann der ersten Stunde.

Reporter Rudolf Werner mit Bundeskanzler Willy Brandt.

die Tatsache, daß die Bundesgartenschau nach Mannheim vergeben wurde, könne für den SDR beim besten Willen kein Maßstab bei Investitionsplanungen sein.

Doch die Stadt läßt nicht locker. Mit einem geschickten Finanzierungsvorschlag versucht sie, dem SDR goldene Brücken zu bauen: mit einer Mietvorauszahlung des SDR von 500 000 Mark für zehn Jahre soll sich der Sender beteiligen. Der Oberbürgermeister weist auf die Bereitschaft der Mannheimer Industrie hin, sich an den Kosten der Bundesgartenschau und damit auch am Fernseh- und Hörfunkstudio zu beteiligen. Die Industriespenden kommen nicht zustande, es entsteht eine Finanzierungslücke, der

Jungreporter Ulrich Kienzle (3. v. r.) mit Bundeskanzler Adenauer (ganz rechts).

Redaktionsleiter Manfred Strobach 1970 mit Senta Berger.

Die Badische Fernsehredaktion

SDR lehnt die Mannheimer Vorschläge ab. Mehrfach aber wird versichert, daß das Projekt nicht völlig aufgegeben, sondern nur verschoben worden sei, was zu diesem Zeitpunkt in Mannheim niemand so recht glauben will.

1977 zieht die Badische Fernsehredaktion aus den zu eng gewordenen Räumen der Firma Fingado um. Sie verfügt jetzt über ein ganzes Stockwerk im Gebäude der Bank für Gemeinwirtschaft in der Ifflandstraße, nahe dem Nationaltheater.

Hauptproblem und Hauptbelastung war und bleibt bis zum Bezug eines neuen Studios nach wie vor die notwendige Filmbearbeitung in Stuttgart. So fahren die Redakteure im Durchschnitt pro Jahr, zusätzlich zu den Dreharbeiten, etwa 50 000 Kilometer zwischen Mannheim und Stuttgart hin und her, um ihre Filme zu schneiden, zu texten oder an Sitzungen teilzunehmen.

Erst gegen Ende 1979 gibt es wieder Diskussionen über Studioplanung von seiten der Stadt, die in Zusammenhang mit dem damals noch nicht abgesagten Kabelpilotprojekt Mannheim/Ludwigshafen in Verbindung gebracht werden kann. Auf dem Hintergrund sich abzeichnender neuer Wettbewerbsverhältnisse beschließt der Verwaltungsrat des SDR im Haushalt 1980 eine erste Planungsrate für einen Studiobau in Mannheim. Die wichtigste Aufgabe besteht jetzt in der Suche nach einem geeigneten Grundstück. Ein gegenüber dem Schloß angebotenes Gelände ist dem SDR zu klein. Ende 1981 entschließen sich die Gremien des SDR, sich an den geplanten Neubau des Landesmuseums für Technik auf dem alten Maimarktgelände anzuhängen. Im Oktober 1982 gewinnt die Berliner Architektin Ingeborg Kuhler den mit 70 000 Mark dotierten ersten Preis unter insgesamt 105 Wettbewerbsteilnehmern. Nach Baubeginn 1985 und Richtfest am 14. Juli 1986 kann das Studio im Oktober 1988 seiner Bestimmung übergeben werden.

Das Happy-End einer Geschichte, in der eine ganze Generation Mannheimer Oberbürgermeister mit dem Süddeutschen Rundfunk um die Ansiedlung eines

Der Neubau des Studios in Mannheim 1988.

SDR-Intendant Hans Bausch bei der Einweihung des neuen Studios.

Vier Mannheimer Redaktionsleiter (v. r. n. l.) Mohn, Strobach, Büttgen, Stenzel.

Studios gerungen hat. Zur Einweihung sagt dann auch Intendant Dr. Hans Bausch: »Das SDR-Studio in Mannheim ist weder ein Geschenk an die Stadt, noch haben es Kurpfälzer dem SDR abgetrotzt. Es ist vielmehr eine Schleife um ein eindrucksvolles Paket, mit dem der SDR der Kurpfalz Reverenz erweist«.

Die inzwischen auf 30 Mitarbeiterinnen und Mitarbeiter angewachsene Badische Fernsehredaktion bezieht gemeinsam mit den Kollegen vom Kurpfalzradio das neue Domizil, ausgestattet mit allem, was eine selbständige TV-Redaktion braucht: Schneideräume, Studio und Überspielmöglichkeiten in die ganze Welt. Und einer ist immer noch dabei: der Mann der ersten Stunde – Eberhard Fingado. Seine Firma stellt die meisten Kamerateams für die Einsätze der Badischen Fernsehredaktion.

Die Sendung »Leute, Leute«, aufgezeichnet im Studio Mannheim 1991.

FS-Wissenschaft, Umwelt, Technik
Abenteuer Wissenschaft

Von Herbert Borlinghaus

Im besten japanischen Restaurant Deutschlands bestellen zwei Herren einen Fisch, den es nicht auf der Speisekarte zu finden gibt. Ein Pilot der japanischen Fluggesellschaft hatte das glitschige Etwas aus dem Land der aufgehenden Sonne ins ferne Düsseldorf geschmuggelt. Der Koch des japanischen Restaurants besitzt eine in Japan erworbene Lizenz, das Meerestier zubereiten zu dürfen. Es muß äußerst sorgfältig behandelt werden – Fugus sind sehr giftig. Das Gift wirkt 160tausendmal stärker als Kokain, ein Bissen kann tödlich sein.

Die beiden Herren, die sich dem japanischen Koch anvertrauen, kommen von ABENTEUER WISSENSCHAFT, und unter dem Objektiv einer Kamera wird der Fugu von seinem Gift befreit und zum Verzehr präpariert. Die Zuschauer leiden und überleben mit den beiden Herren. Sie erfahren, daß der wissenschaftliche Name des Gifts des Kugelfischs »Tetrodotoxin« lautet, daß es die Muskeln lähmt und daß es mit diesen Fischen und diesem Gift einiges auf sich hat. So hören sie von der Doktorarbeit eines jungen amerikanischen Wissenschaftlers, der darin behauptete, daß die merkwürdigen Phänomene, die man bei und mit einigen Toten auf Haiti beobachtet hatte, und die sich dort in Voodo-Kulturen zeigten, wohl auf den Verzehr von Fugu-Gift zurückzuführen seien. Die muskellähmende Wirkung von Tetrodotoxin bewirkte den Scheintod von Menschen, die in diesem Zustand die abenteuerlichsten Dinge erlebten und dann als Zombies über die Insel geisterten. Der junge amerikanische Wissenschaftler hatte diese spannenden Befunde seiner Dissertation gleich an die Traumfabrik Hollywood verkauft und so wurden die Zombies auf Haiti zu einem Kinohit.

Doch jäh fällt die Geschichte in sich zusammen, als ABENTEUER WISSENSCHAFT das untersuchte Material einem in Amerika arbeitenden japanischen Wissenschaftler gibt und von ihm ein zweites Mal untersuchen läßt. Der Japaner findet kein Tetrodotoxin in den Zombie-Überresten.

Walter Sucher und Aart Gisolf hatten die sich wissenschaftlich gebende Traumfabrik überführt, der SW-3-Zuschauer konnte das spannende Aufdecken von Fakten miterleben.

Wissenschaft – verständlich und populär – mit interessanten und originellen Bildern zu präsentieren, dies ist Ziel der Redaktion seit ihrer ersten Sendung im Mai 1986.

Bis dahin hatte der SDR die Sinne der Schwaben, Badener und der »Reingeschmeckten« auch erobert, ohne daß es im Haus eine Wissenschaftsredaktion gab.

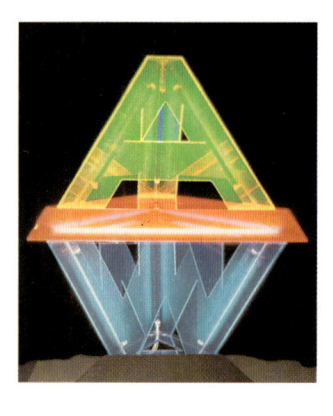

Wissenschaftssendungen waren und sind nicht die großen Publikumsrenner. Müssen Einschaltquoten das einzige Kriterium sein? In einer Zeit der allgemeinen Quotenhatz entschied sich der Sender für Wissenschaftssendungen, weil Wissenschaft ein wichtiger Bestandteil unseres Lebens ist. Von den Forschungsergebnissen in den Universitäten und privaten Forschungs-Einrichtungen sind wir alle betroffen. Darüber zu berichten ist wichtig, und es wäre allein deswegen sträflich, diesen Bereich zu vernachlässigen. Nicht daß einem die Quote dabei egal wäre, aber die Entscheidung pro Wissenschaftssendungen im Fernsehen war und ist eine inhaltliche Entscheidung. Immer häufiger wird deutlich, daß es öffentlich rechtlichen Anstalten gut tut, sich auch ohne permanentes Schielen auf Einschaltquoten für eine Sache um der Sache willen zu entscheiden. Von Anfang an hat die Redaktion die Grundlagen und ihre Existenz so begriffen und sich bemüht, durch Qualität und Sorgfalt dem gerecht zu werden.

Wir berichten über Wissenschaft:

1. Weil Wissenschaft wichtig ist.

Wichtig für unser Leben, für unser Überleben. Einerseits die Gefahren der Kerntechnik, die Risiken der Chemie, der Vererbung. Andererseits: wissenschaftliche Erkenntnis als Voraussetzung für vernünftiges Handeln angesichts von Überbevölkerung, Überrüstung, Mangelwirtschaft und Hunger.

2. Weil Wissenschaft eine gesellschaftliche Veranstaltung ist.

Trotz anderslautender Ansprüche und trotz aller Unverständlichkeit. Wir alle zahlen für die Forschung und die Folgen. Die Öffentlichkeit, wir alle entscheiden

---

Abenteuer Wissenschaft-Produktionen fanden internationale Anerkennung

Das Feature »Wunder nach Plan – wie Gene die Entwicklung steuern« fand auf zwei internationalen Festivals eine lobende Erwähnung: den »Rencontres internationales de l'audiovisuel scientifique« der französischen Forschungsorganisation CNRS und der »Medikinale« in Parma.
Gleich drei »special mentions« beim Prix Leonardo erhielten in Parma zwei Filme aus der 4-teiligen AW-Indianer-Reihe »Indianer – die besseren Umweltschützer?« und »Der Mythos von den Hopi«.
Beim »Internationalen Archäologie-Film-Festival« in Kiel wurde Walter Suchers Film »Der Streit um den ersten Amerikaner« mit einer lobenden Erwähnung ausgezeichnet.

»Warum bekommt man Muskelkater?« Walter Sucher (links) mit Bodybuildern im Studio (1992).

»Der Streit um den ersten Amerikaner« – Walter Sucher (Mitte) mit einem SDR-Team bei Dreharbeiten in Brasilien.

FS-Wissenschaft, Umwelt, Technik

mit über die Politiker. Wer aber mitentscheidet, muß Einsicht haben und sollte sich um Verständnis bemühen. Das ist schwer ohne Übersetzer. Deswegen müssen Journalisten Wissenschaft durchschaubarer machen und das können sie auch. Es mag mühsamer sein im Fernsehen als im Radio – bei uns ist 80% Logistik, hat Peter Scholl-Latour einmal mühsam ausgerechnet – aber es geht.

3. Weil es einfach Spaß macht.

Weil man eine Menge lernen kann und weil es eine erfreuliche Herausforderung ist in der Zeit der atemlosen und geschwätzigen Videoclips auf allen Kanälen.

Georg Christoph Lichtenberg meinte: »Sehr viele Menschen und vielleicht die meisten Menschen müssen, um etwas zu finden, erst wissen, was da ist.« Das trifft auch für manche Wissenschaftler zu. Wissenschaftliche Wahrheit ist Vermutungswissen, absolute Sicherheiten gibt es nicht. Das ist grundsätzlich so. Und außerdem gibt es, auch in Elfenbeintürmen Eitelkeiten, Tageslaunen, Moden, Vorurteile, fremde Interessen. Aber weil das so ist, muß die naturwissenschaftliche Methode, die kritische Methode hochgehalten werden. Wir bemühen uns darum und laden die Zuschauer ein, uns bei diesem Prozeß zu folgen. Dabei sind Fragen und Zweifel wichtiger als fertige Antworten.

Wissenschaft vollzieht sich nicht im luftleeren Raum, und deshalb ist es auch für uns wichtig, dies unseren Zuschauern zu vermitteln. In diesem Sinne wollen wir, mit bescheidenen journalistischen Möglichkeiten, auch Orientierungshilfe in einer Welt leisten, deren Wissen sich alle fünf Jahre erneuert. Kein Programm für Experten, aber aktuell und interessant genug, daß auch Experten manchmal mit Gewinn zuschauen.

Jahrelang haben wir dies in Magazinen und Dokumentationen zu realisieren versucht. Von Anbeginn an hat uns die Zusammenarbeit mit anderen ARD-Anstalten, mit ARTE und insbesondere mit der BBC darin bestärkt, daß Qualität sich durchsetzt und daß, um sie zu halten, Sorgfalt von Nöten ist. Ob es unsere Berichte über Seveso und Dioxin, über Kernkraft in Rußland, über Archäologie in Sibirien, über Aids in Afrika, über Krebs, über Rechtsmedizin oder den Mythos der Indianer waren, sie alle sollten Zuschauer neugierig machen und die Welt ein bißchen besser verstehen lehren.

Eine kleine Redaktion im SDR-Studio Mannheim versucht Wissenschaftsthemen nicht nur in ihren eignen Sendungen sondern auch in anderen Programmen der ARD zu plazieren.

Der Überblick über die Themenauswahl der vergangenen Jahre zeigt, daß die Redaktion Wissenschaft publikumsnah präsentieren wollte. Was sich in den diversen Forschungsbereichen vollzog, sollte im Programm in einer verständlichen Sprache und mit spannenden Bildern zum Vorschein kommen.

Die Geschichte von ABENTEUER WISSENSCHAFT ist selber voller abenteuerlicher Geschichten. So auch bei jenem Sexologen-Kongreß, der 1987 in Heidelberg stattfand. AW berichtete live. Wochenlang vor der Sendung geplant und organisiert. Am Schlußtag des Kongresses, die meisten Teilnehmer hatten sich bereits zum fröhlichen Ausklang in die Gemächer des Schlosses zurückgezogen, wollte AW den Kongreß live mit einer Expertenrunde und einigen Filmen beschließen. Die Filme liefen auch mit gewohnter Qualität, nur als die Sendung begann, zeigte Petrus kein Mitleid. Es begann zu schütten, was der Himmel hergab. Schnell herbeigebrachte Schirme sollten Moderator, Teilnehmer und Kameras schützen. Trotz allen Bemühens: nicht allen Experten gelang es, das schützende Dach rechtzeitig zu erreichen. Und so sah man denn manchen Sexologen, in seinem besten Anzug zwar, aber pudelnaß über Onanie und Orgasmus referieren.

ABENTEUER WISSENSCHAFT sendet jeden 2. Sonntag in SW 3 um 21 Uhr 45 Minuten Dokumentation oder zweimal im Jahr ein moderiertes Magazin »Standort Südwest«. Magazin-Schwerpunkt: die Forschungslandschaft im Sendegebiet von SW 3.
Moderation und Redaktionsleiter: Walter Sucher
Redaktion: Herbert Borlinghaus, Gisela Rietbrock, Dr. Claudia Wassmann
Ständiger freier Mitarbeiter: Aart C. Gisolf
Sekretariat: Elly Brose-Eiermann
AW behandelt Themen aus Geistes- und Naturwissenschaften, aus Medizin und Technik. Forschungsergebnisse samt ihren gesellschaftlichen und politischen Dimensionen.
Internationale Zusammenarbeit und Qualität sind Eckpfeiler für die Arbeit der Redaktion seit dem Beginn ihrer Existenz im Jahr 1986.

Nobelpreisträger für Medizin 1991 Prof. Dr. Bert Sakmann und seine Mitarbeiter im SDR-Studio

Thema Sonnenbrand mit Aart Gisolf (Bild links unten)

Studio-Live-Diskussion zum Genom-Projekt (Bild unten)

FS-Sport
Die Anfänge

Von Volker Rath

Schreib mal was über die frühen Zeiten, Du bist doch schon so lange im Haus!

Leichter gesagt als getan. Gewiß, in über 30 Jahren Fernsehen-Sport kommt schon viel zusammen. Aber wo anfangen und wo aufhören?

Meine Anfänge also. 1962 hatte ich die ersten Kontakte zu Dr. Jörg Stokinger, der gerade dabei war, die Sportredaktion im Fernsehen aufzubauen, die er bis Ende 1977 leitete. Wegen einer schweren Krankheit schied er vorzeitig aus dem Dienst und verstarb viel zu früh.

Der »Doc«, wie er von allen genannt wurde, war ursprünglich vom Hörfunk gekommen und hatte bereits seit Jahren die »Abendschau am Montag« betreut, die seit den Anfängen des Fernsehens im Südwesten dem Sport gewidmet war.

Dr. Stokinger hatte ein Herz für junge Leute und gab dem 21jährigen Pädagogik-Studenten eine Chance. Zuerst einmal sollte ich Fernsehen lernen. Also ab auf den Killesberg, in die behelfsmäßigen Studios. Eine wunderbare und gleichzeitig verwunderliche Welt tat sich für mich auf. In der Erinnerung bleibt der Eindruck einer großen Familie, die sich auf einem abenteuerlichen Treck in eine ungewisse Fernseh-Zukunft befand.

Die Sportredaktion war immer noch im Aufbau. Klaus Kaiser war inzwischen als Redakteur zu Jörg Stokinger gestoßen, die Reporter kamen überwiegend vom Hörfunk, darunter die Idole meiner Kindheit wie Gerd Krämer und Rainer Günzler. Weitere Mitarbeiter waren Wim Thoelke, Fritz Knippenberg, Gerd Million, Sepp Scherbauer und wie sie alle hießen.

Als Krämer, Günzler und Thoelke zum ZDF wechselten und als Moderatoren des »Aktuellen Sportstudios« berühmt

Dr. Jörg Stokinger

Am Anfang kamen viele Mitarbeiter wie Klaus Kaiser (li.) und Gerd Million (M.) aus der Hörfunk-Sportredaktion um Hannes Groth (sitzend) zum Fernsehen.

Mit dem Start der Fußball-Bundesliga 1963 bekommt die Außenübertragung noch mehr Gewicht.

wurden, schlug beim SDR die Stunde der Jungen – zunächst für Klaus Kaiser und Volker Rath. Reportagen im Fernsehen – ein Traum wurde wahr.

Die Aufgaben der Sportredaktion wuchsen mit dem Start der Fußball-Bundesliga 1963. Günter Wölbert stieß dazu, im Laufe der Jahre kamen weitere junge Leute wie Helmut G. Müller, Guido Dobbratz und Gerhard Meier-Röhn. Die Bundesliga-Berichterstattung der ersten Jahre war ein Abenteuer, die produktionstechnischen Bedingungen aus heutiger Sicht ein Alptraum.

Der Film war das Produktionsmittel dieser Zeit. Pleiten, Pech und Pannen waren unsere täglichen Begleiter. Der Ton war das eigentliche Problem, das »Anlegen« und die »Synchronität«. Nie in meinem Leben werde ich vergessen, wie Klaus Kaiser im »Synchronstudio« im alten Funkhaus an der Stuttgarter Neckarstraße die Geräusche zum Tennis selbst produzierte. »Blub-blub-blub« machte der Filzball vor dem Mikrofon. Darüber hätte Kaiser fast vergessen, daß der »Doc« ihm das Manuskript zum Film weggenommen hatte. Jörg Stokinger, der erfahrene Radioreporter mit den Spezialgebieten Ringen und Gewichtheben, huldigte der Überzeugung, daß ein guter Reporter auch im Fernsehen keinen geschriebenen Text benötige.

Zurück zur Technik und den Produktionsmitteln jener Zeit. Live-Übertragungen gab es schon seit den ersten Anfängen 1954, das Signal allerdings wurde in den ersten Jahren nur in die Luft geblasen, eine Aufzeichnungsmöglichkeit bestand nicht. Als 1963/64 auch beim Südfunk-Fernsehen die MAZ (Magnetaufzeichnung) eingeführt wurde, begann eine neue Ära des Fernsehens. Die Zwei-Zoll-Magnetband-Maschinen waren – aus heutiger Sicht – riesige Ungetüme, die Bänder wurden mit der Schere geschnitten und in der beim Sport wegen Zeitnot üblichen Hektik in einem komplizierten technischen Verfahren wieder zusammengeklebt. Mein Gott Walter (Hambrecht)! Was da alles passierte, bis wir das einigermaßen im Griff hatten. Manche Tore sind nie mehr aufgetaucht oder als braune MAZ-Schnipsel im Müllsack gelandet. Wenn MAZ-Redakteur Charlie Wagner ob der Hektik seine Pfeife anzündete und dicke Rauchwolken produzierte, hatten wir meist auch noch die Feuerwehr im Haus. Die MAZ-Maschinen begannen im schnellen Vor- oder Rück-

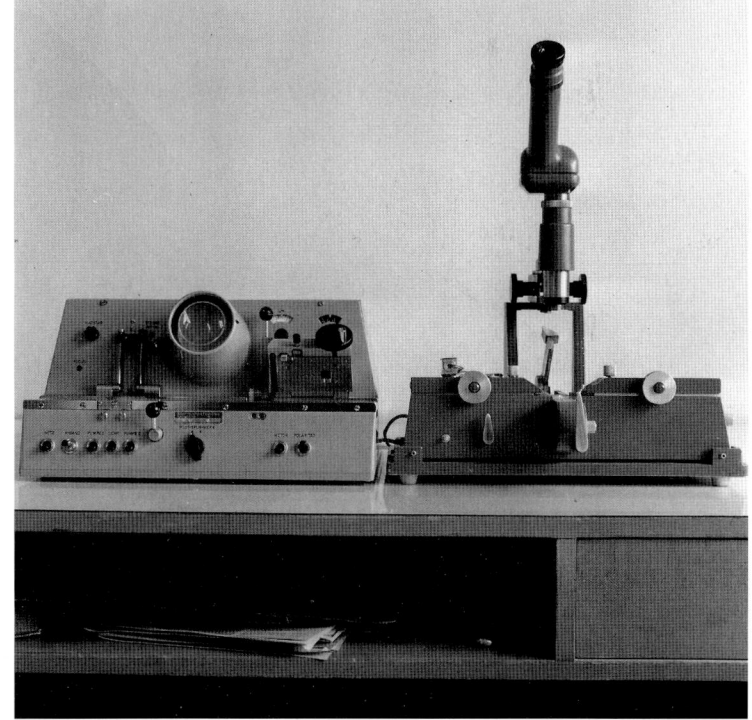

Zwei-Zoll-MAZ, das Aufzeichnungssystem seit Mitte der 60er Jahre.

Mechanische Schneideladen für die MAZ-Montage.

FS-Sport
Als Sportreporter unterwegs
Von Guido Dobbratz

Wie sich doch die Zeiten im Sportjournalismus und in der TV-Berichterstattung geändert haben! Als ich 1967 beim Südfunk-Fernsehen als junger Reporter begann, da war noch nicht groß die Rede vom Tennis oder vom Fußball. Gewiß bildete damals schon der Fußball einen Schwerpunkt, aber fast genauso intensiv beschäftigten wir uns mit Vereinen wie Frisch Auf Göppingen im Handball oder dem USC Heidelberg im Basketball. Genauso obligatorisch waren auf Geheiß unseres damaligen Chefs Dr. Jörg Stokinger Besuche beim Ringen, beim Gewichtheben oder bei der Sport-Akrobatik.

Besonders gerne entsinne ich mich auch noch an die Auslandsreisen, die ich zu Beginn der siebziger Jahre für den Südfunk und die Sportschau unternahm. Damals fuhren wir noch mit einem eigenen Team zu den Rollkunstlauf-Weltmeisterschaften nach Barcelona, zu den Welttitelkämpfen der Bogenschützen nach Interlaken oder zu den Weltmeisterschaften der Kunstradfahrer ins dänische Herning. Würde ich solche Themen heute auf unserer Redaktionskonferenz vorschlagen, fände ich wohl nur ein bedauerndes Achselzucken. Der Stellenwert solcher

lauf zu »spinnen«, die gewünschten Szenen unter Zeitdruck zu finden, war ungemein schwierig.

Erst eine »geniale« Erfindung von Walter Hambrecht brachte uns eine Erleichterung und ihm die verdiente Anerkennung in Fachkreisen. Ohne auf die zum Teil sehr unterhaltsamen Details der Verwirklichung der Hambrecht'schen Idee eingehen zu wollen, kann man sagen, daß es ihm in der Mitte der 60er Jahre gelang, eine Verknüpfung von Bild und »Zeit« in der MAZ zu finden, eine Art elektronisches Zählwerk. Das SDR-Verfahren wurde nach und nach von allen anderen Sendern der ARD übernommen.

Walter Hambrechts Idee war der Vorläufer des heutigen »Time-Code«!

Im Laufe der Jahre entwickelte sich die Technik weiter, der elektronische Schnitt mit Time-Code vereinfachte die Arbeit, der Zeitdruck und die damit verbundene gelegentliche Hektik sind allerdings bis heute geblieben.

Sport-Moderatoren Volker Rath (rechts) und Gerhard Meier-Röhn (links).

Sportarten ist im Laufe von zwei Jahrzehnten eben an die untere Grenze der Skala abgesunken, Teams für das Ausland werden kaum noch genehmigt.

Natürlich hat sich auch die TV-Landschaft gewaltig verändert, nimmt fast jedes Land produktionstechnisch seine Großveranstaltungen wahr. So würden heute Live-Bilder von Rollkunstlaufweltmeisterschaften gewiß vom spanischen Fernsehen angeboten, könnte ich bei den Kunstrad-Weltmeisterschaften auf Bilder des dänischen Fernsehens zurückgreifen. Schnell wären Leitungen bestellt, könnten die Bilder per Satelliten ins Haus flimmern. Doch wen würden heute noch längere Übertragungszeiten von solchen Außenseiter-Sportarten interessieren?

Höhepunkte neben den zahlreichen Reisen ins Ausland waren für mich natürlich auch immer wieder die Nominierungen ins ARD-Team bei Olympischen Spielen oder bei Fußball-Weltmeisterschaften, sei es nun als Reporter vor Ort oder als Mitglied in der sogenannten Heimatredaktion. Stets verbanden sich damit für mich auch besondere Erlebnisse, und die bleiben in der Rückschau nachhaltig haften.

So waren für mich die Olympischen Spiele 1972 in München faszinierend und beklemmend zugleich. Faszinierend, weil ich danach bis auf Lillehammer 1994 selten so fröhliche und heitere Spiele erlebt habe. Beklemmend, weil ich mich bei diesem immer noch nicht begreifbaren Überfall der palästinensischen Terroristen auf das israelische Olympiateam in unmittelbarer Nähe des Geschehens befand.

Mit nur noch drei, vier Kollegen in der Redaktion erhielten wir kurz nach dem Anschlag den Befehl, nicht mehr den Raum zu verlassen. Unser Redaktionsbüro lag nämlich nur drei Häuserblocks entfernt vom Tatort, und wir konnten mit bloßem Auge entdecken, wie die Polizisten ihre Stellungen zur Befreiung der Geiseln bezogen. Auf intern geschalteten TV-Bildern erfuhren wir dann das ganze Ausmaß des Geschehens, und wir durften erst wieder das Gebäude verlassen, als die Helikopter mit den Terroristen an Bord Richtung Fürstenfeldbruck aufbrachen. Der sportliche Alltag mußte weitergehen, aber die Spiele waren innerlich für uns beendet.

Viel lernen konnte ich auch bei der Fußball-Weltmeisterschaft 1974 in Deutschland, wo ich als Assistent des von mir verehrten und vielleicht populärsten deutschen Fußball-Reporters Ernst Huberty Einblick in dessen Arbeitsweise erhielt. Nichts konnte ihn erschüttern, und wie er nur mit wenigen Notizen versehen seine Live-Übertragungen würzte, oder aus dem Stegreif Kurzzusammenfassungen auf den Punkt brachte, das war allererste Sahne. Nicht vergessen werde ich auch, wie er mich am Abend nach einem Spiel immer wieder zu einem Kölsch und einem Korn aufforderte. Wie ich anschließend noch mein Zimmer erreichte und

Fußballweltmeisterschaft 1974. Einer der Spielorte war das Stuttgarter Neckarstadion.

Erich und Angelika Buck, Eistanz-Europameister 1968, im Gespräch mit Guido Dobbratz (M.), Kamera: Jens Möller.

FS-Sport

wie sich danach ständig mein Bett drehte, das war für den SDR-Reporter eine besondere Lehrstunde.

Schnell ist der Bogen gespannt zu den Olympischen Spielen 1976 in Innsbruck, bei denen Altmeister Heinz Maegerlein im ARD-Team die Oberaufsicht hatte. Hans-Joachim Rauschenbach kommentierte im Olympiastadion die Eiskunstlauf-Ereignisse, und ich hatte als Reporter kürzere Filmbeiträge oder Nachkommentare abzuliefern. Bei solch einer Redaktionstätigkeit erhielt ich plötzlich die Vorwarnung, mich auf die Übertragung der Paarlauf-Kür einzustellen. Die Leitung zu »Hajo« Rauschenbach ins Stadion stehe noch nicht, es käme kein Ton an. In aller Eile begab ich mich also ins Studio, breitete einige Blätter auf dem Boden aus, und schon war ich auf Sendung. Fast zwei Stunden lang kommentierte ich die Ereignisse, und später drückte mir Meister Maegerlein dankbar die Hand. Noch heute aber geht die Mär, der schlaue Schwabe Dobbratz hätte irgendwo die Leitung angezapft ... Wenn die wüßten, wie ich mit der Technik auf Kriegsfuß stehe!

Nicht vergessen werde ich auch die Nächte, die wir 1976 infolge des Zeitunterschiedes zu Montreal in der Heimatredaktion in Hamburg verbringen mußten. Todmüde suchten wir da am frühen Morgen im Studio eine Couch auf, um wenigstens für den nächsten Tag wieder fit zu sein. Damals erlebte ich auch, wie mein SDR-Kollege und jetziger Chef Gerhard Meier-Röhn noch eine Ruder-Übertragung mit dem Einer-Olympiasieger Peter Michael Kolbe über den Sender brachte und die nötigen Informationen erhielt. Ohne eigene Verbindung schaltete er sich nämlich auf eine Leitung des DDR-Fernsehens auf und konnte so das Geschehen kommentieren. Wir Schwaben sind halt »Cleverle«.

Es gäbe noch vieles zu berichten, klarzustellen, aufzuhellen, aber da fehlt einfach die Zeit. Zwei Dinge aber will ich noch ausplaudern. Einmal jenes Geschehnis bei der Rollkunstlauf-Weltmeisterschaft im australischen Brisbane, bei dem

Fußballweltmeisterschaft 1974. Im SDR-Studio Bundestrainer Helmut Schön (rechts) im Gespräch mit Günter Wölbert (links).

»Die großen Vereine«. Ein SDR-Team mit Helmut G. Müller bei Dreharbeiten im Stadion von Real Madrid mit dem legendären Vereinspräsidenten Santiago Bernabeu.

FS-Sport
Los Angeles und die Folgen

Von Alfred Schier

ich mit dem Südwestfunk per Telefon eine Schaltung über die Herrenkür verabredet hatte. Gerade nach einem 30stündigen Flug aus Europa angekommen, wurde ich mitten in der Nacht im Hotelzimmer durch einen Telefonanruf aus Deutschland geweckt. Ich griff apathisch zum Hörer, fand nicht einmal das Licht und hörte bereits am anderen Ende der Leitung die Stimme von Rudi Michel: »Und nun begrüßen wir Guido Dobbratz und wollen wissen, ob der Freiburger Michael Obrecht Weltmeister geworden ist ...« Nun, wie sollte ich das wissen, die Entscheidung fand erst eine Woche später statt. Der gute Rudi Michel hatte sich eben im Datum geirrt, aber das kommt in unserem Beruf auch einmal vor.

Noch eine letzte Begebenheit will ich nicht verschweigen, und das war jenes Erlebnis als Reporter des Pokalspiels Eppingen gegen den HSV vor nunmehr 20 Jahren. Damals war der 2:1-Sieg der Eppinger die erste große Sensation im deutschen Fußball, und seitdem war ich als »Pokalschreck« in Sandhausen, Geislingen und Weinheim dabei. Eppingen aber war die Initialzündung, und zwei Spieler der Eppinger Mannschaft gehören heute zu meinen Freunden. Der damalige Libero Jürgen Schieck sitzt mir gegenüber in der Redaktion als TV-Kollege und der damalige Torschütze Gerd Störzer verstärkt noch immer unsere Reihen bei Benefizspielen unserer Mannschaft vom FC Sport im Dritten. Fast drei Jahrzehnte unterwegs als Sportreporter, für mich gibt es keinen schöneren Beruf, keine schönere Berufung.

1978 war ein markantes Jahr für die Fernseh-Sportredaktion. Günter Wölbert übernahm die Leitung des Programmbereichs und setzte für die folgenden 10 Jahre die Akzente. Und mit seinem Amtsantritt am 1. Januar 1978 begann auch die Erfolgsgeschichte von »Sport im Dritten«.

Das Magazin für den Sport in Baden-Württemberg, egal ob's um Kegeln im Odenwald oder Europapokalspiele von KSC und VfB geht. Inzwischen hat »Sport im Dritten« fast 900 Ausgaben hinter sich, immer sonntags 21.45 Uhr. Die Mischung ist immer noch dieselbe: aktuelle Berichte vom Sport im Lande, Hintergrundreportagen, Porträts und illustre Studiogäste. Franz Beckenbauer, Boris Becker, Carl Lewis, Martina Navratilová, Gabriela Sabatini – alle waren sie schon bei »Sport im Dritten« zu Gast.

Die Ära Wölbert war in vielerlei Hinsicht eine Zeit des Aufbruchs und Wachstums für den Sport.

War die Fernseh-Sportredaktion in ihren Anfängen eher eine Nischenredaktion, die sich im wesentlichen auf die Berichterstattung aus der Region beschränkte, so brachten die 80er und die erste Hälfte der 90er Jahre eine fast explosionsartige Ausweitung des Aufgabenbereichs des Sports im SDR.

Dies liegt zum einen an der Vervielfachung der Sportsendezeiten der ARD, vor allem aber an der verstärkten Übernahme von Gemeinschaftsaufgaben in der ARD durch den SDR. Beginnend mit den Olympischen Spielen 1984 in Los Angeles entwickelte sich der SDR zu dem »Sport-Sender«, der wie kein zweiter in der ARD die Federführung sportlicher Großereignisse übernahm.

Bis Los Angeles 1984 galt in der ARD die unwidersprochene Maxime, nur die »großen Anstalten« wie WDR und NDR seien in der Lage, ein Mammutprojekt wie die Übertragung von Olympischen Spielen vorzubereiten und durchzuführen. So wurde denn auch die Arbeit des SDR bis zum Beginn der Sommerspiele '84 noch mit Skepsis betrachtet. Der überragende Erfolg der Übertragung aus Los Angeles machte den SDR dann allerdings in den Jahren danach zum »Sport-Sender« schlechthin.

Daß das gigantische Unternehmen Los Angeles gelang, hat wohl zwei Ursachen. Zum einen war es die akribische Gründlichkeit, mit der der damalige Sportchef Günter Wölbert und sein Team über Jahre hinweg die 200 Sendestunden aus Kalifornien vorbereiteten. Dazu kam das zum damaligen Zeitpunkt revolutionäre Konzept »unilaterale Berichterstattung«.

Bis zum Jahr '84 verließen sich ARD und ZDF bei Sportübertragungen aus dem Ausland fast ausschließlich auf Programmauswahl und Produktionsmittel der Europäischen Fernsehunion EBU. Eine

Günter Wölbert, Sportchef 1978–88.

Konzentration auf deutsche Sportler und Interessen war daher unmöglich. Nur ein Beispiel für die Schwäche des alten Systems: Als bei den Olympischen Spielen 1976 Peter Michael Kolbe im Ruderfinale um Gold kämpfte, hatte die ARD keine eigenen Möglichkeiten, den Zuschauern den Wettkampf zu zeigen. Man verfiel auf die Idee, sich auf das Bild des DDR-Fernsehens aufzuschalten, das via OIRT, die internationale Rundfunk- und Fernseh-Union, Bilder vom Rudern zeigen konnte. Das DDR-Fernsehen bemerkte die »Pira-

FS-Sport

terie« des Westfernsehens, setzte eine Kennung »DDR-Fernsehen« und gab so das West-Fernsehen der Lächerlichkeit preis.

Für die Olympischen Spiele '84 entwickelten deshalb Günter Wölbert und seine Mitarbeiter das System der unilateralen Berichterstattung. Eigene Regie, eigenes Studio, eigene Kameras gaben ARD und ZDF erstmals die Möglichkeit, unabhängig von anderen Fernsehanstalten der EBU Programm zu machen. Das Resultat: Übertragungen entsprechend den Interessen der deutschen Zuschauer und nicht nach dem Proporz der EBU. Rudern wenn Kolbe rudert, Basketball wenn die deutsche Mannschaft spielt, Hochsprung wenn Ulrike Meyfarth um Gold springt. Die Flexibilität des neuen Systems, die Moderationen aus Los Angeles und nicht von zu Hause waren ein so durchschlagender Erfolg, daß seither kein sportliches Großereignis mehr ohne das Prinzip »unilaterale Berichterstattung« mehr denkbar ist.

Einen zusätzlichen Schub erhielt der »Sport-Sender« SDR durch die Entwicklung Stuttgarts zur heimlichen »Sporthauptstadt« in Deutschland. Es begann mit den Leichtathletik-Europameisterschaften '86. Hervorragende Organisation und ein begeisterungsfähiges Publikum schafften jene spezifische Stuttgarter Atmosphäre, die einen wahren Run von Großereignissen nach Stuttgart auslösen sollte.

Basketball-Europameisterschaften, Davis-Cup-Finale, Tanz-Weltmeisterschaft, Rad-Weltmeisterschaften, gipfelnd im bisherigen Höhepunkt, den Leichtathletik-Weltmeisterschaften 1993.

Und ohne falsche Bescheidenheit darf man wohl feststellen, daß die vielfach mit internationalen Preisen ausgezeichneten Übertragungen des SDR ihren Teil dazu beitrugen, den Ruf der »Sportstadt« Stuttgart in alle Welt zu verbreiten.

Der Erfolg brachte es mit sich: Zunehmend häufiger wurde der SDR mit Federführungen von Sportereignissen im Ausland betraut. Die Höhepunkte einer ganzen Reihe: die Leichtathletik-Weltmei-

»Sport im Dritten«, das Erfolgsprogramm der Redaktion. Redakteure im Studio: Helmut G. Müller, SDR, (ganz links) und Rudi Michel, SWF.

Für das System der unilateralen Berichterstattung braucht das Deutsche Fernsehen eigenen Zugang zu den Satelliten.

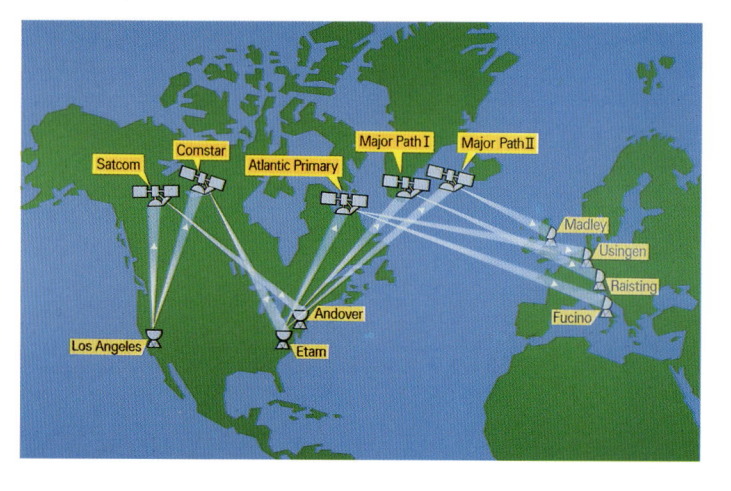

Das Satellitensystem bei den Olympischen Spielen in Los Angeles 1984.

Unilaterale Berichterstattung bei den Olympischen Spielen 1992 in Barcelona: das eigene Studio der ARD.

Als federführende Anstalt stellt der SDR einen Teil des Personals im ARD-Studio.

400 Sendestunden mußte die Technik 1992 aus Barcelona übertragen.

sterschaften '87 in Rom, die Leichtathletik-Europameisterschaften '90 in Split und die Olympischen Spiele '92 in Barcelona.

Vor allem für die Spiele in Barcelona wurde das Konzept der unilateralen Berichterstattung ausgeweitet und intensiviert. Zur eigenen Regie und dem eigenen Studio kamen eigene Übertragungswagen, die festinstalliert im Stadion, oder als letzter Entwicklungsschritt mobil und flexibel, Übertragungen von verschiedenen Orten ermöglichten, wo immer sich das Interesse der Zuschauer konzentrierte. Aus 200 Sendestunden von den Olympischen Spielen '84 wurden 400 in Barcelona, aus acht eigenen Kameras vor Ort wurden 25.

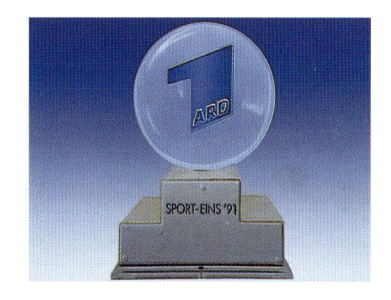

Resonanz der Zuschauer, Einschaltquoten und professionelle Kritik zeugen nach wie vor von der Richtigkeit des eingeschlagenen Weges. Aber keine Rose ohne Dornen. Derartige Übertragungen sind aufwendig und teuer, gerade ein kleiner Sender wie der SDR wird durch die Übernahme von Gemeinschaftsaufgaben oft bis an die Schmerzgrenze und darüber hinaus belastet. Personal und Produktionsmittel sind über Monate hinaus gebunden und stehen damit anderen Sendungen nicht mehr zur Verfügung. Hier einen gesunden Kompromiß zu finden, die Kür von Großereignissen mit Bravour zu absolvieren ohne die Pflicht der tagtäglichen Aufgaben zu vernachlässigen, war eine schwierige Aufgabe und wird es auch weiter bleiben.

FS-Regionalprogramm
Blick ins Land

Von Arno Henseler

Im Fernsehen fing es damit an, daß es nicht anfing, das Regionalprogramm. Für so etwas war überhaupt kein Geld da. Was an Fernsehgebühren hereinkam, reichte allenfalls für Gas, Wasser und Licht, aber schon die Gehälter der Gründungsmannschaft waren damit nicht zu finanzieren. Über Jahre hinweg hing das

Fernsehen am Tropf des Hörfunks.

Die Radio-Macher mußten auf gute zwanzig Minuten Programm verzichten, wenn eine einzige Minute Fernsehen zu bezahlen war. (Die Relation der Produktionskosten Hörfunk/Fernsehen wurden damals mit 25 zu 500 Mark je Minute ermittelt.)

Daraus entstand ein Spannungsverhältnis, das die Fernseh-Macher anspornen mußte, für das teure Geld anderer zumindest »Großes« darzubieten und das taten sie auch mit Erfolg. Es ist an anderer Stelle nachzulesen, welch bedeutende Rolle Stuttgart beim Aufbau des Gesamtprogramms, des ersten deutschen Fernsehens, spielte. Der Süddeutsche Rundfunk gab Impulse und setzte Zeichen. »Schaut her, was wir für euer Geld geleistet haben« wäre mit einem Regionalprogramm in den Gründerjahren nicht auszurufen gewesen.

Abgesehen davon; es hätte überhaupt kein Rezept gegeben. Per »man nehme« hätte erst einmal eine Region hermüssen und die gab es nicht. Rund um Stuttgart nicht einmal das ganze protestantische Kernland Württembergs, nord-westwärts gehörte die Kurpfalz dazu und jenes Nordbaden, rund um die alte Hauptstadt Karlsruhe. Tübingen, Reutlingen, Balingen, Tuttlingen, ganz Oberschwaben, Mittel- und Südbaden waren nicht dabei. Wohl nahmen als einzige in Deutschland die Bürger des Südwestens den Grundgesetzauftrag ernst und stimmten für das neue Bundesland Baden-Württemberg

Die Abendschaumannschaft Anfang 1983.

Das Abendschaustudio im strengen Design der 70er Jahre.

Das Abendschaustudio mit Zuschauern 1988.

FS-Regionalprogramm

(Theodor Heuss: »Ein Modell deutscher Möglichkeiten«), alle anderen Länder blieben Schöpfungen von Fürsten oder Militärs. Aber rundfunk-, besonders jedoch fernsehmäßig gab es weder eine Landes- noch eine Länderanstalt für Baden-Württemberg, lediglich Anstalten mit »Regionen« dahinter, die nicht einmal

23. April 1955, Intendant Dr. Fritz Eberhard in seiner Eröffnungsansprache zum Regionalprogramm:
»Heute abend, meine Damen und Herren, eröffnet der Süddeutsche Rundfunk sein Fernseh-Regionalprogramm. Künftig können Sie ihren Empfänger also an drei Tagen in der Woche – am Montag, Mittwoch und Samstag – um 19 Uhr einschalten.«

Sendegebiete waren. Das Programm wurde querfeldein ausgestrahlt. Absolut nachvollziehbar blieb für lange Zeit allein der Begriff

Gebühren – Einzugsbereich.

Die Männer der ersten Stunde waren vor 40 Jahren froh darüber, nicht auch noch ein Programmkonzept entwickeln zu müssen, das für zwei Verwaltungseinheiten zuständig gewesen wäre, die heute nicht einmal mehr mit den Grenzen von Regierungsbezirken übereinstimmen.

Die Stunde Null des Regionalfernsehens schlug dennoch und, wie beim Start des Fernsehens, waren zuerst einmal die Techniker da und bauten eine Möglichkeit auf, die sich am besten umschreiben ließe als »Fernsehen nicht für das Gesamtprogramm«.

1955 war es doch soweit. Da begann zunächst einmal der Südwestfunk mit einer regionalen Sportsendung am Montag. Empfangen wurde sie in Baden-Württemberg, Rheinland-Pfalz und Hessen, was die Fernsehredaktionen beim Hessischen Rundfunk in Frankfurt und beim Süddeutschen Rundfunk Stuttgart in die Verpflichtung drängte, sich anzuschließen. Was sie nur widerwillig taten. Neben dem Sport am Montag galt es bald noch den Mittwoch und den Samstag zu bestreiten. Unter dem Titel »Von Rhein, Main und Neckar« wurde im Juli 1955 ein Projekt gestartet, aus dem sich der Süddeutsche Rundfunk wieder zurückzog, um sich Besserem zu widmen: In der ARD wurde ein Nachmittagsprogramm aufgebaut, in das Stuttgart kräftig einstieg. Nebenher

Die Anfänge: die »Regionalecke« im Fernsehstudio 1 auf dem Killesberg 1955. Links vorn der Platz für die Ansagerin.

Sportberichterstattung am Montag war die Keimzelle des Regionalprogramms. 1965 bekam die Abendschau im neuen Komplex Stuttgart-Berg das eigene Studio 5.

Hans Ulrich Reichert, einer der vielseitigsten Mitarbeiter des SDR-Fernsehens, im Jahr 1957 Abendschau-Leiter, bei der Präsentation des Regionalprogramms.

FS-Regionalprogramm

auch noch Regionalprogramm, das war zuviel. Aber dann ging's doch.

Bereits 1957 gab es den Titel

Abendschau

Werktags von 19 Uhr bis 19.30 Uhr, abwechselnd aus Frankfurt, Baden-Baden und Stuttgart. Man produzierte mehr oder weniger das, worauf man Lust hatte und ignorierte geflissentlich, was aus den jeweils anderen Anstalten kam. Beim Süddeutschen Rundfunk wurde einfach ein kleines Programm zusammengestellt, aus der Stimmung des Tages heraus, erkennbar von Lokalkolorit durchdrungen. Die Redakteure der Abendschau des Süddeutschen Rundfunks waren Einheimische oder im Lande festverwurzelt. Es waren Vollblutjournalisten, mit Berufserfahrungen in Stuttgart und einem Gefühl dafür, was Zuschauer interessiert oder was ihnen gar Spaß machte. Nachdem 1961 die Abendschau ohne die Hessen lief, hätte es – im Turnus Baden-Baden/Stuttgart – die Möglichkeit gegeben, ein echtes Landesprogramm auf dem Boden »Land und Leute« zu forcieren. In dieser Zeit engagierte der SDR-Intendant jedoch Leute von »draußen«. Der Chefredakteur und drei Abendschauleiter hintereinander nahmen ihre Tätigkeit zeitgleich mit ihrem Zuzug in Stuttgart auf. Der Chefredakteur, der kein Hehl daraus machte, daß er von Schwaben (und Badenern – Er konnte nicht unterscheiden), wenig hielt, war andererseits ein engagierter Journalist, der die Abendschau – das war damals das sogenannte Regionalprogramm – mit System strukturierte. Es entstanden Fixpunkte (neben Sport wie bisher, Wirtschaft-, Kultur- oder Frauen-Schwerpunkte). In dieser Zeit wurde aber auch einmal pro Woche die »Probe auf's Exempel« ausgestrahlt, ein »Straßenfeger«. Alles saß vor dem Bildschirm um zu sehen, was etwa bei einem Auto-Kundendienst nicht gemacht (aber berechnet) wurde, wieviel eine Radiowerkstatt für ein nur einfach festzulötendes Eintrittkabel berechnete oder was dabei herauskam, wenn man einkaufende Hausfrauen gezielt nach dem exakten Preis von 100 Gramm Salz, zehn Eiern oder einem Pfund Mehl fragte. Die Presse und eigene Testzeitschriften nahmen sich der Idee an und die Abendschau gab auf. Aus dieser Zeit stammt auch das »Ärgernis der Woche«, das bis in die neunziger Jahre seine Fans behielt. Und es gab Nachrichten, vom Blatt gelesen, mit jenen Formulierungen, wie sie von Nachrichtenagenturen nun einmal geprägt werden. An den Abendschau-Tagen aus Baden-Baden wurden Nachrichten in Übergangsmoderationen integriert. Aus heutiger Sicht journalistische Willkürakte, da man einfach wegließ, was in die jeweilige Sendung nicht paßte.

Trotzdem: Ende der 50er Jahre hatte sich in Baden-Württemberg die Abendschau als einheimisches Programm einge-

Karl Ebert

Wenn je im SDR-Fernsehen – im Landesprogramm und in der Dokumentation – ein Mitarbeiter gewirkt hat, der die Eigenheiten und Qualitäten der »Südweststaatler« im besten Wortsinn verkörperte, dann war es Karl Ebert: Sohn einer schwäbischen Mutter, einer Remstälerin, und eines badischen Vaters aus der Burgunder-Gemeinde Waldulm. Was Wunder, daß ihn mit den badisch-schwäbischen Genen unter anderem auch Weinverstand und Weinfreude prägten. Besonders signifikant für »den Karle« war über viele Jahrzehnte hinweg sein Talent, auf Menschen zuzugehen, Menschen aufzuschließen, mit seinem Interesse für Menschen das Interesse und Verständnis für Menschen bei seinen Zuschauern und Zuhörern zu wecken. Viele seiner späteren »Chefs« und Auftraggeber lagen noch in den Windeln, da hatte der Gastwirtsohn – geboren 1906 in Steinheim auf der Ostalb – längst bei Radio Stuttgart als Reporter und Sprecher seinen festen Platz am Mikrofon und im Bewußtsein der Hörer erobert. Dabei wollte er zunächst bei einem anderen Medium Karriere machen: bei Friedrich Holländers Cabaret-Theater debütierte der junge Schauspieler in Berlin. Der Not gehorchend, in die seine Familie während der nachinflationären Krisenzeit geraten war, kehrte er heim an den Nesenbach. Ein Glücksfall für das junge Radio und – wie er später gerne einräumte – auch für ihn.
Nach Exkursionen als Sportreporter (u.a. bei den Olympischen Spielen in Berlin) und als Kriegsberichterstatter an vielen Fronten zählte er auch beim Neubeginn des Rundfunks in Stuttgart bald wieder zu den Pionieren. Erneut als Allroundtalent – und mit profundem Erfolg – als Reporter, Regisseur, Autor und Darsteller – etwa in der legendären Familie »Staudenmaier«, für die er – inzwischen im »Schwabenalter« – den vorwitzigen Junior mimte.
Doch nicht nur im Funkstudio, sondern vor allem beim »Bildfunk« bewies Karl Ebert bis in sein 9. Lebensjahrzehnt, daß bei regem Geist, Neugier und Engagement die Jugend im Kopf nicht in Korrespondenz zu Geburtsdaten im Presseausweis stehen muß. Ob im bunten Feuilleton für die Abendschau, ob als einfühlsamer Chronist für die große Dokumentation – immer waren es Menschenbilder, die der Autor und Reporter auf dem Bildschirm lebendig werden ließ, mit Kunstverstand (z. B. bei »Ida Kerkovius«) mit pfiffiger Ironie (z. B. als Stimme des fiktiven Staatssekretärs Hägele), mit wahrer Liebe zur Heimat (z. B. in einem Portrait eines knorrigen Schäfers von der Alb). Wenn heute die TV-Macher wieder die »Nähe« zu Land und Leuten als Stärke und Postulat für ihr Programm entdecken, kann ihnen nichts Besseres empfohlen werden, als sich im FS-Archiv Vor-Bilder auszuwählen, die in eindrucksvoller Zahl und beispielhafter Qualität unter der Autoren-Adresse »Karl Ebert« zu finden sind.

Baden-Württemberg, stets angestrebt, stets umkämpft als Zielgebiet des Regionalprogramms des SDR. Die Vorstellung vom »Landessender« geht zurück auf das Jahr 1970.

führt, als engagiertes, eher politisches und oft bissiges Programm. Etabliert und unumstritten setzte sich der Stuttgarter Stil durch und er war anerkannt. Unterdessen hatte sich beim Fernsehen des Süddeutschen Rundfunks eine »eingeborene« Führung etabliert: Intendant, Direktor und Chefredakteur waren unüberhörbar Landeskinder. Damals wirkte auch ein Abendschauleiter, der ebenso unüberhörbar aus der Region stammte. Er führte aber die jetzt täglich vom Süddeutschen Rundfunk ausgestrahlte »Abendschau Baden-Württemberg« wie seine Vorgänger weiter. Er betonte den Politmagazin-Stil, nahm sich auch Themen aus weiter Ferne an (Hauptsache, Baden-Württemberg war tangiert). Daneben schuf er aber mit der Figur des »Bruddlers« eine echte Landesprogramm-Rubrik. (Der »Bruddler« wäre außerhalb des Landes unsendbar gewe-

FS-Regionalprogramm

sen, auch wenn er sich gerne großer überregionaler Probleme annahm.) Als Chefredakteur imitierte dieser schwäbische Abendschauleiter später ein Regionalmagazin mit typischer Heimatprägung und Mundart-Präsentation – allerdings in Bremen.

Der Süddeutsche Rundfunk hatte aber trotz der festen Führung für die Abendschau noch lange kein eigenes Regionalprogramm im Fernsehen. Der Südwestfunk Baden-Baden war beteiligt mit Widerspruchsmöglichkeiten und Anspruch auf eine »Quote« von 1/3 aller Beiträge.

Als im Sommer 1968 die Landesregierungen des Saarlandes, von Rheinland-Pfalz und Baden-Württemberg eine unabhängige Kommission beauftragten, Möglichkeiten zu ermitteln, die rundfunkpolitische Landschaft im Südwesten zu bereinigen, währte es bis 1970, ehe das bescheidene Ergebnis vorlag:

Es sollte für ganz Baden-Württemberg eine eigene Rundfunkanstalt geschaffen werden (das war die Feststellung der Mehrheit). Eine Minderheit meinte, eine Super-Anstalt als Dreiländer-Sender wäre wohl auch das Richtige. Ein einziges Mitglied der Kommission aber behielt recht mit der Empfehlung: man solle es doch beim »Status quo« belassen, mit dem eigentlich keiner der unmittelbar oder indirekt Beteiligten zufrieden war:

Der Ministerpräsident von Baden-Württemberg ließ keinen Zweifel daran, daß ihm die Mehrheitslösung, also der Landessender für ganz Baden-Württemberg sehr willkommen gewesen wäre.

Fernsehdirektor Horst Jaedicke, 1955/56 selbst Abendschau-Leiter, 1981 bei der Prüfung einer neuen Landesschau-Dekoration im Modell.

Auch der Intendant des SDR hätte dem zugestimmt, er ließ aber auch keinen Zweifel daran, daß ihm die gesetzlich verankerte »Staatsferne« des Süddeutschen Rundfunks heilig war. Wo genau dabei ein Mißverständnis aufkam, wird sich nie genau ergründen lassen. Die Regierung warf dem Intendanten vor, »Staatsferne« als Auftrag zur journalistischen Opposition umzudeuten; der Intendant wiederum sah im politisch oktroierten Landessender die Gefahr, wertvolle Unabhängigkeit aufs Spiel zu setzen. Was keiner wollte kam:

Kein Landessender – kein eigenes Landesprogramm.

Und so kommt es, daß der Süddeutsche Rundfunk 40 Jahre Fernsehen feiert und immer noch kein ausschließlich eigenes Regional- oder Landesprogramm mitfeiern kann.

Damit sei aber nicht zu übersehen, daß das nie selbständige, stets durch Kooperations-Verpflichtungen und Rücksichten bestimmte Stuttgarter Regionalprogramm (vielleicht sogar deshalb) eine in der ARD einmalige Kraft und Fruchtbarkeit demonstrierte. Das geschah nicht allein aus der Abendschau heraus. Gewissermaßen als Kind von Abendschau und Stuttgarter Tagesschau-Redaktion entstand ab 1. Januar 1966 eine kurze Informationssendung, 5 Minuten lang, unmittelbar vor der Tagesschau, unter dem Namen »Aktuell – Nachrichten aus Baden-Württemberg«. Aus 5 wurden 8 und später sogar 14 Minuten. Der Sendeplatz wurde verschoben, nach Protesten wieder hergestellt, auch der Titel blieb vom Wechsel nicht verschont, zuletzt: »Landesschau« (die Sendung mit DER Uhr). Sie wurde zur beliebtesten Regionalsendung – mit Rekordeinschaltquoten (bis zu 4 Mio. Zuschauer vor dem Heraufdämmern der trivial-kommerziellen Konkurrenz). Als im dritten Programm Regionalsendungen unterzubringen waren, sprangen Abendschau und Landesschau ein und setzten, jede Redaktion auf ihre Art, Zeichen. Manche als überaus innovativ gefeierte Sendungsform in ARD und ZDF, später auch bei den Kommerz-Kanälen, hat ihre Wurzeln in Beiträgen, die einst Abendschau oder Landesschau ins Programm einbrachten. Und viele prominente Fernseh-Schaffende bundesweit haben einmal in den Stuttgarter Regionalredaktionen gelernt oder gar angefangen.

Aber heute vor 40 Jahren? Da war eigentlich noch nichts!

Arno F. Henseler

Als ein Symbol für Präzision, kunsthandwerkliches Geschick, ausgefeilte Technik – kurzum für landestypische Leistung – so wollte Arno F. Henseler die klassisch schöne Uhr gewertet wissen, die rasch zum Markenzeichen »seiner Landesschau« wurde. Heute noch hat sie ihren Ehrenplatz auch im zeitgeist-angepaßten Design der Landesnachrichten. Und wenn jetzt der Titel »Landesschau« als Dachbegriff gleich für mehrere Sendungen mit Baden-Württemberg-Bezug gilt, dann darf dies den »Arno F.« in seinem Ruhestandort Ludwigsburg ebenso mit stolzer Genugtuung anrühren wie die Tatsache, daß sich aus seinem Stall viele Fohlen zu Zugpferden entwickelt haben. Arno Francois Henseler, geboren 1925 zu Genf, aufgewachsen in Konstanz, seit 1945 Journalist mit Leib und Seele, kunstsinnig, spitzzüngig und polyglott, hatte im »Wespennest« wie bei »Christ und Welt«, bei IBM und beim Bayerischen Fernsehen genug Erfahrungen gesammelt, um 1959 in der jungen SDR-Mannschaft sich der Aktualität anzunehmen. Berichte für die »Tagesschau« wie für »Report« gehörten ebenso dazu wie das Vordenken der Nachrichten aus dem Land, für das Land. So wurde er nicht nur Vater der »Landesschau«, die dann am 2. 1. 1966 als erstes »kooperiertes SDR/SWF-Programm« unter Stuttgarter und damit Henselers Federführung auf Sendung ging. Und im April 1987 war die 6000ste lange noch nicht seine letzte. Daß er auch als Hausherr im »Treffpunkt Fernsehturm« und Gastgeber im Abendprogramm Südwest 3 auftrat, war ihm weniger wichtig als die Sorge, mit seiner aktuellen Sendung den »Bindestrich zwischen Baden und Württemberg« zu verstärken. Dafür konnte er auch das telegene Bersten von alten Fabrikschornsteinen zur Allegorie für den Wandel der heimischen Industriestruktur hin zu »High Tech« hochstilisieren. Nachwuchskräfte in Kompaniestärke haben unter seinem nicht immer milden Kommando den Umgang mit Bild und Wort geübt, geübt und immer wieder geübt – und wenn es an der »Apfel-Kiste« war, dem Reservoir für die Beiträge, die nicht tagesaktuell, aber als anschauliche Ergänzung wichtig waren für das Gesamtbild der Sendung, wie sie Arno F. für Land und Leute »stricken« wollte.

Aktion »Ziegel für Pforzheim« 1968.

Lokaltermin »Ausbau des Neckarstadions« 1971.

Werner Veidt, »der Bruddler« in den 70er Jahren.

Alles schon mal dagewesen

Innovationen in 40 Jahren Regionalprogramm

Probe aufs Exempel 3. 8. 61–3. 4. 85
Vorbild für Waren- und Leistungstests – und für die »versteckte Kamera"

Abendschaubar 13. 7. 63–5. 11. 66
Die »Schaubude« auf schwäbisch

Ziegel für Pforzheim 12. 7. 68/22. 7. 68/13. 9. 68
Solidaritätsaktion von Prominenz und Bürgern für eine sturmverwüstete Stadt

Der Bruddler 31. 1. 70–21. 2. 76
Ein Nörgel-Philosoph wird zur Kultfigur

Umwelt-Serie 16. 2. 71–22. 9. 72
Über 100 Sünder wurden ertappt, bevor Biotope »Biotope« genannt wurden

Ärgernis der Woche 6. 3. 71–8. 1. 86
Die Abendschau als Ombudsmann

Naegeles Abendschau-Hitparade 30. 4. 71–31. 12. 74
Die allerersten Video-Clips für das »Lied zum Sonntag«

Stars von damals 4. 6. 71–20. 4. 74
Nostalgie für Film-, Theater- und Schlagerfans

Lokaltermin ab 12. 10. 71
Heiße Themen vor Ort und live mit Bürgerbeteiligung diskutiert

Abendschau-Film des Zuschauers ab 15. 12. 72
Bürgerbeteiligung an der Programmproduktion

Gastspiel 20. 10. 73–3. 7. 81
Präsenz in der Provinz oder die Erfindung der Nähe

Hocketse 22. 11. 77–30. 5. 78
Information mit bodenständiger Unterhaltung verknüpft – ehe »Infotainment« erfunden wurde

Landesschau-Marktbericht 29. 6. 78–12. 4. 84
Tips, Rezepte, Service für die Hausfrau

Weinkolleg 12. 10. 78–19. 4. 79
»Interaktives« Fernsehen für Viertelesschlotzer

Feuerwache/Treffpunkt Fernsehturm 12. 2. 81–20. 1. 85
Frühe Experimente zum »Ballungsraum«-Fernsehen

Abendschau auf Achse 29. 1. 82–25. 1. 86
Das Regionalprogramm unterwegs in den Regionen

Aktion DM-Sparen 11. 2. 82–14. 10. 82
Verbraucherhilfe im Großen wie im Kleinen

Alter-nativen 6. 7. 82–7. 1. 86
Motivation für aktive Senioren

Abendschau-Kitschmuseum 16. 5. 84–14. 7. 84
Volks- und Regionalkultur mit besonderer Eigenart

Treffpunkt ab 3. 2. 85
»Ereignis«-Fernsehen vom Wochenende

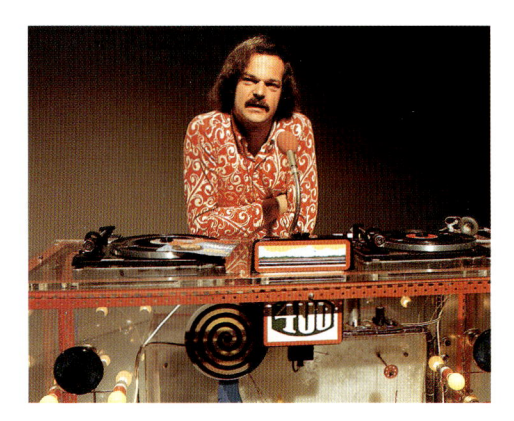

Abendschau-Hitparade mit Manfred Naegele.    Bürgerzorn artikuliert im Fernsehen.

Das Regionalprogramm demonstriert Zuschauernähe.

Trivialgeschmack auf die Schippe genommen.    Aufklärung in Sachen Genuß: das Weinkolleg.

FS-Landesprogramm Baden-Württemberg
Das neue Kooperationsgefühl
Von Viktor von Oertzen

Wie mißt man Kooperationserfolg? An der Zahl der gefahrenen Autobahnkilometer zwischen Stuttgart und Baden-Baden? An der Zahl der zwischen Süddeutschen Rundfunk und Südwestfunk geführten Telefongespräche? An den nicht endenwollenden Redaktionssitzungen?

Sicher nicht! Auch wenn in dieser Art manchmal der Kooperationsalltag zwischen SWF und SDR heute noch so aussieht, ist die Meßlatte eine andere. Der Fernsehzuschauer entscheidet, ob ihm das Programm gefällt, das mit oder ohne Kooperation entsteht. Deshalb war die entscheidende Frage vor dem 1. Januar 1991: Kann es einer aus SDR- und SWF-Machern zusammengeworfenen Mannschaft besser gelingen als den bisher eher gegen- als miteinander arbeitenden Redaktionen? Die Skeptiker waren damals, als die gemeinsame Hauptabteilung »Fernsehen Landesprogramm« gebildet wurde, sicher in der Überzahl.

Nach über drei Jahren sieht die Bilanz stattlich aus:

– Die Zahl der Sendungen aus dem Land für das Land ist erheblich gestiegen.

– Die Sendungen für Baden-Württemberg sind zuschauerorientiert in »Südwest 3« plaziert. Vor allem die »Landesschau« um 19.20 Uhr vor der Tagesschau mit ihrem Medienlöwen »Staufi« als Erkennungsmerkmal und ihrer Mischung aus Nachrichten und Hintergrundberichten ist zum Publikumsliebling geworden. Mit ihr sind die bis dahin getrennten Sendungen »Abendschau« und »Landesschau« (früher im ARD-Programm) zusammengefaßt worden. Bis zu 800 000 Zuschauer täglich nutzen diese besondere Baden-Württemberg-Information.

– Durch die enge Zusammenarbeit der Redaktionen und der Produktionsbetriebe konnte der Aufwand reduziert werden. Die früher »heiligen« Sendegebietsgrenzen entlang der Autobahn Karlsruhe – Ulm werden jetzt ignoriert – im Interesse der Programmqualität und der sinnvollen Nutzung der Fernsehgebühren.

Die Aktivitäten des Landesprogramms Baden-Württemberg haben so dazu beigetragen, daß »Südwest 3« nicht mehr ein Programm »ohne Stallgeruch« ist, wie manche Kritiker früher im Ländle bemängelten, sondern ein »Programm der Nähe«. Die Zuschauer haben es den Machern entgolten, in dem sie häufiger im Dritten vorbeischauen.

Das Landesprogramm Baden-Württemberg ist medienpolitisch innerhalb der ARD ein einzigartiges Experiment. Nirgendwo sonst hatte man bisher den Mut, zwischen zwei unabhängigen Landesrundfunkanstalten eine wichtige Programmhauptabteilung zusammenzulegen. Zwei zuständige Intendanten, zwei Fernsehdirektoren, zwei Fernsehausschüsse und 140 Journalisten an drei Standorten: natürlich ist das auch im Südwesten nicht ohne Streit, Ärger und Frust abgegangen. Und manche nichtharmonisierte Verwaltungsvorschrift zwischen SDR und SWF hat dennoch das Senden bisher nicht verhindert. Kooperation kann ganz offensichtlich auch bei einigen ungeklärten Problemen dennoch funktionieren.

Es gibt weiterhin viel zu tun. Auch im vierzigsten Fernsehjahr im Südwesten Deutschlands gibt es immer neue Herausforderungen. Es gilt, sich mit den neuen Plänen für ein Ballungsraumfernsehen für den Raum Stuttgart durch kommerzielle Konkurrenten auseinanderzusetzen. Dagegen steht das Konzept von SDR und SWF: ein Fernsehen für das ganze Land von Wertheim bis Konstanz mit den Sendungen »Treffpunkt«, »Mundart und Musik«, »Landesschau unterwegs«, »Lokaltermin«, »Forum Südwest«, »Politik Südwest« und den schon erwähnten aktuellen Sendungen.

Es ist eine Herausforderung, eine so vielfältige Landschaft wie in Baden-Württemberg täglich so abzubilden, daß sich viele darin wiederfinden. Natürlich dominiert die Landeshauptstadt mit ihren Ereignissen schnell ein Programm. Doch die Kurpfalz, Südbaden, Oberschwaben und Hohenlohe werden nicht aus den Augen verloren. Dafür stehen die Fernsehkorrespondenten in sieben Städten, die »ihre« Regionen täglich ins Programm bringen. Landesprogramm ist heute ein

Studio 2 mit der aktuellen Dekoration für die Landesschau Baden-Württemberg.

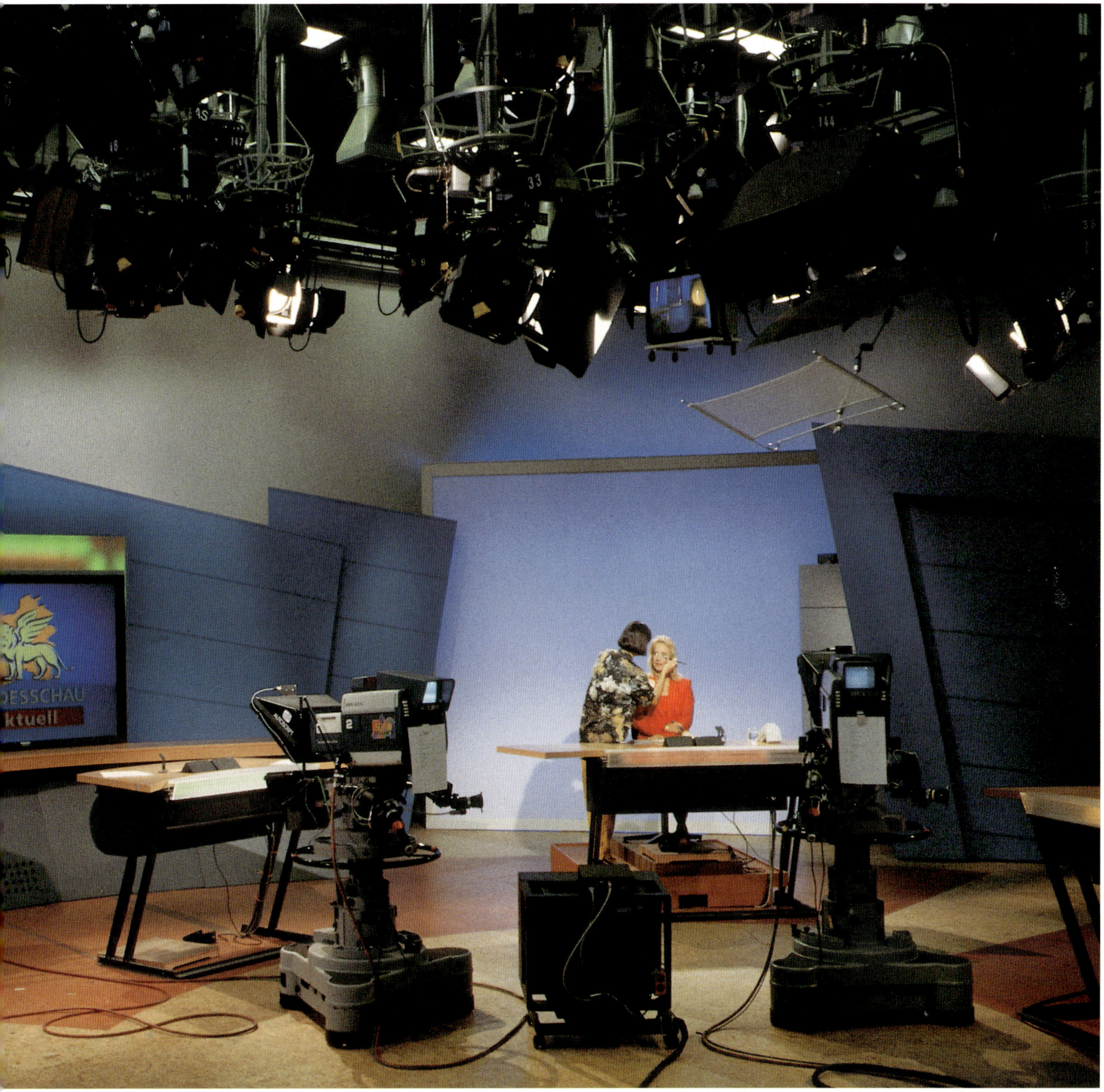
DESSCHAU
ktuell

FS-Landesprogramm Baden-Württemberg

Die Sendung »Treffpunkt« informiert seit 1985 in Reportageform über mannigfaltige, auch ausgefallene, Aktivitäten am Wochenende im Ländle.

Auch »Mundart und Musik« mit Kristina Reichert (3. v. l.) und Uwe Hübner (3. v. r.) schöpft aus dem Schatz der Regionen.

Fernsehen, das Bürger und Zuschauer vor ihrer Haustür erleben können und das ihre Sprache, auch ihre Mundart spricht.

Deswegen ist die Baden-Württemberg-Berichterstattung heute nicht mehr nur ein Informations-Kulturprogramm. Es spiegelt auch die anderen, eher bunten Facetten des täglichen Lebens wider. Das heißt: dabeizusein, wenn die schwäbisch-alemannischen Narren im Häs durch die Straßen von Buchen ziehen. Das ist auch die filmische Erzählung vom Lebens eines Räubers aus dem 18. Jahrhundert, der Legende vom »Schwaren Veri« in Biberach, das ist der Besuch bei der Alemannischen Bühne in Freiburg und der ausführliche Reisetip über das Taubertal in der Sendung »Fahr mal hin«.

Die Einrichtung des »Landesprogramms« war für SDR und SWF ursprünglich eine Maßnahme zur Abwehr der angedrohten Fusion, eine Art medienpolitische Notbremse. Jetzt, vierzig Jahre nachdem der SDR mit Fernsehproduktionen im Südwesten begann, hat diese Form der Zusammenarbeit die Fernseharbeit für das ganze Land neu belebt und die Macher eines Landesfernsehens motiviert – bereit, sich mit den Herausforderungen der Zukunft auseinanderzusetzen.

Verweildauer leitender Persönlichkeiten in der HA Information seit Bestehen des SDR-Fernsehens

Zeit	Intendant	Fernsehdirektor	Chefredakteur	AS-Leiter	Leiter Nachrichten
1955	F. Eberhard	H. Jedele		H. Jaedicke	
1956					
1957				H. U. Reichert	
1958	H. Bausch			H. Greulich	
1959		H. Jaedicke			
1960					
1961			H. Hammerschmidt		
1962				H. R. Fritsche	
1963				W. Mechtel	
1964			E. Obermann		
1965				K. Ullrich	
1966					A. Henseler
1967				E. Obermann	
1968				U. Kienzle	
1969					
1970					
1971					
1972				Kienzle/Strobach	
1973				M. Strobach	
1974					
1975					
1976				D. Schickling	
1977					
1978					
1979					
1980					
1981				H. Jaedicke	
1982				W. Backes	
1983					
1984		Jaedicke/Boelte			
1985		H. H. Boelte	Obermann/Elitz		
1986			E. Elitz		
1987				Backes/Reichert	
1988				K. Reichert	
1989					
1990	H. Fünfgeld				
1991				W. Trippel	G. Haug
1992					M. Fastus/A. Narr
1993					A. Narr
1994			Elitz/Stenzel		

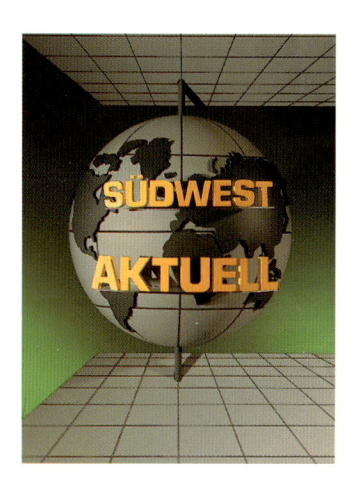

FS-Kultur, Spiel, Unterhaltung
Vier Programmbereiche unter einem Dach

Von Dr. Dieter Schickling

Vierzig Jahre Fernsehgeschichte sind nicht nur die Geschichte von Programmentwicklungen, Programmerfolgen und Programminnovationen, sondern auch die Geschichte von Programmveränderungen, die als Reflex auf Veränderungen im gesellschaftlichen, kulturellen und politischen Umfeld des Fernsehens eintraten.

In den nachfolgenden vier Berichten wird die frühe und mittlere Geschichte von vier Programmbereichen beschrieben, die fast vom Beginn des Fernsehens an sich nebeneinander entwickelten, zwar mit zahlreichen Querverbindungen, aber doch in relativer Selbständigkeit. So betätigte sich zum Beispiel das Familienprogramm, wie Elisabeth Schwarz eindrucksvoll darstellt, in allen Formen journalistischer und künstlerischer Programmgestaltung – von der Spielserie bis zur Dokumentation, vom Unterhaltungsquiz bis zum Magazin, von der Kinokoproduktion bis zur Nachrichtensendung – obwohl es für alle diese Formen quasi nebenan auch spezialisierte Fachbereiche gab. Solch kreativer Reichtum samt einem freundschaftlichen Wettbewerb zwischen den Bereichen stieß Mitte der achtziger Jahre an eine bis dahin fast unbekannte Grenze: Mit der Zulassung kommerzieller Fernsehveranstalter endete das Monopol des öffentlich-rechtlichen Fernsehens und zugleich seine großzügige und nahezu unstrittige Ausstattung mit Gebührengeldern.

In dieser Situation, in der sich eine drastische Verknappung der personellen und finanziellen Ressourcen für weitsichtige Planer bereits absehen ließ, wurden die bis dahin selbständigen Programmbereiche Fernsehspiel, Unterhaltung, Familienprogramm, Kultur und Gesellschaft sowie Vorabendprogramm zur Hauptabteilung Kultur, Spiel, Unterhaltung zusammengefaßt, der auch die bis dahin in der Chefredaktion angesiedelte Redaktion »Unterhaltende Information« oder »Journalistische Unterhaltung« eingegliedert wurde (heute »Unterhaltung II«).

Mit dieser Neuordnung aller Bereiche außerhalb der »klassischen« Chefredaktion sollte eine Zusammenfassung der Kräfte erreicht werden, eine Bündelung der vielfältigen Aktivitäten, auch eine rationelle Konzentration der Ressourcen. Heute läßt sich im Rückblick erkennen, daß dies mehr war als nur eine Organisationsreform. In Wahrheit markiert die Bildung dieser Hauptabteilung zugleich das Ende einer Epoche, die den größten Teil der jetzt vierzigjährigen Fernseh-Geschichte im Süddeutschen Rundfunk ausmacht. Bis dahin hatten großflächige Programmideen und ästhetische Fragestellungen die Arbeit des Fernsehens geprägt. Es waren Dokumentarfilm-Reihen entstanden, die einen neuen Darstellungsstil herausbildeten und/oder zeitgeschichtliche Themen analytisch und auch mit einem gewissen pädagogischen Impetus aufarbeiteten; das Fernsehspiel hatte sich neben dem Theater, dem Spielfilm und dem Hörspiel zu einer angesehenen neuen und eigenständigen Kunstform entwickelt, die Unterhaltungsshow und unterhaltende Kleinformen waren aus dem Schatten des auch unter dem Einfluß des Fernsehens absterbenden Varietés herausgetreten.

Im Augenblick seiner formalen und inhaltlichen Festigung, gleichsam mit dem Eintritt des Fernsehens in sein Erwachsenenalter, begann auch seine Krise. Gerade die Bereiche dieser Hauptabteilung, die sich als eigentliche Träger des Kulturauftrags des öffentlich-rechtlichen Fernsehens verstanden, hatten sich zunehmend mit ganz anderen Fragen zu befassen: mit Minutenpreisen und der Bedeutung von anteiligen Betriebskosten, mit Einschaltquoten und Marktanteilen, mit Projektbewilligungen und Programmwertziffern. Kleiner geworden ist nicht das kreative

Potential, wohl aber der Spielraum, der ihm zur Verfügung steht. Insbesondere jedoch haben sich die Kriterien verändert, nach denen Erfolg und Mißerfolg gemessen werden. Waren viele Programme in diesem kulturellen Bereich früher quasi von selbst nationale Ereignisse, weil sie fast konkurrenzlos ausgestrahlt wurden, so haben heute selbst populäre Sendungen um publizistische Beachtung zu ringen, bedürfen intensiven »Marketings« und einer umfangreichen Öffentlichkeitsarbeit. Qualität versteht sich nicht mehr von selbst, sondern hat sich unter immer einschränkenderen Bedingungen täglich neu zu etablieren.

Die Programme der Hauptabteilung decken dennoch nach wie vor ein weites kulturelles Feld ab. Sie reichen von der anspruchsvollen Spezialität für engagierte und interessierte Minderheiten bis zur breiten Massen-Unterhaltung, und dazwischen finden sich denkbar viele Varianten. Dabei gilt es, traditionelle Formen ebenso ständig weiterzuentwickeln wie neue Tendenzen aufzuspüren und in Sendungen umzusetzen, damit der Auftrag öffentlich-rechtlichen Fernsehens bewahrt bleibt, nämlich Kulturfaktor und Massenmedium zugleich zu sein. Deshalb umfaßt dieses Programm »klassische« Features zu Themen der Zeit ebenso wie das »peppig« aufbereitete kulturelle Magazin »Et Zetera«, die renommierte Gesprächsrunde (oder »Talkshow«) »Nachtcafé« wie spielerisch-informative Sendungen bis hin zu formal innovativen Satire-Experimenten der Abteilung Unterhaltung II, ästhetisch anspruchsvolle Fernsehspiele junger Autoren und Regisseure ebenso wie spannende »Tatort«- und »Polizeiruf«-Folgen mit aktuellen gesellschaftspolitischen Inhalten, Opern- und Konzert-Übertragungen ebenso wie die große Unterhaltungsshow »Verstehen Sie Spaß?« (dank dem Protagonisten Harald Schmidt Flaggschiff des ARD-Programms), mit dem »Disney-Club« das populärste Kinderprogramm im deutschen Fernsehen wie nächtliche Pop-Konzerte für ein jugendliches Szene-Publikum.

Es ließe sich trefflich spekulieren, wie eine solche Beschreibung in einer ähnlichen Broschüre in zehn Jahren aussehen mag, zum dann fünfzigjährigen Jubiläum des Fernsehens im deutschen Südwesten. Die Entwicklung des letzten Jahrzehnts haben nur wenige an seinem Beginn annähernd richtig vorausgesagt. Deshalb ist wohl auch jetzt die Möglichkeit des Irrtums groß, wenn man eine Prognose für die nächsten zehn Jahre wagt. Sicher immerhin scheint, daß die glorreiche Fernsehvergangenheit so nicht mehr zurückkehren wird. Das öffentlich-rechtliche Fernsehen wird sich gerade auch in seinen kulturellen Inhalten und Formen weiter verändern. Daß es dabei in seinem besonderen Auftrag und seiner besonderen Qualität als attraktives Angebot für einen möglichst großen Teil der Zuschauer erkennbar bleibt, ist die fortwirkende Aufgabe nicht zuletzt dieser Hauptabteilung Kultur, Spiel, Unterhaltung.

FS-Dokumentar/Kultur und Gesellschaft

Immer Ärger mit der Wirklichkeit

Von Rainer C. M. Wagner

Die Geschichte der Stuttgarter Dokumentarabteilung läßt sich ganz einfach in Dekadenabschnitte gliedern.
1. Aufbau (bis 1964)
2. Ausbau (1964–1973)
3. Substanzerhalt (1974–1983)
4. Rückbau (ab 1984)

Die ersten beiden enden jeweils mit einem Rechenschaftsbericht des Leiters, wobei der erste 1964 eher nüchtern, statistisch gehalten ist, wie Bilanzen in Erfolgszeiten immer, der zweite 1974 schon eher einer Abrechnung gleicht. Die dritte Dekade schließt mit der letzten großen Programmanstrengung der Abteilung im ARD-Programm. Die vierte Dekade beschreibt der heutige Abteilungsleiter.

1. Aufbau

Alle waren sie jung in der Gründungsmannschaft des SDR-Fernsehens. Um die 30, Kriegsteilnehmer, alle irgendwie geprägt von diesem Erlebnis, einige auch körperlich gezeichnet. Der Start des neuen Mediums – das sie alle nicht kannten – sollte auch der Anfang einer neuen demokratischen Volkspädagogik werden. Der damalige Intendant Fritz Eberhard meinte, eine der entscheidenden Aufgaben des Fernsehens werde sein, totalitären Tendenzen in der Gesellschaft entgegenzuwirken und politische Verantwortung dort zu zeigen, »wo die Grundprinzipien der Demokratie, Toleranz und Völkerversöhnung oder des Rechtsstaates und der Rechte des Einzelnen gefährdet scheinen«.

Einer aus der Gründungsmannschaft um den Fernsehbeauftragten Helmut Jedele war Heinz Huber, Jahrgang 1922, ein Literat eigentlich mit einem Faible für Bildende Kunst, der seit 1952 in der Hörspieldramaturgie arbeitete. Die Vorbereitungszeit von Mitte 1953 bis Mitte 1954 nutzte er, um aus den Fehlern anderer zu lernen. Studienbesuche beim NWDR in Hamburg und bei der BBC in London führten zu abfälligen Kommentaren über das damals real existierende Fernsehen als »eine funkelnagelneue, gut geölte, hochleistungsfähige Maschine, ... die fast immer leer läuft« und zur Erkenntnis, man

Heinz Huber

Am 8. Februar 1968 erschütterte eine Hiobsbotschaft den SDR: Heinz Huber ist tot – Herzschlag im Schnellzug Bonn–Stuttgart auf der Rückfahrt von einer Chefredakteurskonferenz. Auf der Trauerfeier sagte Intendant Bausch über ihn:
»Skeptisch und bescheiden, wie er war, kritisch – reflektierend über den Wahrheitsgehalt einer Aussage, über ein lobendes Wort nachdenkend, ob es wohl berechtigt sei, ohne die Realitäten zu übersehen, weder die geistigen noch die materiellen, gründlich bis an die Grenze des Pedantischen, ehrlich und fair, so hat er unter uns gelebt und gearbeitet ...
Warum hat der Süddeutsche Rundfunk als einzige deutsche Rundfunkanstalt eine Hauptabteilung Dokumentation? Weil es Heinz Huber gegeben hat.«
Der »Pionier des Dokumentarfilms«, Jahrgang 1922, verdankte den Kontakt zum Süddeutschen Rundfunk einem glücklichen Umstand. Eine Geschichte, die er für eine Zeitschrift verfaßt hatte, wurde ohne sein Wissen dem Rundfunk angeboten. In der Sendung wurde als Autor ein »unbekannter Kriegsgefangener« genannt. Daraufhin begann Huber für das »Nachtfeuilleton« des SDR zu arbeiten. 1952 kam er in die Hörspieldramaturgie des SDR und ein Jahr später wurde er Leiter der Feature-Redaktion.
Nach einem kurzen Studienaufenthalt beim Fernsehen der BBC in London wurde Huber 1954 »Redakteur für kulturelle und dokumentarische Sendungen« des Südfunk-Fernsehens. Bundesweites Aufsehen erregte 1956 sein Film über die deutsche Bundeswehr, in dem er offene Militärkritik übte.
Als Hubers »Hauptwerk« gilt die 1960/61 entstandene fünfzehnteilige Dokumentar-Reihe »Das Dritte Reich«, die er zusammen mit dem Schriftsteller Artur Müller für den SDR und den WDR produzierte. Für den 8. Teil »Der SS-Staat« erhielten beide 1964 den ersten Adolf-Grimme-Preis mit Gold. Die Sendereihe war der erste Versuch, die jüngste deutsche Vergangenheit im Deutschen Fernsehen »aufzuarbeiten«. In den »Stuttgarter Nachrichten« sprach man gar von »einem der ehrgeizigsten Unternehmen des Deutschen Fernsehens«.
Huber, »einer der produktivsten Dokumentarfilmregisseure der zweiten Hälfte der 50er Jahre«, wurde 1962 Leiter der neugeschaffenen Hauptabteilung Dokumentation und widmete sich von nun an mehr administrativen Aufgaben. Seiner planenden Generalstabsarbeit entsprangen vielbeachtete Reihen wie »Europa im Detail« (1963), »Die sieben Weltwunder der Antike« (1966) und »Cartoon – Streifzüge durch die Welt des gezeichneten Humors« (1967–72) mit Loriot.
In den 14 Jahren seiner Fernsehtätigkeit gestaltete Huber rund 60 Filme. Neben den politischen und zeitkritischen Dokumentationen erfolgreiche Geschichts-Sendungen, zuletzt seinen Film zum 100. Jahrestag der Schlacht von Königgrätz (1966). Immer wieder tüftelte Huber an der Form des Künstlerporträts. So entstand 1955 ein Porträt Thomas Manns, ein Jahr später ein Film über den Maler Max Beckmann, der als die »künstlerische Ablösung des herkömmlichen Kulturfilmklischees« galt.
Der vielseitig begabte Gebrauchsgraphiker hat sich auch literarisch mit dem deutschen (Un-)Wesen beschäftigt: »Zwischen Bach und Buchenwald« (1964) und zusammen mit dem englischen Zeichner Ronald Searle »Anatomie eines Adlers« (1966).
Posthum erhielt Heinz Huber »für seine Verdienste auf dem Gebiet bildender Fernsehsendungen« den Adolf-Grimme-Preis der Pressejury.

müsse präzise Qualitätsmaßstäbe für eigene zukünftige Sendungen entwickeln.

Wie eine Binsenwahrheit, aber auch wieder höchst bedenkenswert klingt heute sein Kredo: »Daß eine Sendung außer einem Inhalt auch eine Form haben müsse, war von Anfang an ... das Grundprinzip in der Arbeit der Dokumentarabteilung«. Deshalb »legt die Dokumentarabteilung immer wieder größten Wert auf die Anwendung und Weiterentwicklung der optisch-filmischen Mittel und Möglichkeiten: Filmaufbau, Kameraeinstellung, Filmschnitt«.

Und dieses einfache Rezept reichte offensichtlich aus, um nach des Fernsehbeauftragten Erinnerungen »etwas Eigenständiges hervorzubringen, was nicht nur Abklatsch des Films und kein bebilderter Hörfunk sein würde«.

Zwischen diesen beiden Klippen durchzusegeln, war Ziel der jungen Dokumentaristen um Heinz Huber, denn beides kannten sie zur Genüge, den Hörfunk, wo sie herkamen und den Film, der ihnen als Propaganda- und Kulturfilm aus der NS-Zeit desavouiert erschien. Daß diese Gratwanderung gelang, konnte aber nicht an der Beherrschung der Form liegen, viele waren ja Laien, »man stieß in Neuland vor, über das niemand Auskunft geben konnte, keine gelehrte Theorie, kein Fachmann, keine praktische Anleitung«. Es mußte an der Haltung der »Amateure im besten Sinn« liegen, die ihnen die Suche nach dem Fernsehspezifischen, nach einer eigenen Fernsehästhetik vorschrieb.

Als die Dokumentarabteilung am 5. 11. 1954 mit dem Beitrag »Zu Ihrer Orientierung« den ersten Fernsehabend des SDR in der ARD eröffnete, war davon sicher noch nicht viel zu spüren, doch schon damals stellte der Fernsehbeauftragte Jedele vor dem Fernsehausschuß – mit dem Hinweis auf beschränkte Produktionsmöglichkeiten beim Fernsehspiel – prophetisch fest, »die Stärke des Süddeutschen Rundfunks müsse sich vor allem in kulturellen und wissenschaftlichen Dokumentarsendungen sowie im Fernsehfeuilleton zeigen«.

Die erstgenannte Kategorie wird in der Tat zum Standbein der Anfangsphase mit Künstlerporträts von Thomas Mann (1955), das Heinz Huber mit Peter Dreesen machte, Hedwig Bleibtreu (1955, Dreessen), Max Beckmann (1956, Huber), Lotte Lenya (1956, Dreessen), Savignac (1957, Dieter Ertel) und Trude Hesterberg (1957, Corinne Pulver), um nur die frühesten zu nennen.

Die beiden anderen Sparten bezeichnet Heinz Huber in seinem Zehnjahresbericht 1964 als Fehlposten, »weil die Dokumentarabteilung einer kleinen Anstalt mit geringem Programmanteil (9 %, später 8 %) nicht auf allen Hochzeiten tanzen kann«.

Eine Lücke hinterließ in Hubers Einschätzung Corinne Pulver, die einzige Autorin der Frühzeit, weil seit ihrem Weggang das Fernsehfeuilleton mit einem gewissen Unterhaltungswert völlig fehle. Sie hat sich neben Kulturporträts immer um Themen mit Boulevardcharakter oder human touch bemüht, u. a.: »Revue« (1957), »Kinder ohne Eltern« (1957), »Ein Hundeleben« (1958), »Manegenzauber – Manegensorgen« (1958), »Verblaßte Fassaden« (1960), »Beruf Primaballerina« (1960), »Elsa Maxwell« (1961), »Lärm« (1961), »Die höheren Töchter« (1961).

In der Zwischenzeit aber hatte die Dokumentarabteilung, die ein breites Spektrum von Themen bearbeitete und nach Heinz Huber den Zuschauern »ein mög-

Helmut Jedele, Fernsehbeauftragter des SDR.

Der erste Fernsehabend des SDR im ARD-Gemeinschaftsprogramm.

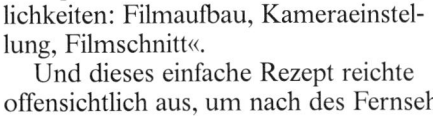

FS-Dokumentar/Kultur und Gesellschaft

lichst umfassendes, zutreffendes ›stimmiges‹ – ein möglichst wirkliches Bild unserer Zeit und Umwelt ... geben« sollte, ihre ersten spektakulären Erfolge auf einem Feld, das Jedeles Präferenzliste merkwürdigerweise gar nicht aufführte, auf dem Gebiet der Zeitkritik, die in Zukunft das wichtigste Leitseil der Abteilungsarbeit werden sollte.

Der Beitrag »Die Vergessenen« (1956, Peter Adler/Peter Dreessen) über das erbärmliche Vegetieren emigrierter deutscher Juden in Paris löste eine Spendenaktion aus, die eine halbe Million Mark einbrachte (vom Bundestag auf 1,5 Millionen aufgestockt) und die potentielle Macht des neuen Mediums bewies. Heinz Hubers Dokumentation »Die deutsche Bundeswehr«, just zum Amtsantritt des Verteidigungsministers Franz Josef Strauß (16. 10. 1956) ausgestrahlt, wurde zur umstrittensten Sendung der Abteilung mit politischem Nachspiel.

Im gleichen Jahr begann mit der Reihe »Im Brennpunkt« von Peter Dreessen die Auslandsberichterstattung des SDR mit Schwerpunkt Mittelmeer, Frankreich, Afrika, die 1958 fortgesetzt wurde mit dem Fünfteiler »Spannungsfeld Nahost«, wodurch ein Anspruch auf den künftigen Korrespondentenposten dort frühzeitig demonstriert wurde. In veränderter Form löste 1963 die Reihe »Europa im Detail« die Auslandssicht ab mit Beiträgen etwa über die Londoner Times, die französische Kadettenschule St. Cyr, Besigheim, den Escorial in Spanien, den 14. Juli in Paris, die Basler Fastnacht.

Daß die Kategorien der politischen Reportage infolge der Einführung von Magazinsendungen wie »Report« oder »Weltspiegel« und die Einrichtung ständiger Auslandskorrespondenten seit 1960 in der Dokumentarabteilung verkümmerten, wertete Huber, der grundsätzlich dafür plädierte, »Mitarbeiter nicht als Spezialisten auszuwählen und einzusetzen«, in seinem Rechenschaftsbericht ausdrücklich als Manko.

Dafür war ein anderer Arbeitsschwerpunkt an die erste Stelle gerückt. 1957 gab es die Initialzündung zur legendären Sendereihe »Zeichen der Zeit«, die 15 Jahre das Rückgrat der Abteilung bildete. Dieter Ertel, 1955 vom Spiegel gekommen, mit Wochenschauerfahrung und Interessenschwerpunkt Sport, drehte als Rahmen eines durchaus enzyklopädisch angelegten Filmes über den Boxsport eine Boxveranstaltung auf dem Stuttgarter Killesberg mit allen Randerscheinungen. Am Schneidetisch erwies sich das Material als so

Corinne Pulver (l.), mit ihrer jüngeren Schwester Liselotte.

Heinz Huber (3.v.r.) bei Dreharbeiten zum umstrittenen Film über die Bundeswehr.

Peter Dreessen, »Erfinder« der Auslandsberichterstattung in der Dokumentarabteilung.

Dieter Ertel, seit 1957 Redakteur der Sendereihe »Zeichen der Zeit«.

aussagekräftig, daß daraus ein völlig neuer Typ von kritischem Fernsehjournalismus entstand. »Ein Großkampftag« wurde zum Prototyp der Sendereihe »Zeichen der Zeit«, die Ende 1957 mit einer kritischen Betrachtung des Festtagsrummels startete: »Wenn die Weihnachtskassen klingeln« (21. 12. 57).

56 Sendungen dieses absoluten Markenartikels der Dokumentarabteilung wurden bis 1973 produziert und galten vielen Kritikern wie z. B. Walter Jens als »Meisterwerke visueller Rhetorik«. Die Autoren in der ersten Dekade waren Dieter Ertel als verantwortlicher Redakteur, manchmal zusammen mit Georg Friedel, der auch eigene Beiträge machte, seit 1962 Helmut Greulich und Wilhelm Bittorf.

Einige Beispiele für die Herangehensweise an die bundesdeutsche Wirtschaftswunder-Wirklichkeit:

Dieter Ertel	»Der große Cannes-Cannes« (1958)
	»Kunden der Traumfabrik« (1958)
	»Neubauwunderlichkeiten« (1959)
	»Tortur de France« (1960)
mit Georg Friedel	»Aufstand der Jecken« (1960)
	»Fernsehfieber« (1963)
Georg Friedel	»Gast im Schloß« (1961)
Helmut Greulich	»Schul-Beispiele« (1962)
	»Europa in 24 Tagen« (1962)
Wilhelm Bittorf	»Burschenherrlichkeit« (1962)
	»Tod und Spiele« (1963)
	»Die Borussen kommen« (1964)

Die zweite wichtige Schiene der Dokumentarabteilung war das Bemühen um fernsehgerechte Darstellung von Geschichte und Zeitgeschichte.

Schon als der SDR am 5. 11. 1954 seinen ersten Abend im Gemeinschaftsprogramm des Deutschen Fernsehens ge-

FS-Dokumentar/Kultur und Gesellschaft

staltete, da gab der schwäbische Volksschauspieler Willy Reichert in der Sendung »Zu Ihrer Orientierung« eine einfühlsame Analyse südwest-deutschen Wesens, nicht zuletzt anhand von landesgeschichtlichen Figuren und Ereignissen. Der Text stammte von Heinz Huber. Im Jahr darauf war der Leiter der Dokumentarabteilung an drei weiteren Geschichtssendungen beteiligt, »In tyrannos«, »Türkenlouis«, »Thomas Mann«. Dann scheint das Interesse an Geschichtsthemen abzuflauen, bis 1958 mit dem Schriftsteller Artur Müller eine neue Figur in der Dokumentarabteilung auftauchte, die sich für Geschichte kräftig engagiert hat, ja praktisch nur historische Beiträge gestaltete. Und das schon vier Jahre nach dem Start des SDR-Fernsehens mit deutlich erkennbarem Willen zur besonderen Form. Im Beispiel »Religion und Macht: Kaiser Karl V.« ist das die fiktive Autobiographie. Ab diesem Zeitpunkt kann man nur noch auf Schwerpunkte hinweisen: 1959 zwei Sendungen über die Französische Revolution von Artur Müller, eine Chronik der Ereignisse und ein nachgestelltes Gerichtsverfahren »Prozeßakte Louis Capet«, in dem der historische Fall als Gegenwartsprozeß vorgeführt wurde.

Im SDR hat man also schon immer versucht, einerseits durch Aktualisierung historischer Problemstellungen Zuschauer in den Geschichtsprozeß auch emotional miteinzubeziehen, andererseits die engen Grenzen der reinen Dokumentation zu durchbrechen. Aus dieser Weichenstellung hat sich auch das echte Dokumentarspiel entwickelt, das in den späten sechziger Jahren als einzige originäre Fernsehform apostrophiert wurde. Der SDR wird an diesen Entwicklungsstrang später anknüpfen, zunächst beschäftigte den Sender in den Jahren 1960/61 die erste große Aufarbeitung des Themenkomplexes »Das Dritte Reich« im Deutschen Fernsehen. Die 14teilige Sendereihe von Heinz Huber und Artur Müller unter wissenschaftlicher Beratung durch den Konstanzer Historiker Waldemar Besson lief jeden zweiten Freitag zur Hauptsendezeit und erreichte im Durchschnitt 58 % aller Zuschauer. Auch 1960 wurden solche Traumquoten sonst nur von Sport- und Unterhaltungssendungen erzielt. Sie zeigen 15 Jahre nach Kriegsende das enorme Bedürfnis breiter Publikumskreise nach einer analysierenden Gesamtschau einer Epoche, die die meisten miterlebt, aber nur partiell begriffen hatten.

Wenn auch der WDR Koproduzent war, lastete die Hauptarbeit doch auf Heinz Huber, der alle Manuskripte schrieb. So bekam er verdientermaßen den ersten Adolf-Grimme-Preis mit Gold, der vergeben wurde. Auch nach 1960 gab es weitere Bemühungen, Zeitgeschichte lebendig darzustellen in der lockeren Reihe »Augenzeugen berichten« von Hans Ulrich Reichert als Vorläufer der Fechnerschen Montagefilme und der »Oral History«. Die Themen waren bewußt reißerisch ausgesucht, um das immer vorhandene Katastropheninteresse des Massenpublikums zur Zuschauer-Motivation zu nutzen: der Titanic-Untergang, die Zeppelin-Katastrophe von Lakehurst, die Arktis-Tragödie um Nobile, die

»Fernsehfieber« – das noch junge Massenmedium wagt sich an die selbstkritische Analyse.

Dreharbeiten mit Georg Friedel als Interviewer.

»Die 7 Weltwunder«: Autor Artur Müller (r.) mit Kameramann Rolf Ammon.

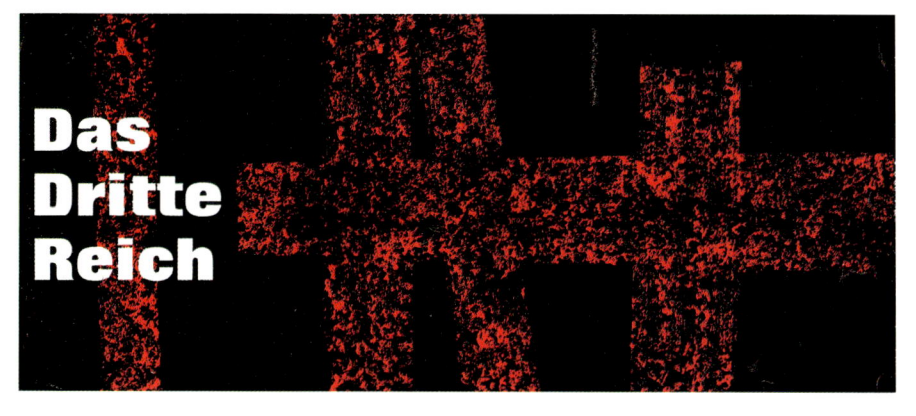

»Das Dritte Reich«, 14 Folgen, »eines der ehrgeizigsten Unternehmen des Deutschen Fernsehens«.

Ein frühes Beispiel beobachtenden Dokumentarismus: »Ödenwaldstetten«.

Anfänge des Menschenfluges und das Ende des Zweiten Weltkrieges.

Fast im Schatten dieser journalistischen Kraftakte haben Musikliebhaber Dieter Ertel und der Musikredakteur Rolf Unkel noch die erfolgreichste Musikreihe des Deutschen Fernsehens entwickelt »Bei der Arbeit beobachtet«. Sie begann 1960 mit Probe und Aufführung der »Moldau«, dirigiert von Ferenc Fricsay und wird in immer wieder mal veränderter Form bis heute fortgeführt.

»Diese Sendung fand von allen 200 Sendungen der Abteilung wohl die ungeteilteste Zustimmung«, schreibt Heinz Huber im letzten Kapitel seines Zehnjahresberichts »Resonanz der Dokumentararbeit des SDR in der Öffentlichkeit« und fährt fort: »Am umstrittensten war die Sendung ›Die Bundeswehr‹, am lebhaftesten diskutiert wurde ›Das Dritte Reich‹.« 20 Jahre später konnte man bei ähnlichen Themen Ähnliches konstatieren.

Seit 1961 gab es Infratest-Umfragen, die nicht nur Auskunft über die Zuschauerbeteiligung gaben, sondern auch eine qualitative Beurteilung mitlieferten. Die Zuschauer konnten jede Sendung von +10 bis -10 benoten. Für die Dokumentarabteilung lag der Schnitt bis 1964 bei 32 % Beteiligung und einer Bewertung von +3.

Die meisten Zuschauer hatten Beiträge über die Klatschkolumnistin »Elsa Maxwell« (63 %, übrigens mit −3 bewertet), »Zeichen der Zeit – Die Borussen kommen« (58 %, +3) und »Der Untergang der Titanic« (56 %, +5). Außer der eben erwähnten »Moldau«, die mit +7 die absolute Bestnote erhielt, wurden Beiträge über Theodor Heuss (+6) und mehrere Sendungen der Reihe »Augenzeugen berichten« (+5) am höchsten bewertet. Interessanterweise gehörten aber das medienkritische »Fernsehfieber« und das Umweltfeuilleton »Müll« mit jeweils +5 auch in die Spitzenklasse.

Heinz Huber resümierte leicht resigniert, »die Indexzahlen bestätigen fast durchweg ..., daß eine Sendung um so schlechter beurteilt wird, je mehr Teilnehmer sie sehen«, also die Diskrepanz zwi-

FS-Dokumentar/Kultur und Gesellschaft

schen Massenwirksamkeit eines Beitrags und der Qualität, die eben dieser Sendung von den Zuschauern zugebilligt wird.

Doch wenn wir von der heutigen Situation des Quotendiktats auf die anscheinend glücklichen Zeiten zurückblicken, als man sich angeblich um Zuschauerzahlen nicht kümmerte, rückt Heinz Hubers Schlußfolgerung von 1964 die verklärte Sicht zurecht, wenn er schreibt, die Infratest-Erhebung »läßt ... doch bedenkenswerte Rückschlüsse auf Wünsche, Vorlieben und Interessen der Fernsehzuschauer zu, die bei der Programmgestaltung nicht völlig außer Acht gelassen werden sollten«.

2. Ausbau

Die zweite Dekade war eine Phase der Veränderung auf allen Sektoren. Zuerst beim Personal. Im letzten Satz seines Zehnjahresberichts hatte Heinz Huber gefordert, »vor allem aber muß die Suche nach dem Nachwuchs und seine Ausbildung mit aller Entschlossenheit betrieben werden«. Das Postulat hatte einen beängstigend realen Hintergrund im Exodus wertvoller SDR-Mitarbeiter seit 1959 zur Bavaria Atelier Gesellschaft in München oder – wie Helmut Greulich – zum ZDF, das am 1. 4. 1963 seinen Sendebetrieb aufgenommen hatte.

Um die Lücken zu füllen, richtete der SDR 1964 eine »Fernsehwerkstatt« ein, einen halbjährigen Lehrgang, in dem Nachwuchs für alle Bereiche ausgebildet werden sollte. Aus 800 Bewerbern hatte man 22 ausgesucht, zwölf Absolventen erhielten Anstellungsverträge im SDR, in die Dokumentarabteilung kamen drei: Inge Heugel, Peter Kleinknecht und Rainer C. M. Wagner.

Im Jahr 1964 arbeitete auch Peter Nestler für die Dokumentarabteilung. Er hat nur zwei Filme für den SDR gemacht: »Ödenwaldstetten – ein Dorf verändert sein Gesicht« (1964) und »Menschen in Sheffield« (1965), dann entschwand er entnervt nach Schweden.

Elmar Hügler, gelernter Gymnasiallehrer aus Oberschwaben, war schon seit 1962 in der Abteilung, hatte nach kürzeren Beiträgen zunächst eher bildungsorientierte Kulturgeschichtsstücke produziert: »Flirt mit der Jahrhundertwende« (1964), »Das Wiener Burgtheater« (1965), bevor er 1966 mit »Kunst und Ketchup«, einem Beitrag über Op- und Pop-Art, seinen eigenen Stil entwickelte.

Nestler und Hügler sind die Autoren der Dokumentarabteilung, die sich am

Elmar Hügler (M.) mit dem Team bei Dreharbeiten zu »Frau S«.

»Notizen vom Nachbarn« – eine Sendereihe über bürgerliche Lebensstationen.

konsequentesten mit den neuen Konzepten des Dokumentarfilms »direct cinema« und »living camera« in den USA oder »cinéma vérité« in Frankreich auseinandersetzten.

Hügler wurde mit richtungsweisenden Beiträgen in dieser zweiten Dekade eine der dominierenden Figuren in der Abteilung. In der Reihe »Sie 67 – Skizzen zu einem Porträt der modernen Frau«, die er redaktionell betreute, hat er mit »Marguérite Duras« (15. 5. 67) eine eigenwillige Autorin porträtiert, die ihn mit der französischen Filmkultur konfrontierte und mit »Frau S.« (11. 1. 68), dem Porträt einer Familienmutter von nebenan, einen der ersten O-Ton-Filme des SDR geschaffen.

Hier zeigt sich schon thematisch, wo Hüglers Arbeitsschwerpunkt liegen wird. Eine Programmidee »Familienfeste« aus dem Nachlaß Heinz Hubers entwickelte er zur Reihe »Notizen vom Nachbarn« mit »Ereignissen im Leben von Herrn und Frau Jedermann« (13 Folgen von 1969 bis 1971, Goldene Kamera 1972), in der er der Dramatik des Alltags auf der Spur blieb. Es war die Anwendung der Arbeitsweise von Richard Leacock, mit dem man sich in der Abteilung stark beschäftigte, auf einfache Menschen. Seine Arbeiten wären nicht möglich gewesen ohne die Entwicklung der technischen Ausrüstung. Seit Mitte der sechziger Jahre gab es hochempfindliches Schwarzweißmaterial für Dreharbeiten mit »available light«, die selbstgeblimpte geräuscharme Kamera, mit der man auch von der Schulter filmen konnte mit Zoom-Objektiv als Standardausrüstung. Allerdings hing der Toningenieur noch mit dem Pilotton-Kabel, dem wichtigsten Gerät, das seit etwa 1960 synchrone Original-Ton-Aufnahmen vor Ort ermöglichte – wie ein siamesischer Zwilling an seinem Kameramann. Doch Richtmikrophone ermöglichten schon die unauffällige Aufnahme entfernt geführter Gespräche. Die Vorzüge dieser Ausrüstung als erster voll ausgenützt zu haben, erinnert sich Roman Brodmann bei dem »Zeichen der Zeit«-Film »Die Misswahl« (30. 6. 66).

Brodmann war vom Schweizer Fernsehen über das ZDF 1965 zum SDR gekommen und wurde in der zweiten Dekade der Dokumentarabteilung Hauptautor von »Zeichen der Zeit«. 28 Stücke hat er bis 1973 für die Reihe produziert, die bekanntesten sind »Der Polizeistaatsbesuch« (26. 7. 67), »Olympia um jeden Preis« (19. 11. 68), »Die Herausforderung« (31. 5. 70) – in gewissem Sinne ein Re-

Wie siamesische Zwillinge hängen Kameramann und Toningenieur am Pilottonkabel zusammen. Dreharbeiten zu »Die Misswahl«.

»Der Polizeistaatsbesuch« begann für Roman Brodmann und sein Team ganz friedlich.

FS-Dokumentar/Kultur und Gesellschaft

make des Prototyps »Ein Großkampftag« von 1957 –, »Mord am Bodensee« (26. 3. 71), »Der Schwabenstreik« (10. 12. 71) und »Die ausgezeichneten Deutschen« (15. 7. 73), mit dem er die Reihe beendete. Er wurde ausgezeichnet mit den Grimme-Preisen: Bronze für »Die Misswahl«, Silber für den »Polizeistaatsbesuch«.

Von anderen Autoren stammen nur acht »Zeichen der Zeit«-Filme zwischen 1965 und 1972. Wilhelm Bittorf, der wohl am beharrlichsten dem Faktischen auf der Spur bleiben wollte, entwickelte die Reihe »Miterlebt«, die den Zuschauer noch tiefer in das Ereignis mitnehmen sollte. »Der Untergang der Graf Bismarck« (15. 3. 67) berichtete vom Zechensterben an der Ruhr, drei weitere Beiträge folgten.

Das Jahr 1967 war überhaupt ein Jahr der Innovationen. Loriot begann in »CARTOON« seine »Streifzüge durch die Welt des gezeichneten Humors«, unterstützt durch Redakteur Peter Kleinknecht, später durch den skurrilen Briten Tim Moores, der die Richtung zu »Loriots Telecabinet« einschlug (21 Folgen bis 1972, ehrende Anerkennung 1968, Adolf-Grimme-Preis mit Silber 1972). Wenn »CARTOON« auch auf Sendeplätzen der Unterhaltung lief – wie übrigens später noch »Sterns Stunde« –, zeigt das Sortiment doch die Spannweite dessen, was in der Dokumentarabteilung redaktionell entwickelt und betreut wurde.

Aus diesem theorieträchtigen Jahr der Erfolge und absoluten Serienhäufung stammt auch der bleibende Ehrentitel »Stuttgarter Schule«. Otto Gmelin hat ihn in seiner »Philosophie des Fernsehens« geprägt.

Heinz Huber konnte sich nicht mehr im Glanz dieses Ruhmes sonnen. Er ist am 8. 2. 1968 auf der Rückfahrt von einer ARD-Chefredakteurskonferenz plötzlich gestorben – noch keine 46 Jahre alt. Posthum wurde der Gründer der Stuttgarter Dokumentarabteilung »für seine Verdienste auf dem Gebiet bildender Fernsehsendungen« mit dem Adolf-Grimme-Preis der Pressejury geehrt. Den letzten steilen Aufstieg des Dokumentarischen im Fernsehbetrieb, den er mitinitiiert hat, durfte er nicht mehr erleben, dafür hat er auch nicht mehr dessen quälend langsamen Verfall mitansehen müssen.

Doch als umsichtiger Hausvater hatte Huber genügend Kontinuitätslinien gezogen, inhaltliche wie personelle. Sein Nachfolger wurde konsequenterweise Dieter Ertel, allerdings auf Geheiß des Fernseh-

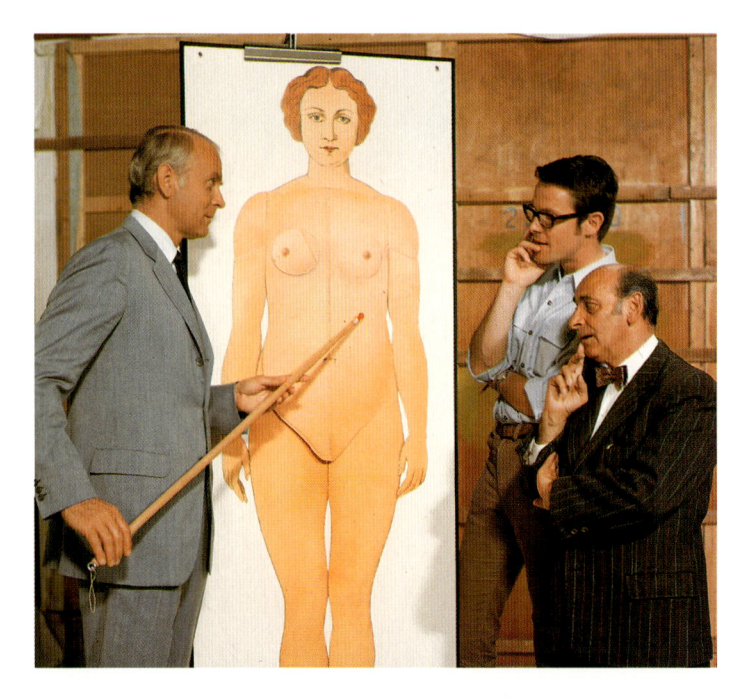

Nackte Frauen zum ersten Mal im Deutschen Fernsehen – CARTOON machte es möglich. V.l.n.r. Loriot, Redakteur Peter Kleinknecht und Herr Störk.

Von »Streifzügen durch die Welt des gezeichneten Humors« entwickelte sich CARTOON zum Parodie-Magazin mit Loriot in allen Hauptrollen.

Dieter Ertel, seit 1968 Abteilungsleiter.

Die Reihe »Miterlebt«, entwickelt von Wilhelm Bittorf (M.), sollte »Zeichen der Zeit« ablösen.

Rainer C.M. Wagner, Helmuth Rompa und Hans-Joachim Kurz auf dem Schlachtfeld von Sedan.

direktors Jaedicke vorläufig auf zwei Jahre nur kommissarisch, was eine deutliche Einbuße im Einfluß der Abteilung und für die Zukunft den Anspruch größerer Einflußnahme des Direktors bedeutete.

Eine inhaltliche Kontinuität blieb auf dem Feld der Geschichte bestehen. Seit dem Erfolg seiner Sendung »Königgrätz 1866«, bei der er die entfesselte subjektive Kamera als Sicht einfacher Soldaten in die Geschichtsdarstellung eingeführt hatte, war Hubers Interesse im Jahrzehnt des Mauerbaus auf die schmerzhaften Prozesse um das Zusammenwachsen der deutschen Nation vor 100 Jahren gerichtet.

Zur Vorbereitung einer großangelegten Sendereihe über den Deutsch-Französischen Krieg hat er eine Arbeitsgruppe zusammengestellt, bestehend aus Helmuth Rompa, einem gelernten Graphiker, der zusammen mit Wilhelm Bittorf schon 1964/65 den Dreiteiler »Der amerikanische Bürgerkrieg« gestaltet hatte, und Rainer C. M. Wagner, der bei Hubers Geschichtssendungen über 1866 und über Einstein mitgearbeitet hatte. Das Team, zu dem in der Realisierungsphase noch der junge Regisseur Achim Kurz stieß, entwickelte die Idee, über das historische Ereignis so zu berichten, als habe es damals schon Fernsehen gegeben. Daraus wurde die Sendereihe »JOURNAL 1870/71«, mit allen Mitteln der modernen Reportage, sämtlichen gängigen Fernsehformen und den damaligen TV-Größen im Bratenrock. Alles in allem eine Pseudo-Dokumentation an der äußersten Grenze der Seriosität und des Dokumentarspiels.

Dorthin hat auch Dieter Ertel einen Ausflug unternommen mit dem Fernsehspiel-Drehbuch »Der Fall Liebknecht-Luxemburg« (zwei Folgen, 1969). Eigentlich sollte nur der bekannte Wissensstand dramatisiert werden, aber nach akribischer Recherche konnte Ertel einen neuen Täter präsentieren. Eine eigenständige investigative journalistische Leistung, deren Ergebnis in klassischer Studio-Spielform (Stuttgarter Stil) dargeboten wurde.

Bis dahin waren alle Beiträge der Dokumentarabteilung in vertrautem Schwarzweiß, obwohl es seit dem 25. 8. 1967 Farbsendungen im Deutschen Fernsehen gab. Alle Dokumentaristen hatten damals aber ein wenig Angst vor der Farbe.

Die mühsam errungene Beweglichkeit, mittlerweile sogar mit drahtlosem Pilotton und quarzgesteuerten Kameras schien

85

FS-Dokumentar/Kultur und Gesellschaft

verloren, weil man für das schwach empfindliche Farbfilmmaterial angeblich wieder riesige Scheinwerferbatterien brauchte, die jede dokumentarische Situation zerstören würden. Gott sei Dank hat man recht schnell hochempfindliche Filme und besonders lichtstarke Objektive entwickelt, die praktisch dieselbe Arbeitsweise mit Farbfilm erlaubten, wie vorher in Schwarzweiß. Die Reihe »Zeichen der Zeit« wurde zwischen 1968 und 1970 stufenweise auf Farbe umgestellt.

Eine Neuorientierung in mehrfacher Hinsicht bedeutete das Auftauchen von Horst Stern, der vom Fernsehdirektor schon Heinz Huber empfohlen worden war. Seine Tiersendungen »Sterns Stunde« (zehn Beiträge 1970–79, Goldener Bildschirm 1970, Goldene Kamera 1970, Adolf-Grimme-Preise 1970 und 1979) entwickelten sich in der journalistische Atmosphäre der Dokumentarabteilung aus affirmativen Anfängen (»Bemerkungen über das Pferd«, 1970) rasch zu kritischen Natur- und Umwelt-Sendungen von radikalem Engagement (»Bemerkungen über das Tier im Handel«, 1973, »Bemerkungen über eine Urlaubslandschaft«, 1974, »Tiere in der Pharma-Forschung«, 1978). Der absolute Höhepunkt waren wohl die schockierenden »Bemerkungen über den Rothirsch« am Heiligabend 1971.

Von nun an sind alle Sendungen der Dokumentarabteilung farbig. Das galt für die Reihen »Millionendiener« (sechs Folgen 1972) und »Grenzstationen« (sieben Folgen 1972/73 mit zwei Nachzüglern von den illustren Filmemachern Werner Herzog und Michael Mrakitsch 1975) in der Redaktion von Elmar Hügler, »Tatsachen über Legenden« (4 Folgen 1971/72) und »Große Deutsche« (7 Folgen 1973/74) in der Redaktion von Rainer C. M. Wagner, alle Einzelsendungen und für Wilhelm Bittorfs Dreiteiler »Krieg der Geschlechter« (1973).

Mitten in der zweiten Dekade begann eine Entwicklung, die heute noch nicht abgeschlossen ist: die Vervielfältigung der Programme. Bis dahin hatte es nur den kurzen Versuchslauf eines zweiten ARD-

»JOURNAL 1870/71«: TV-Größen im Bratenrock spielen Fernsehen vor 100 Jahren.

Horst Stern schockierte die Zuschauer am Heiligen Abend 1971 mit »Bemerkungen über den Rothirsch«.

Programmes in den Jahren 1961/62 gegeben. Seit April 1969 lief ein Drittes Programm S 3 an Wochenenden, seit 19. 9. 1971 täglich.

Im »Rückblick auf meine Stuttgarter Jahre« schreibt Dieter Ertel Anfang 1974 zum Abschluß der zweiten Dekade der Dokumentarabteilung: »Nach Heinz Hubers Tode habe ich mich als letzter, der außer Jaedicke von der alten Jedele-Mannschaft übriggeblieben war, fast sechs Jahre lang bemüht, die Redaktion mit Erfolg zu leiten. Es geschah unter erschwerten Bedingungen. Das Dritte Programm wurde aufgenommen. Ich selbst hatte mich dafür eingesetzt, daß meine Redaktion die Verantwortung für einen Abend in der Woche übernahm. Wir bekamen – wahrscheinlich zeichnete sich die Geldknappheit schon ab – keinen zusätzlichen Redakteur dafür und mußten uns, da wir auch vorher nicht unterbeschäftigt waren, unseren ›S 3‹-Anteil gewissermaßen aus den Rippen schneiden. Ich hoffe, man hat es ›unserem‹ Abend, der zuletzt nach der englischen Polizeiserie ›Task Force‹ den ›Zwischenruf‹ eines engagierten Zuschauers, dann eine Filmwochenschau aus dem deutschen Schicksalsjahr 1933, eine gesellschaftskritische Dokumentation und schließlich ein kurzes ›Sandmännchen für Erwachsene‹ brachte, nicht angemerkt.«

Der Vollständigkeit halber sei hier nachgetragen, daß die Redaktionsverantwortung für den Patentag – es war zuerst der Montag – samt allen Gestaltungsmöglichkeiten in den Händen von Jörg Dattler lag, der 1968 aus dem Nachmittagsprogramm in die Dokumentarabteilung gekommen war und dort »Sterns Stunde« redaktionell betreute. Die Abendpräsentation besorgten die Redakteure der Abteilung mit ihren unterschiedlichen Temperamenten ein paar Jahre lang selbst mit Erfolg, bis der Direktor 1978 gestandene Persönlichkeiten des öffentlichen Lebens dafür engagierte.

»Es gibt Tage, da fühle ich mich nutzlos«, hatte einer der letzten Filme des Jahres 1973 von Wilma Kottusch geheißen. Daß Dieter Ertel zum Jahresende den SDR verließ (und den zögernden Elmar Hügler als Abteilungsleiter mitnahm), hing sicher mit der Attraktivität der Position eines Fernsehdirektors zusammen, die man ihm bei Radio Bremen anbot, aber gewiß auch mit seinem getrübten Verhältnis zum Fernsehdirektor des SDR, den Ertel in seiner Abrechnung sehr ambivalent charakterisiert: »Jaedicke ist auch denen, die ihn lange kennen, ein täglich neues Rätsel und braucht sich dazu nicht einmal anzustrengen. Er liebt und genießt die Rolle der unberechenbaren Sphinx. Und wer ihn einen Meister der Systemlosigkeit nennt, muß sich entgegenhalten lassen, daß es auch dafür positive Ausdrücke wie Offenheit für alles Interessante und Ungewöhnliche, Wendigkeit und Beweglichkeit gibt.«

»Sterns Stunde« wurde eine der erfolgreichsten dokumentarischen Sendereihen der ARD. Der Autor mit seinem Redakteur Jörg Dattler.

»Große Deutsche: Richard Wagner«, der letzte Film von Dieter Ertel in der Dokumentarabteilung des SDR.

FS-Dokumentar/Kultur und Gesellschaft

Bis zu Ertels Abschied hatte die Dokumentarabteilung sieben Adolf-Grimme-Preise, drei Goldene Kameras und vier Hauptpreise bei den Sportfilmtagen Oberhausen bekommen, der Leiter persönlich den Berliner Kunstpreis.

3. Versuch des Substanzerhalts

Weil der so offen charakterisierte Fernsehdirektor noch nicht wußte, wem er die Abteilung, die nun übrigens nicht mehr Dokumentarabteilung hieß, sondern seit 1972 »Kultur und Gesellschaft«, in Zukunft anvertrauen sollte, bestimmte er den Redakteur Wagner zum kommissarischen Verwalter bis auf weiteres und sich selbst zur direkten Aufsicht. Das dauerte ein halbes Jahr und reichte zur Abwicklung begonnener Arbeiten wie Fertigstellung und Ausstrahlung der Sendereihe »Das Auto – Entwicklungsstufen der Motorisierung« (acht Folgen) in S 3 und der schon erwähnten Reihe »Große Deutsche« (Bismarck, Wagner, Nietzsche, Marx, Freud, Einstein) in der ARD.

Bei der Realisierung der Porträts hat die junge Constanze von Schilling mitgearbeitet. Dann wendete sie sich in der zweiten Hälfte der 70er Jahre mit großem Erfolg Themen aus Baden-Württemberg zu: »Eine Hochzeit auf der Alb« (1978, 1. Platz im Regionalwettbewerb von Radio Bremen), eine Trachtengruppe mit rechtsextremen Tendenzen (1981), eine italienische Passionsprozession in Bad Cannstatt (1982). Aus den Vorbereitungen für eine »Schwäbische Arche Noah« riß sie 1984 der Krebs-Tod.

Neuentwicklungen dieser Zeit waren drei »Knastberichte« von Roman Brodmann und der Dreiteiler »PSI« über paranormale Phänomene von Jörg Dattler und dem Freiburger Parapsychologen Prof. Hans Bender.

Mitte 1974 übernahm Gerhard Konzelmann die Leitung der Abteilung. Er war 1957 schon Redakteur in der »Abendschau«, 1959 wurde er persönlicher Referent des Fernsehdirektors, 1964 entsandte ihn der SDR in die Programmdirektion Deutsches Fernsehen nach München. Von 1968 bis 1974 berichtete Konzelmann als Nahost-Korrespondent mit Sitz in Beirut und erwarb sich rasch den Ruf eines exzellenten Kenners der arabischen Welt. Neben seinen journalistischen Qualitäten waren es wohl auch seine musischen Neigungen, die ihn in den Augen des Direktors zur Führung des Programmbereichs »Kultur und Gesellschaft« prädestinierten.

Obwohl die lockere Reihe »Sterns Stunde« noch für die notwendige Kontinuität attraktiver Programme sorgte, war allgemein das Interesse an Serien abgeflaut, das qualitätvolle Einzelstück bestimmte nun die Programmpolitik.

Dennoch entstand auf Vorschlag von Wilhelm Bittorf, der sich wieder stärker im SDR engagierte, ein Reihenkonzept, aufbauend auf dem Gedanken, Reporter sollten quasi im Auftrag der Zuschauer als »Kundschafter« in alle Welt ausschwärmen.

Die Situation ist typisch für Fernsehdirektor Horst Jaedicke: Allein im leeren Studio stellt er sich den Fragen seiner Zuschauer.

Horst Jaedicke

»Wenn ich Intendant gewesen wäre, ich hätte mich nicht genommen!« – So soll Horst Jaedicke mit der ihm eigenen Selbstironie seine Berufung zum FS-Direktor anno 1960 kommentiert haben, nachdem er schon ein gutes Jahr das Amt kommissarisch innehatte. Der erste SDR-Fernsehchef Helmut Jedele war 1959 nach den stürmischen Aufbaujahren zur Bavaria nach München abgewandert. Jaedicke gehörte aber von Anfang an zur jungen Gründergeneration. Er war in den Kreativ-Kreis Jedele, Gottschalk, Walser, Wirth und Huber als Experte für das »Aktuelle« berufen. Erste Fernseherfahrungen brachte er von der Tagesschau aus Hamburg mit, wo sich der Urschwabe Jaedicke schon von den ersten Anfängen an am Aufbau beteiligt hatte. Sein journalistisches Rüstzeug aber stammte aus der Arbeit für Radio Stuttgart (als Nachrichtenredakteur und Reporter), für den »Spiegel« und die »Stuttgarter Illustrierte«. Und selbst in der Direktoren-Aera blieb er der journalistischen Nähe zu seiner Provinz ebenso verpflichtet wie der Neigung zu den schönen Künsten, immer mit dem Gespür für das, was sein Publikum sehen wollte und sollte. Ob er nun für einige Zeit selbst die Abendschau kommissarisch leitete oder Samuel Beckett in den Studios experimentieren ließ, ob er Hedwig Courths-Mahler von renommierten Regisseuren für das Fernsehen wiederbelebte oder Horst Stern für »Sterns Stunde« verpflichten ließ, Willy Reichert, Hans Hass und Yehudi Menuhin gleichermaßen förderte. »Offenheit für alles Interessante und Ungewöhnliche, Wendigkeit und Beweglichkeit« hat ihm ein kritischer Weggefährte ebenso bescheinigt wie den »patriarchalischen Umgangsstil eines Reutlinger Kleinindustriellen«, der zuweilen auch in seinem TV-Gespräch mit dem Zuschauer nicht zu überhören war. Das Zitat stammt aus dem Jahr 1974 – und blieb geltend bis zum Frühjahr 1984, als Horst Jaedicke glaubte, daß seine Vorstellung, unbürokratisch, spontan Fernsehen zu machen, nicht mehr in das Korsett der neuen »Sachzwänge« paßte. Er verabschiedete sich ohne Groll, aber sicher nicht ohne Wehmut in den vorzeitigen Ruhestand, in dem er nach wie vor dem Metier verbunden blieb. Ob er dabei wohl einsehen mußte, daß auch in der neuen dualen Fernsehwelt der liberale »Killesberg-Geist« nicht wehen kann, wie er will?

Gerhard Konzelmann, seit 1974 Abteilungsleiter, bei Dreharbeiten auf einem »Supertanker«.

Gisela Reich mit Kameramann Peter Schünemann in der »Calwer Passage« in Stuttgart.

Nach diesem Modell entstanden 1975 Reportagen über das Nordseeöl, die Gefahren des Rauchens, die Geheimdienste in Ost und West, die »Tourist Trophy«, vergewaltigte Frauen, eine Intensivstation und die Klimahysterie.

Schon in den letzten Jahren der Ära Ertel waren durch den Austausch zwischen Erstem und Drittem Programm, das nicht mehr mit SDR-Eigenproduktionen bestückt werden konnte, Käufe und Auftragsproduktionen ins ARD-Programm von »Kultur und Gesellschaft« gedrungen. Ab etwa 1975 wurde das gängige Praxis, und damit drückten neue Produzentenpersönlichkeiten dem Programm ihren Stempel auf wie z. B. die HFF-Absolventen Hilde Bechert und Klaus Dexel (»Landsmannschaft Teutonia« 1974/76, »Atlantis« 1977), die Produzentin Wilma Kottusch (»Wie sie wurden, was sie sind«, »Mächtige Bilder«, beide 1977, »Nicht leben – nicht sterben« 1977/79) oder Hans Noever (»Bangkok im November 75«, »Meier aus Bali«, 1977, »Manaus«, 1978).

Überhaupt vollzog sich Mitte der siebziger Jahre ein Generationswechsel. Konzelmanns Personalpolitik der offenen Tür war für begabte jüngere Kolleginnen und Kollegen aus dem Bewährungsfeld »Abendschau« die Chance, zur großen (prestigeträchtigen) Dokumentation zu kommen.

Gisela Reich bearbeitete zuerst Architekturthemen, ihr eigentliches Interessengebiet (Stuttgarts Calwer Straße, Porträt Prof. Gutbrod, beide 1975), dann allgemein Menschliches (Urlaub, Kirchenaustritte, beide 1976), schließlich Frauenthemen: »Frauen und ihre Ärzte« (1977), »Mütter und Töchter« (1978), »Acht Alte« (1979), »Frauen im Hochleistungssport« (1980), »Luise Rinser« (1980). Später kamen nach »La Passionaria« und »Die Geliebte« noch Literatur- und Umweltthemen hinzu.

Susanne Offenbach (»Die Pille«, 1977, und »Endstation Erleuchtung«, 1980) arbeitete im Team mit dem Technik- und Verkehrsexperten Helmar Spannenberger in der von ihm entwickelten Service-Sen-

FS-Dokumentar/Kultur und Gesellschaft

dung »Sonntags geöffnet«, die bezeichnenderweise informative dokumentarische Filmpassagen mit unterhaltenden Studioelementen kombinierte. Nach einer erfolgreichen Erprobungsphase im Dritten Programm 1975/76 liefen im Jahr darauf vier Folgen dieses Prototyps von Infotainment in der ARD.

Der Abteilungsleiter selbst lieferte außer Kundschafter-Reportagen verständlicherweise überwiegend Orientalisches: »Die Macht ohne Staat – über das neue Selbstbewußtsein der Palästinenser« (1979) und »Allahu Akhbar« (drei Teile, 1980) über die Entwicklung des Islam. Und er brachte – wieder angeregt durch den Direktor – »Bildspaziergänge« ins Programm, Stimmungsbilder zum Meditieren vor der Braunschen Röhre.

Neben diesen Neuerungen klingt manches im Programm der dritten Dekade wie ein Revival. Der Meeresforscher und Tauchpionier Hans Hass, der schon in den sechziger Jahren mit der 13teiligen Reihe »Wir Menschen« im Programm war, tauchte nun »Auf eigenen Spuren« (1977) mit einer Neufassung der verhaltenskundlichen Serie auf (1978). Die Reihe »Miterlebt« wurde 1977 mit drei Folgen kurz reanimiert.

Auch Corinne Pulver – übrigens die ältere Schwester der Schauspielerin Lilo Pulver – nahm den Kontakt zur Abteilung wieder auf und gestaltete Porträts starker Frauen der Weltgeschichte: George Sand (1978), Marie Antoinette (1980), Kleopatra (1981), dann zog sie sich grollend ob der Schulmeisterlichkeit der Redakteure wieder zurück.

Überhaupt Geschichte, die wurde gepflegt in jenen späten siebziger Jahren. Helmuth Rompa widmete sich der »Geschichte von unten«, daraus entstand der Dreiteiler »Gute alte böse Zeit« über das Leben einfacher Leute um die Jahrhundertwende (S 3, 1975) und »Die wirren Jahre« (drei Teile, ARD 1978) mit der Unterzeile »eine amüsierte Reminiszenz« an das Lebensgefühl der Nachkriegsjahre 1945–1948.

Wilhelm Reschl, auch er aus der Kaderschmiede »Abendschau« zu »Sonntags geöffnet« gestoßen, produzierte 1977/78 »Die Erben des Roten Oktober«, die Geschichte der Sowjetunion in vier Folgen für die ARD.

In der Reihe »Magische Namen«, die sich mit der Wirkkraft historischer Persönlichkeiten beschäftigte, prüften von 1977 bis 1984 Roman Brodmann, Gerhard Konzelmann und Helmuth Rompa in zehn Filmen, was von Rudolf Steiner, Napoleon, Churchill und anderen heute im Bewußtsein noch vorhanden ist.

Susanne Offenbach und Helmar Spannenberger in »Sonntags geöffnet«.

Roman Brodmann mit Cutterin Dorrit Dörr beim Schnitt von »Laterna Teutonica«.

30 Jahre nach der Erfindung des Tonfilms begann Roman Brodmann sich Gedanken über das Medium zu machen, auf dem wir basieren. In sechs Folgen »Laterna Teutonica« beleuchtete er 1979 kritisch die Entwicklung des deutschen Films zwischen künstlerischem Anspruch und obrigkeitlichem Zugriff im Dritten Reich.

Im Dritten Programm, wo der Bereich »Kultur und Gesellschaft« immer noch seinen Patentag autonom gestaltete, begann man sich auf die Heimatregion zu besinnen. Und auch hier, besonders hier, begegnete man bewährten Mitarbeitern aus der »Abendschau«: Karl Ebert, der schon seit frühen Tagen der Abteilung immer wieder zugeliefert hatte und auf einfühlsame Weise Menschen vor der Kamera aufschließen konnte, und Fritz Schindler, den die großen geistigen Strömungen faszinieren. Ebert hat sich mit Künstlerpersönlichkeiten beschäftigt: Eduard Mörike (1975), einer Artistin der Jahrhundertwende (1978), HAP Grieshaber und Reinhold Nägele (1974), Manfred Henninger (1981) und Joseph Martin Kraus, dem Odenwälder Mozart (1983). Er hat auch die Reihe »Ich war dabei« begründet, in der Zeitzeugen über die Verknüpfung ihrer persönlichen Lebensgeschichte mit Ereignissen der Zeitgeschichte berichteten. 40 Folgen sind bis zu seinem Ausscheiden 1984 von ihm und anderen produziert worden. Schindlers Liste enthält Beiträge zur Religionsgeschichte: u. a. Pietisten (1977), Papisten (1979), Säkularisation (1982) und Reformation (1983). Die beiden arbeiteten auch mit in der von Rainer C. M. Wagner initiierten »ewigen« Porträtreihe zur Regionalgeschichte Südwestdeutschlands:
– »Figuren aus dem Bauernkrieg« (vier Teile 1975)
– »Figuren aus dem Absolutismus« (vier Teile 1976)
– »Mannheim als Residenz« (drei Teile 1977)
– »Schwäbische Romantiker« (vier Teile 1980)
– »Barockfiguren aus Südwestdeutschland« (vier Teile 1981)
– »Große Ärzte aus Südwestdeutschland« (fünf Teile 1984).

Diese regionalen oder landesgeschichtlichen Beiträge entstanden logischerweise überwiegend als SDR-Eigenproduktionen. Dagegen setzte Jörg Dattler, der verantwortliche Redakteur für Dokumentarfilm im Dritten Programm konsequent auf die Pflege von freien Produzenten. Seine Liste liest sich wie ein who's who der deutschen Dokumentarfilmszene: H. J. Weyhmüller, Istvan Bury, Hartmut Griesmeyer, Arpad Bondy, Frieder Mayerhofer, Peter Gehrig, Werner Herzog, Angelika und Peter Schubert usw.

In die letzte Phase der Ära Konzelmann fällt die Vorbereitung der zweiten Serie des SDR über das Dritte Reich. Nach längerem Hin und Her mit wechselnden Beteiligten und wissenschaftlichen Beratern wurde der frühere Produktionschef Hans Ulrich Reichert – der übrigens ein paar Jahre vorher Abteilungsleiter werden sollte und am Redakteursvotum scheiterte – zum Leiter der »Sonderredaktion Drittes Reich« ernannt. Rainer C. M. Wagner entwickelte das Konzept »Städte und Stationen«, die Geschichtsfreaks Reschl, Rompa, Wagner und der Doyen des Dokumentarfilms, Roman Brodmann, realisierten die 13 Folgen, die jeweils im Ersten Programm am Sonntag um 20.15 Uhr auflaufend auf den 30. Januar 1983 ausgestrahlt wurden und im Schnitt Einschaltquoten von 18 % brachten, mit Spitzen von 36 %. Das letzte große Medienereignis, das der SDR auf dem Gebiet des Dokumentarfilms schuf. Intendant Hans Bausch urteilte in einer Live-Moderation vor der letzten Ausstrahlung am 30. 1. 1983, nicht jede Sendung sei gleich gut gelungen, doch er halte das Prädikat »umstritten« nicht für ein Unglück, denn »wer es unternimmt, das dunkelste Kapitel unserer Vergangenheit auszuleuchten, kann nicht ohne Widerspruch bleiben.«

»Europa unterm Hakenkreuz«, 13 Folgen, die letzte Kraftanstrengung des SDR in der ARD.

FS-Kultur und Gesellschaft
Those were the days …

Von Manfred Naegele

Als mir Fernsehdirektor Horst Jaedicke 1981 anbot, die Leitung der Hauptabteilung »Kultur & Gesellschaft« zu übernehmen – ich war gerade mal 40 Jahre alt und freier Mitarbeiter und ganze 10 Jahre beim SDR –, habe ich mir einige Bedenkzeit erbeten. Die »Dokumentarabteilung« zu leiten, einen Augapfel des SDR, den Hort der damals schon legendären und leicht verklärten »Stuttgarter Schule«, das war eine ziemliche Herausforderung und Verantwortung.

Mit so gestandenen und zum Teil viel älteren Autoren wie Roman Brodmann, Horst Stern, Wilhelm Bittorf, Artur Müller, Helmuth Rompa, Hans Hass, Gisela Reich u. v. a. Programm zu machen, da sagt man nicht leichthin ja – aber schließlich dann doch, mit der Ermunterung der erfahrenen Redakteure Jörg Dattler und Rainer C. M. Wagner. Mein Vorgänger, Gerhard Konzelmann, sprach mir Mut zu und erklärte eben mal beim Mittagessen, wie der Laden so läuft. Das waren noch Zeiten! Die Autonomie der Themenauswahl lag selbstverständlich bei den Programmachern. »Geld habe ich immer«, verkündete der Programmdirektor bei aufwendigen Projekten. Der zuständige Produktionsleiter saß, informiert und motiviert, mit in der Redaktion. Man konnte heute ein Thema ausspähen und morgen schon anfangen zu drehen. Es gab keine abgezählten Dreh- und Schnittage für einen Film, keinen mühseligen und langwierigen Genehmigungsslalom, keinen Prüfungsausschuß für freie Mitarbeiter, der unberechenbare aber vielleicht deshalb kreative Talente ausgesiebt hätte. Man konnte aktuell, spontan und experimentell Programm machen.

Tempora mutantur …

Es war die Zeit, als unsere 13teilige Reihe »Europa unterm Hakenkreuz – Städte und Stationen« für die ARD in der Endfertigung war, eine beachtliche Programmanstrengung und Geschichtsaufarbeitung über mehrere Jahre. Das Ergebnis war ein Erfolg, wenn auch nicht unumstritten. Aber aus der ARD hieß es danach, solch

»Abenteuer Eisenbahn«: Roman Brodmann mit Kameramann Udo Rischer (r.) im »Talgo«.

Star-Gastrokritiker Wolfram Siebeck im »ARD-Ratgeber Essen und Trinken«.

große Programmflächen unter einem Thema und auch noch von einer kleinen Anstalt, das wolle sich das 1. Programm nicht mehr leisten, das blockiere zu viele von den immer weniger werdenden Sendeplätzen im Programmschema. Die Möglichkeiten für dokumentarisches Fernsehen im Ersten wurden immer geringer, das hat sich über Jahre fortgesetzt. Die Termine schrumpften, wurden zu Magazinen umgewidmet und an die Ränder des Programms gedrängt. SDR-intern hat ein neuer Direktor ARD-Programmplätze und Etatmittel der Chefredaktion zugeschlagen, die ihrerseits das Regionalprogramm an eine neue Hauptabteilung Landesprogramm verlor, eine Folge der Kooperationsbemühungen mit dem SWF. Ein weiterer Aderlaß an Programmöglichkeiten in der ARD kam durch das Hinzutreten weiterer Rundfunk-Anstalten in den neuen Bundesländern nach der Wiedervereinigung, der ARD-Kuchen wurde kleiner und kleiner. Die Folge war, daß eigene SDR-Reihen, um Programmprofil zu entwickeln, nur noch sehr beschränkt möglich waren. Einige Versuche haben wir gemacht, etwa mit der Reihe »Abenteuer Eisenbahn« von Roman Brodmann, eine bei den Zuschauern sehr beliebte Reihe mit dem »Glacier-Express«, dem »Lapplandpfeil«, der »Transkorsika«, dem »Talgo«, der »Metro« u. a. m. Einige Zeit haben wir uns an der ARD-Serie »Ratgeber Essen und Trinken« beteiligt, für die ebenfalls Roman Brodmann mit dem Star-Gastrokritiker Wolfram Siebeck ein appetitliches Modell entwickelt hat.

Für den ARD-Sonntagvormittag haben wir immer wieder neue Sendungstypen mitentwickelt und mitbestückt, etwa die »Kulturreportage«, die Reihe »Besuch bei ...« und zuletzt das »Sonntagsmagazin«.

Im Vorfeld der deutschen Wiedervereinigung hat uns ein Blick in deutsche Befindlichkeiten interessiert, und wir haben eine Reihe »Typisch deutsch« aufgelegt, essayistische Beobachtungen mit Augenzwinkern: »Im Land der Gartenzwerge«, »Das Wandern ist des Michels Lust«, »Brüder zur Sonne zur Freizeit«, »Umptata in USA«, »Bruderschaft beim Rebensaft«, »Maßkrug und Pickelhaube«, »Dr. Schrebers Gärten« usw. Und nach der Wende haben wir unterschiedliche deutsche Befindlichkeiten und Empfindlichkeiten in einer Reihe »Doppelkopf im Ossi-Wessi-Land« untersucht, indem wir vergleichbare Personen in Ost und West

»Typisch deutsch« – »Im Land der Gartenzwerge«.

Modernes »Zeichen der Zeit« ist das »Flackernde Inferno« der Computer-Monitore.

FS-Kultur und Gesellschaft

in Doppelporträts vorgestellt haben.
2 Bürgermeister, 2 Bauern, 2 Polizisten,
2 Lokalreporterinnen etc. Auch das alte
SDR-Label »Zeichen der Zeit« wurde
reanimiert, gemeinsam mit der Chefredaktion. Ab 1995 soll es wieder 12 Stücke
davon in der ARD geben, allerdings nicht
mehr ausschließlich vom SDR eingebracht. Was dann noch an Programmöglichkeiten in der ARD verblieb, haben wir
versucht, durch thematisch originelle und
von der Machart besondere Filme zu profilieren.

Ein Beispiel: das Porträt des legendären
Opiumkönigs Kun Sha im Goldenen
Dreieck, den wir als erste Fernsehanstalt
der Welt vor die Kamera bekamen. Überhaupt haben wir Porträts über die Jahre
immer gepflegt, ob Otto Dix, Max Ernst,
Robert Jungk, Zino Davidoff, Halldor
Laxness, Rabindranath Tagore u. a. Ein
besonderer Akzent war das Thema Spielfilm. Dazu haben wir immer wieder das
Entstehen wichtiger Filme dokumentiert,
etwa »Das Boot« oder Werner Herzogs
Filme »Fitzcarraldo« und »Cobra Verde«
oder »Die Bachmeier-Story« oder »Der
letzte Kaiser« von B. Bertolucci.

Dabei gelang es auch, Spielfilmregisseure wiederum dafür zu interessieren, für
uns Dokumentarfilme zu machen, etwa
Werner Herzog, Peter Fleischmann, Uli
Edel oder Niklaus Schilling. Größere Jubiläen waren Herausforderungen, darauf
im Programm zu reagieren, etwa 40 Jahre
Kriegsende, 100 Jahre Auto, 150 Jahre
Fotografie, 40 Jahre Grundgesetz,
20 Jahre Woodstock, 50 Jahre Düsenflug.
Immer wieder richteten wir unseren Blick
in die benachbarte Schweiz und griffen
dort Themen auf, die im Land der Eidgenossen eher im Fernsehprogramm ausgespart waren, etwa eine Dokumentation
der Bürgerinitiative, welche die Armee
abschaffen wollte, mit dem Titel »Der
Traum vom Schlachten der heiligsten
Kuh«, was einen Sturm an Emotionen
pro & contra auslöste. Auch die beiden
für die Schweiz schwierigen Säulenheiligen ihrer Literatur, Max Frisch und Friedrich Dürrenmatt, haben wir porträtiert.
Mit Friedrich Dürrenmatt hat sich dann

Immer wieder gepflegt: das Künstlerporträt. Hier Max Ernst.

Mit Friedrich Dürrenmatt (2.v.l.) ergab sich eine kontinuierliche Zusammenarbeit, nach seinem Tod fortgesetzt durch seine Witwe Charlotte Kerr (2.v.r.).

Am »8. Mai« 1985 gestaltete der SDR eine großangelegte Geschichtscollage für die ARD.

Prototyp der »Großen Abende« war die wechselvolle Geschichte des Suez-Kanals mit Gerhard Konzelmann und Moderator Armin Halle.

übrigens bis zu seinem Tod eine kontinuierliche Zusammenarbeit ergeben. Seine spätere Frau, die Filmemacherin Charlotte Kerr, hat ein vierstündiges Programm über Dürrenmatt für uns produziert. Dürrenmatts letztes Stück »Achterloo«, von ihm selbst inszeniert, haben wir in Schwetzingen für die Festspiele auf die Bühne gebracht, live gesendet, und in einer großen Dokumentation die Probenarbeit festgehalten. Nach seinem Tod hat Frau Kerr-Dürrenmatt noch das malerische und zeichnerische Werk ihres Mannes in einem ungewöhnlichen Film vorgestellt »Zwischen Passion und Profession«.

Neue Formen, alternative Möglichkeiten im immer breiter und dennoch uniformer werdenden Fernsehangebot zu entwickeln, bot noch das 3. Programm. Durch Schemaänderungen mit wiedererkennbaren Sendeplätzen und dafür installierten Fachredaktionen ergaben sich neue Aufgaben und Spielflächen. Eine reizvolle Neuerung war das Konzept der sogenannten »Großen Abende«, ein Programm über mehrere Stunden zu einem Thema.

Begonnen haben wir mit »Suez«, der spannenden und wechselvollen Geschichte des Kanals, erzählt in einer breiten Collage aus Dokumentationen, Spielszenen, Musik und Gesprächen, mit lebenden Kamelen im Studio, das mit einem riesigen Bühnenbild für das große Szenario ausgestattet wurde. Andere »Große Abende« waren dem Mythos »Titanic« gewidmet, der Faszination des Goldes, den Tiefen des deutschen Waldes, dem Kaffee, den Olympischen Spielen. Diese Erfahrungen im 3. Programm nutzten wir noch einmal in der ARD für eine große Geschichtscollage 40 Jahre nach dem Ende des 2. Weltkriegs: »Der 8. Mai«.

Bei immer knapper werdenden Programmitteln mußten wir uns von dem reizvollen Format wieder verabschieden. Etwa 10 Jahre später hat der Kulturkanal ARTE mit seinen »Themenabenden« dieses Breitbandkonzept wieder aufgenommen. In variierter Form konnten wir das Konzept mit großen musikalischen Städteporträts in Kooperation mit Fernsehanstalten anderer Länder fortsetzen.

FS-Kultur und Gesellschaft

Das waren ca. dreistündige Live-Sendungen mit dem Radiosinfonieorchester des Süddeutschen Rundfunks, mit Musikern und Sängern des Gastlandes, umrahmt von filmischen Beschreibungen der jeweiligen Stadt und mit interessanten Gästen. Wir waren in Venedig, Barcelona, Prag, Budapest, Dubrovnik. Die Sendung aus Dubrovnik wurde später nach den Zerstörungen als Wiederholung eine bewegende Wiederbegegnung mit dieser Stadt. Überhaupt brachte die Installierung einer eigenen Musikredaktion unter der Leitung von Gerhard Konzelmann eine Reihe von attraktiven Akzenten ins Programm, Aufzeichnungen von Konzerten des Radio-Sinfonieorchesters Stuttgart mit Dirigenten wie Solti, Celibidache, Marriner, Gelmetti, Koproduktionen und regelmäßige Übertragungen von Opern aus den Schwetzinger Festspielen, darunter ein großer Rossini-Zyklus, Musiker-Porträts von Rossini und Monteverdi.

Ein Internationaler Rossini-Gesangswettbewerb wurde ausgerichtet, Musikstreifzüge und Matineen für die ARD produziert, eine 6teilige Reihe »Rocklegenden« ist im Entstehen und ein regelmäßiger Sendeplatz im 3. Programm wird bespielt.

Auch für andere Sendeplätze im 3. Programm wurden Fachredaktionen aufgebaut. Bis zur Schaffung eines gemeinsamen Landesprogramms mit dem Südwestfunk gab es ein regelmäßiges 30minütiges Kulturmagazin für die aktuelle Ereignisberichterstattung, die »Kulturszene«. Von 1983 bis 1990 produzierten wir einmal im Monat ein aktuelles Filmmagazin, Peter Kreglingers »Kinokalender«, insgesamt 84 Folgen. Ein besonderer Sendeplatz für regionale Dokumentationen wurde installiert, für den interessante Reihen entwickelt wurden wie »Das Land im Südwesten« zum Jubiläum 40 Jahre Baden-Württemberg mit 6 Aspekten: Gastland, Hausherrenland, Presseland, Ordnungsland, Bauernland, Wohlstandsland, oder die 4teilige Reihe »Kronen, Krieg und Republik« über die Geschichte Badens und Württembergs von 1866 bis 1933. Eine lockere Reihe »Geschichtsorte«

Die Musikredaktion kreierte große musikalische Städteporträts. SDR-Übertragungswagen in der Musikstadt Venedig.

Nicht nur klassische Opern werden von den Schwetzinger Festspielen übertragen. »Der Kaiser von Atlantis« (Komponist: Viktor Ullmann).

leitet über zur Fachredaktion Geschichte unter Rainer C. M. Wagner, die in der Zeit der Wende ihren Blick nach Osteuropa richtete mit 5 Folgen über das Zerbrechen der Sowjetunion »Der Riß durch das rote Reich« und 4 Folgen »Stalin«.

Mit der Deutschen Lesegesellschaft produzierten wir eine langlaufende Reihe von »Gutenachtgeschichten«, in der Prominente und Autoren ihre Lieblingsgeschichte präsentierten, von Edzard Reuter bis zu Gloria von Thurn und Taxis. Auf einem wöchentlichen Kulturdokumentationsplatz (Redaktion Wagner) haben wir über die Jahre eine beachtliche Fernseh-Galerie von Künstlerporträts produziert – mal regional, mal international – wobei immer wieder auch thematische Reihen gebündelt wurden, etwa zum Jubiläum 150 Jahre Fotografie 1989 berühmte Lichtbildner wie Alfred Eisenstaedt, Henri Cartier-Bresson, Thomas Höpker, Erich Baumann, Rainer Martini, Robert Häusser und Sebastiao Salgado, dann Porträts zur deutschen Fernsehgeschichte: Horst Stern, Wilhelm Bittorf, Reinhart Müller-Freienfels und LORIOT. Zur Zeit ist eine Reihe zu ›100 Jahre Film‹ in Arbeit mit Beiträgen über die Geschichte der Kinos, die Pioniertage des Films (Brüder Lumière), die Farbfilmentwicklung, den Tonfilm, die Magie der Filmtricks, die Anfänge des ethnographischen Films, den Propagandafilm im Ersten Weltkrieg, und einen schwäbischen Filmpionier.

Diese Redaktion bespielte zusätzlich einen wöchentlichen Sendeplatz am Sonntagnachmittag mit Kulturfeatures und gestaltete in Zusammenarbeit mit dem Hörfunk 2 große Fernsehbegleitprogramme zu den Funkkollegs »Jahrhundertwende« und »Literarische Moderne« mit je 30 Sendungen. Sie bestückte darüber hinaus einen sehr erfolgreichen wöchentlichen Sendeplatz »Planet Erde« mit naturkundlichen Tier- und Ökologie-Sendungen.

Die erfolgreichsten Sendungen im Dritten Programm hat Jörg Dattler betreut und gepflegt, zuerst die Reihe »Länder, Menschen, Abenteuer« und dann auch »Menschen unter uns«, dokumentarische Porträts von Menschen in aller Welt, die nicht prominent und bekannt sind, dennoch beeindruckende Lebensleistungen vorzuweisen haben. Es waren Filme meist ohne kommentierende Texte, in denen die Menschen selbst zu Wort kommen und in

Programmbereichsleiter Manfred Naegele bei der Moderation der »Kulturszene«.

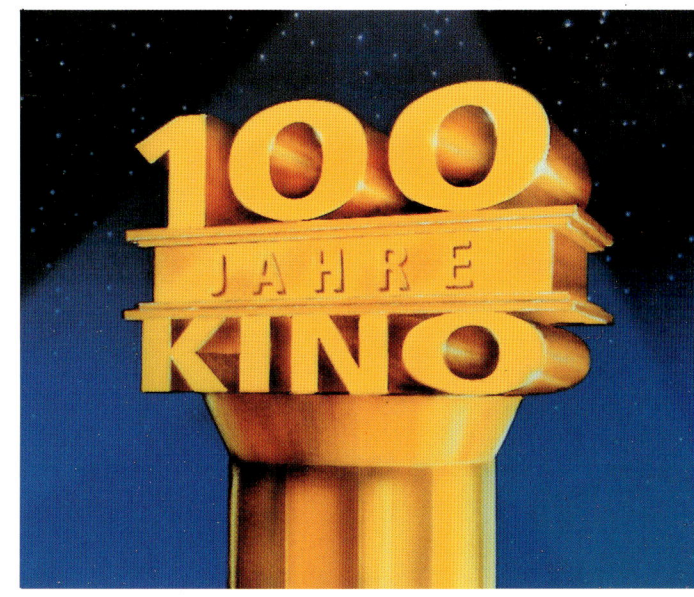

Für das Dritte Programm werden immer neue Programmschwerpunkte konzipiert.

FS-Kultur und Gesellschaft

sensiblen Bildern beschrieben werden, Filme die meist von exzellenten freien Autoren als Auftragsproduktionen gestaltet und von vielen anderen Dritten Programmen wiederholt wurden. Ein vorbildliches Beispiel, wie durch kompetente, konsequente und kontinuierliche redaktionelle Betreuung ein Sendungstyp und ein Sendeplatz Erfolg haben und halten kann.

Stellvertretend für die vielen dem Hause verbundenen Filmgestalter sei hier Rudolf Werner genannt, der einzige festangestellte Autor und Regisseur, den sich der Programmbereich noch leisten kann. Das breite Spektrum seiner Themen reicht vom Sportfeature, das er in den 70er Jahren noch in der Chefredaktion pflegte (Der Deutsche Fußballbund, 1975, Breitensport in Deutschland, 1976, die neue deutsche Sportnation nach der Wiedervereinigung, 1991, Porträts von René Weller, 1983, Emil Beck, 1984, Boris Becker, 1985, Patriz Ilg, 1988, Dieter Baumann, 1993) über populäre Kultur (Mr. Musical, 1988, Das Phantom der Medien, 1991, Friede, Freude, Fischer, 1993) bis hin zu religiösen Themen (Zirkuspfarrer, 1986, Touristenseelsorge, 1989).

Für die Kulturfeature-Redaktion hat er Porträts von Fotografen und Konzert-Veranstaltern produziert, die Reihe »Menschen unter uns« hat er mit Beiträgen über eine weiße Squaw (1986), Sahara-Selbsterfahrung (1988), ein blind geborenes Geschwisterpaar (1993) beliefert. Die Geschichtsredaktion verdankt ihm Filme über Kloster Bronnbach im Taubertal und das Berliner Olympiadorf von 1936 (beide 1992), bei den Reihen »Typisch deutsch« und »Kulturwelt« hat er mitgearbeitet. Rudolf Werner repräsentiert in einer Zeit immer spezieller werdender Fachredaktionen den aussterbenden Typ des Allround-Journalisten.

Als eines der jüngsten und frischesten Programme ist noch die 14tägige Sendung ET ZETERA zu erwähnen, ein Kulturmagazin der anderen Art, 45 Minuten mit jeweils einem Titelthema, mit dem Blick von unten auf Hoch- und Alltagskultur, daneben Rubriken für Film und Veranstaltungen, Serien wie »Ein Künstler, der bekannter sein sollte«, »Lebenshilfe«, »Das Letzte«, »Nachgeflimmer« etc. Eine Sendung, die sich durch ihren etwas respektlosen, engagierten und originellen Ton unter der Leitung von Franziska Specht und Gunther Herbst zu einem Markenzeichen entwickelt hat, von den Kritikern überregional beachtet und mit diversen Preisen bedacht wurde. Dem großen Lebensgespräch interessanter

»Menschen unter uns« wie Bauer Körbl wurden zum erfolgreichsten Sendetyp.

»Wortwechsel«: Gabriele von Arnim (l.) mit der Regisseurin Jeanine Meerapfel.

Dr. Günther Bauer (M.) als Gastgeber in seiner Sendereihe OMNIBUS, der ältesten Talkshow des SDR-Fernsehens.

Eines der jüngsten Programme, das preisgekrönte Zeitgeistmagazin ET ZETERA.

Zeitgenossen widmet sich die Sendung »Wortwechsel«. In Gabriele von Arnim hat der betreuende Redakteur Bertold Runge eine kompetente und attraktive Gesprächsmoderatorin gefunden.

Seit Bestehen des deutsch-französischen Kulturkanals ARTE haben wir mit diesem eine ganze Reihe von Sendungen koproduziert und begonnen, große »Themenabende« zu gestalten, den ersten über »Risiko« und einen über Dürrenmatt; ein weiterer über Zauberei und über die Fremdenlegion sind in Arbeit. Erwähnen möchte ich noch eine der ältesten Sendereihen im SDR-Fernsehen, die es sozusagen seit der 1. Stunde des 3. Programms gab, den »OMNIBUS«. Dr. Günther Bauer hat diese Form von illustrierter Talkshow über Gott und die Welt mit großer Kompetenz gestaltet und moderiert und hat es verstanden, auch anspruchsvolle und philosophische Themen an den Zuschauer zu bringen. Mit seiner Pensionierung 1993, die er nur um wenige Monate überlebte, wurde die auf ihn zugeschnittene Sendung eingestellt.

Und nun zum Ende des Jahres 1994 wird der gesamte Programmbereich »Kultur & Gesellschaft« im Rahmen einer Umstrukturierung des SDR-Fernsehens als selbständige Einheit aufgelöst und mit der Hauptabteilung »Politik und Gesellschaft« verschmolzen, Teile in die zweite Programmhauptabteilung »Kultur, Spiel, Unterhaltung« übergeführt.

Das war ein spontaner Griff ins Füllhorn der letzten 15 Jahre, gefüllt mit Tausenden von Sendungen, über die zu erzählen, samt den Anekdoten drumherum, allein ein Buch gefüllt hätte.

… et nos mutamur in illis.

Ein Blick zurück: die Zeiten haben sich geändert und wir uns mit ihnen, das Glück des Programm-Machens ist teilweise den Zwängen des Programm-Managens gewichen, die Änderungen der Medienlandschaft, die Konkurrenz der Kommerziellen, die Kooperationszwänge, die Notwendigkeit zu Sparen und Rationalisieren, die Entwicklung zu mehr Bürokratie haben die Arbeit verändert, haben uns verändert – aber Programm gestalten macht noch immer Spaß, der sich wieder steigern kann, wenn so manche ex-und-hopp-Euphorien des Live- & Drive-Programms wieder dem 2. Gedanken in der 1. Reihe weichen.

Fernsehspiel
Von Anouilh bis Achternbusch
Von Reinhart Müller-Freienfels

Mein Rückblick auf drei von vier Jahrzehnten Fernsehspiel des Süddeutschen Rundfunks ist natürlich subjektiv und wird möglicherweise einige frühere Kollegen und Mitarbeiter kränken. Sei es, daß ich sie gar nicht oder nur kurz erwähne, sei es, daß ich viele Produktionen aussparen muß – ich bitte schon im voraus um Verständnis, daß die mir zur Verfügung stehende Seitenzahl nicht ausreicht, um alle Beteiligten und ihre Leistungen in diesem langen Zeitraum so zu würdigen, wie sie es verdienen. Vielleicht kann das aber im Jahr 2004 beim fünfzigsten Jubiläum nachgeholt werden, vorausgesetzt, daß es dann überhaupt noch Fernsehspiele gibt, die ja schon heute – wie manche meinen – eine aussterbende Spezies sind.

Der Beginn und die Spiele der fünfziger Jahre

Nachdem sich der Süddeutsche Rundfunk am 5. November 1954 in das Gemeinschaftsprogramm der ARD eingeklinkt hatte, setzte er gerade im Bereich des Fernsehspiels Maßstäbe, die bei den Kollegen der anderen Anstalten Neid erregten und von der Presse gefeiert wurden. Zuschauer gab es damals nur einige tausend, und das Wort »Einschaltquoten« war noch unbekannt. Hans Gottschalk als Leiter des Fernsehspiels und Dramaturg sowie Franz Peter Wirth als Regisseur entwickelten den sogenannten »Stuttgarter Stil«, indem sie versuchten, Elemente des Theaters und des Films zu kombinieren. Dabei berücksichtigten sie das kleine Format des Fernsehschirms, das eine vermehrte Verwendung von Großaufnahmen nahe legte. Die aus dem Fernsehstudio auf dem Killesberg live gesendeten Spiele zeigten in den Dekorationen eine bewußte Stilisierung, an der – laut Franz Peter Wirth noch heute – der damalige Chefbühnenbildner der Württembergischen Staatstheater, Gerd Richter, maßgeblich beteiligt war. Zu erwähnen sind hier »Unruhige Nacht« nach einer Erzählung von Albrecht Goes, »Jeanne oder die Lerche« von Anouilh mit Liselotte Pulver, »Raskolnikoff« von Leopold Ahlsen, und »Der kaukasische Kreidekreis«, das erste Stück von Bertolt Brecht, das im Deutschen Fernsehen gesendet wurde. Man versuchte, Originalfernsehspiele zu schaffen, dramatisierte epische Vorlagen und bearbeitete Theaterstücke speziell für den Bildschirm. Bei der Sendung von Arthur Millers »Der Tod eines Handlungsreisenden« wagte man ein Experiment. Man nahm die Generalprobe per Filmaufzeichnung auf und sendete diese dann. Aber die Darsteller mußten während der Sendung in Kostüm und Maske in der Dekoration bereit stehen, um notfalls live weiter zu spielen, falls etwas mit der technischen Wiedergabe nicht klappen sollte. Alle diese Produktionen waren mit elektronischen Kameras übertragen worden. Der erste Fernsehfilm des SDR wurde 1957 produziert und war der erste Fernsehfilm des Deutschen Fernsehens überhaupt. Hans Gottschalk hatte gemeinsam mit Friedrich Dürrenmatt dessen Erzählung »Der Richter und sein Henker« dramatisiert, und Wirth führte Regie. Auch diese Sendung wurde zu einem viel beachteten Ereignis. Alle in der Holzbaracke auf dem Killesberg, in der das Fernsehspiel untergebracht war, suchten die Möglichkeiten des neuen Mediums zu erforschen und gingen mit einer Besessenheit zu Werke, die man sich heute kaum noch vorstellen kann. Zu ihnen gehörten auch Dr. Helmut Pigge und Rainer Wolffhardt, sozusagen das zweite Team des Stuttgarter Fernsehspiels. Pigge war durch Martin Walser zum Sender gekommen, und Wolffhardt war Regieassistent von Wirth gewesen. Ihren ersten großen Erfolg erzielten sie 1958 mit der Verfilmung des Theaterstücks »Besuch aus der Zone« von Dieter Meichsner. Diese politisch brisante Sendung erregte die Gemüter bis in den Bundestag hinein und trug dazu bei, daß wenig später der Intendant Dr. Fritz Eberhard nicht wiedergewählt wurde und Dr. Hans Bausch an seine Stelle trat.

Im folgenden Jahr erfolgte die Gründung der Bavaria Atelier Gesellschaft mbH, deren Geschäftsführung der Stuttgarter Fernsehdirektor Dr. Helmut Jedele übernahm. Da das Studio auf dem Killesberg für große Produktionen nicht ausreichte, sollten diese künftig in den Ateliers in Geiselgasteig hergestellt werden. In Stuttgart sollten nur kleinere Spiele, hauptsächlich mit elektronischen Mitteln, produziert werden. Dr. Jedele nahm eine Reihe führender Mitarbeiter nach München mit, darunter Hans Gottschalk und Franz Peter Wirth. Auch wichtige Autoren wie Dieter Meichsner, Leopold Ahlsen und Oliver Storz sollten in Zukunft nur noch für die Bavaria arbeiten. Zurück blieb unter dem neuen Fernsehdirektor Horst Jaedicke das bisherige zweite Team Pigge/Wolffhardt. Aber auch nach diesem Exodus entstanden in Stuttgart erfolgreiche Produktionen. Zu nennen sind hier die Fernsehfilme »Der Frieden unserer Stadt« von Peter Adler/Helmut Pigge und »Sansibar oder der letzte Grund« nach Alfred Andersch sowie Zuckmayers »Der Hauptmann von Köpenick« mit Rudolf Platte und Brechts »Schwejk im zweiten Weltkrieg«, dessen Ausstrahlung nach dem Bau der Berliner Mauer heftige

Liselotte Pulver bei Proben zu »Jeanne oder die Lerche« von Anouilh.

Proteste auslöste. Bei allen diesen Produktionen führte Rainer Wolffhardt Regie, während Dr. Helmut Pigge als Leiter des Fernsehspiels die Dramaturgie betreute.

Auch Theo Mezger, ebenfalls ein früherer Regieassistent von Wirth, machte seine ersten Fernsehspielinszenierungen, und unter Karl Wägele mauserten sich zuerst Rolf Illg und später Jürgen Schmidt-Oehm und Wolfgang Wahl zu gefragten Szenenbildern. Trotzdem hielt es Helmut Pigge nicht mehr lange in Stuttgart, 1961 wanderte auch er nach München zur Bavaria. Vorher schlug er noch mich – neben zwei anderen Namen – als möglichen Nachfolger vor.

Ein Außenseiter wird Chef und die Spiele der sechziger Jahre

Der Grund, mir die Leitung des Fernsehspiels beim SDR anzubieten, war der Umstand, daß ich mit meinem Freund Fritz Umgelter die Romane »Am grünen Strand der Spree« von Hans Scholz und »Wer einmal aus dem Blechnapf frißt« von Hans Fallada für das Fernsehen dramatisiert hatte. Diese beiden Mehrteiler, die im Auftrag des WDR produziert worden waren, hatten einiges Aufsehen erregt, und man hoffte, mit mir auch Umgelter, der selbst Stuttgarter war, als Regisseur für den SDR zu gewinnen. Außerdem kannte mich Heinz Huber, da ich bei ihm als Sprecher seiner Serie »Das Dritte Reich« tätig gewesen war. Nach einigem Zögern nahm ich das Angebot an und begann meine Arbeit auf dem Killesberg im Herbst 1961.

Bei einigen Mitarbeitern des Fernsehens löste meine Ernennung Empörung aus, denn sie sahen in mir einen Außenseiter, der dieser erfolgreichen Abteilung von oben aufgepfropft worden war. Nachdem sie aber 1962 zu dem gerade gegründeten ZDF abgewandert waren, konnte ich mir eine neue Dramaturgie zusammenstellen, der Dr. Gustav Strübel, Werner Sommer und Ute Garbe angehörten. Meine Tätigkeit begann gleich mit zwei Katastrophen: Die Produktion des Fernsehspiels »Onkel Harry« mußte wegen Erkrankung einer Hauptdarstellerin abgebrochen werden und konnte erst im folgenden Jahr mit teilweise neuer Besetzung vollendet werden. Bei den Dreharbeiten von »Becket oder die Ehre Gottes« kam Wolffhardt in Verzug, und es mußten Nachaufnahmen zwischen Weihnachten und Silvester angesetzt werden, was zu

»Besuch aus der Zone« von Dieter Meichsner mit Siegfried Lowitz (oben).
»Flug in Gefahr«, der Kultfilm mit Ingmar Zeisberg und Hanns Lothar (unten).

Fernsehspiel

Schwierigkeiten mit den Schauspielern führte, die schon anderweitig verpflichtet waren. So lernte ich gleich die Schattenseiten der Produzententätigkeit kennen.

Für mich galt es in erster Linie, Autoren zu finden, da ich meine Aufgabe nicht darin sah, selbst als Autor oder Bearbeiter tätig zu sein, sondern neue Talente zu entdecken und bereits arrivierte Autoren für das verachtete Medium Fernsehen zu gewinnen. So reiste ich in den folgenden Jahren zu Johannes Mario Simmel, dessen »Schulfreund« Wolffhardt dann mit Rudolf Vogel inszenierte, zu Herbert Asmodi, den ich aus meiner Theaterzeit kannte, und der das Spiel »Mohrenwäsche« für uns verfaßte, zu Friedrich Dürrenmatt, der nach langem Zureden eine Fernsehfassung seiner »Physiker« schrieb, die Umgelter mit Therese Giehse in Szene setzte, und die am 5. November 1964 zum zehnjährigen Bestehen des SDR-Fernsehens ausgestrahlt wurde. Heinz Huber, der erfolgreiche Hörspiele verfaßt hatte, dramatisierte für mich einen Roman, der im amerikanischen Zeitungsmilieu spielte und unter dem Titel »Umbruch« mit René Deltgen und Krista Keller gesendet wurde oder genauer gesendet werden sollte, denn das Ende der Ausstrahlung fiel einer bundesweiten Bildstörung zum Opfer. Die Zusammenarbeit mit anderen Abteilungen des Hauses war ein Vorzug unseres »Familiensenders«, die Jaedicke bewußt förderte. So produzierten wir, die FS-Spiel-Abteilung, z. B. die Reihe »Schwäbische Geschichten« von Fritz Eckhardt mit Willy Reichert für die Unterhaltung von Edwin Friesch und tauschten mit Frau Dr. Elisabeth Schwarz vom Familienprogramm Manuskripte zur Begutachtung aus. Meine Dramaturgen Dr. Gustav Strübel und Rolf Defrank verfaßten den Fernsehfilm »Fluchtversuch«, der an der Zonengrenze spielte, und den Theo Mezger inszenierte. Dessen größter Regieerfolg war aber der Fernsehfilm »Flug in Gefahr« von Arthur Hailey mit Hanns Lothar in der Hauptrolle, der zu einer Art Kultfilm wurde. Da die deutsche Fischwerbung gegen die Ausstrahlung protestiert hatte, ließ Jaedicke in der Ab-

»Unruhige Nacht« von Albrecht Goes (oben). Intendant Hans Bausch (M.) mit Samuel Beckett (l.), den eine jahrelange Freundschaft mit dem SDR verband (unten).

sage erklären, daß der in diesem Film verzehrte verdorbene Fisch nicht aus deutschen Fischbeständen stamme, was bundesweit Heiterkeit erregte. Das Theaterstück »Zeitvertreib« von Wolfgang Menge, das ein Dramaturg von mir wegen Unsittlichkeit schon ablehnen wollte, führte zu einer langen Zusammenarbeit mit diesem Autor, der gleich anschließend die Filme »Der Mitbürger« und »Siedlung Arkadien« für uns schrieb. Mir kam es immer auf eine kontinuierliche Zusammenarbeit mit Autoren und Regisseuren an, da man sich nur so gegenseitig – seine Stärken und Schwächen, seine Interessen und Eigenarten – kennenlernen konnte. Das galt auch für den Berliner Autor Johannes Hendrich (»Überstunden«, »Der Sog«) und besonders für den in England lebenden polnischen Autor Leo Lehman, dem wir in den sechziger Jahren Spiele wie »Freiheit im Dezember« und »Sich selbst der Nächste« verdankten. Nicht immer gelang dies aber! Bei Gert Hofmann, der später zu literarischem Ruhm kam, blieb es – von einem Kurzspiel abgesehen – bei seiner »Hochzeitsnacht«, die Ludwig Cremer inszenierte. Auch Günter Herburger, den Frau Dr. Schwarz für das Fernsehen entdeckt hatte, schrieb für uns nur einmal ein Drehbuch, »Der Beginn«, das Peter Lilienthal in Berlin verfilmte. Diese Produktion errang dann viele Preise, wobei keiner der Beteiligten die Begründungen recht verstand.

Keinen deutschen Fernsehpreis konnte dagegen Samuel Beckett erlangen, obwohl wir seine Spiele verschiedentlich für den Grimme-Preis eingereicht hatten. Die Verbindung zu ihm hatte Werner Spies hergestellt, der in Paris als freier kultureller Korrespondent für den SDR tätig war. Ich war höchst erstaunt, daß sich ausgerechnet dieser Autor – den die Kritik auf dem Theater feierte – für die verachtete »Glotze« interessierte. Als ich sein Fernsehspiel »He Joe« gelesen hatte, war ich davon fasziniert aber ratlos, wer es inszenieren könnte. So trafen wir uns 1965 in Paris, und Beckett willigte ein, selbst Regie zu führen. Allerdings stellte er zwei Bedingungen: Keine Journalisten, die ihn interviewen wollten und kein Regiehonorar, da er ja kein professioneller Regisseur sei. »We do it, to have fun together«! Es war das erste Mal, daß er überhaupt Regie führt und die Produktion wurde für uns alle ungeheuer aufregend. »He Joe« wurde am 13. 4. 66, an Becketts 60. Geburtstag ausgestrahlt und fand ein bundesweites Presseecho. Trotz des späten Sendetermins sahen drei Prozent der Fernsehzuschauer das Spiel, was immerhin ein Publikum von vielen Tausenden bedeutete. Werner Spies verdankten wir auch die Verbindung zu Marguerite Duras, die für uns das Drehbuch »Diese Frau zum Beispiel« verfaßte, das Heinz von Cramer am Bodensee verfilmte.

Inzwischen war das Fernsehspiel von der Baracke auf dem Killesberg in das neu erbaute Fernsehstudio Berg umgezogen. Dort entstand 1968 der Zweiteiler »Bel Ami«. Mir war die Idee zu diesem Projekt nach erneuter Lektüre von Maupassants Roman gekommen, der ganz anders als der alte Film von Willi Forst war. Ich fragte bei dem Filmregisseur Helmut Käutner an, ob er Interesse habe, und er sagte sofort zu. Aus Kostengründen und weil er wirklich Fernsehen machen wollte, sollte die Produktion mit elektronischen Kameras im Studio aufgenommen und die Spielorte nur angedeutet werden. Käutners Fernsehbearbeitung wurde viel sozialkritischer und zynischer als der Film von Forst, und mit Jürgen Schmidt-Oehm entwarf er eine stilisierte Dekoration. Innerhalb von zehn Wochen drehte er das zweiteilige Spiel mit unzähligen Schauplätzen und Massenszenen ab, obgleich er gegen Ende noch eine Lungenentzündung bekam. Ich bewunderte die musische Souveränität, mit der er die Hauptdarsteller Helmut Griem, Erika Pluhar und Dagmar Altrichter dirigierte. Trotz aller Bemühungen, den knappen Etat einzuhalten, hatten wir die angesetzte Summe aber überzogen, und ich mußte einen Canossagang zu unserem Verwaltungsdirektor antreten. Doch Friedrich Müller, selbst ein sehr musischer Mensch, sagte nur: »Sie sind eben meine teuerste Abteilung, teuer in jeder Beziehung! Aber warum haben Sie das Ganze nicht in Farbe gedreht?« Doch die Möglichkeit dazu wurde im SDR erst einige Monate später eingeführt.

Natürlich produzierten wir in den sechziger Jahren auch Bühnenstücke: »Dantons Tod« von Büchner mit Wolfgang Reichmann unter der Regie von Umgelter, »Tote ohne Begräbnis« von Sartre in der Inszenierung von Rainer Wolffhardt, der aber danach nach München übersiedelte, Brechts »Der gute Mensch von Sezuan« (Regie Umgelter), Arthur Millers »Blick von der Brücke« in der Inszenierung von Ludwig Cremer und »Bratkartoffeln inbegriffen« von Arnold Wesker, wofür sich Umgelter unbekannte junge Darsteller holte, von denen einige dann Fernsehstars geworden sind.

Die Bavaria lieferte uns wichtige Produktionen wie Schillers »Wallenstein« in zwei Teilen, wobei Franz Peter Wirth die Frauenrollen gestrichen hatte, Dieter Meichsners »Freundschaftsspiel« (Regie Umgelter), »Der Drache« von Jewgenij Schwarz (Regie Hans Dieter Schwarze), Rainer Erlers »Nachruf auf Egon Müller« und die Dokumentarspielreihe »Das Attentat«, an der mein Vorgänger Helmut Pigge entscheidenden Anteil hatte. Als Nachtrag quasi zu dieser Reihe über politische Attentate kam noch der zurecht preisgekrönte Film »Der Attentäter« von Hans Gottschalk (Regie Rainer Erler) über das Attentat auf Hitler im Münchner Bürgerbräukeller. Die Beziehungen zwischen der Bavaria und uns waren so gut, daß wir uns Franz Peter Wirth ausleihen konnten, um 1969 »Die Zimmerschlacht« von Martin Walser zu inszenieren. Beide kannten sich aus der Anfangszeit des Stuttgarter Fernsehens, als Walser zu Jedeles Gründungsteam gehörte und beide feierten nun ein Wiedersehen am alten Tatort. Die Produktion mit Gisela Uhlen und Martin Benrath fand übrigens statt, bevor das Stück dann seinen Siegeszug auf den Bühnen antrat.

Die Konkurrenz mit dem ZDF und den anderen Anstalten zwang uns, immer öfter Mehrteiler und Reihen zu produzieren, um Schwerpunkte im Programm zu

Fernsehspiel

setzen. So dramatisierte Wolfgang Menge den Roman von Henry Jaeger »Rebellion der Verlorenen«, den Fritz Umgelter als dreiteiligen Fernsehfilm inszenierte. Mein Dramaturg Dr. Gustav Strübel hatte die Idee zu einer sechsteiligen Dokumentarspielreihe »Zeitgeschichte vor Gericht«, die er auch betreute. Wir gewannen Dieter Ertel, den Nachfolger des verstorbenen Heinz Huber in der Dokumentarabteilung, als Autor des zweiteiligen Dokumentarspiels »Der Fall Liebknecht – Luxemburg«, das Theo Mezger inszenierte und das heftige Diskussionen auslöste. Strübel selbst war bei dieser Reihe auch als Autor tätig. Das Echo zeigte, daß inzwischen eine starke Politisierung der Öffentlichkeit stattgefunden und die 68er Zeit begonnen hatte. Horst Jaedicke war 1968 zum Koordinator Fernsehspiel in der ARD gewählt worden, wodurch auch auf uns neue Aufgaben zukamen.

Sozialkritik – Courths-Mahler – »Was wären wir ohne uns« – die Spiele der siebziger Jahre

Wir Fernsehspielchefs der ARD-Anstalten waren Freunde und Rivalen zugleich. Auf unseren Sitzungen ging es oft lautstark zu und die Vergabe guter Sendetermine erinnerte an Auktionen, wo man sich beeilen mußte, um den Zuschlag zu bekommen. Besonders zu Günther Rohrbach vom WDR und zu Dieter Meichsner vom NDR hatte ich so ein freundschaftliches Rivalitätsverhältnis, wobei ich mit ihnen, was die Anzahl der Sendetermine und die Höhe der Etats betraf, nicht konkurrieren konnte. Jeder von uns hatte den Ehrgeiz, seinem Spielanteil im ARD-Gemeinschaftsprogramm ein eigenes Profil zu geben, obgleich die meisten Zuschauer gar nicht zwischen ARD und ZDF unterschieden. Das ZDF, inzwischen ein harter Konkurrent, nützte den Vorteil einer zentral gelenkten Anstalt, während bei uns jeder seinen eigenen Kopf behalten wollte. Jaedickes Bestreben war es, bei Wahrung der Eigenarten der einzelnen Sender, eine gemeinsame Sendereihe zu schaffen, an der sich jede

»Tatorte« vom SDR: »Stuttgarter Blüten« mit Willy Reichert und Werner Schuhmacher als Kommissar, »Rot – rot – tot« mit Curd Jürgens.

ARD-Anstalt beteiligte. So kam es zu der »Tatort«-Reihe, bei der die Beiträge der einzelnen Anstalten in ihrem jeweiligen Sendegebiet spielen sollten, und jede Anstalt ihren eigenen Kommissar hatte. Unser erster »Tatort« 1971 »Auf offener Straße« spielte in Heidelberg und beruhte auf einem authentischen Fall. Das brachte uns eine einstweilige Verfügung der Witwe des Opfers ein, die nur durch Zahlung einer Geldsumme abgewendet werden konnte. Werner Schuhmacher wurde unser Kommissar, und Theo Mezger führte Regie. Beide gestalteten auch die folgenden »Tatorte«, die dann Wolfgang Menge, Karl Heinz Willschrei, Peter Scheibler und andere verfaßten. Herausragende Beiträge waren 1973 Menges »Stuttgarter Blüten« mit Willy Reichert, der eine Zuschauerbeteiligung von 71% erreichte und 1978 Willschreis »Rot – rot – tot« mit Curd Jürgens, der es auf 68% brachte. Ich war der Ansicht, daß bei den »Tatort«-Filmen die Einschaltquote wichtig war, während sie bei anderen Spielen, wie z. B. denen von Beckett, nur eine sekundäre Bedeutung hatte. Jaedicke setzte Klausurtagungen der Fernsehspielchefs an, um die gesendeten Spiele einer kritischen Betrachtung zu unterziehen und geplante Produktionen zu besprechen. Nachdem die BBC in London und die RAI in Rom »Drama Experts Meetings« der EBU veranstaltet hatten, luden wir unsere europäischen Kollegen nach Stuttgart ein, doch ergaben sich daraus leider keine Coproduktionen.

Die Studentenrevolte 1968 wirkte sich auch auf unsere Arbeit aus. War Sozialkritik bisher vielleicht etwas zu kurz gekommen, so dominierte sie nun im Programm. Feinsinnige Dichter, die sich bisher kaum für Politik interessiert hatten, wurden plötzlich zu wilden Revoluzzern, und auch bei etlichen Kritikern kam es jetzt weniger auf die Qualität eines Spiels als auf die politische Gesinnung an, die dahinter stand. Wir konnten uns dieser Tendenz nicht entziehen, wenn für mich auch weiterhin der künstlerische Wert eines Spiels entscheidend blieb. Menge verfaßte ein Stück über die Mitbestimmung, das Umgelter mit Günther Strack als Arbeitsdirektor bei Hösch verfilmte, und Gustav Strübel schrieb »Die sich Christen nennen«, ein Spiel über einen jungen, progressiven Theologen, das Theo Mezger inszenierte. Als ich den französischen Dramatiker Armand Gatti kennenlernte, dessen Stücke »General Francos Leidenswege« und »V wie Vietnam« damals auf vielen Bühnen gespielt wurden, fragte ich ihn, ob er nicht auch für uns etwas schreiben wolle. Gatti, der Mitglied der Résistance gewesen war und im KZ gesessen hatte, war überzeugter Kommunist und hatte Filme in Cuba und China gedreht. Er sagte sofort zu, doch verzögerte sich die Ablieferung seines Drehbuchs, da er bei den Barrikadenkämpfen in Paris verwundet worden war. Das Drehbuch hieß dann »Der Übergang über den Ebro«, sollte aber zu einem großen Teil in der Kanalisation von Stuttgart gedreht werden. Es war sehr poetisch und spielte auf verschiedenen Ebenen, so daß ich Zweifel äußerte, ob die revolutionäre Botschaft vom Publikum verstanden würde. Doch Gatti war davon überzeugt, wollte selbst Regie führen und Hans Christian Blech, mit dem er schon einmal gearbeitet hatte, für die Hauptrolle haben. Werner Sommer und ich teilten uns die Arbeit des Produzenten und Justus Pan-

»Bel Ami«, nach Guy de Maupassant mit Erika Pluhar und Helmut Griem.

Fernsehspiel

kau stand hinter der Kamera. Obgleich Gatti vorher allen Beteiligten erklärt hatte, es werde eine »demokratische« Produktion werden, bei der man über alles diskutieren könne, ließ er sich dann auf keine Debatte ein und führte ausgesprochen autoritär Regie. Er war von unserem Team sehr beeindruckt und sagte, so engagierte Mitarbeiter habe er in kommunistischen Ländern nie gehabt. Wir verstanden uns menschlich gut, und beim Abschied bezweifelte ich, ob es ihm mit seinem Humor und seiner unideologischen Art in der DDR gefallen werde, wo er sein Stück über Franco verfilmen sollte. Tatsächlich wurde er nach wenigen Tagen aus der DDR ausgewiesen und schrieb mir: »Ulbricht, c'est le meilleur agent des Américains!«

Die positiven Erfahrungen mit Beckett und Gatti brachten uns auf die Idee, den österreichischen Dramatiker Wolfgang Bauer zu fragen, ob er nicht auch einen Film für uns schreiben und inszenieren wolle. So entstand die fröhlich anarchistische »Edegger Familie« und die Reihe »Der Autor führt Regie«. Rainer Werner Fassbinder besuchte uns in Stuttgart, und nachdem es bei den »Katzelmachern« aus Etatgründen nicht geklappt hatte, finanzierten wir dann seinen Film »Warum läuft Herr R. Amok«, der mir noch heute besser als manche spätere Arbeit von Fassbinder gefällt. Aber wir scheiterten auch mit einigen Projekten. Eine Gemeinschaftsarbeit von Studenten der Münchener Film- und Fernsehhochschule, wo ich in einem Semester Übungen abhielt, erwies sich als nahezu unsendbar, und ein Jungfilmer, der sich an keine Abmachung hielt und die Drehzeit wie den Produktionsetat rücksichtslos überzog, brachte uns zur Verzweiflung. Daß sein Film »S.P.Q.R.« überhaupt fertiggestellt wurde, war das Verdienst der Cutterin Dorrit Dörr. Kein Sozialrevolutionär sondern ein Poet, der aber selbst auf dem Bau gearbeitet hatte, war Benno Mayer-Wehlack, der in Berlin lebte und früher am SWF Drehbücher für Peter Lilienthal verfaßt hatte. Er schrieb für uns drei Fernsehspiele, die Tom Toelle kongenial verfilmte,

mit dem damit eine lange, schöne Zusammenarbeit begann. Vor allem die Produktion »Ein Vogel bin ich nicht«, die auf einer Baustelle in Berlin gedreht wurde, schien mir besonders gelungen. Zu nennen wären auch Asmodis »Eine unwürdige Existenz« (Regie Rolf von Sydow) und besonders Leo Lehmans »Chopin Express«, bei dem Michael Kehlmann Regie führte und Leonard Steckel in seiner letzten Fernsehrolle zu sehen war. Der Film schilderte, wie Juden, die den Holocaust überlebt hatten, nun aus dem kommunistischen Polen emigrieren. Er entsprach überhaupt nicht dem damaligen linken Zeitgeist und gehört für mich zu den besten Spielen dieses großartigen Autors. Kehlmann sollte auch später bei den meisten Filmen von Lehman Regie führen.

Nach dem Scheitern des Prager Frühlings emigrierten einige namhafte Regisseure aus der ČSSR. Wir konnten Stanislav Barabaš gewinnen, der die Novellen »Die Erbschaft« von Maupassant und »Das blaue Hotel« von Stephen Crane dramatisierte und mit einer hochkarätigen Besetzung verfilmte. Auf Empfehlung von Edith Herdegen engagierten wir Vojtech Jasný, der den Film »Traumtänzer« für uns drehte, von Gustav Strübel als Produzent und Dramaturg betreut. Strübel übernahm auch die Produktion »Der Tod des Kleinbürgers« nach einer Novelle von Franz Werfel, die der österreichische Regisseur Hans Hollmann in Wien verfilmte, nachdem er vorher Ödön von Horvaths Stück »Zur schönen Aussicht« bei uns im Studio inszeniert hatte. Strübel war es schließlich auch, der die fünfteilige Reihe

»Warum läuft Herr R. Amok«,
Buch und Regie Rainer Werner Faßbinder.

»Die Welt der Hedwig Courths-Mahler«: Sabine Sinjen in »Griseldis« (oben). »Chopin Express« von Leo Lehman mit Leonard Steckel in seiner letzten Fernsehrolle (unten).

»Ein Chirurg erinnert sich« nach dem Buch von Professor Hans Kilian produzierte. Gerd Angermann hatte es dramatisiert und Bruno Voges verfilmte es mit Claus Biederstaedt in der Titelrolle. Die Einschaltquote lag bei 60 Prozent, nur die Presse mäkelte an dem Halbgott in Weiß. Als Strübel 1973 Leiter des Hörfunkstudios Heidelberg-Mannheim wurde, empfanden wir seinen Weggang als großen Verlust.

Zurück blieben in der Dramaturgie Werner Sommer, Ute Garbe und ich, zeitweise von Thomas Kirn und Bertram Vetter unterstützt. Da die Zahl der Eigenproduktionen zurückgegangen war, hatte ich die Dramaturgie verkleinert, zumal sich mit wenigen guten Mitarbeitern viel effektiver arbeiten ließ. Frau Garbe, die seit Jahren das Lektorat betreute, wurde mit unserem Sendeanteil am S 3-Programm beauftragt, das seit 1971 täglich ausgestrahlt wurde. Da der Etat dafür äußerst klein war, konnten wir uns nur selten eine Produktion erlauben und mußten uns mit Käufen und Übernahmen behelfen. Doch stellten wir in jedem Jahr einen Dramatiker der Weltliteratur mit seinem Gesamtwerk vor. Auf den Bühnen wurden die Stücke vieler Autoren wie Sartre, Anouilh oder Frisch kaum noch gespielt, doch wir konnten auf die Bestände der Fernsehanstalten zurückgreifen und den Theaterkritiker der FAZ, Georg Hensel, für die Einleitungen gewinnen. Das positive Echo bewies uns, daß wir hier auf eine Marktlücke gestoßen waren.

Die Spiele im 1. Programm behandelten nach wie vor überwiegend sozialkritische Themen und zeichneten sich nicht gerade durch großen Unterhaltungswert aus. Bei den Zuschauern hatten diese oft sehr didaktischen Stücke zu gewissen Ermüdungserscheinungen geführt. Wir grübelten, wie wir als 8-Prozent-Anstalt neue Akzente setzen und etwas mehr Humor ins Programm bringen könnten. Eines Tages schlug Jaedicke vor, einige Romane von Hedwig Courths-Mahler zu verfilmen. Ich war entsetzt, mußte aber zugeben, noch nie ein Buch dieser Autorin gelesen zu haben. Das holte ich nun

107

Fernsehspiel

nach und amüsierte mich bei der Lektüre. Aber wie sollte man diese Idee umsetzen? Mit Werner Sommer überlegte ich, wie man diese Autorin verfilmen könne, ohne sie zu parodieren und zu diskriminieren. Toelle, der gerade bei uns inszenierte, beteiligte sich an unseren Überlegungen und gemeinsam kamen wir zu dem Ergebnis, daß man diese Romane wortwörtlich und eine Idee zu ernsthaft inszenieren müßte, damit die Zuschauer je nach Wesensart weinen oder schmunzeln könnten. Es würde eine Gratwanderung werden und die Besetzung der Rollen mußte erstklassig sein. Toelle war bereit, zwei Romane zu bearbeiten und zu inszenieren und hatte die glänzende Idee, den berühmten Sprecher klassischer Texte, Gert Westphal, als Erzähler zu engagieren. Da die Produktionen nicht billig werden würden, was Darsteller, Kostüme und Drehorte betraf, suchten wir Romane aus, die auf eine begrenzte Anzahl von Personen reduziert werden konnten. Wir wollten gleich mit fünf vorproduzierten Filmen ins Programm kommen, um einen Schwerpunkt zu setzen, und Jaedicke schlug als Obertitel »Die Welt der Hedwig Courths-Mahler« vor. Ich reiste zu Peter Beauvais, erläuterte ihm unsere Konzeption und er erklärte sich vergnügt bereit, auch einen Roman zu dramatisieren und zu inszenieren. Die Produktionen machten Westphal so viel Spaß, daß ich ihn fragte, ob er nicht Lust hätte, ebenfalls einen Roman zu übernehmen, was er sofort bejahte. Bruno Voges, der sich als Regieassistent bei den ersten vier Produktionen ausgezeichnet hatte, verfilmte dann mit viel Fingerspitzengefühl den fünften Roman. Meine Kollegen von der ARD waren fassungslos, als sie von unserem Projekt erfuhren, nur das ZDF witterte den sich anbahnenden Erfolg und brachte rasch die Verfilmung eines Marlitt-Romans in sein Programm, wobei es scheinheilig beteuerte, es habe von unserem Vorhaben nichts gewußt. Doch gegen unsere geballte Ladung von fünf Filmen, die 1974 relativ kurz hintereinander ausgestrahlt wurden, half das wenig. Die Einschaltquoten stiegen von 43% bei der

»Amor« von Slawomir Mrozek spielt 1944 im besetzten Warschau (oben), »Ein Vogel bin ich nicht«, Regie Tom Toelle (unten) auf einer Berliner Baustelle.

ersten Sendung auf 63% bei der fünften. Auch die Reaktion der Kritik war überraschend positiv und erkannte die Qualität der Produktionen an. »Die Zeit« stellte Gert Westphal, der ja an allen Filmen beteiligt war, eine ganze Seite zur Verfügung, um über seine Erfahrungen zu berichten.

Mir erscheinen aber auch einige Einzelspiele aus den siebziger Jahren wichtig. Ludwig Cremer – ein glänzender Schauspielerregisseur – verfilmte den Roman »Memento Mori« von Muriel Spark mit einer Elite älterer Darsteller, allen voran Lil Dagover und Paul Hoffmann. Dieser Film scheint mir schon deshalb noch heute wiederholenswert. Mit Hans Schweikart und Peter Striebeck inszenierte Cremer das Fernsehspiel »Endstation« von John le Carré, das dem Autor besser gefiel als die Produktion der BBC. Nachdem wir bei der Courths-Mahler-Reihe vom Gesamtetat des Fernsehens Zuschüsse bekommen hatten, wurden jetzt die anderen Abteilungen des Hauses bedacht, und wir konnten nur kleine Stücke produzieren. So kam es zur Produktion des bewährten Thrillers »Gaslicht«, den Cremer ebenfalls inszenierte mit Erika Pluhar, Gustav Knuth und Josef Meinrad. Bei den Bühnenverlegern wurden wir »der Sender der Zweipersonen-Stücke« genannt. An dieser Stelle muß ich unseren Besetzungschef Hans Beuthner erwähnen, der auf diesem schwierigen, oft undankbaren Posten hervorragende Arbeit leistete, und dem viele Schauspieler ihre Karriere im Fernsehen verdanken.

Auch Beckett meldete sich wieder und inszenierte drei Kurzspiele unter dem Obertitel »Schatten« und später auf eigenen Wunsch noch einmal »He Joe«. Er arbeitete mit dem Produktionsteam, besonders dem Kameramann Jim Lewis und dem Szenenbildner Wolfgang Wahl so gut zusammen, daß er mir erklärte, er werde in Zukunft alle seine Fernsehspiele zuerst dem SDR anbieten.

Folgenreich war auch die Begegnung mit dem international bekannten polnischen Dramatiker Slawomir Mrozek, der jetzt in Paris lebte. Er hatte ein hintergründiges Drehbuch »Insel der Rosen« verfaßt, das Franz Peter Wirth auf Kreta verfilmte. Als Mrozek sich den fertigen Film ansah, lobte er die Regie und tadelte sich selbst, weil er bei den Dreharbeiten nicht anwesend gewesen war und dem Regisseur durch Änderungen am Drehbuch die Arbeit erleichtert hatte. Mrozek, der auch als Cartoonist einen Namen hatte, sprach so sachkundig, daß ich ihm anbot, doch selbst einmal Regie zu führen. Er war einverstanden und inszenierte seinen Film »Amor«, der im Herbst 1944 im besetzten Polen spielt, und in dem er selbst Erlebtes verarbeitete. Diese Produktion gehört zu den wichtigsten Fernsehfilmen meiner Dienstzeit, und als sie 1990 zu Mrozeks 60. Geburtstag in einem Krakauer Kino gezeigt wurde, gab es »standing ovations«. Man versicherte mir, genauso sei es damals gewesen, und das polnische Fernsehen rühmte unseren Mut, einen so selbstkritischen Film gesendet zu haben. Bei uns erzielte der Film eine Einschaltquote von 42 Prozent. Keinen Erfolg hatte ich bei meinen Bemühungen, auch Dürrenmatt zu einem Fernsehspiel zu überreden. Wir hatten die Uraufführungen seiner letzten Stücke »Der Meteor« und »Play Strindberg« im Theater bzw. im Studio aufgezeichnet, und ich reiste noch einmal zu ihm nach Neuchâtel, doch es nützte nichts. Zwar hatte er eine faszinierende Story für einen Fernsehfilm im Kopf, und wir schlossen sogar einen Vorvertrag ab, doch realisiert wurde dieses Vorhaben nie. Sein Medium war und blieb das Theater.

Um wieder einen Schwerpunkt im Programm zu setzen, entwickelten wir mit Leo Lehman eine Reihe »Spiele wider besseres Wissen«, die von der Voraussetzung ausging »Was wäre, wenn …«. So schilderte der Film »Zahnschmerzen« die Folgen, wenn Deutschland den Krieg gewonnen hätte. Obwohl Kehlmann diesen Film sehr sorgfältig inszenierte, kam dieses brisante Thema nicht so an, wie wir gedacht hatten. Lehman sperrte sich gegen starke Effekte, wollte »sophisticated understatement«, und so blieb die Wirkung aus. Vielleicht war aber auch die ganze Reihe für das Gros des Publikums zu kompliziert angelegt.

Inzwischen beteiligten wir uns über die 1964 gegründete Maran Film GmbH & Co. KG an internationalen Filmproduktionen wie »Deep End« (Jerzy Skolimowski) und »Der große Irrtum« (Bernardo Bertolucci). Wir wollten mit diesen großen Filmerfolgen Glanzlichter im Programm setzen und waren auch verpflichtet, deutsche Kinofilme zu subventionieren. So geschah es bei »Trotta« (Johannes Schaaf) und »John Glückstadt« (Ulf Miehe).

Ende der siebziger Jahre nahmen wir nochmals ein großes Projekt in Angriff. Es sollte um die frühen 50er Jahre in der Bundesrepublik, den Beginn des Wirtschaftswunders mit allen Nebenerscheinungen gehen. Wir gewannen Menge als Autor, aber er fand erst Zugang zu diesem Stoff, nachdem er mit dem ehemaligen Jungfilmer Ulrich Schamoni eine spezielle Sendeform entwickelt hatte. Schamoni sagte mit Recht, ein solcher historischer Film übersteige unsere finanziellen Mittel, und ihn reize es, neue Möglichkeiten auszuprobieren, wenn er schon Fernsehen mache. So entstand die vierteilige witzig nachdenkliche Collage »Was wären wir ohne uns«. Sie erzählte die Geschichte der Stuttgarter Friseursfamilie Baumann, zeigte aber auch Produkte aus jenen Jahren, zitierte die damalige Werbung und verwendete Wochenschau-Ausschnitte. Die Sendungen wurden mit elektronischen Kameras vor Publikum im Studio live aufgezeichnet und die vorproduzierten Außenaufnahmen eingespielt. Ein Erzähler führte durch die Handlung und kommentierte sie. Diese Produktion, in der wir auch mit Showelementen nicht sparten, machte allen Beteiligten großen Spaß und hatte eine durchschnittliche Zuschauerbeteiligung von 45 Prozent.

In den siebziger Jahren hatte es zwei wichtige personelle Veränderungen gegeben, die auch uns betrafen. Jaedicke hatte 1975 die Koordination Fernsehspiel abgegeben und Günther Rohrbach war 1979 Chef der Bavaria geworden. Außerdem war abzusehen, daß mit dem Privatfern-

Fernsehspiel

sehen ein gefährlicher Konkurrent der öffentlich-rechtlichen Anstalten entstehen würde.

Mehrteiler, Serien, Kino-Coproduktionen – die Spiele in der ersten Hälfte der achtziger Jahre

Die Bavaria, die in den letzten Jahren vor allem andere Abteilungen des Hauses beliefert hatte, produzierte für uns drei Filme nach Kriminalromanen des Schweizer Autors Friedrich Glauser, die 1980 gesendet wurden. Diese Produktionen wurden Glausers hintergründigen Büchern, in denen es nicht nur um Kriminalfälle sondern auch um Kritik an den sozialen Verhältnissen der Schweiz in den zwanziger Jahren ging, gerecht. Ein besonders eindrucksvoller Film wurde »Der Chinese« in der Bearbeitung von Helmut Pigge und der Regie von Kurt Gloor.

Ein anderes großes Projekt, das die Bavaria drei Jahre später für uns realisierte, war die Verfilmung von drei Vicky Baum-Romanen. Der Anstoß dazu kam wieder von Horst Jaedicke, der damit den Erfolg der Courths-Mahler-Reihe wiederholen wollte. Die aufwendigste Produktion war der fünfteilige Film »Die goldenen Schuhe«, dessen Drehbuch auch Pigge geschrieben hatte, und den Dietrich Haugk mit einer internationalen Besetzung inszenierte. Zusammen mit den beiden anderen Vicky Baum-Verfilmungen »Rendez-vous in Paris« (Buch und Regie Gaby Kubach) und »Hell in Frauensee« (Buch Manfred Bieler, Regie Wolfgang Panzer) kam er Ende 1983 zur Sendung, doch war das Echo in der Öffentlichkeit nicht so groß wie bei der Courths-Mahler-Reihe. Inzwischen gab es zahlreiche Literaturverfilmungen im Programm und

»Quadrat I + II«, die radikalsten Arbeiten von Samuel Beckett, er verzichtet darin völlig auf Sprache.

wahrscheinlich war der Name Vicky Baum nicht so provozierend wie der von Hedwig Courths-Mahler.

Im Jahr zuvor hatten wir in Stuttgart die sechsteilige Reihe »Steckbriefe« produziert, die die Schicksale von fünf ausgebrochenen Strafgefangenen schilderte. Die Idee und die Drehbücher stammten von Karl Heinz Willschrei, Regie führten Theo Mezger und Hans Dieter Schwarze. Gedreht wurde in Irland, Südfrankreich und Nordfinnland, doch die beste Folge drehte Mezger auf einem Bauernhof in Bayern. Die durchschnittliche Einschaltquote lag bei 40 Prozent.

Neben diesen Mehrteilern bzw. Miniserien möchte ich aber drei Einzelspiele nennen, die in dieser Zeit entstanden: das Kammerspiel »Quartett bei Claudia« von Leo Lehman (Rege Michael Kehlmann), Mrozeks Film »Eine Rückkehr«, der in Slowenien gedreht wurde und am Vorabend des Ersten Weltkriegs spielte, sowie den Film »Gefährliches Spiel« von Felix Huby, in dem es um einen Fußballspieler ging, und den Theo Mezger inszenierte. Mit Huby begann so eine langjährige fruchtbare Zusammenarbeit, die ihn schließlich zu einer Art »Hausautor« des SDR werden ließ.

Auch Samuel Beckett kehrte in den achtziger Jahren immer wieder nach Stuttgart zurück, um mit »seinem« Team »crazy inventions for television« zu inszenieren. Wir alle waren stolz darauf und jede Produktion wurde zu einem Abenteuer, weil Beckett ständig nach neuen Ausdrucksformen im Medium Fernsehen suchte. War es ursprünglich für ihn »a key-hole art« gewesen, die es ihm ermöglichte, so nah an einen Menschen heranzukommen, wie in keinem anderen visuellen Medium, so konnte er später hier Schweigen, Sprachlosigkeit ausdrücken, und er benutzte Geräusche und Musik-

Zu den Entdeckungen des SDR gehört auch Herbert Achternbusch mit seinem Film »Servus Bayern«.

Fernsehspiel

fetzen, die die Bilder begleiteten. Am radikalsten ging er in »Quadrat I + II« vor, wo er auf Sprache vollständig verzichtete.

Eines Tages schickte mir Martin Walser einen jungen Filmemacher, der eine Fernsehanstalt suchte, die bereit war, einen Film von ihm mitzufinanzieren. Es war Herbert Achternbusch, und der Film sollte »Servus Bayern« heißen. Ich mußte das Drehbuch sofort lesen, und seine Devise »Du hast keine Chance, also nutze sie« gefiel mir. Wir gaben Achternbusch einen Scheck für den relativ bescheidenen Betrag, der ihm noch fehlte, und er war überglücklich. Nur bei der Ausstrahlung des Films beachteten wir nicht, daß sie in die Zeit des bayerischen Wahlkampfes fiel, und es hagelte Proteste. Aber Dr. Bausch und unsere Gremien stellten sich vor uns und wiesen die Proteste zurück.

Eine wichtige Kino-Coproduktion war der Film »Der Mädchenkrieg« von Alf Brustellin und Bernhard Sinkel nach dem gleichnamigen Roman von Manfred Bieler. Er wurde in Prag gedreht und in zwei Teilen im Fernsehen ausgestrahlt. Als sich 1982 Goethes Todesjahr zum einhundertfünfzigsten Mal jährte, übernahm ich es, einen Film aus diesem Anlaß für das ARD-Programm zu produzieren. Gemeinsam mit Hans Gottschalk fuhr ich nach Paris, und wir gewannen Claude Chabrol für eine Verfilmung der »Wahlverwandtschaften« mit einer deutsch-französischen Besetzung. Der Film wurde zweisprachig in der ČSSR gedreht und würde sich heute hervorragend für eine Wiederholung im Kulturkanal ARTE eignen.

»Das Boot« nach Lothar Günther Buchheims Bestseller, Regie Wolfgang Petersen.

Um unser Soll für den Serientermin am Montagabend in der ARD zu erfüllen, kaufte ich von der BBC die siebenteilige Serie »J. Robert Oppenheimer, Atomphysiker«, die die Entwicklung der amerikanischen Atombombe schilderte. Als Eward Teller, der gerade in Ulm war, bei uns gegen die Darstellung seiner Person in dieser Serie protestierte, machten wir ein Interview mit ihm, das auch in England ausgestrahlt wurde.

Über die Maran Film beteiligten wir uns an großen internationalen Filmproduktionen wie »Fedora« (Billy Wilder) und »Die letzte Metro« (François Truffaut). Aber wir förderten auch deutsche Kinofilme wie »Christiane F. – Wir Kinder vom Bahnhof Zoo« (Ulrich Edel) und »Die Sehnsucht der Veronika Voss« (Rainer Werner Fassbinder), die mit Preisen bedacht wurden. Den größten Erfolg erzielte aber Wolfgang Petersens Verfilmung von Lothar Günther Buchheims Roman »Das Boot«, der vom WDR und uns finanziert und von der Bavaria hergestellt wurde. Es ist der Risikofreudigkeit und Beharrlichkeit des Produzenten Günther Rohrbach zu danken, daß dieser Film trotz aller Widrigkeiten und Rückschläge produziert wurde. Bei der Uraufführung in München ahnte aber keiner von uns, daß er ein Welterfolg werden würde. Die mehrteilige Fernsehfassung kam Anfang 1985 ins ARD-Programm, und ich hatte die Ehre, die Einleitung zu sprechen, was meine letzte Amtshandlung war.

Inzwischen war ich nämlich der dienstälteste Fernsehspielchef der ARD, hatte noch nie eine Diskothek besucht und fürchtete, den Kontakt zu den jüngeren Zuschauern zu verlieren. So hatte ich mich bis zuletzt gegen das Serienprojekt »Lindenstraße« gesträubt, das dann ein großer Publikumserfolg wurde. Horst Jaedicke hatte schon 1984 den Sender verlassen. Ich hatte in all den Jahren gut mit ihm zusammengearbeitet und er hatte manche wertvolle Anregung gegeben, da er aus größerer Distanz einen besseren Überblick über das Gesamtprogramm hatte. Dennoch hatte meine Bitte um Versetzung in den Ruhestand nichts mit seinem Weggang zu tun.

Die Art meiner Tätigkeit hatte sich in den letzten Jahren durch den Rückgang an Eigenproduktionen, den Trend zu großen Serien und die Zunahme von Kino-Coproduktionen stark verändert. Bei letzteren hatten wir zwar ein Mitspracherecht, doch wurden sie unabhängig von uns hergestellt. Wir waren mehr und mehr zu einer Abspielstation geworden, die die Filme nach ihrer Kinoauswertung ausstrahlen durfte. Wahrscheinlich war diese Veränderung unvermeidlich, aber vielleicht haben wir sie zu radikal vollzogen. Wenn ich heute die Flut von Spielfilmen – Sexfilme eingeschlossen – sehe, mit denen die kommerziellen Fernsehstationen ihre Programme füllen, so führt das notwendigerweise zu einer Abwertung dieses einst so attraktiven Genres, zumal unzählige Flops und Wiederholungen darunter sind. Das gilt auch für viele Großserien, die ohne ein Konzept am Fließband hergestellt werden und sich nur durch die Drehorte voneinander unterscheiden. Insofern haben Fernsehspiele, wenn sie das richtige Thema treffen und sorgfältig hergestellt sind, auch heute eine Chance, wie einzelne Beispiele beweisen. Gerade die öffentlich-rechtlichen Anstalten sollten sich auch nicht bedingungslos der Diktatur der Einschaltquoten unterwerfen. Das wäre meiner Ansicht nach ebenso falsch wie früher die Nichtbeachtung der Zuschauerbeteiligung. Zweifellos ist nach dem Verlust des Monopols aber das Marketing, das richtige »Verkaufen« einer Sendung wichtig geworden. Und das war nie meine Stärke! Es widerstrebte mir, Sendungen im Voraus anzupreisen und Pressevorführungen mit kalten Büffets zu veranstalten. Das ist heute wohl unerläßlich und bei der starken Konkurrenz erscheinen mir in der Rückschau unsere Einschaltquoten von einst wie ein Wunder.

Was die letzte große Eigenproduktion meiner Dienstzeit anbetrifft, die wieder mit Wolfgang Menge und Ulrich Schamoni stattfinden sollte, so scheiterte sie, weil beide sich auseinandergelebt hatten. Der neue Fernsehdirektor Dr. Hans Heiner Boelte und der damalige Verwaltungsdirektor Hermann Fünfgeld waren sehr verständnisvoll und wie ich der Ansicht, dieses Projekt im Anfangsstadium abzubrechen, bevor es weitere Kosten verursachte.

Im Februar 1985 gab ich im Sender eine große Farewell-Party, zu der ich alle Mitarbeiter einlud, die mich in den fast vierundzwanzig Jahren so großartig unterstützt hatten, daß alle Gastregisseure gern zu uns kamen und das Betriebsklima in unserem Sender rühmten. Ich möchte am Ende stellvertretend für alle anderen den Produktionsleiter Karl Heinz Tischendorf, Maximilian Britzger von der Ausstattung, den heutigen Regisseur Dieter Schlotterbeck, meine langjährige Mitarbeiterin Helga Roeder sowie last not least Margret Wittig-Terhardt nennen, die uns in allen Rechtsfragen beriet und in Prozessen erfolgreich verteidigte. Am 31. März 1985 übergab ich die Leitung des Fernsehspiels meinem Kollegen und Mitstreiter Werner Sommer, der in der zweiten Hälfte der achtziger Jahre unter erschwerten Bedingungen viele erfolgreiche Sendungen produzierte.

FS-Familienprogramm
Kreative Fülle
Von Dr. Elisabeth Schwarz

Im Rückblick vergoldet sich alles: Geburtsstunde einer Fernsehstation, Pionierzeit eines Massenmediums, Aufbruch ins Unbekannte. Eine Handvoll Individualisten diverser Herkunft – ein begeisterungsfähiger Intendant, der sich gläubig vor seine Jungmannschaft stellte, ihnen vertraute, sie gewähren ließ. Sturm- und Drangatmosphäre also, Euphorie wie bei Goldgräbern, Redaktionsbeginn in einer Holzbaracke, erste Produktionsjahre in Halle 4 auf dem Killesberg.

Für mich persönlich war das Dazustoßen in ein so verschworenes Team – April 1955 – nicht eben lustvoll. Die Universität bis in die Haarspitzen satt, jahrelang an ein Dissertationsthema zur »Schauspielerischen Gebärde des Schlesischen Hochbarock« gefesselt, wollte ich als Theaterwissenschaftlerin nun endlich in die Hände spucken und mit der praktischen Arbeit beginnen. Aber die Voraussetzungen, die dafür wünschenswert waren, erfüllte ich nicht. Brave Studentin bisher – zusätzliche Ausbildung als Schauspielerin und am Klavier – ein Nichts an Vorleben außer Elternhaus, Absolvieren von Lernstoffen, Mitarbeit an der Studentenbühne. Das war's. Und dies alles hatte ich zunächst mit Enthusiasmus und zuletzt mit Überdruß hinter mich gebracht, um nun zu einer Männergruppe zu stoßen, die – obwohl kaum älter als ich – bereits Autoren waren, im Hörspiel gearbeitet hatten, einen Namen als Theaterregisseur vorweisen konnten, SPIEGEL-Journalismus samt Wochenschau kannten. Ich war ein Nobody in diesem Umfeld, voller Defizite, die mir bis dato nicht bewußt geworden waren. Gottlob verband uns alle das Novum Fernsehen, das es nun zu entdecken galt. Geduldig stan-

Dr. Elisabeth Schwarz, Leiterin des Familienprogramms mit dem Psychoanalytiker Prof. Dr. Tobias Brocher, der die »Elternschule« entwickelte.

Sensationsdarsteller Arnim Dahl faszinierte nicht nur alle Kinder mit artistischen Leistungen.

den uns redaktionellen Neulingen die paar wenigen Profis von Kamera, Filmschnitt, Ton- und Bildtechnik zur Seite, und bis zum Pförtner hin reichte die Teilnahme an jeder ausgestrahlten Sendung. Fast alles live, und kritisiert eigentlich nur innerhalb der eigenen Mannschaft, denn Zuschauer gab es noch wenige, eine Fachpresse schon gar nicht. Goldene Zeiten, in denen man sich in Ruhe entwickeln und seine Fehler machen durfte. Deren gab es gewiß genug, aber keiner bemerkte sie und störte uns in unserer Hochstimmung.

Ich durfte also bleiben, einzige Frau im Produzententeam, was sich übrigens 30 Jahre lang nicht ändern sollte – im Führungsbereich. Wir waren und blieben eine kleine Gruppe, die bis in die 80er Jahre hinein den Programmstil des Südfunk Fernsehens bestimmte, ob das nun gut war oder nicht. Zusammen ange-

Elisabeth Schwarz

Ende 1985 verließ die Leiterin des Fernseh-Familienprogramms den SDR. Weise Selbstbescheidung ließ sie ihren Programmbereich auf die Sparten Kinder, Jugend und Alte begrenzen. Dennoch war sie für alle Programmfarben offen, hat immer wieder Neues ausprobiert.
Wen hat sie nicht alles gefördert als Produzentin: den Filmemacher Hark Bohm, den Schriftsteller Günter Herburger, den Puppenspieler Albrecht Roser.
Im ersten Jahrzehnt arbeitete sie mit dem legendären Stuntman Arnim Dahl zusammen. Werner Schretzmeier führte später für ihre Redaktion Regie bei vielen Jugendsendungen. »Durchblick« war die erste regelmäßige Kindernachrichtensendung im deutschen Fernsehen, entstanden in ihrer Redaktion.
Großes Engagement, risikobereit, kritisch, innovativ – Eigenschaften, die Elisabeth Schwarz stets zugeschrieben wurden.
Bei ihrem Abschied konnte sie auf 30 Fernsehjahre zurückblicken. 1955 hatte sie im aktuellen Bereich begonnen. Drei Jahre später wurde sie schon Redakteurin für das Kinder- und Jugendprogramm, bald darauf dessen Leiterin. Ihr Name blieb den Zuschauern weitgehend unbekannt. Sie agierte hinter den Kulissen; berühmt wurden diejenigen, die sie entdeckt und unterstützt hat.

FS-Familienprogramm

fangen, zusammen aufgehört, dazwischen aufregende Jahrzehnte.

Die Nachfolgenden hatten es nicht leicht. Ich denke rückwirkend, sie bekamen keine echte Chance. Eine bärenstarke Nachkriegsgeneration hatte das Sagen, ob bei Fernsehspiel, Unterhaltung, Kultur oder Politik. Vielleicht war es aber auch ein Glück, denn gerade die Produktionen der ersten Jahrzehnte schufen die außerordentliche Reputation unseres Senders. Und die kleingehaltene Führungsgruppe ermöglichte Kontakte und Zusammenarbeit in den freien Filmmarkt und die internationale Szene hinein: wer draußen gut und interessant erschien, den durfte man sich heranholen, es gab keinen redaktionellen Wasserkopf im eigenen Hause. Freilich waren der Fernsehstationen noch wenige und das kreative Angebot von außen bordete über, wohl das exakte Gegenteil zu heute.

Der Mann, der mich von Anfang an stützte, führte, schulte und selbst dann noch an mich glaubte, als die anderen den akademischen Spätzünder schon aufgegeben hatten, war mein späterer Fernsehdirektor Horst Jaedicke. Unter ihm und mit ihm durfte ich das aufbauen, was sich später als Familienprogramm des Südfunk Fernsehens profilieren sollte.

25 Jahre lang hatte er die Programmentwicklung in der Hand. Ideen, Mut und Neugierde waren gefragt, kühne Flops erwünschter als risikolose Erbhöfe. Nicht jeder Kollege mochte es so sehen, aber für meine Projekte war entscheidend, daß der Programmchef nicht nur eine Spürnase für Journalismus hatte, sondern über ausgeprägtes Know-how auch in den Sektoren Spiel und Unterhaltung verfügte.

Eminent wichtig für ein aufzubauendes Nachmittags- bzw. Familienprogramm, das von Live-Übertragungen über Dokumentationen, Personalities, Musik und Unterhaltung bis hin zu Spiel und Serie für alles offen zu sein hatte. Und stets mit anderen Inhalten zu füllen war als der Abend, denn die Zuschauerzusammensetzung war nicht identisch.

Man bediente – zunächst ab 16.00 Uhr – bestimmte Zielgruppen: Kinder, Jugendliche, Senioren. Es warteten nachmittags noch nicht Millionen von Arbeitslosen und Rentnern auf Ablenkung vor dem Bildschirm. Kinder fanden zu ganz speziellen Zeiten ein sorgfältig ausgewähl-

Der Puppenspieler Albrecht Roser mit seinen Figuren »Telemekel« und »Teleminchen« wurde eine der prägenden Persönlichkeiten des ersten Jahrzehnts im Familienprogramm.

tes und produziertes Programmangebot. Alles konsumieren war für diese Altersgruppe noch kein Thema – Jugendliche wurden nur auf ihre ganz bestimmten Interessen angesprochen und zählten nicht zu den FS-Enthusiasten, sie hatten anderes zu tun.

Und die Hinwendung der Produzenten zur Zuschauergruppe der über 60jährigen wurde erst spürbar in den 70er Jahren, als klar war, daß die Anzahl älterer Menschen, die am Nachmittag Programm erwarteten, größer und größer wurde und daß ihre Gefühls- und Interessenwelt sich im Abendprogramm nicht wiederfand. All diese Erfahrungen und Intentionen wurden besprochen in einer ARD-weiten Programmkonferenz, die im Abstand von 2 Monaten mit den zuständigen Kollegen der anderen Anstalten stattfand. Das Nachmittagsprogramm war, genau wie die Sendungen am Abend, ein Gemeinschaftsprogramm, zu dem jeder Sender prozentual nach der Größe seines Hauses beizusteuern hatte. So blieb es bis zu meinem Ausscheiden Ende 1985.

Da aber die Sendezeiten immer mehr ausgeweitet wurden, und die Programmsparten sich allmählich auch verwischten, waren es schließlich ca. 2000 Programm-Minuten, die pro Jahr aus meinem Ressort Familienprogramm geliefert werden mußten.

In meiner Endphase standen dafür 7 Millionen DM Jahresetat zur Verfügung. Was bedeutete: Akzente setzen. Und wenn es trotzdem mal nicht reichte, das Projekt aber unbedingt angegangen werden sollte, hatte der Direktor eine Sonderschatulle bereit, aus der ein warmer Regen floß. In meinen letzten Jahren allerdings, als das Geld bereits knapper wurde, konnte es genauso passieren, daß im Zuge von Sparmaßnahmen jeder Ressortleiter aufgefordert wurde, Produktionen in bestimmten Größenordnungen zurückzustellen. Welche, war ihm selbst überlassen bzw. wurde diskutiert.

Ich erinnere mich an keine Zwangsmaßnahmen. Genau diese Handlungsweise setzte ein Klima von Solidarität und Einblick in andere Programmsparten voraus, die kleine Gruppe von Entscheidungsträgern bewährte sich auch hier. Man saß auf demselben Flur, sah sich, redete miteinander, tauschte Manuskripte aus, erbat Meinungen. Ich weiß beispielsweise gar nicht, wie ich ohne den aktiven Beistand des Fernsehspielchefs und seiner Mitarbeiter über die Runden gekommen wäre.

Die Anfangsjahre, unsere Pionierzeit auf dem Killesberg, hatten im Nachmittagsprogramm noch wenig Profil. Es zeichneten sich aber auch damals schon Vorlieben und Schwerpunkte ab, die während 30 Jahren Programmarbeit prägend blieben. In der ersten Runde z. B. holten wir Persönlichkeiten vor die Kamera, die Selbsterlebtes anzubieten hatten und mit eigenem Filmmaterial ankamen: simple Produktionsformen also, die ihre Faszination allein vom Charisma des Autors bezogen. Hans Hass hatte seinen ersten Fernsehauftritt bei uns, ebenso Großwildjäger Sascha Siemel aus dem brasilianischen Matto Grosso-Gebiet, Weltenbummler Tilgenkamp, Kunstflieger Albert Falderbaum, Rennfahrer Richard von Frankenberg, Dressurreiter Hans Günther Winkler, Meeresforscher Auguste Piccard. Psychoanalytiker Tobias Brocher zwängte sich spätabends – da er tagsüber seinem Beruf nachgehen mußte – in unsere winzigen Schneideräume, um Filmbeispiele zu seiner »Elternschule« zu erstellen, die in unserem Nachmittagsprogramm eine wichtige Programmfarbe wurde. Die Zusammenarbeit mit ihm und mit Hans Hass blieb über Jahrzehnte hinweg ein Markenzeichen unseres Senders. Beide waren Asse vor der Kamera – wir haben viel voneinander gelernt.

Die folgenschwersten Begegnungen im Kinderprogramm der Frühzeit verbinden sich mit den Namen Albrecht Roser und Arnim Dahl. Zwei Männer, wie sie verschiedener nicht sein könnten. Puppenspieler der eine, Filmartist der andere. In völlig konträrer Richtung bestimmten sie über ein dickes Jahrzehnt hinweg das unverwechselbare Gesicht unserer Programmarbeit. Albrecht Roser war 1958 bereits ein bekannter Sohn dieser Stadt, in Bukarest als weltbester Marionettenspieler gekürt, eine FS-Station kam um aktuelle Berichterstattung über seine Auslandserfolge nicht herum, Martin Walser hatte bereits eine kabarettistische Variante mit ihm versucht. Er war ein harter Brocken, schweigsam und eigenwillig – und für Kinder arbeiten wollte er schon gar nicht. Wir fingen ihn trotzdem ein – Günter Herburger war damals noch mit von der Partie, zwei Jahre lang eine unvergeßliche Bereicherung für unsere Redaktion –, und es begann mit »Telemekel«. Das Schwierigste daran war, Roser als Darsteller vor die Kamera zu kriegen. Unser Sendungsmodell lebte, nach einem vielbewunderten Beispiel der BBC, vom Zusammenspiel Mensch/Puppe. Wir schrieben ihm also die Rolle auf den Leib, er brauchte nur so zu sein, wie er wirklich war: ungenießbar. Und es klappte, die 14 Folgen waren der Anfang einer ungemein kreativen Zusammenarbeit.

Hier meine Beschreibung der »Telemekel«-Situation in Rosers Buch »Gustaf und sein Ensemble«: ... »Theodor war Schriftsteller, liebte seine Einsamkeit und seine Unordnung, war wortkarg, eigenwillig, sperrig. Bis ihm eines Tages ein ganz normales Postpaket auf den Schreibtisch kommt, dem ein quicklebendiger Telemekel entsteigt, die Handpuppe aus weichem Handschuhleder, der künftige Hausteufel mit winzigen Hörnchen und stattlichem Bäuchlein, von stundan sowohl vom Studioteam wie von den Fernsehzuschauern wie ein Lebewesen behandelt und vergöttert. Großer Umbruch also im Hause Theodor: Telemekel war da und ging nicht mehr. Eine Frohnatur im Gegensatz zu seinem Herrn, neugierig, kontaktfreudig, gutgelaunt. Und vor allem ungeheuer schaffig, besonders morgens, was Theodor zur Verzweiflung brachte. Diese Konflikte, auch daß er vor Nachbarn und Umwelt unter Verschluß gehalten werden mußte, ergaben den Stoff für die Serie.«

Die nächste wichtige Phase in der Zusammenarbeit Roser/SDR war der Kontakt mit Otfried Preußler. Ohne alle Allüren und wie ein ausgebuffter Drehbuchprofi schrieb dieser wunderbare Geschichtenerzähler für uns die Trilogie vom

FS-Familienprogramm

»Starken Wanja«. Wir durften in Rosers kleinem Studio im Remstal arbeiten, das bedeutete Ruhe, Konzentration, Ausprobieren. Chefkameramann Fritz Moser drehte, Wolfgang Dauner schrieb die Musik, das abendliche Heimkommen zur Vorführung der Muster war ein Fest. Alles noch in s/w, Film 16 mm.

Die Segnungen der perfekten Technik, der Einzug ins Fernsehstudio Villa Berg weckte auch in uns neue Begehrlichkeiten. Wir wollten die Möglichkeiten eines vollelektronischen Studios nutzen, die besten deutschen Puppenspieler und diverse Regisseure wurden engagiert, über Jahre hinweg experimentiert. Es brachte wenig. Am Ende all dieser Versuche stand die Erkenntnis: die Faszination der Kunstfigur, der Puppe, ist aufs Medium Fernsehen nicht zu übertragen. Wenn auch als einziger Jim Henson mit seinen Muppets dem sehr nahe kam. Wir waren viel zu kompliziert, viel zu europäisch, viel zu anspruchsvoll – und viel zu wenig naiv.

Der gute Draht zu Otfried Preußler wiederum bescherte uns die Zusammenarbeit mit den beiden großen Trickfilmstudios der damaligen ČSSR in Prag und Gottwaldow und ihren Regisseuren Karel Zeman und Zdeněk Smetana. Ich war schon in den fünfziger Jahren auf die Arbeiten von Jiří Trnka gestoßen, dem Altmeister des vielgerühmten tschechischen Puppentricks, lernte dann Zeman mit seinen Jules Verne-Verfilmungen und seiner bestechenden Kombination von unterschiedlichen Trickverfahren kennen: mit diesen Könnern wollte ich coproduzieren. Der Name Otfried Preußler und sein Vorschlag, eine Geschichte aus dem wendischen Sagenkreis als Drehvorlage zu schreiben, öffnete uns Tür und Tor. So entstand 1978 in Spielfilmlänge »Krabat – Als Lehrling in der Zaubermühle«. Dabei mußte es bleiben, denn Zeman war alt und krank.

Kratky Film Prag übernahm, als Dreiteiler, die Verfilmung von Preußlers Bestseller »Die kleine Hexe«. Trickfilme in solcher Größenordnung waren gigantische Unternehmen, was Zeit und Kosten angeht, sie wären ohne die berühmte Extra-Schatulle des Fernsehdirektors nicht möglich gewesen.

Aber ich denke, es sind auch Meilensteine der Trickfilmgeschichte, die wir bewußt durch Ankäufe von Zemans spektakulären Spielfilmen – Hofnarrenchronik, Die Erfindung des Verderbens, Das gestohlene Luftschiff, Auf dem Kometen – ergänzt haben und deren Besitz ein Programmpotential darstellt, das sich auch in Wiederholungen auszahlt.

Der Zauberer aus »Krabat« von Otfried Preußler. Regie: Karel Zeman, der berühmte tschechische Trickfilmer.

Parallel zur Arbeit auf dem Puppenspielsektor geschah es, daß eines schönen Tages – von der Sportredaktion an mich weitergereicht – Sensationsdarsteller Arnim Dahl bei uns im Studio stand und Wochenschaumaterial aus der Tasche zog, daß einem der Atem stockte: Kopfstand auf dem Empire State Building in New York, Sprung von der Hamburger Hochbahn ins Hafenbecken, Artistik unterm Hubschrauber, Salto vom 40 m hohen Kran in die Ostsee, über Hamburgs Innenstadt am reißenden Tuch einer Fahnenstange ums Überleben kämpfend … Ein Kerl, wie er einem nicht alle Tage über den Weg läuft, und ein Entertainer für Jugendliche, wie man ihn sich nur träumen konnte. Wir machten über 30 Sendungen mit ihm, die meisten noch vom Killesberg aus, fast alle live.

Die Kinder liebten ihn, bewunderten ihn, glaubten ihm jedes Wort. Das Flair des Abenteurers, des Haudegens, des Kumpels durch dick und dünn machte ihn zum Rattenfänger. Im Rahmen seiner Sendungen stießen auch die Musiker um Wolfgang Dauner zu uns, Sportler wie Willy Bogner und Bubi Scholz, der Pantomime Jean Soubeyran, Artisten und Tierdressuren aus aller Welt, vom Königstiger bis zur Pudelnummer. Zugegeben, nicht jedem liegt das Fazit von Dahls Lebens »… lieber 10 Minuten Angst und einen Monat nicht arbeiten« (Personality zu seinem 60. Geburtstag von Dieter Schlotterbeck), aber solche Akzente braucht ein Programm, um attraktiv zu sein. Wir haben uns später in komplizierteren, aufwendigeren Unterhaltungsformen geübt, sie haben jedoch den naiven, direkten, sinnlichen Charme der frühen Dahl-Sendungen nie erreicht.

Immerhin stellte das Team Inge Suin de Boutemard/Achim Kurz in einem Gemisch von Spiel und Dokumentation ein paar Serien auf die Beine, wie sie ansonsten im Kinderprogramm nicht aufzufinden waren: z. B. 6 Folgen »Geschichtspunkte« (Die Ritter - Die Burg - Ritter und Bauer - Ritterleben - Arme Ritter - Das Turnier) und »Deutschlands Wilder Westen« = Die Zeit der Räuber (1792 – 1797 – 1803 – 1807).

Auch das Unterhaltungsmagazin »PÄNG! Für Erwachsene verboten« wurde mit 20 Sendungen über zwei Jahre hin (1970–72) ein Renner. Die Einzelbeiträge wurden per Knopfdruck von einem hinreißenden Zahlenroboter abgerufen, den unsere Bühne nach einem englischen Vorbild gebaut hatte. Es leuchtete und blitzte und blinkte und tönte: die seriösen Filmteile hatten es schwer, mit seiner Anziehungskraft mitzuhalten.

Obwohl, es gab auch da Leckerbissen wie Franz Beckenbauers virtuoses Jonglier-Solo, Slapstick, Zeichentrick, Asterix-Passagen, Nonsens-Einlagen mit Wolfgang Dauner und seinen witzigen Kumpanen. Die Spielfreude dieser ebenso erstklassigen wie uneitlen Musiker hat uns auch zu eigenständigen Musiksendungen für Kinder verholfen: »Glotzmusik« (1974) mit Wolfgang Dauner, Eberhard Weber, Fred Braceful, Matthias Thurow.

Den naturwissenschaftlichen Teil unserer Programmarbeit haben – ab den siebziger Jahren – vor allem Ernst W. Bauer und Erik Zimen geprägt. Höhlenforscher und Vulkanexperte der eine, Verhaltensforscher der andere. Beide machten ihre ersten Fernsehschritte in unseren Studios der Villa Berg.

Professor Bauer, der auch seine Erfahrungen als Pädagoge einzubringen wußte, behandelte kindgerechte Themen wie »Orientierungssinn der Mäuse«, »Optische Täuschung«, »Wasser hat doch Balken«, »Echo«, »Radar«, »Rakete« – das meiste live, mit wechselnden Regisseuren.

Unerschöpflich im Finden von Möglichkeiten, wie man schwierige wissenschaftliche Zusammenhänge mit simpelsten Mitteln deutlich machen kann, verblüffte er die Redaktion über Jahre hinweg und in zig Sendungen mit immer neuen Ideen. Und ob Mäuse, Zwergziegen, Schlangen oder Affen: Die Wilhelma unter Professor Neugebauer half mit allem, was wir brauchten. Suma übrigens, die Schimpansendame, damals erst 4 Jahre alt und völlig ungefährlich, war das Maskottchen unserer ersten Dahl-Sendungen.

Sie brauchte immer erst kurz vor Beginn aufzutauchen und hatte jedes Mal – mit Samtaugen, scheu und sexy in die Arme ihres Wärters Heinz Scharpf geschmiegt – einen starken Auftritt.

Professor Erik Zimen dagegen, Schüler von Altmeister Konrad Lorenz, ging mit weniger Possierlichem um. Er hatte sich den Wölfen, Hyänen und später auch den Füchsen verschrieben, ausgesprochenen Antipathen also in der Tierwelt.

Wir lernten ihn eigentlich als Wolf unter Wölfen kennen, denn bei den Exemplaren im Bayerischen Nationalpark, die als gefürchtete Ungeheuer durch den Illustriertenwald geisterten, fungierte er sozusagen als Leittier. Sie kannten und respektierten ihn, und in seinen Filmen trat er mit Verve gegen das faschistoide Feindbild an, das wir Bürgersleute von diesem Tier haben. Wir folgten ihm in die Reservate der Abruzzen, wo er Gelegenheit hatte, das großartige Sozialverhalten der Rudel aufzuzeigen, und wir blieben Partner auch bei seiner späteren Arbeit über die Füchse an der Universität Saarbrücken. Er war besonders schwer vor die Kamera zu kriegen, er scheute jede Publizität, haßte jede Selbstdarstellung, blieb immer Wissenschaftler; und genau das machte die Zusammenarbeit mit ihm so sympathisch. Ohne seinen Freund Hark Bohm hätte er den Weg wohl nie zu uns gefunden.

Hark Bohm, aus der Anwaltskanzlei ins Filmgeschäft und in die Nähe der Fassbinder-Crew übergewechselt, hatte sich mit seinem Erstling »Tschetan« einen Namen gemacht. Er drehte nun für uns in Hamburg »Ich kann auch 'ne Arche bauen«. Kleiner Spielfilm mit 8–12jährigen, die er wunderbar motivierte und mit denen er eine spannende, atmosphärisch starke Geschichte auf die Beine stellte: kleine Underdogs auf ihren Streifzügen, die spielerisch in eine tödliche Gefahr im wasserüberfluteten Keller eines Abbruchhauses geraten, aus der sie sich in Selbsthilfe wieder befreien. Uwe, den Protagonisten dieses Films, entriß er seinem

FS-Familienprogramm

trostlosen sozialen Umfeld, er adoptierte ihn. Und wie kein anderer verkörperte dieser sperrige Halbwüchsige in Bohms weiteren Spielfilmen das Abseits einer jungen Aussteiger-Generation.

»Nordsee ist Mordsee« haben wir noch coproduziert, von den späteren Spielfilmen konnten wir nur noch die Ausstrahlung bezahlen. Uwe, der Widerspenstige, wurde ein hervorragender Schauspieler, er zählt heute zu den Großen der Theaterszene in Hamburg, Wien, Berlin. Es war immer eine meiner Lieblingsideen, in einer Personality den unglaublichen Werdegang dieses faszinierenden Knaben aufzuzeigen, man hätte es so schön filmisch dokumentieren können, aber es hat nicht sollen sein.

Mit Spielhandlungen hatten wir im Kinderprogramm schon sehr früh begonnen. Ich verdanke sie in dieser Anfangsphase ausschließlich dem Engagement unserer Hausregisseure Theo Mezger/Bruno Voges/Dieter Schlotterbeck. Sie arbeiteten mit, wo immer man sie brauchte, und Fernsehspielchef Müller-Freienfels gab sie für solches Fremdgehen frei. Schon 1960/61 verfilmte Theo Mezger die Klassiker »Kai aus der Kiste«, »Besuch im Karzer«, »Gepäckschein 666«. Anschließend wurden die Abenteuer-Serien »Fernfahrer« und »Lawinenpatrouille« hausintern entwickelt, bis schließlich ab 1975 ein Teil der Spielvorhaben an unsere Tochtergesellschaft BAVARIA ATELIER GmbH in München vergeben wurde.

Sibylle Storkebaum, Redakteurin und Peter Kreglinger, Moderator von »Durchblick«, der ersten Nachrichtensendung für Kinder in Deutschland.

Dort entstanden unter der Regie von Michael Verhoeven die 10 Folgen »Krempoli – Ein Platz für wilde Kinder« (1975) und von Sibylle Storkebaum/Bruno Voges/Dietrich Lehmstedt die Verfilmungen der schwäbischen Autorin Tony Schumacher »Reserl am Hofe«, »Zirkuskinder«, »Das Turmengele« (1984 – 86).

Sibylle Storkebaum, Redakteurin fürs Kinderprogramm, hat unsere Spielproduktionen entscheidend geprägt. Sie brachte das Duo Klaus Dieter Lang (Autor) und Bruno Voges (Regisseur) zusammen und produzierte mit ihnen »Schusters Gespenster«; danach kombinierte sie Autor Peter Scheibler und Regisseur Frank Strecker; es entstanden – atmosphärisch unverwechselbar – der Spielfilm »Tränen im Kakao« und 6 Folgen »Schülergeschichten – wie die Klasse 6b ein Schuljahr erlebt.« Es war gewissermaßen die professionelle Fortsetzung einer ganz speziellen Filmarbeit, die Filmemacherin Gloria Behrens aus München mit ihren »Kindern aus dem Hasenbergl« begonnen hatte (1972) – und später mit dem Berliner Musical »Rosi und die große Stadt« krönte (1983).

Da wir lange Zeit vorausplanen mußten und auf Tagesereignisse nicht eingehen konnten, fehlte der aktuelle Bereich in unserem Programm total. In Skandinavien und Holland hatte es aber schon mal das Experiment einer Nachrichtensendung für Kinder gegeben: In den 70er Jahren reizte es uns, diesen Stein der Wei-

Günter Wölbert (links) präsentierte die Bundessieger des Wettbewerbs »Jugend forscht« im Jugendprogramm des SDR.

FS-Familienprogramm

sen von neuem zu suchen. Sibylle Storkebaum war der spiritus rector, ein Heer von Kollegen aus anderen Bereichen des Hauses arbeitete ihr zu, »Durchblick« wurde geboren. Es war eine gigantische Aufgabe, an der wir nach 3 Jahren und 154 Folgen auch erstickt sind. Peter Kreglinger moderierte – hervorragend – vor der Kamera, Martin Schwab sprach die Texte, Rolf Kutschera zeichnete die Comics, Korrespondenten gaben Hintergrundberichte. Auswahl der Themen, Länge der Beiträge, Information und Unterhaltungswert, alles stimmte. Sogar ein regelmäßiger Sendeplatz im Dritten Programm stand zur Verfügung. Es war saubere journalistische Arbeit, wobei Sibylle Storkebaum die wichtige Begabung besaß, allüberall junge freiberufliche Einsteiger aufzuspüren, die sich mit Feuereifer in unser kühnes Unternehmen stürzten und frischen Wind mitbrachten. Es war eine aufregende Zeit – nur konnten wir sie nicht endlos fortsetzen.

Personelle Aufstockung wäre unvermeidlich gewesen, »Durchblick« hätte eine eigene feste Redaktion gebraucht – oder bei den Kollegen der Chefredaktion angesiedelt werden müssen (mit eigenem dpa-Netz usw.), die dazu aber weder Lust noch Zeit noch Kraft noch Geld hatten. Es gab böses Blut, Angriffe aus der Presse, aber alle Mitarbeiter, die sich damals verraten und ohne Boden unter den Füßen fühlten, fanden auf anderem Terrain neue Aufgaben und Befriedigung.

Unsere Anstrengungen im Bereich Familienprogramm hatten auch im Jugend- und Seniorenprogramm solche Ausmaße angenommen, daß Prioritäten unerläßlich waren. Wir konnten nicht alle Felsblöcke zur gleichen Zeit stemmen, wie man noch sehen wird.

Ab Mitte der sechziger Jahre wurden ARD-weit die Ansprüche ans Nachmittagsprogramm größer, die Themen anspruchsvoller, die Techniken raffinierter. Wir mußten nun auch im Jugendprogramm aktiv werden. Als erster kümmerte sich Günter Wölbert – Topjournalist und späterer Sportchef – um »Jugend forscht«, einen internationalen Wettbewerb für junge Leute, der damals von der Firma Robert Bosch ins Leben gerufen wurde und meines Wissens heute noch besteht. Wölbert stellte die Bundessieger und ihre Arbeiten vor, naturwissenschaftliche Themen aus Mathematik, Physik, Chemie und Biologie, und er brachte es fertig – gemeinsam mit Regisseur Wolfgang Suin de Boutemard –, diese jungen Überflieger so spannend zu präsentieren, daß auch der Unkundige vor dem Bildschirm nicht erlahmte.

Ein Riesenstück Arbeit, eine feste Größe in unserem Programm. Mit seiner sechsteiligen Reihe »Die großen Fußballclubs« (1969) hatte er es leichter, es gab eine festgefügte Zuschauergruppe, die sich nach solchen Themen die Finger leckte: 1. FC Köln/Schalke 04/AC Mailand/1. FC Nürnberg/HSV/Manchester United/Real Madrid. Es war auch damals schon kein leichtes, Strukturen und Spielerpersönlichkeiten solch renommierter Vereine zu analysieren, Filmarbeit mit ihnen aufzubauen: Günter Wölberts makelloses Sportreporter-Image hat ihm die Türen geöffnet. Wie überhaupt immer ganz entscheidend blieb, wen man auf was ansetzen konnte.

»Bergsteigen mit Reinhold Messner« – eine Art Einstiegslehrgang in 6 Folgen – wäre nie möglich gewesen ohne die Hochgebirgserfahrung von Regisseur Theo Mezger, ebenso seine Spielserie »Lawinenpatrouille«. Oder die wichtigen kleinen Spielfilme von Gloria Behrens, die ihre Protagonisten aus jahrelanger Stadtteilarbeit kannte, mit ihnen als »Kinder aus dem Hasenbergl« angefangen hatte und nun Einzelschicksale der Halbwüchsigen herausgreifen konnte: »Wie ist das mit sechzehn?«, »Moni«, »Walter«, »Martin«.

Eine der tragfähigsten Ideen im Jugendprogramm wurde der Autorenwettbewerb »Schreib ein Stück«. Fast 20 Jahre lang lasen wir Berge von Stücken, filterten die besten aus, produzierten sie im Beisein des Autors, stellten sie dem Fernsehpublikum vor.

Jeweils ein Durchlauf von mehreren Jahren. Karlhans Reuss, dem Fernsehspiel zugehörig, betreute den Wettbewerb redaktionell (in den 80er Jahren wurde es dann Michael Maschke), Hellmuth Karasek leitete eine hochkarätige Jury (u. a. Peter Handke, Peter Stein, Hans Hollmann), die wunderbar behutsam mit den Jungautoren umzugehen wußte. Dichtergenies haben wir keine entdeckt, aber es gab schlüssige Informationen über das Lebensgefühl junger Generationen: Genau das hatten wir uns erhofft. Die Beteiligung ging quer durch alle sozialen Schichten, die Schreibfehlerquote hatte nichts auszusagen über die Qualität eines Stückes. Freundschaft, Sexualität, Enttäuschung, Todessehnsucht, Generationskonflikte, Gruppenerfahrung, Lebensutopien in Schule und Beruf: Aus insgesamt ca. 1000 Stücken über all die Jahre – gelesen wurde mit durchschnittlich 10 Lektoren – ergab sich das Psychogramm 16–20jähriger, ihre wechselnden Wertvorstellungen, Lebenserwartungen, Gefühlsmaßstäbe. Einzelne Autoren konnten wir auch über mehrere Wettbewerbe hinweg beobachten, zu Gesprächsrunden einladen.

Es war ein Hin und Her persönlicher Beziehungen wie kaum in einem anderen unserer Programme. Und die Publikumsreaktionen gaben Aufschluß darüber, wie exakt die in den Stücken aufgegriffenen Themen bei den Jugendlichen am Bildschirm ins Schwarze trafen.

Alles Bisherige in unserem Programm hatte sich an ehrbaren kulturellen, wissenschaftlichen, psychologischen Kriterien orientiert, Politik war außen vor geblieben. Das änderte sich schlagartig, als die Nach-68er-Generation die Szene betrat. Sie kümmerten sich einen Dreck darum, was bis dato an Sendungen üblich gewesen war, sie erfanden das Jugendprogramm der ARD neu. Ein heißer Atem fegte durch die Redaktion; die Veränderungsbesessenen, die Unruhestifter, die Politengagierten ergriffen das Wort. Daß ich ihre kreative Potenz nutzen, ihre Begabung fördern, ihre Ideen umsetzen durfte, war der souveränen Gelassenheit des Fernsehdirektors, dem journalistischen Selbstverständnis des Intendanten, dem Durchstehvermögen unserer Gremien zu verdanken.

Es gab viel Ärger. Das ostentative Aussteigen des Bayerischen Rundfunks aus unseren Sündenfällen war ebenso inbegriffen wie das Kritikergeschrei nach Rausschmiß dieser linken Revoluzzer. Wir haben das alles ausgehalten, auch gegen Strömungen im eigenen Hause. Und die historische Entwicklung hat uns recht gegeben: Das Programm der Aufmüpfigen, die sich dafür durch Dick und Dünn schlugen, war – dafür stehe ich heute noch – ein funkelnder Stein im Mosaik der ARD, die daraus resultierenden Spielserien wurden zu wahren Schmuckstücken. Unsere politische Linkslastigkeit wurde von anderen Sendern reichlich ausgeglichen, darum gings nicht. Es war das ständige Experimentieren mit neuen Sendeformen und unberechenbaren jugendlichen Partnern, was soviel Kraft kostete, Wachheit und Gespür erforderte. Aufbruchstimmung quer durchs Land, der Kampf um freie Jugendzentren und Selbstbestimmung, das Abschütteln von Erziehungsnormen, der sich abzeichnende Weg durch die Institutionen: Das Aufeinanderprallen der Ansprüche und Widerstände waren die Themen (1970–75).

Albrecht Metzger und Werner Schretzmeier, beides Schwaben, waren die Köpfe der Redaktion. Zwei konträre Begabungen, die wichtige Arbeitsteilung praktizieren konnten. Albrecht Metzger ging vor die Kamera, Werner Schretzmeier dahinter: der gesellschaftspolitische Impetus vereinte sie. Albrecht Metzger zog ins Land, macht mit Schülern und Lehrlingen an Ort und Stelle Programm – in Stadtteilen, Schulen, Betrieben –, unterstützt von Profis der Rock- und Kabarettszene und den Allround-Talenten der »Roten Grütze« aus Berlin.

Gruppenprobleme, Druck in der Schule, Angst um den Arbeitsplatz, ausländische Jugendliche: Themen, die im Verlauf von 20 Jahren ihre Brisanz nicht verloren haben. (Drogen allerdings, Gewalt und Kriminalität spielten damals allenfalls in riesigen Wohnsilos eine Rolle, fällt mir rückblickend auf.) Es war ein gewaltiges Pensum, Albrecht Metzger und seine Mitstreiter lebten wochenlang – samt Filmteam – im Umfeld der Halbwüchsigen, er probte Rollenspiele, besuchte ihre Parties, ihre Elternhäuser, fuhr gemeinsame Mofa-Rennen, ertastete ihre Utopien und ihre Defizite.

Es ergab sich ein erschütterndes Bild alleingelassener Jugendlicher, die positiv zu motivieren schier unmöglich schien. Er probte mit ihnen den aufrechten Gang und versuchte, das Ergebnis über den Bildschirm zu bringen. Nun weiß jeder Erfahrene, wie schwer es ist, in so guter Absicht ein genauso gutes Programm zu erstellen: glücklich sind meistens nur die, die selbst mitmachen. Seine Anstrengungen wurden kein Publikumsrenner, den gesellschaftspolitischen Zeigefinger in attraktives Bildgeschehen umzufunktionieren, blieb uns versagt.

Das gelang erst mit kurzen, formal ausgefeilten Sendungen wie »Litfass« und »Elf 1/2«, wo Musik, Unterhaltung, Information zusammentrafen, die Barden Wolf Biermann, Franz Josef Degenhardt und Hannes Wader mitmischten, Zwischenrufer wie Martin Walser, Walter

Albrecht Metzger (rechts) und Werner Schretzmeier (links), die führenden Köpfe der aufmüpfigen Jugendredaktion nach 1968.

FS-Familienprogramm

Jens, Günter Amendt, H. E. Richter zu hören waren. Dagegen blieben auch die großen Samstagnachmittage (je 90') – »Jour fix« und »Diskuss« – ohne Publikumsresonanz, d. h. wir erreichten nur die eh schon vorhandene Gemeinde. Es waren Live-Übertragungen aus diversen Regionen, Stadthallen, Jugendzentren, wozu sich die ARD sogar in einer Gemeinschaftsinitiative zusammengeschlossen hatte. Riesige Unternehmungen, brodelnde Themen: es blieb dabei, interessiert waren eher die Soziologen als die Fernsehzuschauer. So richtigen Erfolg, mache ich mir heute Vorwürfe, bekam Albrecht Metzger erst als Moderator des beliebten Kölner »Rockpalastes« und natürlich mit seiner Berliner »Schwaben-Offensive«. Aber daran hatte der SDR keinen Anteil mehr.

In die Phase des Umdenkens fiel Werner Schretzmeiers Hinwendung zum Spiel, zum Stück, zur geschlossenen Handlung – und ich behaupte, es wäre ohne die Vorlaufsendungen nicht möglich gewesen. Seine drei Spielserien (1976–1985), insgesamt über 40 Folgen, wurden der spektakuläre Höhepunkt unseres Jugendprogramms: Goldener Sonntag, Die kleine Heimat, Hoffmanns Geschichten.

»Goldener Sonntag – Eine Familiengeschichte mit Musik und Folgen« entstand um die Figur von Hanns Dieter Hüsch und die Musiker des späteren UNITED ROCK & JAZZ ENSEMBLE. Familiensituation am Sonntagmorgen zwischen elf und zwölf, Sendezeit mit Uhrzeit identisch, Eltern mit drei Sprößlingen zwischen 15 und 19, eine Handvoll Individualisten, Querdenker, Morgenmuffel. Und kleine Aktionen um all das, was einen en famille so freut ... Spiegel der 70er Jahre: antiautoritäre Erziehung pur – jeder darf sich dahin entfalten, wohin er will – Eingriffe streng verpönt – auch Mutter schielt nach Selbstverwirklichung – Vater geht am Stock. Dabei eine total heile Familie, jeder würde für den anderen durchs Feuer gehen. Konflikte, wie sie sich tagtäglich allüberall im Land abspielten, Spiegelbild eines neuen Selbstbewußtseins – gescheit und witzig und unverkrampft aufbereitet. Und mit Vater Hüsch als Gallionsfigur, wie sie idealer nicht hätte besetzt sein können. Running gag: im Hin und Her der Temperamente am Sonntagmorgen gab es eins, worauf die ganze Familie scharf war: eine bestimme Musiksendung im Fernsehen – via Bildschirm Jazz vom Feinsten. Es läutete die Geburtsstunde des United Rock & Jazz Ensemble. Um Wolfgang Dauner versamelten sich Ak van Royen, Charlie Mariano, Volker Kriegel, John Hiseman, Barbara Thompson, Albert Mangelsdorff und Eberhard Weber. Sie waren damals, jeder für sich, schon internationale Größen, und sie kamen einzig und allein, um genau in

»Hoffmanns Geschichten« – eine Familienserie um Martin Schleker als Vater in den 80er Jahren.

dieser Konstellation miteinander Musik zu machen.

Regisseur Werner Schretzmeier hatte schon immer sensible Drähte zur Musikszene, kannte Trends und Begabungen, wenn andere noch schliefen – und so war den Freunden Schretzmeier/Dauner diese sensationelle Zusammenarbeit gelungen. Uneitel und leise kamen und gingen sie, diese wunderbaren Musiker, probten meist abends im Studio, spielten bis in die Nacht hinein gelegentlich aus reiner Lust; keine Sonderwünsche, keine Allüren, es war die helle Freude. So mancher unbedeutende Pinscher in unserem Metier hätte sich davon eine Scheibe abschneiden können …

In der »Kleinen Heimat« ging es um die krisengeschüttelte Situation eines kleinen Privattheaters in der Provinz. Politisch engagierter Spielplan, Schwierigkeiten mit der Kommune, Druck via Finanzen, erste faschistische Schmierereien. Und wieder mit Prinzipal H. D. Hüsch an der Spitze seines Ensembles. Das Besondere dieser Serie: Der dramatische Existenzkampf der kleinen Truppe bot Gästen und Freunden Gelegenheit zu Benefizveranstaltungen, so daß Einlagen von auswärtigen Künstlern in den dramaturgischen Ablauf integriert werden konnten. Bühnengeschehen, Überlebensstrategien und Privates liefen auf eine bestechende Weise Hand in Hand.

»Hoffmanns Geschichten – Der Sonntagmorgen einer Familie« (16 Folgen, 1983–85) folgte nochmals dem Prinzip vom Goldenen Sonntag: Gleichheit von Ort und Zeit und Handlung – aber ein veränderter Zeitgeist wehte durchs Geschehen. Andere Konflikte, andere Lösungen, und das Ganze auf Schwäbisch. Martin Schleker als Familienvater, drohende Firmenschließung, Entfremdung untereinander, Sohn etwickelt sich in die Transvestitenszene, ausländische Freunde liefern Zündstoff.

Schwäbisch – wortkarge Reaktionen, dagegengesetzt die Triaden der österreichischen Mutter (Elfriede Irall), Verschlossenheit unter den Geschwistern, familiäre Zerreißproben. Auch hier wieder, so

»Goldener Sonntag – Eine Familiengeschichte mit Musik und Folgen« um den Kabarettisten Hanns Dieter Hüsch (oben) und die Musiker des »United Rock & Jazz Ensemble« (unten) in den 70er Jahren.

FS-Familienprogramm

meine ich, ein überzeugendes Psychogramm der gesellschaftlichen Entwicklung: die 80er Jahre hatten ein anderes Klima als die 70er. In meinem letzten Monat im Sender wurde auch die letzte Folge von »Hoffmanns Geschichten« ausgestrahlt (Dez. 85). Werner Schretzmeier hatte bereits seine Arbeit im Theaterhaus begonnen. Es war mir nicht gelungen, ihm für weitere Aufgaben im Bereich Fernsehen den Weg zu bereiten. Dabei bin ich auch heute noch der Meinung, er und sein Autor Peter Grohmann, dessen Stories und Dialoge mich immer von neuem entzückt haben, hätten der Programmlandschaft auch weiterhin gut getan.

Ich persönlich hatte in den 70er und 80er Jahren das Delegieren gelernt. Die Größe und Verzweigtheit des Familienprogramms erlaubte es nicht mehr, sich in jede Produktion selbst hineinzuhängen. Das Ranlassen von anderen hatte mir mein Fernsehdirektor früh beigebracht, nun wurde es lebensnotwendig. Ich hatte mich längst auf dem internationalen Markt nach Kaufmöglichkeiten umgetan, nun begannen auch die großen Coproduktionen. Bei den Screenings in Rom hatte ich Tommaso Dazzi kennengelernt – Segler, Weltenbummler, Taucher und Unterwasserfotograf – und seinen Freund Gianfranco Calligarich, der als Autor bei der RAI einen Namen hatte. Beide interessierten sich für spannende Abenteuerstoffe, sie zuckten vor keinem noch so verwegenen Stoff, keinem noch so entfernten Drehort zurück.

Und sie gewannen die jeweiligen Drittländer als Coproduzenten mit hinzu. Wir besprachen Plots, entwickelten Bücher, und Tommaso Dazzi begann zunächst mit »Ofira«, einem harmlosen Dreiteiler im Roten Meer. Allerdings mit einem weißen Hai als Schlüsselfigur.

Wir faßten Vertrauen, es folgten drei ausgewachsene Spielfilme im kolumbianischen Urwald: »Der Diamantenbaum« (Philippe Leroy), »Das Geheimnis des schwarzen Tankers« (Franco Nero/Francesco Rabal), »Entscheidung in Cartagena« (Franco Nero/Barbara Rossi).

Es erwies sich als unbedingt erforderlich, nicht nur Programm-Messen zu besuchen, sondern die Schaltstellen für geplante Projekte in In- und Ausland zu kennen.

Nur so konnte man früh genug mit einsteigen. Erschien eine fertige Produktion erst einmal auf dem Markt, war es chancenlos, noch Ausstrahlungsrechte zu erwerben. Dieselbe Erfahrung machten meine Mitstreiter Sibylle Storkebaum und Michael Maschke im englischsprachigen Raum: es gelangen ihnen spektakuläre Coproduktionen mit BBC und Channel 4. Mehr als die Hälfte unseres Programmvolumens mußte mit Fremdproduktionen bestückt werden, nur so konnten wir uns den Rücken freihalten für gediegene Eigenproduktionen. Außerdem ermöglichte diese Politik Programmfarben, die wir selbst gar nicht herstellen konnten (»Cuore«, »David und Sarah«, »Cinderella«, »Das letzte Einhorn«, »Moses«, »Stülpner-Legende«, »Janosik – Held der Berge«, »Per Anhalter durch die Galaxis«). Die Synchron-Abteilung der Bavaria unter Natalie Reutter war wichtiger, zuverlässiger und hochprofessioneller Partner bei der Riesenarbeit, die ausländischen Produktionen für das deutsche Publikum aufzubereiten. Wir hätten ohne eine so erprobte Zusammenarbeit nicht ruhig schlafen können.

Das Publikum am Nachmittag hat sich in 30 Jahren Programmarbeit gewaltig verändert. In den frühen 70er Jahren traf unser Sender die Entscheidung, nicht in ein ARD-weit beginnendes Vorschulprogramm – deutsches Gegenstück zur amerikanischen Sesame Street – zu investieren: Wir wollten uns lieber der ständig wachsenden Gruppe älterer Menschen zuwenden, die Zeit hatten, vor dem Bildschirm zu sitzen und deren Interessen im Abendprogramm zunehmend weniger bedient wurden.

Wir begannen – nach dem so erfolgreichen Modell im Jugendprogramm – mit einem Autorenwettbewerb für Senioren. Und da uns der Produktionsaufwand bekannt war, schufen wir uns zwischendrin mit geeigneten Kaufserien Luft. Und wir präsentierten »Stars von damals« mit Hilfe eines Kollegen, der über profunde Erfahrung im Filmgeschäft verfügte (Fritz Schindler). Portraits der alten Idole wie Peter Iglhoff, Albrecht Schönhals, Lil Dagover, Franziska Kinz, Franz Grothe, Werner Hinz, Dieter Borsche, Liane Haid, Hans Söhnker, Magda Schneider, Paul Dahlke usw., ein zugkräftiges Programm, währenddessen wir auf einer zweiten Schiene den Autorenwettbewerb aufarbeiten konnten. Michael Maschke und Produktionsleiter Richard Epp hatten mehr als alle Hände voll zu tun. Zunächst unter dem ARD-Sammelbegriff »Schaukelstuhl« (Loriot kreierte den Vorspann), danach SDR-intern »Sie schreiben – wir spielen«, »Erzähl doch mal«, »Ein Stück aus Ihrem Leben«: eine Fülle von Erlebnissen und Erfahrungen einer Generation, die zwei Weltkriege, diverse politische Systeme, Vertreibung, Kapitulation und Wiederaufbau erlebt hatte – und dies auch in Erzählungen bzw. Stücken zu artikulieren wußte. Eine Anzahl junger Regisseure bekam die Chance, diese Stoffe filmisch umzusetzen. Professor Tobias Brocher stand uns, wie immer in all den Jahren, für die psychologische Aufarbeitung vor und hinter der Kamera zur Verfügung.

Imo Wilimzig veröffentlichte ein Buch im Ernst Klett Verlag, »Die erfahrene Generation«, 1982. Stellvertretend für das Themenspektrum hier ein paar Titel: »Maja das Russenmädchen«, »12. April 1945«, »Ich sah den Sturm auf das Winterpalais«, »Als es in Stuttgart noch einen König gab«, »Mit dem Koffer in der Hand«, »Artistengeschichten«, »Die Pensionierung«, »Mein Tag im Dunkeln«, »Onkel Gustavs Familie«, »Tänzerin«, »Kurschatten«, »Am Zeitungsstand«.

Fünfzehn Jahre lang wurde aus Tausenden von Einsendungen ausgefiltert, was für den Bildschirm tauglich war, mit wachsendem Respekt vor denen, die sich uns mitteilten. Das Kaleidoskop eines halben Jahrhunderts wurde daraus.

Ab 1981 übernahm Michael Maschke – neben dem Seniorenwettbewerb – die Aufgabe, ein Unterhaltungsprogramm für den Nachmittag zu entwickeln. Adressiert an einen größtmöglichen Zuschauerkreis, denn die Zeit des Zielgruppenpublikums war vorbei.

Immer mehr Menschen hatten viel zuviel Zeit, erwarteten vom Bildschirm ihr Entertainment. Zusammen mit Susanne Offenbach als Moderatorin entstand »Ich wollt ich wär – Was sich Zeitgenossen wünschen«, 25 Sendungen je 90' Länge.

Auch hier wurde in unmittelbarem Kontakt mit dem Zuschauer gearbeitet und mit seinen Träumen, die zu erfüllen wir uns vorgenommen hatten. Werner Höfer wollte Elisabeth Bergner kennenlernen. Gustav Fröhlich den Cyrano de Bergeraq spielen, Heinz Dürr mit Oscar Petersen Musik machen – aber auch der Normalverbraucher war nicht zimperlich in seinen Vorstellungen: Trainingsstunde bei Arnold Schwarzenegger, Vulkanausbruch erleben, U-Boot besichtigen, Düsenjäger fliegen, Husky-Rennen mitmachen, Truck in der Wüste fahren, die Dallas-Ranch in Hollywood besuchen, Treffen mit J. R. Ewing (Larry Hagmann), Tanzen mit Inge Meysel, Besuch beim Stararchitekten Manrique auf Lanzarote, als Roady bei Jonny Cash arbeiten ... Dazu ein breitgefächertes Live-Programm im Studio. Es war eine geballte Ladung an Produktionen, die wir in diesen 80er Jahren ausgespuckt haben, auch Versuche in ganz neue Richtungen warfen bereits Schatten: »Solaris TV – Der freundliche Sender im All« (Georges Moorse) – Trickarbeiten mit Rolf Kutschera/Gene Deitch/Channel 4/Roland Emmerich – »Super Drumming – Die größten Schlagzeuger der Welt« – »Villa Fantastica« – »Crazy Motor Show«.

Meine Zeit war um. Dreißig Jahre Programmarbeit waren genug. Wunderbare Jahre, in denen kein Wunsch offen blieb.

Mit einer Mannschaft – bis hin zu den Werkstätten –, wie sie kreativer, einsatzfreudiger nicht hätte sein können. Mit Kollegen, die eingesprungen sind, wo immer man sie brauchte. Ein Wir-Gefühl, wie ich es von keinem anderen Sender her kannte. Der Nachwuchs war flügge – neue Techniken, neue Bildsprache, veränderte Zuschauerbedürfnisse verlangten ihr Recht.

Inzwischen wissen es alle: das Programm ist größer, die Konkurrenz härter, die Formalisierung der Abläufe strenger, der finanzielle Rahmen enger geworden. Bleibt zu wünschen, daß auch die Programmacher von heute – trotz alledem – ihre Chance bekommen, und daß sie das Spektrum der Möglichkeiten, die diesem faszinierenden Medium innewohnen, nach eigenen Ideen nützen, verbessern und verändern dürfen.

»Ich wollt ich wär«, durften Zuschauer in den 80er Jahren träumen. Moderatorin Susanne Offenbach (links) erfüllte mit der Redaktion viele dieser Wünsche.

FS-Familienprogramm
Reise in die Fantasie

Von Michael Maschke

Nach dem Weggang von Frau Dr. Schwarz Ende 1985 leitete Michael Maschke das Familienprogramm kommissarisch bis zum 31. 12. 86.

Dank der gut gepflegten Kontakte zu englischen Produzenten, wie BBC, NBD, Thames und Channel IV, war es weiterhin möglich, einen guten Teil des Programms mit ungewöhnlicher Kaufware zu bestücken und sich den Rücken freizuhalten für neue eigenproduzierte Sendungen.

Manches war vielleicht zu innovativ – z. B. Max Headroom, der Computermoderator, war exklusiv beim SDR-Familienprogramm – erlebte aber erst später seine TV Premiere bei den Kommerziellen.

Aber es gab auch 1986 aufregende Schritte in neue Richtungen. »Solaris TV – der freundliche Sender im All« war ein aufwendiger Versuch, Satire, Slapstick und Comedy im deutschen Fernsehen anzusiedeln. Ein Piratensender im All sorgt für Chaos, indem er Programme aus aller Welt klaut und dadurch versucht, ein werbeträchtiger Anbieter zu werden. George Moorse führte Regie und eine hochkarätige Riege von Darstellern wie Ulrich Tukur, Irene Fischer, Günther Kaufmann, Ilse Biberti, Peter Färber u. v. m. brachten den Piratensender im Studio 1 des SDR zum Kochen. 6 Folgen entstanden für den Jugendprogrammplatz am Sonntag.

Unsere Maßgabe war, daß am Nachmittag nicht nur Kinder fernsehen und die ganz Alten, sondern wir sahen den Nachmittag im Ersten als eine Programmfläche für die ganze Familie und daher die Notwendigkeit von Unterhaltung eben für die gesamte Familie. – Was heute normal ist, war in den 80ern noch durchaus umstritten.

So entwickelte sich eine fruchtbare Zusammenarbeit mit Pete York und der Elite der Rock- und Jazzmusiker aus aller Welt bei der 18teiligen Serie »Superdrumming«. Hier wurde Musik, Klassiker der Rockgeschichte, live und lebendig umgesetzt in reizvollen Locations wie einer alten Kirche oder einem Stahlwerk.

Die Serie hat mittlerweile Kultstatus und wurde mehrfach wiederholt. Beim New York Film Festival gab es dafür eine Silbermedaille.

Die »Crazy Motor Show« versammelte die Produzenten und Autofans Hans

»SOLARIS TV«. Die Besatzung des Piratensenders (v. l. Ilse Biberti, Irene Fischer, Günther Kaufmann, Bernd Vollbrecht, Peter Färber) ist entzückt über den Besuch eines TV-förmigen Außerirdischen.

»SUPERDRUMMING« – Rock-Klassiker live im Stahlwerk von Völklingen (rechts oben).

»VORHANG AUF, FILM AB«. So entstand die Illusion des Freitagskinos: Modelldekoration im Studio 1 des SDR (rechts unten).

Seger, Harald Görg, Ralph Ströhle, Helmar Spannenberger und schickte sie hinaus in die weite Welt, um von den Reizen der Karossen und Motoren auf den berühmtesten Straßen zu künden.

Internationale Kino-Coproduktionen und Presales verhalfen dem Familienprogamm zu großen Spielfilmen, die dank langer Lizenzzeit einen hohen Repertoirewert haben. Eine einmalige Investition an der richtigen Stelle brachte Filme wie »Wenn der Wind weht«, »Der Flug des Navigators«, »Walhalla« oder »Desperta Ferro« für Jahre in das Programm des SDR. Die letzte große Coproduktion war 1990 »Desperta Ferro«, ein spanischer Animationsfilm, der genial Geschichte und Gaudi-Dekor verbindet.

Nicht zuletzt mit diesen Filmen bestückte das Familienprogramm die langlaufende Serie »Vorhang auf, Film ab – das Freitagskino«. Hier wurden Spielfilme und ein selbstproduziertes parodiertes Vorprogramm zu einem erfolgreichen Programm geschnürt (Autoren: P. York und M. Maschke).

Mit Erik Zimen gingen wir eine neue Staffel der Serie »Wildwege« ein, die die Verbindung von Mensch und Tier in der jeweiligen Kulturlandschaft kritisch beleuchten sollte. Diese Produktion entstand im Auftrag des SDR bei der Bavaria und die Dreharbeiten führten den Konrad-Lorenz-Schüler Erik Zimen von Sibirien bis Griechenland.

Im Bereich der Eigenproduktionen waren die 2 Staffeln »Villa Fantastica« (1989/90) ein interessantes Beispiel für die unterhaltsame Aufarbeitung der Filmgeschichte. Pete York und Michael Maschke zeigten den Zuschauern einen sehr persönlichen Weg durch das Kino vom Stummfilm bis in die 90er Jahre.

Stichwort: Disney Club.
Die ARD hatte im Rahmen ihres Paketvertrags mit Disney auch der Coproduktion des Disney Formats »Disney Club« zugestimmt. Bei der Bavaria in München wurde eine Redaktion eingerichtet und der Club bis 1993 produziert. Seit 1994 kommt der Disney Club aus den Studios des SDR.

FS-Familienprogramm

Der Disney Club entwickelte sich schnell zum erfolgreichen Kinderprogramm. Die kurzen Zuspielfilme (»Discovers«) wurden vom Familienprogramm zugeliefert. Neben dem Club war kaum noch Raum für weitere Programme, sei es Kauf oder Eigenproduktion. Die wöchentliche Ausstrahlung verbrauchte nicht nur Etatmittel, sondern auch die Soll-Minutenzahl.

Ab 1991 verschmolzen das Fernsehspiel, das Vorabendprogramm und das Familienprogramm zur Abteilung FS – Spiel und Serien. Etatkürzungen und Veränderungen in der Struktur der ARD führten dazu, daß ein Großteil der Programmzeit nicht mehr von Käufen der einzelnen Anstalten bestritten wird, sondern in Form von Gemeinschaftskäufen. Die Tradition der großen Spielfilm-Coproduktionen und der intensiven Zusammenarbeit mit den englischen TV-Anbietern konnte daher nicht fortgesetzt werden. Das Repertoireprogramm der 90er stammt denn auch hauptsächlich aus der Zeit davor.

Das Familienprogramm brachte in das Gemeinschaftsprogramm zum Beispiel eine der erfolgreichsten australischen Comedy-Serien ein: »Mutter und Sohn«. Diese Geschichte einer alten Dame und ihres 40jährigen Sohns, der sich dank ihrer Tricks nicht von der Mutter lösen kann, war auch im Ersten ein Erfolg.

»Die Munsters – eine Familie mit Biß«: Diese klassische monströse amerikanische Familienserie aus den 60er Jahren wurde von Ulrike Häfner und dem Synchronregisseur Heinz Freitag eingedeutscht und so 1992 erstmals auf das deutsche Publikum losgelassen.

Die Arbeit des Familienprogramms, was Eigenproduktionen angeht, verlegte sich neben dem Disney Club immer mehr auf das Dritte Programm Südwest 3. Aber auch klassische Spielfilme, wie die Buster Keaton-Langfilme, die das Familienprogramm aus der Rohauer Collection erworben hat, finden ihren Platz nur noch in Südwest 3.

In den 90ern wurde vor allem die Nachtschiene, also die Zeit rund um Mitternacht, vom Familienprogramm mit neuen Sendungsformen bestückt. Dieser Versuch, ein junges Programm im Dritten zu bedienen, brachte im Verlauf der letzten Jahre eine Reihe von Formaten heraus.

»Extraspät« – eine mitternächtliche Videoshow: die von Mathias Holtmann moderierte und mit dem Hörfunk SDR 3 gemeinsam ausgestrahlte Sendung nutzt den Vorteil des öffentlich rechtlichen Rundfunks – Radio und TV in einer Hand – Stereoton zur Südwest-3-Monosendung.

Die gemeinsamen Radio/TV Aktionen begannen mit Top 1000 D und erlebten im Jahr 1994 mit Top 1000 XL, der internationalen Hitparade von SDR 3, ihren bisherigen Höhepunkt, auch was Einschaltquoten und Marktanteile angeht.

»Extraspät in Concert« bietet Aufzeichnungen von Konzerten von Crash Test Dummies bis Dr. John, auch hier gemeinsam mit SDR 3 produziert und in Stereo gesendet.

»Die langen Filmnächte« mit Boris Masurke wurden an Halloween 1992 eingeführt und bieten dem schlaflosen Zuschauer ein All Night Kino mit Moderationen und Gags des etwas anderen Moderators: eines 398 Jahre alten liebenswerten Monsters. Der Visagist von Boris M. ist Wolfgang Focke, ein begnadeter Maskenbildner und Modellbauer, der auch schon 1986 bei »Solaris TV« den Außerirdischen erschuf.

Seit September 94 moderiert Boris Masurke auch jede Woche die Serie »Die Munsters« im Ersten.

Obwohl die drei Formate bis 1994 keinen regelmäßigen Platz im Programm Südwest 3 fanden, sondern mehr oder weniger überraschend im Sendeschema auftauchten, wurden sie doch von der Zielgruppe der 14- bis 29jährigen angenommen. Die Medienentwicklung des Jahres 1994 zeigt, daß das Familienprogramm beim Ausbau seiner Nachtsendungen ganz und gar nicht auf dem Holzweg war, verstärken doch viele andere – auch kommerzielle – Anbieter ihre Bemühungen, sich in der Zeit rund um Mitternacht zu profilieren.

Die Verlagerung des jungen Programms in das Dritte macht auf jeden Fall Sinn, denn die Jugendlichen sind stärker als alle anderen Altersgruppen auch in der Region zu Hause.

»DISNEY CLUB« – die erfolgreichste Kindersendung des deutschen Fernsehens (links oben). Die »DISNEY CLUB«-Moderatoren Stefan und Judith drücken für einen Sketch noch einmal die Schulbank (links unten).

»DIE LANGE FILMNACHT«. Boris Masurke, der etwas andere Moderator, sorgt seit 1992 für gepflegten Horror und für schlaflose Nächte im wilden Süden.

FS-Unterhaltung
Vom schweren Los des Schwerelosen
Von Edwin Friesch

Unterhaltungssendungen werden nicht »gesehen« – sie werden »gelutscht«.

Will sagen: Sie suchen sich ihren Weg nicht ins Gehirn, sondern landen irgendwo im Bauch, dort, wo Gefühl und Gemüt ihren Sitz haben und wo das Gehirn nichts mehr zu melden hat: tief im Unterbewußtsein.

Das Publikum – und zwar das »breite«, von dessen Gebühren das öffentlich-rechtliche Fernsehen lebt – hat einen immensen Hunger nach handfester, gemütssättigender Kost. Wie oft hatten die Programm-Köche »Garnelen im Reisrand« auf die Speisekarte gesetzt, und was verlangt wurde, war »Schweinefleisch mit Sauerkraut«. Deshalb hieß eine der ersten bitteren Erfahrungen im neuen Medium: Eine Unterhaltungssendung, die vom Publikum nicht angenommen wird, hat ihren Zweck verfehlt.

Die Ansprüche der »bildungsfernen Schichten«, wie man heute so maliziös zu sagen pflegt, haben sich in den zurückliegenden 40 Jahren kaum verändert: »Kassler« bleibt »Kassler«. Dennoch gelten im Jahr 1994 – bei schwindender Faszination und vermehrtem Programmangebot – andere Produktionsdogmen als anno 1954, da der Südfunk Stuttgart seine ersten mutigen Schritte auf diesem Neuland wagte...

Samstagabendprogramme

Es begann keineswegs bescheiden. Nach wenigen Fingerübungen auf der Klaviatur dieses neuen Instruments nahm sich Bernhard Thieme – er hatte beim Nordwestdeutschen Rundfunk in Hamburg einige Erfahrungen gesammelt – gleich den größten Brocken vor, den es in der Vielzahl der Unterhaltungsaufgaben gibt: den Samstagabend. Unter seiner Regie lief am 14. Januar 1956 – also noch drei Wochen vor der Einweihung des Fernsehturms – die erste öffentliche Unterhaltungssendung aus Stuttgart: »7 Wünsche«. Die Idee dazu wurde im »Spankörble« geboren, einem

»7 Wünsche«, die erste öffentliche Unterhaltungssendung aus Stuttgart mit Heinz Kilian als Moderator.

Kantinen-Nebenraum, der als Sitzungzimmer diente, und feiert bis heute immer wieder fröhliche Urständ – zuletzt bei Rudi Carrell's »Laß dich überraschen«. Die 10 Folgen wurden von einer freundlichen Stimme moderiert, die jeder SDR-Hörer aus dem Radio kannte: Heinz Kilian. Endlich hatte die Stimme ein Gesicht bekommen!

Die Hörfunk-Kollegen beäugten die Aufzucht des jüngeren Bruders Fernsehen mit Argwohn: Sie selber mußten anno 1924 im Stuttgarter Waisenhaus beginnen und hätten es nun gerne gesehen, wenn auch der Nachzügler erst einmal wie ein Waisenkind behandelt worden wäre…

Die ersten Unterhaltungsstars des jungen Fernsehens: Caterina Valente (oben) und Peter Frankenfeld (unten).
Beide zusammen in »Bonsoir Kathrin« (rechts).

FS-Unterhaltung

Aber Dr. Fritz Eberhard, der Intendant, war anderer Meinung: Er hatte sich ein blutjunges Team zusammengesucht. Dessen Chef Dr. Helmut Jedele galt mit seinen 33 Jahren als alter Herr …

Pionierzeiten sind herrliche Zeiten! Alles wurde zum ersten Mal probiert, jeder machte alles! Ein Beispiel: Der Oberschwabe Martin Walser führte Regie, gleichgültig ob da Schauspieler, Marionetten oder Pantomimen vor der Kamera agierten, er versuchte als Produzent eine Kabarett-Reihe unter dem Titel »Zeichen der Zeit« zu etablieren, er filmte Dokumentarsendungen und schrieb nebenher noch eine Fernsehkomödie mit Musik für ein völlig unbekanntes Schweizer Tanzensemble namens »Hazy-Osterwald-Sextett«.

Als Regisseur taucht dann immer häufiger ein Name auf, der sehr rasch zu den ganz Großen des deutschen Showbusiness avancieren sollte: Michael Pfleghar. Er hatte sehr jung am Schneidetisch als Filmcutter begonnen und kannte deshalb alle Raffinessen, um sogar der lahmsten Geschichte mit optischen Tricks auf die Beine zu helfen … bis auch er erkennen mußte, daß optisches Schischi den Inhalt nicht ersetzen kann. Seine großspurig angelegten 4 Folgen »Lieben Sie Show?« (1962/63) kamen beim Publikum nur auf Werte um ±0 … bei einer Skala, die damals von +10 (= himmelhoch jauchzend) bis –10 (= zu Tode betrübt) reichte.

Also mußte er umdenken! In der Folgezeit wurden seine Sendungen wieder wärmer und menschlicher: »Die kleinste Show der Welt« (1963), »Die Girls von Takarazuka« (1966) und der Giro-d'Italia-Bericht »Die härteste Show der Welt« (1975) gelten heute als Meilensteine der deutschen Fernsehgeschichte.

Zurück ins Jahr 1957: Im Herbst präsentierte Bernhard Thieme als neues Bonbon aus Stuttgart die erste Personality-Show auf deutschen Bildschirmen, in deren Mittelpunkt ein junges Mädchen aus Italien stand, das mit einem deutschen Jongleur in Mannheim verheiratet war: Caterina Valente. Sie war nicht nur sympathisch und lustig, sie konnte einfach alles: singen, tanzen, steppen, jonglieren, Gitarre spielen, und das alles so, daß einem der Mund offen blieb. Der Erfolg dieser 10 Folgen begründete eine lebenslange, freundschaftliche Beziehung zwischen der mittlerweile zum Weltstar aufgestiegenen Sängerin und »ihrem« Sender. Als sie zu ihrem 50jährigen Bühnenjubiläum (1986) mit der Sendung »Bravo Catrin« von »ihrem« SDR bedacht wurde, hieß es unter Fachkollegen: »So wurde bis dahin noch kein Star im deutschen Fernsehen geehrt!« (Regie: Michael Pfleghar, Buch: Michael Kunze).

Schon ein Vierteljahr nach dem Fernsehdebut der Valente schickte der SDR ein neues Pferd ins Rennen um die Publikumsgunst: Peter Frankenfeld. Der bullige Mann in der großkarierten Jacke, den Dr. Jedele aus Hamburg weggelockt hatte, hielt sich an die Fernsehregeln des Berliner Kritikers Friedrich Luft: »Lax, leicht, lässig, lustig muß es zugehen!«. Unter der Regie von Horst Jaedicke und Georg Friedel gab es ab Dezember 1957 elf Folgen »Viel Vergnügen« und neunmal »Heute abend Peter Frankenfeld«, zwei Reihen, die dem jungen Medium viele neue Zuschauer sicherten. (Daß von fast

> Jeder Unterhaltungsmacher ist im Besitz des Geheimnisses, daß es auf das Überflüssige ankommt und nicht auf das Notwendige.
> E. F.

all diesen Frankenfeld'schen Großtaten keine Aufzeichnungen hergestellt wurden, obwohl die technischen Voraussetzungen seit 1955 vorhanden waren, zeigt, daß schon damals in hohem Maß gespart wurde … notfalls sogar an der falschen Stelle.)

Nach Gerhard Prager's kurzem Interludium als U-Chef holte sich der neuernannte Fernsehdirektor Horst Jaedicke den gebürtigen Stuttgarter Edwin Friesch in die verwaiste Unterhaltungsabteilung. Friesch, der vom Kabarett kam und bei der Bavaria Erfahrungen als Fernsehautor machen konnte, versuchte es auf dem Feld der Samstagabendunterhaltung zunächst mit dem jungen, noch unbekannten Holländer Rudi Carrell, der zwar schon bei Radio Bremen Unterschlupf gefunden hatte, aber durch den damaligen Unterhaltungskoordinator am Fußfassen im Abendprogramm gehindert wurde. (Der Grund: Sein eigener Primus Kulenkampff sollte keiner Konkurrenz ausgesetzt werden!) Erst als der SDR, als neuer Koproduzent der Rudi-Carrell-Show, seinen nagelneuen Troika-Farb-Ü-Wagen nach Bremen schickte, erzwang er damit dem jungen Carrell einen Sendeplatz im ARD-Abendprogramm. Von 1969 bis 1973 wurden die Shows dann wechselweise in Stuttgart und Bremen produziert.

Nachdem 1977, gemeinsam mit dem SWF, die Serie »Auf los geht's los« mit Joachim Fuchsberger zum Laufen gebracht worden war, konzentrierte sich der SDR ab 1980 auf die aus USA kommende Idee der »Versteckten Kamera«. Mit dem NDR, der ein großes Paket dieser amerikanischen Filme gekauft hatte, gab es zunächst am späten Donnerstagabend 24 halbstündige Koproduktionen, bevor dann ab 1983 der Stuttgarter Sender als alleiniger Produzent den Sprung ins Samstagabendprogramm der ARD wagte. Auf Anhieb brachten es die beiden Schweizer Moderatoren Paola und Kurt Felix in ihrer betont familienfreundlichen Art auf höchste Einschaltquoten, die oft über die 50-Prozent-Marke sprangen. Auf diese Weise lieferte der SDR zehn Jahre lang, Jahr für Jahr, die meistgesehene Unterhaltungssendung aller ARD-Anstalten, ein Phänomen, das es in der Geschichte der ARD bis dahin noch nicht gegeben hatte. Fast jede einzelne Sendung hatte mehr Zuschauer als sämtliche Theaterbesucher aller deutschen Theater in einem ganzen Jahr!

Als sich 1990 die beiden Schweizer ins Privatleben zurückzogen, fand das Haus glücklicherweise in Harald Schmidt einen Moderator, der durch seine andere Art der Serie neue Lichter aufzusetzen vermochte und ihr damit neue, jüngere Publikumsschichten zuführen konnte (Redaktion seit 1991: Ulrike Schmid).

Inzwischen ist die jüngste Neuentwicklung innerhalb der großen Unterhaltungsformen auch schon 6 Jahre alt: die ARD-Sport-Gala. Bemerkenswert an diesem, gemeinsam mit der Sportabteilung gezeugten Kind ist der glückliche Umstand, daß es gelang, vom Start weg eine absolut gültige Form zu finden, die sich nun Jahr für Jahr im Ludwigsburger Forum bewähren kann (Redaktion: Beatrix Jerg).

Spielhandlungen

Warum werden Fernsehspiele so gerne gesehen? Wo steckt das Geheimnis?

Die Erklärung ist einfach: Beim Betrachten fremder Erlebnisse und Schicksale – gleichgültig ob es sich um einen Schwank oder eine griechische Tragödie handelt – erkennt der Zuschauer, ohne daß es ihm bewußt zu werden braucht, Parallelen zu seinen eigenen Problemen und arbeitet sie auf diese Weise tief im Magma seiner Seele, durch. Er läutert sich. Benimmt sich die Hauptfigur auch noch ungeschickt und tölpelhaft, wie das bei den Komikern der Fall ist, dann entsteht beim Zuschauer obendrein das Gefühl der eigenen Überlegenheit: Was will er mehr!

Auf diesen psychischen Mechanismen beruht der überdurchschnittliche Erfolg

Vom SDR gefördert und aufgebaut:
Rudi Carrell, 70er Jahre (links), Paola und Kurt Felix, 80er Jahre (rechts), Harald Schmidt, 90er Jahre (Mitte).

FS-Unterhaltung

Fritz Eckhardt, einer der wichtigsten Autoren der SDR-Unterhaltung, hier als sein eigener Hauptdarsteller in »Meine Mieter sind die besten«, 1977.

Die »Münchner Lach- und Schießgesellschaft« mit der Klamotte »Streichquartett«, 1962.

aller komischen Spielhandlungen. Das gilt nicht nur für Georg Thomalla, der in seinen 13 »Komischen Geschichten« die Einschaltquoten bis 60 % nach oben trieb (1961–1971), sondern gilt genauso für »unseren« Komiker: den großen schwäbischen Volksschauspieler Willy Reichert, der, wie kein anderer Darsteller, vom allerersten Sendetag an Markenzeichen dieses Hauses wurde! Unvergessen die 10 Folgen der »Schwäbischen Geschichten« (1963–1966) und die achtteilige »Chronik der Familie Nägele« (1968; jeweils nach Büchern von Fritz Eckhardt). Über »Deutschland Deine Schwaben« und die »Häberle-und-Pfleiderer-Sketche« wird noch an anderer Stelle zu berichten sein.

Als Willy Reichert am 8. Dezember 1973 in seinem Haus in Grassau stirbt, geht mit seinem Leben auch ein gewichtiges Kapitel SDR-Geschichte zu Ende.

Nicht immer gelang es, einer geplanten Serie einen langen Lauf zu sichern: Eine begonnene Curt-Goetz-Reihe mußte (1968/69) nach den beiden Einaktern »Herbst« und »Die Kommode« (mit den Protagonisten Theo Lingen und Willy Reichert) wegen Meinungsverschiedenheiten mit der Autorenwitwe aufgegeben werden, und auch die skurril-heitere Serie »Hinterwang und seine Affären« (1966–1970) kam wegen Geld- und Zeitmangels nicht über 3 Folgen hinaus (Bücher: Horst Jaedicke, Wolfgang Menge, Hermann Freudenberger). Die kleine Unterhaltungsabteilung mit ihren wenigen Mitarbeitern stieß bei zunehmenden Sendezeiten bald an ihre Grenzen. Deshalb war man froh, wenn die Kollegen vom Fernsehspiel immer wieder Sendungen auf unsere Plätze einbrachten, z. B. »Ein Chirurg erinnert sich« (1972), 5 Folgen mit Claus Biederstaedt in der Hauptrolle (Regie: Bruno Voges).

Die Klamotte »Streichquartett«, am Silvesterabend 1962 hinreißend gespielt von den Mitgliedern der »Münchner Lach- und Schießgesellschaft«, hatte eine so überwältigende Publikumsresonanz, daß wir meinten, wir könnten mit dieser Form und diesem Ensemble noch andere Erfolge herbeizwingen: Wir erfanden die Serie »Live-Geschichten«, die teils aus Komödienelementen, teils aus brandaktuellen Soloauftritten Dieter Hildebrandts bestand. Nach dem Versuchsballon »PLONK!!!« (1972) gab es dann drei, unter schweren Geburtswehen entstandene Folgen »Wanzen im Hotel«, »Star im Nest« und »Wurm im Bau« (alle 1973), die zwar hochamüsant waren und beim

> Wir alle wollen die Welt ein wenig verändern. Wenn wir sie amüsieren, verbessern wir sie schon ein bißchen.
> Dagobert Lindlau

Publikum überdurchschnittlich ankamen, aber der Erfolg von »Streichquartett« blieb unerreicht...

Von den vielen Einzelstücken und kleineren Serien der 60er und 70er Jahre können hier nur ganz wenige erwähnt werden: Am 10. 9. 1966 lief z. B. »Wir machen Musik«, ein Fernsehmusical nach Helmut Käutner mit Hans Lothar und Uta Sax in den Hauptrollen (Regie: Karl Vibach); oder »Lord Arthur Saviles Verbrechen« (die erste Farbsendung des SDR am 14. 10. 1967); und nicht zu vergessen »Ein Herz und eine Seele«, zwei in Stuttgart produzierte Folgen mit dem Ekel Alfred alias Heinz Schubert (1974).

Was uns von den anderen Sendern unterschied, war unsere Experimentierfreude. Als Beleg: 1977 erfanden wir eine Serie, bei der die Zuschauer den Fortgang der Handlung unter mehreren Alternativen mitbestimmen konnten. Fritz Eckhardt war bereit, das Risiko einzugehen und die Bücher immer erst nach dem erfolgten Votum der Zuschauer zu schreiben. Das Ergebnis: 6 Folgen »Meine Mieter sind die besten«, in 4wöchigem Rhythmus gesendet.

Last but not least gehört zu diesem Kapitel auch eine Theaterform, die die SDR-Unterhaltungsleute, voran Manfred Adelmann, fast wie ein Steckenpferd gepflegt haben: das Boulevard-Theater. Es fiel uns auf, daß in Berlin, wo am Kurfürstendamm das beste Boulevardtheater in Deutschland gespielt wurde, eben diese Bühnenjuwelen vom ortsansässigen Sender links liegen gelassen wurden, und wir begannen in der Mitte der 70er Jahre unsre große Erfahrung bei Publikumsveranstaltungen auf diesen Sektor auszudehnen. Mittlerweile besitzt der SDR wahrscheinlich das größte Archiv dieser Sparte mit der besten Garde der deutschen Boulevard-Schauspieler: Carl-Heinz Schroth, Günter Pfitzmann, Wolfgang Spier, Georg Thomalla, Harald Juhnke und vielen anderen. Von Curth Flatow, dem erfolgreichsten Boulevard-Autor Deutschlands, lagern nahezu alle Bühnenwerke in besten Berliner Inszenierungen im SDR-Archiv. Darunter »Vater einer Tochter«, »Durchreise«, »Der Mann, der sich nicht traut« und »Das Geld liegt auf der Bank«... ein unschätzbarer Wiederholungsfundus für künftige Programmplanungen!

Quiz

Eine der wenigen, vom Fernsehen originär erfundenen Sendeformen sind die Publikumsspiele.

Ihr Erfolg? Der Zuschauer kann sich mit dem Kandidaten identifizieren, ohne selbst das Risiko einer Blamage einzugehen.

Auch beim SDR finden sie sich von Anfang an im Repertoire, mit steigender Auflage... und steigenden Preisen. Schon 1955 begann es mit 3 Folgen »Guter Rat ist billig«, moderiert von dem quicken Londoner Journalisten Egon Jameson. Die Wolf-Schmidt-Reihe »Umgang mit Menschen« (1958/59) brachte es schon auf 9 Folgen, worauf sich »(P)Reise auf Raten«, präsentiert vom Autorennfahrer Richard von Frankenberg, (bei einer Publikumsbewertung bis +7) auf 12 Folgen steigerte. Die nächste Quizstaffel erreichte dann schon 50 Folgen; »Wer dreimal lügt« (Idee: E. Friesch, Redaktion: J. Barto und K. Ammon). Das Spiel, bei dem erlogene Filmbeiträge von wahren unterschieden werden sollten, hatte den Hintergedanken, dem Zuschauer klar zu

FS-Unterhaltung

machen, daß nicht alles wahr sein muß, was er mit eigenen Augen auf dem Bildschirm zu sehen bekommt. (Moderation: Harald Scherer, später Wolfgang Spier). »Wer dreimal lügt« war übrigens die erste deutsche Quiz-Idee, die vom Ausland übernommen wurde: Das Ratespiel lief in halb Europa, was den Produktionskosten sehr zugute kam. Danach immer wieder neue Ansätze: 1973 sieben Folgen »Heiß oder kalt« (Moderation: Hans-Dieter Reichert). – 1974/75 »Prominente unter dem Hammer«, ein Live-Spiel, bei dem ein Hallenpublikum (im Fernsehen) gegen ein anderes Hallenpublikum (im Hörfunk) außergewöhnliche Erlebnisse mit Stars ersteigern konnte, z. B. einen Alpenflug mit Rühmann am Steuer oder eine Dolomitenwanderung mit Luis Trenker usw. ... Das Ganze hätte ein Hit werden können, wenn nicht ... ja wenn nicht nach drei gelungenen Folgen der Hörfunk dahintergekommen wäre, daß ihm etwas Wesentliches fehlt: das Bild. – 1975 zwanzig Folgen »Schnickschnack«, ein etwas zu amerikanisch gestyltes Ratespiel mit Klaus Wildbolz (aus heutiger Sicht: seiner Zeit weit voraus!). Dann 18 Folgen »Rätselbox« (1978–1980), bei der wir den Ehrgeiz hatten, neue optische Rätselformen, die es in den Printmedien nicht geben konnte, zu erfinden.

Als 1980 die Zahl der Arbeitslosen in die Höhe schnellte, wollten wir etwas zum Zeitvertreib der Betroffenen beitragen und erfanden »Mit Schraubstock und Geige«, einen Wettbewerb, bei dem von Sendung zu Sendung zum Basteln einer nutzlosen Maschine aufgefordert wurde (Redaktion: Karin Ammon). Die Aufgabe hieß zum Beispiel, »Eine Einbrecherverscheuchmaschine« oder »eine Kerzenausblasmaschine« aus wertlosem Abfallmaterial herzustellen. Einzige Bedingung: die Maschine durfte nicht größer als eine Garage sein. (Leider wurden unsre

> Eine Frage aus »Wer dreimal lügt«: Die heilige Klara von Assisi, seither zuständig für Augenleiden, wird von Papst Pius XII. am 17. Februar 1958 zur »Heiligen des Fernsehens« erklärt. Wahr oder erfunden?

Erwartungen enttäuscht: Die eingesandten Maschinen kamen von Leuten, die ohnehin zu viel Arbeit am Hals hatten ...)

1982 wurde uns aus Frankreich eine faszinierende, originäre Fernsehidee angeboten: »Rätselflug« (Redaktion: Gunther

Eine der wenigen originären Fernsehformen ist das Publikumsspiel. »Wer dreimal lügt« hier mit Moderator Wolfgang Spier wurde als erste Quiz-Idee ins Ausland übernommen.

Herbst). Die Kandidaten konnten aus einem Studio in Paris per Funk einem Hubschrauber irgendwo auf der Welt Fluganweisungen geben und dazu noch einem vor Ort befindlichen Reporter (Günther Jauch) beim Aufspüren eines verborgenen Schatzes helfen. Die ersten Sendungen um Neuschwanstein, Dubrovnik und die Lorelei liefen noch unbehelligt ab, aber sobald wir uns Ziele an Orten der Dritten Welt aussuchten, schoss ein Teil der Presse die Sendung ab: Das Auftauchen eines Hubschraubers wurde als Eingriff in die Sphäre dieser unberührten Völker mißdeutet ...

Im 3. Programm S 3, das ab dem 5. 4. 1965 zunächst nur an den Wochentagen Freitag, Samstag und Sonntag lief, waren der SDR-Unterhaltungsabteilung sämtliche Sonntage mit der Programmfarbe »Anspruchsvolle Unterhaltung« zugefallen. Wir bestückten die Termine hauptsächlich mit gehobenen Unterhaltungssendungen und Pool-Entnahmen aus den Bereichen E-Musik und Bildende Kunst. (Erst ab 1971 lief dieses 3. Programm über die ganze Woche.) Ein typisches Beispiel für einen der SDR-Beiträge: »Ich trage einen großen Namen«, ein Ratespiel von Edwin Friesch (nach einer Anregung von Egon Jameson). Mit seinen inzwischen fast 130 Folgen hat sich dieses Spiel, moderiert von Hans Gmür und Hansjürgen Rosenbauer, zu einem »Langläufer« entwickelt (Redaktion: Ulrike Schmid) – eine der wenigen gelungenen Kreuzungen der Sparten »Bildung« und »Unterhaltung«. (Zu gewinnen gibt es übrigens nichts ... woran abzulesen ist, daß das Spiel schon längere Zeit im Programm sein muß ...).

Kabarett

»Kabarett ist eine Wortspielbank mit Croupiers, die mehr austeilen als einstecken« (Werner Finck).

Die Namensliste der Protagonisten, die in den 40 Jahren beim Südfunk Fernsehen aufgetreten sind, liest sich wie das »Who's who« des deutschsprachigen Kabaretts.

Schon am 22. 11. 1954, also 17 Tage nach dem allerersten Fernsehabend aus Stuttgart, läuft als erste Kabarettsendung »Zeichen der Zeit« (Regie: Martin Walser). Nach etlichen kleineren Produktionen gelingt es dann dem Dokumentarchef Heinz Huber, den großen Loriot ans Haus zu binden: Die 21 Folgen »Cartoon« beginnen 1967 ihren Siegeszug.

Als der Bayerische Rundfunk der »Münchner Lach- und Schießgesell-

»Ich trage einen großen Namen« mit dem Schweizer Hans Gmür als Moderator. Auf der Ratebank diesmal (v.l.n.r.): »Tagesschau«-Sprecher Wilhelm Wieben, Kabarettistin Elsbeth Janda und »Hobbythek«-Redakteur Jean Pütz.

FS-Unterhaltung

schaft« die Ausstrahlung zweier Programme verwehrt (1967 und 1974), springt der Südfunk in die Bresche, baut seine Ü-Wagen kurzerhand neben den Studios der Bavaria in München-Geiselgasteig auf und sendet live.

> Wer in der Diktatur die Regierenden kritisiert, kommt ins Gefängnis. Wer in der Demokratie über die Regierenden schimpft, kommt ins Fernsehen.
> Manfred Rommel

Heute lagern im SDR-Fernseharchiv alle wesentlichen Programme von Hanns Dieter Hüsch, Mathias Richling, Jürgen Scheller, Robert Kreis, Helmut Ruge, Lisa Fitz, Jürgen von Manger, samt den ersten

Versuchen der einstigen »Newcomers« Wolfgang Sembdner, Christof Stählin, Uli Keuler, den Hutmachers und den Folkerts. Von Thomas Freitag gibt es neben seinen Soloprogrammen allein 15 Folgen »Freitags Abend«, von Gerhard Polt sein allererstes Fernsehprogramm, daneben mehrere Hausprogramme des Stuttgarter Renitenztheaters und der Neuen Museumsgesellschaft. Natürlich finden sich auch jene Kabarettisten, die mutig versucht haben, neue Wege zu gehen: »Monty Pythons flying Circus« (1971!), die Insterburgs (1977, 1978), sowie alle Programme der »Kleinen Tierschau« und von »Mary and Gordy«. Die beiden Travestie-Künstler waren 1981 von M. Adelmann in Berlin entdeckt worden und starteten beim SDR ihre große Karriere – bis sich das Duo wegen einer Erkrankung von »Gordy« (R. Kohler) trennte.

Auch was das Kabarett aus der Schweiz betrifft, hat der SDR eine stattliche Sammlung aufzuweisen (sie war oft größer als die des Schweizer Fernsehens!). Wiederum nur die wichtigsten Namen: Voli Geiler und Walter Morath (seit 1957), EMIL (alle 5 Programme), Ces Keiser und Margit Läubli, Franz Hohler (je 3 Programme), Kaspar Fischer u. v. a.

Die von Manfred Adelmann redaktionell betreuten Programme spiegeln in ihrer Gesamtheit ein Stück Zeit- und Kulturgeschichte. In jüngster Zeit führte die Redaktion »Journalistische Unterhaltung« unter Dr. Wieland Backes, die so vielbeachtete Sendetypen wie »Nachtcafé« und »Auf der Couch« entwickelt hat, mit »Jetzt schlägts Richling« die Tradition der zeitkritischen Satire fort. Es gibt meines Wissens keine ARD-Anstalt, die ein auch nur annähernd so vielfältiges Kabarett-Archiv vorweisen könnte. 40 Jahre kontinuierliche Betreuungsarbeit haben ihre Früchte getragen.

Sketch

Ein Sketch ist ein abendfüllender Schwank im zweiten Monat.

Trotz des großen Bedarfs an diesen kleinformatigen Programmteilen, müssen gute Sketch-Autoren in Deutschland mit der Lupe gesucht werden. Der Bavaria-Regisseur Dr. Heinz Liesendahl war sich als »Talent-Trüffelschwein« nicht zu schade und schuf ab 1975 mit viel Fleiß eine 20teilige Slapstick-Serie, die mit einer Höchstquote von 52 % alle Einschaltrekorde dieser Sparte brach und diese Spitzenstellung bis heute unangefochten hält: »Nonstop Nonsens« mit Dieter Hallervorden als Tölpel Didi. – Die danach

Fast ein »Who's who« deutschsprachiger Kabarettisten: »Mary and Gordy« (oben), Mathias Richling (ganz links), Hanns Dieter Hüsch mit Thomas Freitag (links), EMIL und LORIOT (rechts).

FS-Unterhaltung

vom selben Team produzierten Sketch-Serien »Es ist angerichtet« (13 Folgen ab 1981, mit dem Filmbutler Eddi Arent) und die 19 Folgen »Nur für Busse«

> In Deutschland gibt es nur eine Handvoll Autoren, die in der Lage sind, unterhaltende Texte fürs Fernsehen zu schreiben. Dasselbe Land nennt stolz die größte Buchmesse der Welt sein eigen! Es verfügt über so viele seriöse Autoren, daß Tag für Tag 300 neue Bücher erscheinen können!
>
> E.F.

(mit dem Kabarettisten Jochen Busse) kamen gegen diesen Erfolg schwer an.

Um Autoren im eigenen Stall heranzubilden, bekam der Unterhaltungsredakteur Eberhard Streul den Auftrag, eine Szenenfolge im Kleingärtnermilieu »Kopfsalat und Stachelbeeren« zu schreiben, die es im Vorabendprogramm auf 27 Folgen brachte. Danach erfand er die überleitenden Szenen der Reihe »Sketchparade«, in der der Wiener Opernregisseur Otto Schenk die besten Sketche aus dem mittlerweile stark angewachsenen SDR-Archiv präsentierte (24 Folgen ab 1988).

Ähnliche Ansätze zum »Recycling« des eigenen Archivmaterials gab es mehrere: u. a. »Fundsachen«» mit Henno Lohmeyer (1966) und »Schleifchen drum« (1981, Redaktion Karin Ammon).

Regionales

Wer den kürzesten Weg zum Herzen seines Publikums sucht, der rede Dialekt!

Der SDR hat, dank »seinem« Willy Reichert, im Wettrennen der deutschen Mundarten einen der vordersten Plätze erobert. Und zwar vom Start weg! Schon am 5. 11. 1954, also am ersten Fernsehabend des Südfunks, direkt nach der Ansprache des Intendanten, durfte Willy Reichert in seiner warmherzigen, humoristisch-philosophischen Art die Zuschauer auf den neuen Programmlieferanten aus Schwabens Metropole einstimmen. (Als Autor für die Reichert'schen Texte fungierte anfangs Heinz Huber, dann immer häufiger Horst Jaedicke, später Fritz Eckhardt und Thaddäus Troll.) Waren es zunächst nur die kurzen Sketche der Herren »Häberle und Pfleiderer«, die die Menschen nördlich des Mains mit unserem Tonfall vertraut machten, so versuchte Willy Reichert ab 1972 in einem 5teiligen Intensivkurs »Deutsch-

Filmbutler Eddi Arent: »Es ist angerichtet«.

Sketchserie »Nur für Busse« mit dem Kabarettisten Jochen Busse (links).

Ewige Sketchklassiker bleiben die Episoden mit »Häberle und Pfleiderer« aus den 50er Jahren (Willy Reichert, links, mit Oscar Heiler, rechts).

land Deine Schwaben« (nach dem Bestseller von Thaddäus Troll) unsre Landschaft, ihre Leute und deren Eigenarten all jenen näherzubringen, die nicht das Glück hatten, Schwaben zu sein (Regie: Kurt Wilhelm, ein Bayer!).

Die Resonanz dieser frühen schwäbischen Sendungen ermutigten die Redakteure, es auch mit anderen schwäbischen Darstellern zu versuchen. Da war zum Beispiel die »Mäulesmühle« im Siebenmühlental hinter Musberg, wo Vater und Sohn Braig ihr Publikum das Lachen lehrten; da war die etwas feinere »Komödie im Marquardt« am Stuttgarter Schloßplatz, wo etliche »eingeschwäbelte« Volksstücke von Karl Wittlinger und Fitzgerald Kusz aufgezeichnet wurden; und da waren – natürlich am allerfeinsten – die Württembergischen Staatstheater, wo anno 1977 »Dr Entaklemmer« von Troll

Dialekt im Staatstheater: »Dr Entaklemmer« von Thaddäus Troll, aufgezeichnet 1977.

FS-Unterhaltung

in einer Inszenierung von Alfred Kirchner für die Nachwelt festgehalten wurde.

Hier müssen aber auch die vielfältigen Formen schwäbischen Kabaretts erwähnt werden: von der Schwabenoffensive und der Neuen Museumsgesellschaft bis hin zur Kleinen Tierschau, von Vis-a-vis bis Uli Keuler. Ebenso die Zeichengeschichten von biblischen Stoffen mit schwäbischen Texten von Troll (»D' Gschicht von dr Schepfong«) und Sebastian Blau (»'s Weggetaler Kripple« und »Die Arche Noahs«) … schon heute ständig wiederholte Evergreens im Programm (Redaktion: Dankwart Schickler).

Auf keinen Fall dürfen wir die Fasnet, die Fasnacht bzw. den Fasching vergessen, dessen Prunksitzungen seit 1977 reihum aus den Städten Stuttgart, Mannheim und Karlsruhe live übertragen werden.

Bis auf die badische Fasnacht haben sich die nichtschwäbischen Landesteile unsres Sendegebiets für die Unterhaltung als nicht programmträchtig erwiesen. Schade! Lediglich Elsbeth Janda versuchte mit ihren Gedichten in Pfälzer Mundart der schwäbischen Präponderanz Paroli zu bieten.

Musik

Musik – das ist Angorawäsche fürs Gemüt.

Je kälter die Welt wird, um so mehr sehnt sich der Mensch nach Wärme, nach Schmusemusik und der wohltuenden Aura, die von Melodien und Akkorden ausgeht. Musik dringt mühelos bis in Tiefen des Unterbewußtseins, wo selbst Pfarrer und Psychiater nichts mehr zu sagen haben. Der Beweis? Schauen Sie sich die riesigen Umsätze der Phonoindustrie an. Oder unsre Einschaltquoten.

In der Anfangszeit des Fernsehens war man zwar der Meinung, Musik gehöre ausschließlich in den Hörfunk. Warum eigentlich? Hatte man nicht ein hervorragendes, hauseigenes Tanzorchester? Was lag in Stuttgart also näher, als gleich am dritten Sendeabend dieses Ensemble unter Erwin Lehn vorzustellen! Thieme, der damals Regie führte, hatte aber auch ein besonderes Faible für den Tanz: Seine Ballettsendungen »Episode am Mittag« und »Fräulein pardon« waren originär für

> Der Wurm muß nicht dem Angler schmecken, sondern dem Fisch!
> Gunter Emmerlich

den Bildschirm geschaffene Ballette; sie wurden von Ballettfreunden als ästhetische Leckerbissen gefeiert.

Auch wenn der Südfunk im Laufe der Jahre in Sachen Tanz immer enthaltsamer wurde – die hohen Kosten zwangen dazu –, kann sich doch das, was er an Ballettsendungen »ins Archiv gefahren hat«, sehen lassen: vom »Nußknacker« (anno 1964, Regie: Liesendahl) und der »Festlichen Eröffnung der Stuttgarter Funkausstellung 1969«, gestaltet vom Cranko-Ballett, über Oskar Schlemmers »Triadisches Ballett« bis hin zu »Giselle und die Wilis«, getanzt vom Stuttgarter Ballett unter Marcia Haydee (1993).

Auch die anfänglichen Versuche Richtung Musical »Wenn Sechse eine Reise tun« (1959) und Hans Blums »Ein Königreich für ein Bett« (1963) fanden aus Kostengründen keine Fortsetzung. Leider.

Mit ähnlichem Ausgang verliefen die Annäherungen an den Bereich E-Musik: Hier war es der spärliche Zuspruch des Publikums, der den anfänglichen Schwung bald lähmte. Mit dem »Telefon« von Menotti wagte man sich schon 1955 als erster Sender an eine Fernsehoper; später, 1963, versuchte man es mit »Herzog Blaubarts Burg« von Bartók und 1966 noch einmal mit Verdis »Othello«, weil Wolfgang Windgassen die Titelpartie sang. Aber dann mußte das Metier Oper eine lange Produk-

Wichtigster Unterhaltungsregisseur im ersten Jahrzehnt wurde Michael Pfleghar (links). Größter Erfolg war die in der Bavaria produzierte Johannes-Heesters-Show (rechts), mit einer Einschaltquote von 75 Prozent.

Persönliche Beziehungen zum Violinvirtuosen Yehudi Menuhin führten zur SDR-Serie »Die Musik des Menschen« und brachten die E-Musik in die Unterhaltung.

Noch Mitte der 60er Jahre tanzte sich der ehemalige Ufa-Star Marika Rökk in die Herzen der Zuschauer.

FS-Unterhaltung

tionspause einlegen … bis zu den Übertragungen der Schwetzinger Festspiele. In die Zeit dazwischen fielen etliche Versuche, die Opernbühne ins Studio zu holen: u. a. »Die schöne Stimme«, »Die große Arie« und schließlich »Lieder, Arien und Geschichten«, eine kleine Serie, in der auch die private Seite der Opernstars – es waren Windgassen, Gedda, Thomas, Neidlinger und Anja Silja – eine Rolle spielte (Buch: Horst Jaedicke).

Die persönlichen Beziehungen zu Yehudi Menuhin brachten nicht nur ein »Gesprächskonzert« vor illustren Gästen in seinem Haus in Gstaad (1970), sondern zehn Jahre später auch eine 8teilige Reihe »Die Musik des Menschen« in die Zuständigkeit des SDR: die weltweit erste enzyklopädische Bestandsaufnahme des Phänomens Musik (Redaktion: Reinhard Zobel).

Am umfangreichsten dokumentiert wurde die Arbeit der King's Singers, dem wohl besten Gesangssextett der Welt: alle wesentlichen Programme der Briten wurden seit 1978 aufgezeichnet.

Wenden wir uns dem »U« zu: Die großen Paukenschläge des ersten Jahrzehnts gelangen Heinz Liesendahl mit 4 Showsendungen, in deren Mittelpunkt Johannes Heesters stand (1961–1963): Die Einschaltquote kletterte auf sensationelle 75 Prozent! Und als dasselbe Programmrezept mit Marika Rökk anno 1962–1965 wiederholt wurde, kamen zwar »nur« noch 71 Prozent zustande, dafür aber eine Bewertung bis +7! Hier stimmten Quote und Qualität!

Im Zuge der Reisewelle gab es 1968–1970 vier musikalische Städteporträts, von denen besonders »Moskau« großes Interesse fand. (Die Stadt war zu dieser Zeit noch das Zentrum des feindlichen Auslands!)

> Die deutsche Fernsehunterhaltung krankt an zwei Dingen, die sie naturgemäß nie überwinden wird:
> 1. Sie ist deutsch
> 2. Ihre Kritiker sind es auch.
> A. C. Weiland

Die »King's Singers«, das wohl beste Gesangssextett der Welt. Der SDR hat ihre wichtigsten Programme aufgezeichnet.

Im Laufe der Jahre wurden die großen volkstümlichen Musikreihen »Blauer Bock« und später auch der »Musikantenstadl« immer mehr als gemeinschaftliche Aufgabe aller ARD-Anstalten begriffen. Deshalb fungierte der SDR hier des öfteren als Gastgeber im eigenen Sendegebiet.

Unsre besondere Zuwendung galt dem Volkslied, was sich sowohl in den großen Konzerten der Fischer-Chöre als auch in der Chor-Gala »1000 Stimmen« ausdrückt: Schließlich sind es vom Fernsehstudio Berg bis zu dem Ort, wo Friedrich Silchers Wiege stand, nur wenige Auto-Minuten…

Zauberei, Zirkus und Varieté

Kalanag, Deutschlands größter Zauberer der Nachkriegszeit, war gebürtiger Stuttgarter, genauer gesagt: Heslacher. Ist es da verwunderlich, wenn bei den Unterhaltungsleuten des SDR eine gewisse Affinität zur Magie festzustellen ist? Kalanags

> Das Fernsehen läßt seine Produkte ausschließlich durch das konkurrierende Medium »Presse« beurteilen. Das ist etwa so, wie wenn Mercedes seine Werbeprospekte von BMW texten läßt.
> E. F.

aufwendige Bühnenshow »Sim sala bim«, bei der ein amerikanischer Straßenkreuzer samt den Insassen im Bruchteil einer Sekunde von der Bühne verschwand, wurde schon 1958 aufgezeichnet. – Danach widmete sich Artur Müller, ein gründlicher und genauer Mann, dem Thema: »Abrakadabra« hieß der Titel seiner Geschichte der Zauberkunst. Es sollte ein kurzer Abriß sein… Es wurden 10 Folgen (1973).

6 Jahre später glaubte man in »Marvelli« den neuen Kalanag der 80er Jahre gefunden zu haben, aber schon nach drei Folgen verschwand auch diese Hoffnung – schneller als bei Kalanag das Auto. Man wagte noch einen braven Versuch mit COX … bevor David Copperfield mit seinen ins Gigantische gesteigerten Bühnen- und Fernsehshows jeder Konkurrenz den Garaus machte.

An diesem Beispiel läßt sich demonstrieren, wie sehr die Zuschauer – durchs Fernsehen! – mit den besten Darbietungen der Welt verwöhnt sind und mittlerweile alles nur noch mit dem höchstmöglichen Maßstab messen. Frage: Wo soll der Nachwuchs seine Erfahrungen sammeln, wo soll er stark werden? Früher gab es in jedem Varieté-Programm auch ein Plätzchen für die Jugend. Willy Reichert, der in den 30er Jahren Direktor im Stuttgarter Varieté Friedrichsbau war, erzählte in der Sendung »Damals im Varieté« (1965), wie er – neben den Weltnummern des Programms, beispielsweise Grock oder Rastelli – auch den Artistenkindern die Chance ihres ersten Bühnenauftritts einräumte. Caterina Valente war darunter. – Unter diesen Aspekten erkennt man, wie wichtig es war, das heimische Varieté auf dem Stuttgarter Killesberg 1984–1990 durch Direktübertragungen zu stützen.

Zum Abschluß dieses Kapitels muß noch erwähnt werden, daß der SDR in den Jahren 1981–1988 die glanzvollen Galas »Stars in der Manege« (aus dem Kronebau in München) mit dem BR coproduzierte.

Talk

Nicht nur die Musik, auch das Gespräch wollten die Puristen unter den jungen Fernsehmachern in den Hörfunk

> Weil der Mensch zu faul war zu wandern, erfand er das Fahrrad; weil er zu faul war, Treppen zu steigen, erfand er den Aufzug, und weil er zu faul war, ins Bett zu gehen, erfand er die Talkshow.
> E. F.

verbannt wissen. Vor vier Jahrzehnten erkannten nur wenige, welch lebendige Landschaft ein menschliches Gesicht sein kann.

Offen gestanden, wir erfanden die Gesprächssendungen aus einem ganz anderen Grund: wir wollten Geld sparen, um es an anderer Stelle einsetzen zu können.

Auf diese Weise entstanden die Talkshows »Heute in Stuttgart« (1973, 15 Folgen) und »Prominenz im Renitenz« (seit 1984, 83 Folgen). Hier wurde sogar doppelt gespart, weil sich der Hörfunk schnorrenderweise den Ton holte. Als die ARD die Serie »Heut Abend« mit Joachim Fuchsberger installierte, trug auch der SDR sein Scherflein bei. (Was wenige wissen: Karl Dall, das »enfant terrible« unter den Talkmastern, bekam 1984 bei uns die erste Chance, seine witzig-freche »Masche« auszuprobieren. Bei diesen drei Folgen »Brettl-Talk« entdeckte er sich selber als Talker…)

Dokumentarische Unterhaltung

Auf den Sendeterminen der Unterhaltungsabteilung landeten auch Tiersendungen, die von anderen Ressorts hergestellt wurden. Drei Namen haben uns besonders geschmückt: Hans Hass mit seinen »Expeditionen ins Unbekannte« (1959), Cousteau's »Geheimnisse des Meeres« (1969) und schließlich »Sterns Stunde« (1970–1979)… ein Highlight am andern!

Mit der Idee der Porträtreihe »Zwischenstation« tauchte 1964 ein junger, freiberuflicher Redakteur namens Wolfgang Rademann auf. Die Prominenten, die er als Mitwirkende herbeizuschaffen versprach, hätten wir eigentlich nie und nimmer bezahlen können: Curd Jürgens, Peter Ustinov, Lilli Palmer usw. Aber Rademann, in seiner kessen Berliner Art, quatschte so lange auf sie ein, bis sie nickten und – noch halb in Trance – von Henno Lohmeyer im Studio interviewt werden konnten. Die Pointe dieser Geschichte: Als der kesse Berliner sein Telefonbuch mit den Geheimnummern von einem Dutzend der größten Stars voll hatte, entschwand er zum Rivalen ZDF und machte mit dem gesamten Dutzend Stars unserer Reihe eine einzige Sendung: die Peter-Alexander-Show! Es war der Be-

FS-Unterhaltung

ginn einer großen Produzenten-Karriere... allerdings bei der Konkurrenz.

In den 60er Jahren gab es noch etliche reizvolle Ansätze, Dokumentarisches mit unterhaltenden Elementen zu würzen: »Faust aufs Auge – Hand aufs Herz« hießen z. B drei biografische Runden mit dem Boxchampion Bubi Scholz (Regie: Klaus Überall), und ein Jahr später bewies Egon Jameson in »London – Deine Gespenster«, daß es noch heute in seiner Wahlheimat spukt, während 1969 Gisela Reich 7 Folgen »TV intim« brauchte, um genau das Gegenteil zu beweisen, nämlich daß in der ARD alles mit rechten Dingen zugeht und von übersinnlichen Kräften keine Rede sein kann.

Mit einer szenischen Lesung der Mozart'schen Briefe »Ich küsse ihnen 1000 mahl die Hände« brillierten 1979 Maria Schell und Veit Relin. Der Erfolg ermu-

> Lesen muß der Mensch erst lernen. Fernsehen ist eine angeborene Fähigkeit. Also ist Fernsehen viel natürlicher als das umständliche Lesen.
> Ein 14jähriger Gymnasiast

tigte uns, eine Briefwechsel-Serie unter dem Titel »Absender« zu etablieren: Es waren Briefe von Schumann, Brahms, Goethe und anderen, gelesen von der allerersten Garde der deutschen Schauspieler! Wir waren so stolz auf dieses Bijou und wollten damit im Fernsehausschuss endlich (!) auch einmal gelobt werden. Aber wie das Leben so spielt: Keiner dort hatte die Sendungen gesehen...

Die Mischung macht's!

»Wer vieles bringt, wird manchem etwas bringen«, sagt nicht nur der Theater-Direktor (im Faust), sondern auch der Fernseh-Direktor (im FS-Studio Berg)... und schaut mit hoffnungsgroßen Augen

Was hat die Wissenschaft in der Unterhaltung zu suchen? Fernsehdirektor Horst Jaedicke (rechts) holte 1959 den Meeresforscher Hans Hass (links) ins SDR-Studio. Daraus wurde eine jahrzehntelange Zusammenarbeit.

Höhepunkt aller Tiersendungen des SDR war »Sterns Stunde« in den 70er Jahren. Das Bild gegenüber zeigt Horst Stern (rechts) mit Kameramann Kurt Hirschel.

auf seine quotenschindenden Unterhaltungsmacher. (Daß sie plötzlich ernst genommen werden, sind sie gar nicht gewöhnt ...)

Bleiben wir dabei: Das Niveau von Unterhaltungssendungen sollte immer zwei Handbreit über dem Publikumsgeschmack liegen – so wie wir es beim SDR vier Jahrzehnte lang versucht haben.

Bleiben wir dabei: Die Unterhaltungsprodukte einer öffentlich-rechtlichen Anstalt müssen anders aussehen als die eines freien Senders.

> Fernsehunterhaltung ist für mich wie eine Seifenblase, die platzen darf, nachdem sie schön geschillert hat.
> Thomas Gottschalk

Bleiben wir dabei: Die Fachleute für Faxen und Flitter können ihre Arbeit am Heiteren gar nicht ernst genug nehmen!

Die Skeptiker unter uns machen sich allerdings über die Wirkung von Unterhaltungssendungen keine Illusionen: Was wir bewirken – so sagen sie –, ist normalerweise ein entspanntes Einschlafen, im günstigsten Fall ein Geschlechtsakt ... Aber der wäre ja – in einer Nation, die Abend für Abend mit sämtlichen Problemen der Welt in die Betten geschickt wird und die (deshalb?) die kleinste Geburtenrate der Welt aufweist – auch nicht das Schlechteste ...

FS-Unterhaltung II
Mit Leidenschaft für Herz und Hirn

Von Dr. Wieland Backes

Gibt es ein Leben jenseits des reinen Fernsehjournalismus? Umgetrieben von dieser Frage probte eine kleine Gruppe junger Redaktionsmitglieder der Abendschau unter meiner Leitung Anfang der achtziger Jahre den Aufbruch zu neuen Fernsehformen.

Das Segment, genau an der Nahtstelle zwischen Information und Unterhaltung fand unser besonderes Interesse und führte zusätzlich zur Tagesarbeit für das Magazin zum ersten Prototypen journalistischer Unterhaltungssendungen wie der »Abendschau-Liebesnacht«, dem Kitschmuseum und einer großen Silvestershow 1985/86, 5 Stunden live aus den Studios des SDR.

Ich erinnere mich nicht mehr genau an den Zeitpunkt, aber irgendwann Mitte der Achtziger kristallisierte sich aus den punktuellen Kreativitätsausbrüchen der feste Wille, möglichst bald die ganze Arbeitskraft Projekten der journalistischen Unterhaltung zu widmen.

Redaktionen oder gar Abteilungen dieses Zuschnitts gab es zu dieser Zeit nirgendwo weit und breit. Auch das Wortungeheuer »Infotainment« war noch nicht erfunden. Aber Ernst Elitz, damals Chefredakteur im SDR, war auf dieser Wellenlänge schon durchaus ansprechbar und davon überzeugt: »Der unterhaltenden Information gehört die Zukunft«.

So kam's mit seiner nachhaltigen Unterstützung dazu, daß Anfang 1987 eine Splittergruppe besagter Gruppe die Arbeit als Redaktion »Unterhaltende Information« aufnehmen durfte.
(Wieland Backes, Brigitte Dimter, Andrea Schmid, Uwe Bork.)

Es war kein Start mit Pomp. Ohne jegliche feste Stelle, ausgelagert in ein Miethaus an der Neckarstraße, schien die Gefahr allgegenwärtig, daß der Aufbruch ins neue Fernsehzeitalter auf einem dürren Ast enden könnte.

Aus heutiger Perspektive mag es ein heimlicher Ratschluß gewesen sein, der uns als erste Regelsendung das »Nachtcafé« beschert hat. – Ein Studio für unsere neue thematische Talkshow gab's zu allem Verdruß auch nicht. So landeten wir

»Nachtcafé: Männerbünde – Männerfilz«
Begegnungen der besonderen Art: Die Rocker-Gang vor dem Rokoko. 19. 5. 1990

»Nachtcafé: Prominentenkinder«
Wieland Backes mit den so unterschiedlichen »Prominentenkindern«: Allegra Curtis und Hosea Che Dutschke. 18. 11. 1994

»Großer Abend: Marilyn Monroe«
Brigitte Dimter und der Experte Hellmuth Karasek
mit der Marilyn-Fangemeinde. 1. 8. 1987

»Großer Abend: Karl May«
Wieland Backes und Pierre Brice bei Lagerfeuerromantik
in der alten Reithalle. 28. 3. 1987

– eigentlich aus purer Verlegenheit – in der Eingangshalle zum Schloß Favorite in Ludwigsburg – ein weiterer Glücksfall.

Sendungen dieser Art waren damals noch rar im Deutschen Fernsehen. Von fern grüßte lediglich das Vorbild des legendären Club 2 aus Österreich. Vom Fernseh-Publikum wurde daher das »Nachtcafé« buchstäblich ab der ersten Sendung begierig aufgenommen und dies trotz eines anfänglichen Programmplatzes in der späten Nacht, der eher den Charakter eines Programmverlieses hatte.

Zu bald 100 Sendungen hat es das »Nachtcafé« inzwischen gebracht. Die Sendung gehört zu den Marktführern unter den deutschen Talkshows und ist eine der meistgesehenen Sendungen in Südwest 3. Freude macht sie außerdem nach fast 8 Jahren uns selber noch immer ungebrochen. Vielleicht liegt's an dem an sich einfachen Konzept, nach dem in der Regel 6 Menschen mit ihren unterschiedlichen Überzeugungen, Geschichten, Schicksalen und Lebensentwürfen sich begegnen – mal harmonischer, mal bis zu den Grenzen der Streitkultur. Vielleicht liegt's auch an den engagierten Redaktionsteams, die immer wieder spannende, bis dato unbekannte Figuren auftun.

(Das »Nachtcafé«-Team 1994 – Moderation: Wieland Backes, Leitung und Regie: Brigitte Dimter, Redaktion: Friederike Barth, Beate Karch, Oda Mahnke.)

Wie ein Kasperltheater müsse eine Themen-Talkshow besetzt werden, meinte der Gründer des Club 2. Kasperl, Seppl, Prinzessin und das Krokodil als Wadenbeißer, und genauso praktizieren wir's bis zum heutigen Tag. Unsere Themen beackern sozusagen das ganze Feld des Lebens, von der Geburt über die Pubertät, Liebe und Partnerschaft bis zum Tod, aber auch Sujets wie Terrorismus, Werbung und Medien oder der Krieg am Golf waren uns nicht tabu.

Neben dem ständigen Begleiter »Nachtcafé«, dem Standbein der Abteilung, wurde das Spielbein heftig bewegt. Der Blick konzentrierte sich zunächst auf die Gestaltung sogenannter »Großer Abende«, Sendestrecken aus mehreren

FS-Unterhaltung II

Elementen mit bis zu vier Stunden Sendedauer, jeweils einem Thema gewidmet.

1987/88 wurden von der journalistischen Unterhaltung insgesamt 9 »Große Abende« in unterschiedlichen Produktionsformen eingebracht.

Mit den Sendungen über »Karl May«, »Marilyn Monroe«, »Die Beatles und die Mode der 60er« gingen wir den Weg einer Mischform von Film und großer Studiopräsentation mit Publikum.

Bei »Die große Zeit der Zeppeline« und den Großen Abenden »Vulkane«, »Irland«, »Trickfilm« standen dokumentarische Formen im Vordergrund. Bei den Filmen mit den Titeln »Servus Wien« und »Salü Zürich« erprobten wir schließlich erfolgreich das Modell eines personalisierten Stadtporträts.

Die Veränderung der Fernsehlandschaft machte bald schon deutlich, daß Einzelsendungen in der Flut der weiterwachsenden Programmangebote leicht Gefahr laufen, übersehen zu werden. Unser Engagement richtete sich daher ab Mitte 1988 auf die Entwicklung einer zweiten Sendereihe. Das Ergebnis hieß: »Auf der Couch«, eine 90-Minuten-Personality-Show, bei der eine prominente Person im Mittelpunkt stehen sollte. Designer-Star Luigi Colani war der erste Gast auf dem himmelblauen Sitzmöbel, das sich schon bald zum Markenzeichen entwickelte.

Gespräche, Filme, Zusatzgäste, diese Melange der Zutaten machte »Auf der Couch« sowohl zu einer inhaltsreichen wie zu einer höchst unterhaltsamen Fernsehform – und bald auch zu einem Programmerfolg in Südwest 3.

Große Namen waren dabei: Mario Adorf, Friedrich Nowottny, Inge Meysel, Manfred Krug, Udo Jürgens, Marcel Reich-Ranicki …
(Das Team: Brigitte Dimter, Friederike Barth, Marlies Ziller, Thomas Miller, Moderation: Wieland Backes.)

1992 eroberte die Sendung einen Platz im Hauptabendprogramm der ARD. 4mal war sie dort zu sehen mit den Stars Senta Berger, Franz-Xaver Kroetz, Iris Berben und Dieter Hildebrandt als Hauptgästen. Trotz guter Kritiken und ansehnlicher Zuschauererfolge glaubte die ARD, mit volkstümlichen Unterhaltungsformaten auf diesem Sendeplatz ein noch breiteres Publikum erreichen zu können.

Mit der Sendereihe »Gemischte Gefühle« versuchten wir 1994 schließlich einen neuen Diskussionsbeitrag zum Thema Journalistische Unterhaltung im Hauptabendprogramm zu leisten. Unter dieser Programmform verstand sich ein

»Auf der Couch: Senta Berger« mit Wieland Backes' Demonstration des »Filmkusses« oder Höhepunkte eines Moderatorenlebens. 27. 2. 1992

Mathias Richling auf seinem Möbel. »Jetzt schlägt's Richling«

revue-artiges Kaleidoskop zu jeweils einem thematischen Stichwort wie »Leidenschaft«, »Sieger«, »Horror« und »Träume«.

Auch einige Sonderanstrengungen der Abteilung basierten auf der besonderen Verbindung von Informations- und Unterhaltungselementen. So 1988 die Sendung »Quo Vadis TV«, an der Fernsehlegenden wie Robert Lembke, Fritz Pleitgen und Hans Bausch teilnahmen. Oder der große Fernsehabend unter dem Titel »Natur ohne Grenzen«, den wir Juni 1990 im Forum in Ludwigsburg für die Stiftung Europäisches Naturerbe veranstalteten. Als Paten und Förderer von Naturschutzprojekten in ganz Europa waren an diesem Abend u. a. Barbara Auer, Michael Ende, Robert Jungk, sowie Al Bano und Romina Power mit von der Partie.

1992 übernahm die Abteilung auch die Talkshow »Prominenz im Renitenz« und gab ihr unter dem Titel »Prominenz zu Gast in Stuttgart« im Foyer des Hotels Intercontinental ein neues Domizil und mit Hermann Stange auch einen neuen Gastgeber. (Redaktion: Andrea Schmid.)

Satire und Kabarett lagen der Abteilung stets besonders am Herzen und unter den vielen Namen der Kleinkunstbühne einer ganz besonders.

Mathias Richling: Zeitweise in der ARD, dann in Südwest 3, sorgte »Jetzt schlägt's Richling« als aktuelle Kurzsatire immer wieder für Begeisterung und Proteststürme, am nachhaltigsten im Herbst 1990 mit einer Nummer über den Papst, Aids und Kondome.

(Redaktion: Wieland Backes.)

Als ganz besondere Anstrengung der Abteilung wurde 1991 das Großprojekt »Das war einmal« in Angriff genommen, 26 Folgen einer Zeitgeistrevue, unterhaltsame Jahresrückblicke von den 50er Jahren bis an die Schwelle der Achtziger. Mit der Leitfigur Alfred Adabei, die sich dank Blue-Box-Technik in die unterschiedlichsten historischen Original-Szenarien begeben konnte. Sowohl am Sonntagmorgen in der ARD wie abends in Südwest 3, 3 sat und anderen Dritten erreichte die Folge von 30-Minuten-Filmen viele begeisterte Zuschauer und fast so etwas wie Kultstatus.

(Redaktion: Joachim Lang, Protagonist: Jo Jung.)

Am Anfang noch ein Anhängsel der Chefredaktion, dann bei Kultur und Gesellschaft repräsentiert die journalistische Unterhaltung heute den größten Anteil der SDR-Fernsehunterhaltung. Klein hat's angefangen, nicht immer war's leicht, und trotzdem haben es die »Jungen Wilden« von einst noch keinen Tag bereut.

Alfred Adabei alias Jo Jung in »Das war einmal«

»Auf der Couch: Dieter Hildebrandt«
Wieland Backes mit Franz Beckenbauer und Dieter Hildebrandt. 4 Jahre lang hat es gedauert, den Kabarettisten auf die Couch zu bringen. Bei der letzten Folge war er da. 3. 12. 1992

FS-Produktion
Signale aus einem Zwischenreich
Ungeordnete Notizen und Erinnerungen zu 40 Jahren Fernsehproduktion von Manfred Strobach

Es geschah in der Zeit, da PC noch als Kürzel für »Produktionschef« stand. In seinem Vorzimmer sorgte eine resolute Schwäbin mit rauhem, aber herzlichem Charme für Ordnung, ebenso wie für getreuliche Verwaltung von Daten, Fakten und Terminen. In jenen Tagen soll – so will es eine durchaus glaubwürdige SDR-Legende wissen – ein Telefonat zwischen dem Chef der Finanzverwaltung und dem PC mit dem barschen Satz beendet worden sein: »Noch heißen wir Süddeutscher Rundfunk und nicht Süddeutsche Verwaltung, und noch senden wir Bilder und Töne und nicht Hilfskostenträger!« Aber heute soll ja alles anders und manches besser sein ...

PC steht für das elektronisch-tyrannische Gedächtnis, das u. a. auch Daten, Fakten und Termine im Vorzimmer des Produktionschefs speichert. Und der hat endlich erreicht, was seine Vorgänger nur anstreben konnten: Die Zusammenfassung der klassischen Produktion und der Produktionstechnik unter einem Dach. Damit war nach fast vier Jahrzehnten SDR-Fernsehen ein Geburtsfehler endlich korrigiert; mehr als die Schönheitsopera-

> Produktion ist die 5. Kolonne, die der Verwaltung hilft, das Programm zu behindern. – Ein Kreativer

tion an einem Makel, der zugleich ein Schlaglicht wirft auf die Entstehungsgeschichte des SDR-Fernsehens wie die Entwicklung der FS-Produktion als Hilfstruppe zwischen den Fronten Programm und Verwaltung.

Erinnern wir uns an die Gründerväter von 1953/1954, die Killesberg-Garde. Da bestimmten die Pioniere des Programms schon unumstritten Grundlinien, Grundsätze und Grundstrukturen. Lediglich die Techniker konnten dank ihres Fach- und Spezialwissens ihr Feld weitgehend selbst bestellen (und damit u. a. Studio- und Ü-Technik in ihrem Hoheitsbereich verankern). Für die anderen Dienstleistungen verpflichtete man zunächst mit Fritz

Ein Monument der SDR-Fernsehgeschichte: der Kamera-Kran aus Hollywood – nur noch stummer Zeuge der »ersten Stunden«.

Moser einen Chefkameramann mit Filmerfahrung – und mit Dr. Leonhard Fürst (ebenfalls vom Film) einen Experten für den Produktionsaufbau. Fürst hatte sogar schon in Hollywood gastiert und war als »Leiter der Produktion« im wesentlichen mitverantwortlich für den Import des sagenumwobenen Kamera-Krans aus der US-Film-Metropole, der freilich für das 100-qm-Versuchsstudio in Degerloch-Hoffeld zu groß und dort auch nicht brauchbar war. Erst in der Halle 4 auf dem Killesberg kam der »auf Gummirädern rollende Saurier« zu Ehren und denkwürdigen Einsätzen. Heute erinnert das »Monstrum« als Denkmal vor dem Eingang des Fernseh-Studiogebäudes bei der Villa Berg an Träume, Sünden und Pioniergeist der »ersten Stunden«. Zugleich symbolisiert das Dolly-Monument ein Stück von dem Konglomerat, aus dem sich Fernsehen und mit ihm die Produktion entwickelten. »Ein wenig Theater, ein wenig Kino, eine große Dosis Rundfunk und ein bißchen Wochenschau« so Hans Gottschalk im Rückblick anno 1974. »Viel Wagemut, ziemlich Chaos und jede Menge Begeisterung« ergänzen andere, die sich an den Killesberg-Geist nicht ohne verklärtem Glanz im Auge erinnern. Organisation, Kalkulation, Finanzmanagement und Disposition galten als notwendige Übel, aber mit nachgeordnetem Prioritätsrang.

»Den klassischen, konsequent mächtigen Produktionsleiter vom Spielfilm als bissigen Kriegskassen-Zerberus wollten

> Produktion ist die Hilfstruppe, die das Programm methodisch unterstützt, Geld aus dem Fenster zu werfen. –
> Ein Griffelspitzer

wir auf keinen Fall übernehmen!« bekannte ein Macher, der sich später mit der zwangsläufig und gezielt erhöhten Verantwortung einer neuen Produktionsleiter-Generation nicht so recht abfinden konnte. Horst Jaedicke hat es vor 15 Jahren nicht weniger deutlich, aber eleganter formuliert: »Die Großen der Zunft haben sich nie einem Produktionsbetrieb angepaßt. Sie haben ihn gefordert, manchmal sogar gequält.« Eine derartige Auffassung hat den autokratischen Fernsehdirektor wohl auch dazu veranlaßt, als Nachfolger von Leonhard Fürst nur Produktionschefs zu verpflichten, denen Programmnähe nicht abzustreiten war, die Sinn für Herausforderung und die Bereitschaft aufbrachten, sich quälen zu lassen. Als aber das Metier des Fernsehdirektors zunehmend eingeengt wurde durch medienpolitische Pflichten der Abstimmung mit anderen Anstalten in der ARD wie im Südwesten, als nicht nur Wirtschaftsprüfer und Verwaltungsrat, sondern auch KEF, Rechnungshof, Parteien und Parlamente immer mehr Rechtfertigung dafür verlangten, warum Fernsehen mit welchem Aufwand zu welchem Anlaß produziert werden sollte, da registrierte Horst Jaedicke wohl die Dämmerung der (vermeintlich) guten alten Zeit des Aufbaus; Anlaß, einer neuen Generation das Steuer in die Hand zu geben. ▷

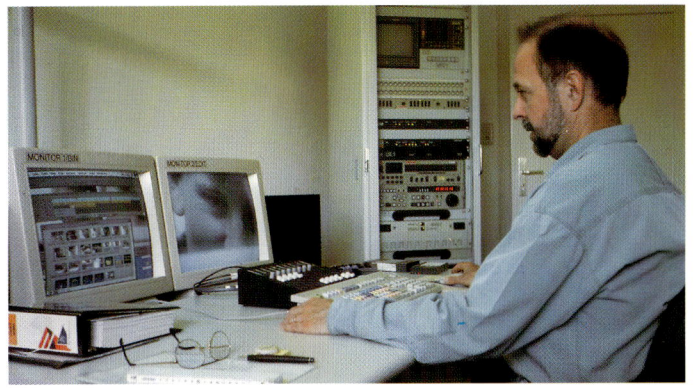

Kooperation in der »Klosterzelle«: Filmschnitt am klassischen Sechs-Teller-Tisch (oben). Bildmontage am Computer-Schnittplatz – digitalisiert und rationalisiert (unten).

FS-Produktion

Immerhin waren bis 1984 auch in der Produktion die Furchen gezogen, für die vor allem einer – der Direktor – den Pflug geführt hatte. Nach dem Abschied vom Killesberg war ab Frühjahr 1965 der Neubau auf dem Gewann »Höllscher Bühl« (Park der Villa Berg) eingerichtet, bezogen und in Aktion. Freilich trug das neue und erste, ausschließlich für TV-Zwecke konzipierte Gebäude noch viele Killesberg-Kennzeichen: Endlich ein richtiger Ballettsaal, vier Produktions- und ein kleineres Aktualitäten-Studio (für die Abendschau), Proberäume für das Spiel und ein stattliches Synchronstudio, für alle Anforderungen der Spielfilm-Synchronisation ausgerüstet. Nur an eine Heimstatt für die wuchtigen »Ampex«-Aufzeichnungsmaschinen hatte man nicht gedacht, weil der Technische Direktor der elektronischen Speicherung von Bildsignalen bei Beginn der Planung des Studio-Komplexes noch keine Zukunftschancen zubilligen wollte. Also mußte ein Spiel-Probenraum umgewidmet werden, dessen Statik freilich der Belastung durch die schweren Zwei-Zoll-Maschinen nur

> Produktion ist, wenn es trotzdem geht. –
> Ein Produktionsleiter

knapp angepaßt war. Aus Rücksicht auf die Bauaufsicht warnte deshalb lange Zeit über dem Eingang zum MAZ-Areal ein Schild: »In diesen Räumen dürfen sich gleichzeitig nur 13 Personen aufhalten!« (Gezählt worden ist wohl nie und nimmer.) Ebenfalls noch in der Jaedicke-Ära hatte die Farbe Einzug gehalten und wurden die klassischen Zwei-Zoll-MAZ-Giganten durch ein neues, kleineres, besseres Format (BCN/1 Zoll) abgelöst.

Auch bei dieser Systemwende bewährte sich das schwäbische Prinzip, »Notwendiges mit Nützlichem« zu verbinden. Der Fernsehdirektor hatte seiner Mannschaft die Federführung für die Übertragung der Olympischen Spiele 1984 in Los Angeles ins Haus geholt. Wohl hatte die SDR-Ü-Technik seit dem 30. 5. 1955 (erste Live-Übertragung aus dem Neckarstadion: Fußball-Länderspiel »Deutschland – Italien«) mehrfach Erfahrung und Ansehen bei der Betreuung von großen Sportereignissen erworben. Die federführende Verantwortung für Olympische Spiele aus der Neuen Welt aber schien manchem wieder als ein Muster dafür, wie ein »Großer der Zunft« den Betrieb nicht nur fordern, sondern auch quälen kann. Daß allerdings nicht gerade selbstlose, aber selbsternannte Größen aus mißgünstigen Partner-Anstalten den »SDR für überfordert« hielten und dies auch noch in Interviews publizieren ließen, war für das SDR-Team von Produktion und Technik nur ein Ansporn mehr, sich vor Ort in Kalifornien und im Heimatstudio Stuttgart besonders ins Zeug zu legen. Für eine solche Heimatstation, die für ZDF und ARD einzurichten war, wurden natürlich entsprechend viele MAZ-Maschinen benötigt, um alle Live-Berichte und Überspielungen aus L.A. aufzuzeichnen. Das erleichterte im SDR die Ausstattung mit dem neuen Ein-Zoll-Format dank eines erfreulichen »Olympia-Rabatts«. Außerdem war die Mannschaft für die Spiele und natürlich danach mit dem Ein-Zoll-Prinzip komplett vertraut. Parallel dazu hatte sich bei der aktuellen Berichterstattung im deutschen Fernsehgewerbe bereits ein weiteres Format in typischer ARD-Uneinheitlichkeit eingebürgert: das 3/4-Zoll-U-Matic-Band aus Japan. Das Schreckgespenst »EB« (= elektronische Berichterstattung) geisterte auch beim SDR durch Kamera-Abteilung, Filmschnitt und Kopierwerk. Einmal mehr waren es solides Qualitätsbewußtsein und kritische Skepsis eines Technischen Direktors, der mit sei-

---

Übersicht über das Bildfunk-Programm des Süddeutschen Rundfunks 1954

Der Süddeutsche Rundfunk lieferte seinen ersten Beitrag zum Gemeinschaftsprogramm des deutschen Fernsehens im April 1954 mit einem Tagesschaubericht von den deutschen Kunstturnmeisterschaften.
In diesem Monat fanden auch die Verhandlungen mit der Stuttgarter Ausstellungs-GmbH. über die Vermietung der Halle 4 auf dem Killesberg statt.
Nach Fertigstellung des provisorischen Fernsehstudios auf dem Killesberg im August 1954 konnte dort mit den Vorbereitungen für das Fernsehen begonnen werden. Die ersten regelmäßigen Beiträge zum deutschen Fernsehen leistete der Süddeutsche Rundfunk vom 5. November 1954 an.

Gesamtsendezeit 1954 . . . . 11 Stunden
Abendprogramm des Süddeutschen Rundfunks
(Beginn 5. 11. 1954) . . . . 9 Stunden 30 Minuten
Tagesschau-Beiträge
(Beginn 1. 4. 1954) . . . . 1 Stunde 30 Minuten

---

Zum Jahresabschluß ist folgendes zu bemerken:
In der Bilanz hat sich das Kapital durch Kapitalzuführung aus dem Gewinn von 1953 in Höhe von DM 600.000.— auf DM 9.800.000.— erhöht.
Im Anlagevermögen sind Zugänge in Höhe von DM 9.026.863.52, Abgänge und Abschreibungen in Höhe von DM 5.953.310.68 zu verzeichnen, sodaß am 31. Dez. 1954 ein Anlagevermögen von DM 9.360.781.99 ausgewiesen ist.
Die Zugänge wurden zu Anschaffungskosten bzw. Herstellungskosten verrechnet. Abschreibungen erfolgten in üblicher Höhe.
Zu den übrigen Posten der Bilanz ergeben sich keine besonderen Bemerkungen. Die Bewertung der Vorräte, Forderungen und Verbindlichkeiten entspricht den gesetzlichen Vorschriften.
Die Abschreibungen und Wertberichtigungen entsprechen den Grundsätzen ordnungsmäßiger Bilanzierung.
Das Geschäftsjahr 1954 schließt mit einem Überschuß von DM 272.915.77 ab. Der Überschuß setzt sich aus einem Vortrag aus 1953 von DM 139.320.03 u. dem Gewinn des Berichtsjahrs von DM 133.595.74 zusammen.
Ich schlage dem Rundfunkrat vor, hiervon DM 200.000.— dem Eigenkapital des Süddeutschen Rundfunks zuzuschreiben und den Restbetrag von DM 72.915.77 auf neue Rechnung vorzutragen.

Stuttgart, den 15. Juni 1955
Der Intendant
gez.: **Eberhard**

ner Zustimmung zu einer Notlösung eine erfreuliche Evolution ermöglichte. Prof. Dr. Schwarze – mit profunder Fernsehüberzeugung zum Nachfolger von Dr. Rupp berufen – setzte auf die Überlegenheit der Ein-Zoll-Technik und ließ das anfangs eher weniger als mehr professionelle U-Matic-Band im Filmschnitt erproben. Auch wenn Guntram von Ehrenstein, vom Pfleghar-Schüler zum Chefcutter avanciert, und sein Chef, Partner und Freund Otmar Feichtner (bis zu seinem frühen Tode 1972 Leiter der Abteilung Film) als Mitglieder des Gründer-Teams vom Killesberg ebenso eingefleischte wie exzellente Filmexperten waren, so spürte Urbayer Ehrenstein doch, daß der Einzug der Elektronik in sein geliebtes Gewerbe wohl verzögert, aber keinesfalls aufgehalten werden konnte. Also hieß die Devise: »Lieber rechtzeitig umlernen, als in absehbarer Zukunft arbeitslos sein.« Diese Einsicht, in der dem Chef auch filmerfahrene Mitstreiter (wie H. Trollst und H. J. Stelse) zur Seite standen, war Grundlage für die Kombination der am Filmschneidetisch bewährten Bildgestaltung mit der neuen elektronischen Technik.

Daß dies alles nicht ohne Schmerzen und Friktionen über die Bühne gehen konnte, war allen Beteiligten klar. Daß aber Guntram von Ehrenstein kurz vor seinem Abschied in den Ruhestand zudem noch an der Stillegung des Kopierwerks mitplanen mußte, war für den Übervater des Filmschnitts sicher die bitterste Pille in über drei Jahrzehnten SDR-Karriere. Vielleicht aber hat sie wenigstens das Lebewohl etwas erleichtert, die Trennung von einer Arbeitsstätte, an der auch und gerade ein Chef einsehen muß, daß in der Fernsehbranche das Beständigste oft Wandel bedeutet. Immerhin hatte sich der Chefcutter mit mehr als einem halben Dutzend »Bildträgern« direkt und mittelbar zu beschäftigen, vom 16- und 35-mm-Film, mal Umkehr, mal Negativ, von der 3/4-Zoll-U-Matic und dem

```
AUFTRAGS-BERICHT    (PF7/O1) VOM: 07.11.94 PERIODE: 13.94        SEITE    1
AUFTR.-NR.: 00013183      Thema M "Wo komm' ich her? Wo ist mein
HIERARCHIE: F          VERANTW.: AUFRECHT    PLAN/IST-VERGLEICH, 219Z/V/211A

BAB K  O S T E N A R T     PLANKOSTEN      IST 1-13    ABW.ABS.    ABW.%
                               (1)           (2)        (2-1)     (2-1)
-------------------------------------------------------------------------
010  *         HONORARE                     22.824     22.824
020  *         REISEK. FR. MITARB            2.042      2.042
040  *         FREMDPROD.KOSTEN             12.317     12.317
050  *         AUSSTAT. REQUISITE              271        271
060  *         BILD- U. TONMAT.                197        197
070  *         REISEK. FESTANG.                223        223
100  *         SONSTIGE KOSTEN               1.901      1.901
110  **        DIREKTE KOSTEN               39.775     39.775

113  ***       DIRKO GESAMT                 39.775     39.775

130  *         AUFNAHMELEITER                  653        653
170  *         AUSST. MALER,DEKO             1.989      1.989
180  *         AUSST. SZENENBAU                912        912
190  *         AUSST. SCHNEIDEREI              361        361
200  *         AUSST. MASKE                    791        791
250  *         KAMERA MIT GERÄT             14.580     14.580
270  *         E-KAMERA OHNE GERÄ            1.418      1.418
300  *         EB-PERSONAL BIS'89              428        428
410  *         BELEUCHTUNG                   6.889      6.889
430  *         MAZ PERSONAL                    723        723
440  *         MAZ 1 ZOLL                      743        743
460  *         MAZ BETA SP/U-MAT.           16.211     16.211
470  *         MAB1, MAB2                    1.620      1.620
480  *         UMSCHNITTRAUM                   143        143
490  *         TNB 1/2 (O.PERS.)             1.800      1.800
530  *         STARKSTROM                    1.690      1.690
550  *         VU-RAUM                         360        360
635  *         SCHNITTMOBIL                    490        490
670  *         PERS. FS-Ü-TECH.              6.875      6.875
830  *         FUHRPARK                      3.492      3.492
895  **        ANTLG. BETRIEBSK.            62.163     62.163
900  ****      EINZELKOST.113+895          101.938    101.938
920  *         ABSPIELUNG                    5.015      5.015
930  *         AUSSTRAHLUNG                  4.366      4.366
940  **        SUMME ABSP.U.AUSST            9.381      9.381
950  *****     SUM. ZEILE 900+940          111.319    111.319

960  *         D-KAMERA L24+L25       18        17         1-         6-
961  *         D-KA.FREIE F24+F25                1         1
963  **        D-KA.MANNTAGE-GES.     18        18
967  *         D-LICHT F/EB-E/AÜ                14        14
974  *         D-SCHNITT FEST                   13        13
976  *         D-BIMI FEST                       1         1
980  *         D- Ü-TECHNIK                      7         7
987  *         EINSÄTZE KAMERA                   5         5
990  *         EINSÄTZE LICHT                    4         4
991  *         D-STARKSTROM                      2         2
993  *         D-MALER/DEKO                      3         3
994  *         D-AUSST.SZENENBAU                 1         1
995  *         D-AUSST.SCHNEIDER.                1         1
996  *         D-AUSST.MASKE                     1         1
```

Fernseh-Bilanz anno 1954: eine halbe Seite dokumentiert alle Leistungen des SDR-Bildfunk-Programms (links) – und das zeitgerechte Datenmaterial von heute: ein Auszug der Kostenträgerliste einer einzigen Produktion (rechts).

> Produktion ist das Reich zwischen allen Stühlen des Fernsehens. –
> Ein Produktionschef

neuen 1/2-Zoll-Beta-System bis hin zu den »Sendeformaten« der MAZ-Technik. Aber schließlich hatte ja Intendant Bausch schon zum zehnten Geburtstag des SDR-Fernsehens bekannt: »Wir haben es lernen müssen, uns auf neue Formen der Produktion einzurichten, und je länger, je mehr Fernsehprogramme produziert werden müssen, desto sicherer werden wir mit neuen und keineswegs einfachen Problemen konfrontiert werden.«

Wie recht er behalten hat. Seit der ersten »Übersicht über das Bildfunk-Programm des Süddeutschen Rundfunks 1954« (Programmleistung in zwei Monaten: knapp 700 Minuten) und der SDR-Bildfunk-Leistungsbilanz für 1955 (Programm-Produktion: 5764 Minuten) hat

FS-Produktion

sich – nimmt man die Planzahl für das »Jubiläumsjahr 1994« – allein die Eigenleistung mehr als verzehnfacht. Dabei darf man eigentlich die rund 60 000 Minuten »Fremdproduktionen«, die in SDR-Verantwortung gesendet werden, nicht ausklammern, da sie nicht nur für die Redaktionen, sondern auch für Produktion wie Sendetechnik ein gerüttelt Maß Arbeit bedeuten. Ob nun das Zehn- oder Zwanzigfache an Programm-Output – es tut wenig zur Sache, wenn man bedenkt, daß die Zielsetzung, wie sie zum 20. Geburtstag formuliert wurde, auch für die Produktion unverändert geblieben ist: »Wir werden weiter bemüht sein, das beste Programm zu produzieren, das wir produzieren können, wissend, daß es nie den Tag geben wird, an dem wir sagen können: »Das ist das beste Programm.« Im Sinne dieser Erkenntnis wurde in einer der zahlreichen und meist nützlichen Debatten zwischen Programm-Machern (= immer die »Großen der Zunft«) und Produktions-Verantwortlichen Konsens darüber geschaffen, daß beide Gruppen den gleichen Kunden mit dem »bestmöglichen Programm« zu bedienen haben. Für die Redaktionen allerdings heißt er »Zuschauer«, für die Produktion jedoch auch »Gebührenzahler«. Dieser feine Unterschied hat zum Glück beim SDR nie so weit geführt, daß den Schreibtisch des Produk-

> Produktion ist verantwortlich für Flops – Erfolge haben ihre Väter allein in den Redaktionen. – Ein Kenner

tionschefs – wie beim Produktionsdirektor einer weit mächtigeren Anstalt – das Warnschild zierte: »Wer hier von Kunst redet, fliegt raus!«

Gleichwohl hat die Auseinandersetzung um vertretbaren Aufwand und erkennbare Qualität im Laufe der Jahre merklich und zuweilen schmerzlich zugenommen, atmosphärisch gleichlaufend zu dem Verlust an »Werkstatt-Intimität«, den Hans Bausch bereits anno 1964 beklagen mußte. Natürlich war schon im Jahre 10 des SDR-Fernsehens mit dem Intendanten vielen seinen Mitarbeitern bewußt, daß mit dem Abschied vom Killesberg zugleich der Abschied von mancher Pionier-Idylle verknüpft sein mußte. Zum anderen aber brachte der Einzug in den Neubau bei der Villa Berg ja endlich alle TV-Schaffenden des Südfunks unter ein Dach, ein Plus für den vielgerühmten »Teamgeist«, dessen Dahinschrumpfen von Insidern kontinuierlich bedauert wird, der aber von Außenstehenden bei Gastspielen, zeitbegrenzten Tätigkeiten oder anderen Stuttgart-Hospitanzen im Vergleich zu anderen Anstalten immer wieder bewundernd registriert wird. Doch Betriebsklima und das Gefühl, daß zusammenarbeiten auch zusammengehören bedingt, kann man weder mit Betriebs-

Design mal händisch: das Titelblatt der Jubiläumsschrift von 1964 – mal computerunterstützt: ein Arbeitspult der neuen elektronischen Grafik im FS-Studio Berg.

Solides Handwerk im Dienste der Kunst: Szenenbauer beim Deko-Aufbau in der Vorbauhalle.

vereinbarungen noch mit Dienstanweisungen reglementieren. Dafür stehen Klausuren und Seminare zur zeitgeistgemäßen »corporate identity« hoch im Kurs.

Für den atmosphärischen Wandel mag für die FS-Produktion nicht nur nostalgisch bilanziert werden, daß spontane »Bergfeste« (zur Halbzeit einer großen Produktion) oder vergleichbare Feiern zum gelungenen Abschluß einer gemeinsamen Arbeit seltener geworden sind. Das liegt gewiß nicht allein an einem offiziellen Erlaß zur Abwicklung von Produktionsfeiern. Zur Fülle der Mehrarbeit – siehe Programmstatistik- wurde im Pflichtenheft der FS-Produktion eine Vielzahl von Zusatzaufgaben addiert, die sich nicht unmittelbar in Programm-Minuten widerspiegeln. Man nehme nur die Datenerhebung für die KEF. Seit diese »Kommission zur Ermittlung des Finanzbedarfs« ihre – inzwischen auch vom BVG kritisch bewertete – Arbeit aufgenommen hatte, waren es immer wieder und mit Schwerpunkt die Produktionsbetriebe, die von dieser Prüfer-Gilde unter die Lupe genommen wurden. Das führte u. a. beim SDR nach dem ersten KEF-Bericht zu einem leichten Schock, weil das Fernsehen des Süddeutschen Rundfunks in dieser Untersuchung keineswegs als Musterschüler der »low budget production« dargestellt

> Produktion schafft die Mittel zum Zweck.
> – Ein Schlaumeier

wurde. Aber Qualität im Sinne der »Stuttgarter Schule« in Spiel, Dokumentation und Unterhaltung hatte eben ihren Preis. Außerdem vertrauten die »Großen der Zunft« eher auf den Schutz ihres Direktors als auf Kostenprognosen des Produktionschefs, der sich – bei Analysen der KEF-Angaben von Kollegen – insgeheim über die eigene schwäbische Redlichkeit ärgerte. Dennoch setzten die umfänglichen Zahlenwerke der KEF (die nach meiner Privatmeinung bei der Festsetzung der Rundfunkgebühr nur eine untergeordnete Rolle spielten) einen Trend in der medienpolitischen Landschaft in Gang, der sich bis heute nur verstärkt hat. Weil man beim Zwang zum Sparen beim Nachbarn immer die besten Möglichkeiten feststellt, schauten plötzlich alle Kosten-Senker – nicht nur die externen – auf die Produktionsbetriebe, die ja in regelmäßigem Turnus von der KEF durchleuchtet wurden und ebenso regelmäßig Produktivitätserfolge nachweisen mußten. Selbst in Betriebsversammlungen und redaktionsinternen Diskussionen wurde neben der traditionell ungeliebten Verwaltung die Produktion auf den Opferaltar der Spar-Prediger ausgeliefert. Und selbst Zunftgrößen, die es besser wissen müßten, lassen sich auf die Milchmädchenrechnung ein, daß Kommerz-Kanäle (die nur mehr oder weniger billige Fertigware abnudeln) mit einem zigmal kleineren Apparat auskämen als die angeblich »aufgeblähten« Betriebe der Öffentlich-Rechtlichen. Was Wunder, wenn dann nicht immer ausschließlich mit Fachkenntnis belastete Medien-Politiker nachdrücklich das »Abschmelzen« der Produktionsbetriebe, die Verlagerung auf »freie Unternehmen« oder gar die Privatisierung der FS-Produktion propagieren. Oft sind es die gleichen, die aber für ihre Region oder Branche besonders umfängliche und qualitätsbewußte Fernsehbetreuung einfordern.

Aus diesem Blickwinkel wird eine Klageschrift aus der Feder des Leiters der SDR-Produktionswirtschaft verständlich, der bei seinem Dienstherrn für Sparprogramme die Solidarität aller – also auch der Taktgeber im Programm – anmahnte. Schwerpunktbildung und arbeitsteilige Kooperation mache nur dann ökonomischen Sinn, so sie die klassische Vernetzung aller Bereiche einer Fernsehanstalt einbeziehet. Immerhin kann die Auflistung der SDR-Produktionswirtschaft eine Steigerung der Produktionsleistung von 148

FS-Produktion

Prozent zwischen 1983 – und damit nach Ausweitung des Südwest-3-Programms – und 1991 aufweisen. Dies wurde erreicht mit einer Erhöhung des Personalbestandes (in der Produktion) von nur 18 Prozent und einer Minderung der Produktionskosten pro Sendeminute um 31 Prozent und des Arbeitseinsatzes (Mannstunden) um 53 Prozent (!!). Daß eine solche Erhöhung der Produktivität natürlich nicht nur durch die Neuorganisation der Disposition (in einzelnen Fachbereichen und Redaktionen zunächst ebenfalls mit dem Lamento des Verlustes von »Werkstatt-Intimität« begleitet) zu danken war, ist ebenso unbestritten wie die Tatsache, daß ein Zweischicht-Betrieb in EB-Schneideräumen die »Klosterzellen-Kreativität im klassischen Filmschnitt« (O-Ton G. v. Ehrenstein) kaum aufkommen läßt.

Wenn in den Gründerjahren (z. B. in 1955/1956) das Fernsehspiel pro Jahr noch ein gutes Dutzend Produktionen (à 90 Minuten) im SDR herstellen mußte und konnte, dann ist dies im Vergleich zu zwei »Tatorten« plus zwei anderen Spielproduktionen pro Jahr ein weiteres Teil Erklärung dafür, daß die Senkung des Produktionsaufwandes im Gesetz der Mengendegression zu suchen ist – gerade mit Blick auf die wesentlich gesteigerte Leistung im aktuellen Bereich (incl. Landesprogramm und Sport). Nur die Dienstleistung, die etwa in der Ausstattung angefordert wird, hat sich allein in den Formen, nicht aber im Umfang gewandelt. Rund 130 000 Mannstunden pro Jahr haben die echten Werkstätten der Ausstattung im Soll, davon beansprucht heute das Spiel nur noch knapp 20 Prozent, dafür haben die »journalistischen Auftraggeber« (Information und Kultur) fast gleichgezogen mit der Unterhaltung, für die rund 30 Prozent Ausstattungs-Gewerke zu Buche schlagen. Und das nicht nur wegen der großen Samstag-Show »Verstehen Sie Spaß?«, für die die SDR-Kapazität längst nicht ausreicht, so daß man kontinuierlich mit Anmietungen aufstocken muß. Auch vermeintlich »kleinere« Aktivitäten der neuen Form »journalistische Unterhaltung« (z.B. »Auf der Couch«, »Gemischte Gefühle«, »Es war einmal« oder »Subito«) beanspruchen den Ausstattungsbereich von Maske, Kostüm, Requisite bis zum Szenenbau. Und meist entwerten die Risiken, die mit der notwendigen »Programm-Flexibilität« entschuldigt werden, eine zuverlässige, von Handwerkern erwartete solide Planung auf der Zeitachse zu Makulatur. Weil Ent-

> Produktion ist die Institution, die durch planvolle Aktionen die Knappheit der für die Befriedigung von Programmbedürfnissen zur Verfügung stehenden Mittel verringern soll. – Ein Eierkopf

scheidungen der ehrenwerten Programmkonferenz, ob nun ein als »Pilot« präsentiertes neues Projekt in Serie gehen darf oder nicht, meist auf den letzten Drücker fallen, müssen die »Hände« im Team des Ausstattungschefs Max Britzger »allzeit bereit« sein; sie waren es (und sind es nach wie vor) besonders gern, wenn neben der rein handwerklichen Routine-Dienstleistung noch schöpferische Beteiligung verlangt wird. Nur sind eben Ausstattungs-Orgien wie zur Zeit der Courts-Mahler-Reihe inzwischen unter dem Rubrum »gute alte Zeit« abzulegen.

Unter der gleichen Adresse könnte man das Thema »Genieförderung« abrufen. Die Zöglinge aus der berühmten »Fernsehwerkstatt« von 1964 – immerhin ist noch mehr als ein halbes Dutzend im oder für den SDR aktiv – werden sich nicht ohne nostalgische Anmutung an das halbe Jahr erinnern, in dem unter Leitung von Nestor Artur Müller 22 (aus mehreren hundert Anmeldungen) wahrhaft Auserwählte in einer ausgedienten Polizeibaracke am Rande des Killesbergs über TV im allgemeinen und im besonderen aufgeklärt wurden. Dabei standen natürlich – der Zeit entsprechend – die Grundsätze und Anforderungen der Gestaltung in Theorie und Praxis im Mittelpunkt des

Lehrplans. Kalkulation, Etatbewirtschaftung, Time-Management, Controlling wären nur als Ballast empfunden worden. Immerhin konnten aber Kamera-Abteilung, Schnitt, Mischpult/Regie und Aufnahmeleitung – also auch die Produktionsbereiche von dieser Nachwuchs-Schmiede profitieren. Heute haben Filmakademien, Fachhochschulen und Universitäten (vor allem) die Theorie der Medienarbeit okkupiert. Auch die Produktion rekrutiert ihren Nachwuchs zum Teil im Hochschul-Campus – z. B. Medieningenieure, für die Probleme der Betriebswirtschaft und Datenverarbeitung keine Fremdworte mehr sind. Andererseits wirken zum Glück auch Praktiker an den neuen Ausbildungs-Instituten nachwuchspflegend – z. B. Justus Pankau, Kameramann der ersten Killesberg-Stunden, doziert nicht nur als Professor an der Filmakademie in Ludwigsburg, sondern vermittelt wie einst SDR-Assistenten seinen Studenten die Regeln einer reichen Erfahrung, zu der ein Nachrichtenfilm (z. B. in schwindelnder Höhe an der Fernsehturm-Baustelle gedreht), eine Bildglosse (ein Kameramann auf der Suche nach dem »Straßenwesen«) oder ein großer Spielfilm (»Die Kinder vom Bahnhof Zoo«) alle auf ihre Art durch gestalterische Herausforderung beigetragen haben. Wohl mag mancher »alter Hase« die Verwissenschaftlichung seines Fernseh-Kunsthandwerks mit kritischer Skepsis

> Produktion ist die Quadratur des Kreises mit den Radien Handwerk, Kunst, Ökonomie und Technik. – Ein Philosoph

registrieren; nur kann sich ein Medium, das Millionen erfreut, verärgert, belehrt, erregt, amüsiert, fasziniert, enerviert, nicht dagegen wehren, daß es zum Objekt von Forschung und Lehre erhoben wird. Und wenn sich namhafte Wissenschaftler gemeinsam mit Medienpraktikern gar der Rundfunk-Ökonomie widmen, kann es sich die FS-Produktion des SDR hoch anrechnen, wenn sie für derart wissenschaftlichen Disput positives Exempel geliefert hat. In einer Arbeitstagung des Fribourger Arbeitskreises für die Ökonomie des Rundfunks (FAR) nahm der Beitrag zum Thema »Kostenentwicklung für Fernsehproduktionen im Medienmarkt der Zukunft« Daten und Fakten aus dem SDR-Fernsehen als Fundament für eine Argumentation, mit der sich Produktionschefs der nächsten Zukunft auseinandersetzen müssen. Allerdings hatte Hans Bausch in seinem Grußwort zum 10. Geburtstag die Entwicklung schon vorausgeahnt. Nur hatte er die Schärfe der Probleme, die Wucht der trivialen kommerziellen Konkurrenz, die rasante Entwicklung zu digitaler Technik und automatischer, EDV-dominierter Abwicklung und Steuerung von Produktion und Programmgestaltung, die zunehmende Verknappung kreativer Produktionsfaktoren nicht im Gesamtumfang ermessen können. Auch wenn der bereits erwähnte Er-

Videotext-Service: Der elektronische Schriftgenerator muß »vorgefüttert« werden.

Der PC und sein Team: in der Abteilungsleitersitzung wirkt die schöpferische Kraft des Kollektivs.

FS-Produktion

folg in der nachweislichen Verbesserung der Produktivität im wesentlichen auf Entscheidungen innerhalb der SDR-Produktion zu begründen ist, wage ich nicht daran zu denken, wie die Antwort der »Großen der Zunft« auf die Forderungen ausfallen könnte, die bei der FAR-Tagung in der Konsequenz mündeten: »Es bedarf einer praxisgerechten Ausformung und Kultivierung der Kostenplanung und -steuerung bei Fernsehproduktionen, damit diese Verfahren als nützliche Instrumente in den kreativen Prozeß der Planung und Produktion einbezogen werden. Es bedarf einiger Überzeugungsarbeit und Motivation, damit dies gelingt!«. Nur einiger ... ?

Zurück zur Praxis der Gegenwart. Riss-Schwenk und Zufahrt auf den PC des Produktionschefs Manfred Sorn: Daten, Fakten und Termine vom Juli 1994:

Zeugnisentwurf für Hans Kolb und Horst Kohlstätter

Zwei Männer aus dem Urgestein der FS-Ausstattung verlassen den SDR, Studiomeister der eine, Gewandmeister der andere. Zusammen repräsentieren sie 65 Jahre Fernseh-Kärrnerarbeit, im Studio und bei Außenproduktionen. Und beide werden in ihrer Art nicht zu ersetzen sein – vielleicht auch, weil ihr Schrot und Korn nicht mehr in die Mühlen des neuen Fernsehens passen will.

Druckfreigabe für Prospekt »PK 4«

Im Studio 4, in dem anno 1972 die Farb-Ära des SDR-Fernsehens begann, wurde jetzt auch das neue Zeitalter der Digitaltechnik eingeläutet. Bis es soweit war, hatten die Planer nicht nur ein technisches, sondern auch ein ökonomisches Kunststück zu meistern. Beim Start ihrer Projektarbeit galten noch ausschließlich Analog-Prinzipien, dann mußte 1991 auf digital umgesattelt werden; allerdings mit den strikten Vorgaben: Der Kostenrahmen, gültig für die Analog-Ausführung, muß auch für die digital-serielle Komponententechnik (270 Mbit) eingehalten werden. Der Fertigstellungstermin (April 1994) bleibt verbindlich, damit der Disney-Club aus der Bavaria nach Stuttgart umsiedeln kann. Es dürfen nur Geräte und Aggregate in die Planung einbezogen werden, die »marktgängig« sind. Das Sorn-Team hat sein Ziel erreicht: Damit verfügt der SDR als erste öffentlich-rechtliche Anstalt über einen Produktionskomplex, der (soweit dies bei der Entwicklungsrasanz behauptet werden kann) zukunftssicher ausgerüstet ist. Die restlichen beiden Studios (von ehemals fünf) bleiben auf der Warteliste.

Reiseantrag für H. J. Stelse zum AVID-Kurs der SRT

Während im Programm und in der Abteilung Bild nach wie vor dem klassischen System »Film« nachgetrauert wird und nur noch 26 von ehemals rund 65 Filmschneidetischen betriebsbereit sind, zeichnen sich – dem Computer sei Dank – beim elektronischen Schnitt weitere Möglichkeiten ab, Gestaltungsmethoden und Bearbeitungswege des Filmschnitts in die neue Technik zu übernehmen. Nach der Umrüstung auf U-Matic und danach auf Beta wird jetzt die Cutterei an einigen Plätzen mit der verbesserten Technik ausgestattet. Für die Einarbeitung sind Vorreiter notwendig. Einer davon H. J. Stelse, der – als Zögling der Fernsehwerkstatt im Filmschnitt groß geworden – den Umstieg auf die Elektronik mitgefördert hat und nun auch für die neuen AVID-Schnittplätze Trainer-Funktionen einüben soll. Ein weiterer Beweis dafür, wie Wandel mit Kontinuität verknüpft werden kann – wie auch das gemischte Doppel Jens Möller/Dorrit Dörr an der Spitze der Abteilung Bild dokumentiert, beide von bestem SDR-Geblüt.

Notiz für Programmchefs zu »Super 16«

Weil neben (und mit) der Digitaltechnik neue Bildformate (neben 4:3 noch 16:9) im Fernsehen Einzug halten, soll auch die

Kunsthandwerk am (und mit) Köpfchen: auch Maskenbildner müssen vielseitig sein.

Eine zukunftssichere »Kommandobrücke«: die Bildregie im neuen Studio 4.

SDR-Produktion sich für die weitere Herausforderung rüsten. Ein vorsichtiger, praktikabler und relativ einfacher Weg dazu ist die Aufnahme mit speziellen Filmkameras, die auch in 16-mm-Format »Breitwand-Gestaltung« ermöglichen. In kollegialer und kooperativer Abstimmung mit dem SWF, der schon einschlägige Erfahrungen gesammelt hat, sollen 16:9-Experimente im SDR gestartet werden – sicher zum Wohlgefallen der Film-Fan-Fraktion.

Sitzung der PLATO-Lenkungsgruppe mit SWF

Neben den bereits mehrfach zitierten »Rechtfertigungspflichten« des Produktionschefs blockieren seinen Terminkalender immer wieder Sitzungen, Gespräche, Klausuren zum Thema »Kooperation im Südwesten«. Ein Sonderfeld auf diesem medienpolitisch steinigen Acker ist die Entscheidung für ein gemeinsames EDV-System, das Planung, Kalkulation, Organisation, Disposition und Steuerung zusammenfassend ermöglichen, papiersparend beschleunigen und eines Tages alles erleichtern soll. Im Sinne einer engeren Verzahnung der Produktionsbetriebe von SDR und SWF erscheint es mehr als zwangsläufig und sinnvoll, alte Sünden der überaus heterogenen EDV-Entwicklungen nicht zu wiederholen, sondern eine organisch wachsende Verbindung der Bereiche mit einem gemeinsamen EDV-System zu unterbauen. Namenspatron Plato würde es nicht anders empfehlen.

Termin der Grafik wegen Signet-Poster für die Flure

So wie durch die Stillegung von Studio 3 ein Raum für eine dringend notwendige Vorbauhalle gewonnen wurde, so hat seit November 1988 im ehemaligen Aktualitäten-Studio die Grafik eine neue Heimstatt gefunden. So wie im längst umgebauten Synchronstudio durch den Einzug einer Decke die Arbeitsfläche für die Ton-Nachbearbeitung verdoppelt wurde, so hat sich im »Obergeschoß« vom alten

> Produktion muß halten, was (sich) das Programm verspricht. – Ein Direktor

Studio 5 die Grafik ihr manuelles und kommunikatives Atelier eingerichtet, während unter der Decke auf der Regie-Ebene die Elektronik in vielfältiger Form für kreative Gestaltung genutzt wird. Auch in diesem Fall hat sich die Kombination eines alten Produktionsbereiches mit der Studiotechnik optimal bewährt. Wohl auch deshalb präsentiert der Produktionschef nicht ohne Stolz und zur Motivation der Mitarbeiter Werke seines Grafik-Ensembles als Wandschmuck in den bis dato kahlen Büro-Fluren.

Allein diese beliebige und zufällige Auswahl aus dem PC-PC zeigt, wie sich Aufgaben und Zielsetzungen und mit ihnen die FS-Produktion gewandelt haben. Dennoch bleibt so manches typisch SDR-spezifische Charakteristikum erkennbar: Auch wenn sich in den nächsten Jahren die letzten noch aktiven Killesberg-Gardisten in den Ruhestand verabschieden, wenn die vielgerühmte »Werkstatt-Intimität« noch mehr Not leiden sollte, wenn die Arbeits-Union mit dem SWF weiter intensiviert wird – solange das Fernsehturm-Signet Stuttgarter Sendungen kennzeichnet, solange wird die Mann- und Frauschaft der SDR-Fernsehproduktion auch quälende Herausforderungen der Zunft-Größen annehmen und bemüht bleiben, für sie wie mit ihnen das »bestmögliche Programm« zu produzieren – für Zuschauer und Gebührenzahler. Was hatte doch Hans Bausch anno 1964 im »Jahre 10« angesichts der »neuen und keineswegs einfachen Probleme« versprochen? »Wir werden uns bemühen, sie ebenso zu bewältigen, wie wir es in den letzten zehn Jahren getan haben!« Seine Losung könnte für die FS-Produktion auch für die nächsten vierzig Jahre gelten – wenn man sie läßt.

FS-Grafik
Die Suche nach dem Erscheinungsbild
Von Frieder Grindler

Mein Eintritt in die Welt des Fernsehens war im Herbst 1964. Nach dem Designstudium, doch ohne jegliche Filmerfahrung, übertrug man mir die Leitung der »Fernsehgrafik«. Eine kleine Abteilung. Da war Herr Winkler, der mein Vater hätte sein können. Er malte mit Pinsel und Feder die Abspanntitel auf Papier. Er gab mir zu verstehen, daß nur er es könne. Er konnte es wirklich. Da war Manfred Ekert, ein gelernter Maler, zuständig für alles, was da täglich bis zu den aktuellen Sendungen zu tun war. Ein bescheidener Könner mit allen Terminen im Kopf. Da war meine Neugierde, dieses Medium zu erforschen.

Neben den täglichen Aufgaben begann ich mit Wieland Schmidtke einen Zeichentrickfilm. Ziel dieser Tortur war es, auf schnellste Art und Weise zu verstehen, Bild – Sequenz – Dramaturgie – Schnitt – Ton und manches andere richtig einsetzen zu können. Es war nicht leicht, diesen Film mit den »Profis« vor Ort zu realisieren. Wir waren »Studierte«, fremd und hatten keine Ahnung. Trotz mancher Widerstände wurde es eine gute Zusammenarbeit und für mich das Fundament, auf dem ich bauen konnte. Das Ergebnis hieß »WHAMM«, ein 8minütiger Trickfilm mit Musik von Wolfgang Dauner.

Danach begann eine überaus experimentierfreudige, spannende Zeit, in der wir manches versuchten, viel diskutierten und realisierten. Zum Beispiel konnte ich Ende der 60er Jahre die Fernsehleitung überzeugen, daß ein kleiner Sender wie der SDR mit seinem vielschichtigen Programm ein Erscheinungsbild braucht, das sich permanent ändert. Das erste, was sich radikal änderte, waren die Stationsdias. Anstelle der langweiligen Ansichtskartenbilder begannen wir mit täglich wechselnden Motiven der »Kalenderserie«, es folgten die »Plakatserie«, die »Raumserie« und die »Postkartenserie« als Antwort auf den damaligen Slogan der Stadt Stuttgart »Partner der Welt«.

Das Fernsehprogramm begann in den 70er Jahren erst am späten Nachmittag. Ich hatte die Idee, anstelle des Testbildes, welches 24 Stunden gesendet wurde, ein Aquarium mit bunten Fischen den Haushalten anzubieten. Man stelle sich dieses Möbelstück »Fernsehtruhe mit eingebautem Plattenspieler und Hausbar« vor. Auf dem Bildschirm diese stummen, pflegeleichten Fische … (Für mich heute noch ein schönes Bild, der ORB bietet es heutzutage seinen Zuschauern über Nacht an.) Mit diesen Gedanken ging ich zum Fernsehdirektor Horst Jaedicke, der mich in allen Bereichen voll unterstützte, und dann sagte: »I mog koine Fisch – i mog Vögel«. Und so kamen die Tiere ins Fernsehen. Das war 1975. In dieser Zeit entwickelten wir die ersten eigenständigen Vorspanne für Fernsehserien und Themensendungen. Es waren »Verpackungen« mit einem hohen Wiedererkennungswert, dazu setzten wir zusätzlich das Plakat als Kommunikations- und Ankündigungsmittel ein. Wir hatten die bestmöglichen Voraussetzungen und nutzten sie auch.

Ich erinnere mich an tolle Kollegen im Sender, an Frau Dr. Schwarz, Herrn Dr. Müller-Freienfels, Herrn Reichert, Herrn

STUTTGART

STUTTGART

Stuttgart

Stuttgart

Südfunk Stuttgart
31
JANUAR

Südfunk
Stuttgart
SEPTEMBER

FS-Grafik

Ertel, Herrn Friesch, Herrn Adelmann, Ulrich Kienzle, Jürgen Schmidt-Oehm, Werner Schretzmeier, die Technik, die Werkstätten und und … Sie haben sich alle eingesetzt, daß ich diese vielen Titelvorspanne mit teilweise komplizierten Techniken und großem Aufwand erstellen konnte. In der Fachwelt wurden wir beachtet, erhielten Anerkennung, wurden veröffentlicht, kamen gar ins »Museum of Modern Art« in New York zum Beispiel.

Ich selbst bin froh, in einer Zeit diese Aufgabe übernommen zu haben, in der eine große Aufbruchsstimmung, viel Mut und Neugierde herrschten. Wir konnten aufeinander zugehen, miteinander reden und zuhören. Wir haben Möglichkeiten aufgezeigt, haben Bilder geschaffen, die für die Fernsehzeit zwischen 1964–1979 stehen.

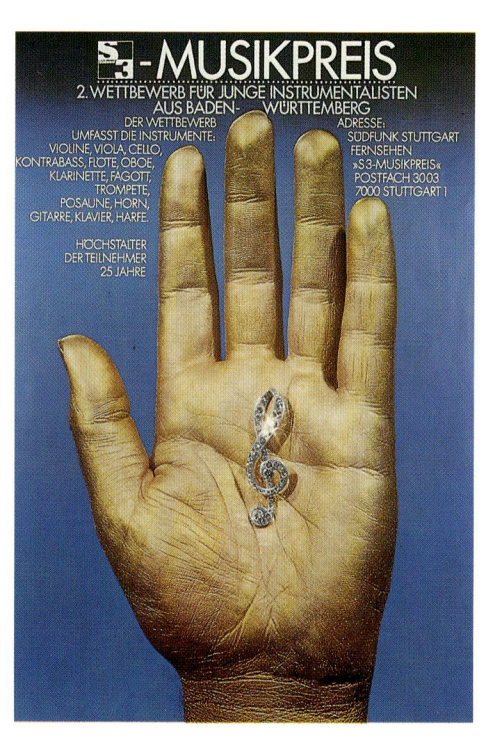

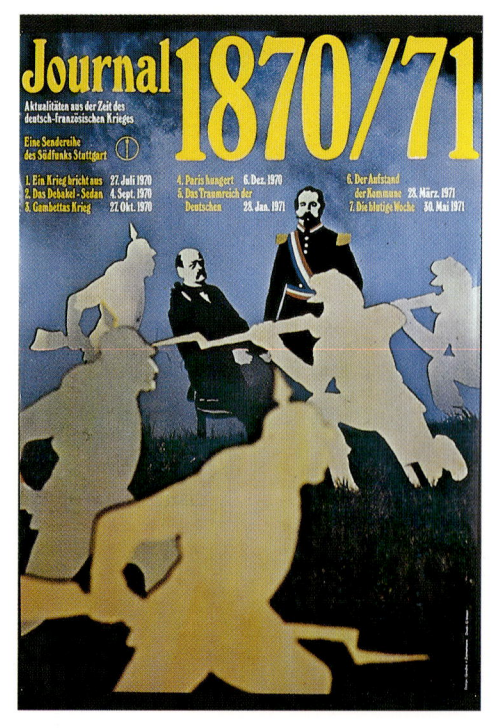

AUF LOS GEHT'S LOS
Eine Sendung des SDR SWF
Spiele, Spaß und Prominente bei JOACHIM FUCHSBERGER
Es wirken mit: Reinhard Mey Helmut Schön Erwin Lehn und sein Südfunk-Tanzorchester
SCHWABENLANDHALLE FELLBACH
Samstag, 22. Jan. 1977
15.00 Uhr Generalprobe
20.15 Uhr Direktübertragung
(Einlaß bis 20.00 Uhr)
Eintrittspreise: DM 12.- und DM 10.- (Generalprobe DM 2.-)
Vorverkauf: Schwabenlandhalle Fellbach Radio-Bauer Fellbach Zigarren-Kramer Fellbach Schmidener Bank, Fellbach-Schmiden Drogerie Warwas, Fellbach-Öffingen Drogerie H. Günter, Rommelshausen Buchhandlung Hess, Waiblingen Musik-Mayer KG, Bad Cannstatt Kartenhäusle Stuttgart

Was wären wir ohne uns
Ein Potpourri der 50er Jahre von Wolfgang Menge und Ulrich Schamoni
Eine Fernsehfolge des Südfunks Stuttgart
Mit einer Friseursfamilie erleben wir noch einmal die Jahre 1950–1953. Es spielen Horst Bollmann, Margret Homeyer,
I WANT YOU

Sie schreiben
Wir spielen
Jeder über sechzig kann mitmachen.
Die Themenwahl ist frei.
Schreiben Sie Rollen für diese sechs Schauspieler.
Ein Fernsehwettbewerb des Südfunks Stuttgart für Senioren.
Wettbewerbs-bedingungen beim Süddeutschen Rundfunk 7000 Stuttgart 1 Postfach 3003

Theater der Stadt Bonn
SPIEL PLAN
78/79
Laszlo Kövari Pinocchio Kinderballett
GROSSES HAUS Musiktheater
Carl Maria von Weber Der Freischütz
Gioacchino Rossini Der Barbier von Sevilla
Paul Hindemith Cardillac
Gaetano Donizetti Viva la Mamma
Giacomo Puccini Gianni Schicchi und Modest Mussorgskij Bilder einer Ausstellung (Ballett)
Maurice Ravel Pavane (Ballett)
Giuseppe Verdi Simon Boccanegra
GROSSES HAUS Schauspiel
Carlo Goldoni Krach in Chioggia
Friedrich Dürrenmatt Der Besuch der alten Dame
Anton Tschechow Die Möwe
William Shakespeare Viel Lärm um nichts Uraufführung der Neufassung
Desmond Forristal Die siebente Sünde Deutsche Erstaufführung
Alain René Lesage Turcaret
WERKSTATT
Pavel Landovsky Wegen Desinfektion geschlossen Uraufführung
Michael Cristofer Haus im Schatten Deutsche Erstaufführung
Seitensprünge (Parodien-Abend)
Hartmut Lange Pfarrer Koldehoff
Henrik Ibsen Nora
Kammerballettabend in der Werkstatt
Alexander Skrjabin Sonaten oder Maurice Ravel Pavane
Franz Schubert Schubertiaden
Maurice Ravel Bolero
H. W. Henze El Cimarron

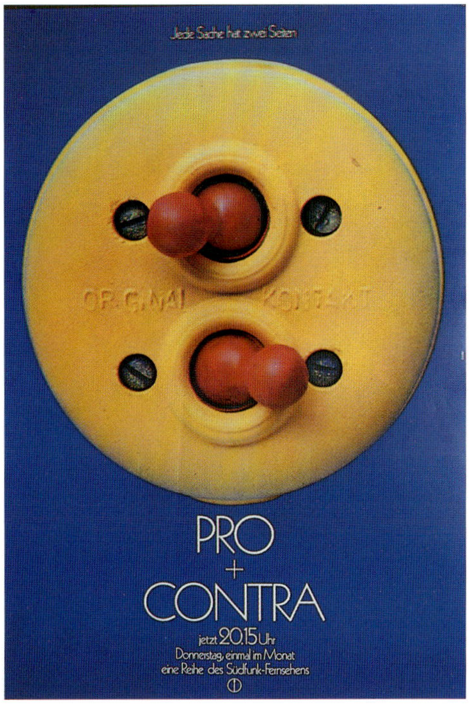
Jede Sache hat zwei Seiten
PRO + CONTRA
jetzt 20.15 Uhr
Donnerstag, einmal im Monat
eine Reihe des Südfunk-Fernsehens

LOKAL TERMIN
Eine öffentliche Fernsehdiskussion im Dritten Programm
Eine Sendereihe des Südfunks Stuttgart

FS Grafik-Design
Vom Print zum Mediendesign

Von Hanjo Dohle

In den letzten zehn Jahren hat die Computertechnologie weltweit das Fernsehdesign verändert und vielfältige neue Formen entstehen lassen.

Für den Zuschauer ist alles bewegter, farbiger und schneller geworden, doch kaum jemand kennt die großen Veränderungen, die sich in den Grafik-Ateliers der Sender vollzogen haben.

Die neue digitale Technologie hat die Produktionsmöglichkeiten grundlegend verändert und neuartige Verbindungen hergestellt, die zu einer besseren und effektiveren Arbeit in diesem Medium geführt hat.

So sind heute alle Geräte und Maschinen in unserem Grafikzentrum so miteinander verbunden, daß jede Kombination möglich ist.

Bilder aus den Studios können genauso bearbeitet werden wie Überspielungen aus anderen Städten oder Bandmaterial aus den Archiven.

Die digitale Speicherung aller Bilder und Zeichen erlaubt uns einen Zugriff in Sekunden, wobei die Bildqualität immer in ihrer Originalform erhalten bleibt. Der Grafik-Designer entwirft und gestaltet heute an einem zentralen Ort, wo ihn nur noch ein elektronischer Stift mit dem Bild auf seinem Monitor verbindet.

Mit diesem Stift wählt er seine Werkzeuge an und kann ihn so als Farbpinsel, Kreidestift, Air-brush, Messer, Kleber oder Schreibmaschine benutzen.

Eine Arbeitsplatte gibt die Informationen an das Rechnerprogramm weiter und wie von einer unsichtbaren Hand bewegt verändert sich das Bild auf dem Kontrollmonitor. Grafische Bearbeitungen können so in viel kürzerer Zeit hergestellt werden, da es kaum noch Verzögerungen gibt.

Farben und Buchstaben sind immer vorhanden, Werkzeuge immer sauber und funktionsbereit, Beschaffungsprobleme gibt es nicht mehr.

Das grafische Programm ist wie der Geist aus der Wunderlampe stets bereit, den Gestalter über die Klippen der Produktion zu tragen.

Die einst so teuren und zeitaufwendigen Bilder bewegen sich auf die Geschwindigkeit unserer menschlichen Kommunikation zu und erlauben uns mehr und mehr in Bildern zu fragen und zu antworten.

Der Fernseh-Grafik-Designer, der früher vorrangig Gestalter des Printmediums war, wird so durch die Möglichkeiten der neuen digitalen Technologie zum Mediendesigner. Wie wir im Süddeutschen Rundfunk in den vergangenen Jahren mit diesen neuen Strukturen umgegangen sind, und welche Formen wir daraus entwickelt haben, möchte ich an einigen Beispielen erläutern.

Die Themengrafik

Anfang der achtziger Jahre war die Bebilderung in unseren Sendungen formal und inhaltlich nicht zeitgemäß.

Der »Stern« und der »Spiegel« zeigten uns jede Woche auf ihren Titelseiten, wie sich aktuelle Themen gekonnt illustrativ gestalten lassen.

Wir sendeten damals aber noch Fahnen und Wappen und nicht bearbeitete Bilder, so daß unsere Sendungen reichlich altmodisch und verstaubt aussahen. Wir Grafik-Designer fühlten uns aber bereits von den amerikanischen fotorealistischen Arbeiten der Popkultur genauso wie von den Plakaten der japanischen Designer, die in der Air-brush-Technik arbeiteten, angezogen.

Eine solche optische Wirkung wollten wir als zeitgemäße Form herstellen und täglich zur Sendung bringen.

Die Anschaffung einer Air-brush-Anlage ermöglichte uns in Verbindung mit einem Kopiergerät, dieses Vorhaben technisch zu realisieren. Drei bis fünf solcher

Das moderne Graik-Design-Zentrum

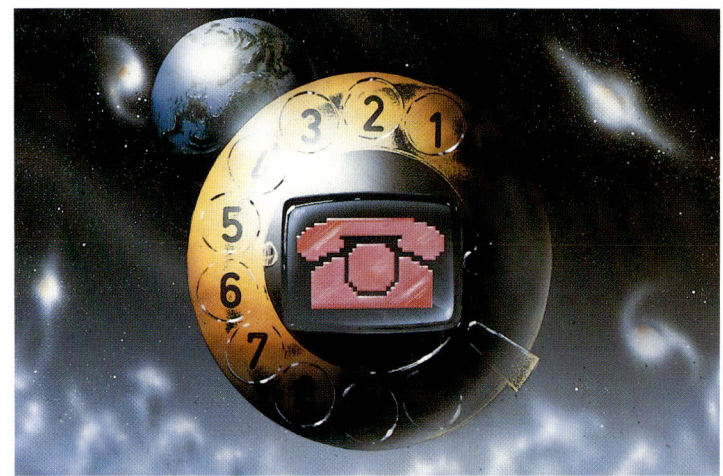

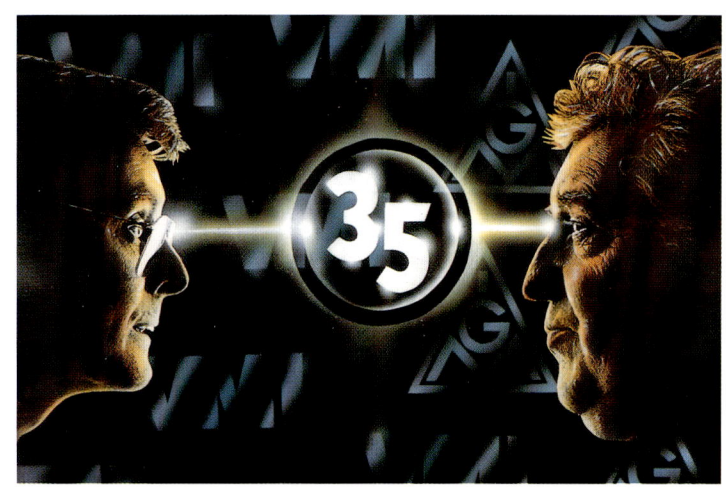

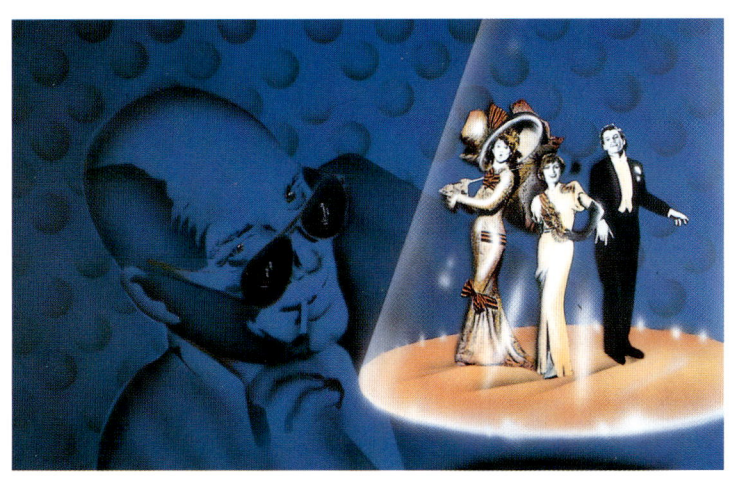

Beispiele für Themengrafik

FS-Grafik-Design

Themengrafiken wurden so in der Zeit von fünf Stunden hergestellt, Tag für Tag.

Erst nach Wochen erkannten wir, was die neue Dimension in organisatorischer und personeller Hinsicht bedeutete.

Wir brauchten doppelt so viele Mitarbeiter, um die Nachfrage zu regeln. Die Abendschau Baden-Württemberg war die erste Sendung, in der alle Themen mit Blue-box-Grafiken anmoderiert wurde.

Es war damals eine kleine Revolution, die sich hier bei uns in Stuttgart vollzog.

Andere Sendungen übernahmen später diese attraktive Art der Bebilderung, und heute sind sie vor allem bei den Tagesthemen der ARD eine hochentwickelte Präsentationsform.

Der Trailer

Mitte der achtziger Jahre entwickelten wir, durch das positive Echo auf unsere Themengrafik angeregt, eine weitere neue Form:

Den Programmhinweis, der heute auch Trailer genannt wird.

Eine wirkungsbetonende Bildergeschichte von vierzig Sekunden, die auf eine starke plakative Erscheinung ausgerichtet ist.

Ein Werbefilm in eigener Sache, der wie ein Trommler versucht, die Neugier des Zuschauers zu fangen, um Interesse für die kommende Sendung zu wecken. Nicht die Nacherzählung des Inhalts steht hierbei im Vordergrund, sondern die alle Sinne erreichende creative Umsetzung.

Die Sendung »Bericht aus Stuttgart« setzte diese optisch so präsente Form in einer Abwandlung als Glosse ein.

Und hieraus entstand dann nach einigen Übungsläufen der erste Trailer für die Sendung »Pro und Contra«.

Von 1984 an war der Trailer dann der regelmäßige Auftritt für die Vorstellung der Themen. »Pro und Contra« war der Vorreiter in der ARD für die heute so selbstverständliche Werbeform.

Für den Designer ist der Trailer eine Herausforderung an sein gesamtes Können. Denn in nicht mehr als einer Woche muß die Konzeption stehen, die Aufnahme und die Nachbearbeitung realisiert sein.

Die Geschichte will gut in Szene gesetzt, mit Geräuschen und Musik verstärkt, in der richtigen Abstimmung von Wort und Bild montiert werden.

Eine Aufgabe, die sich nur im Verbund aller Kräfte, als Gesamtwerk lösen läßt.

Die Computeranimation

Die ARD war das erste deutsche Fernsehprogramm mit einem geschlossenen computeranimierten Gesamt-Design.

In den USA bei Cranston Csuri, machten auch wir die ersten Erfahrungen mit dieser ungewöhnlichen Methode, Objekte in eine vollkommen künstliche Szene einzubauen.

Diese neue Technik war so unglaublich, daß sie zuerst mit großer Skepsis betrachtet wurde.

Doch dann übertrafen die Vorteile die Befürchtungen um ein Vielfaches. So lassen sich beliebig große und komplette Objekte im dreidimensionalen Raum abbilden und kombinierte Bewegungsabläufe von Objekt und Kamera exakt festlegen.

Es gibt praktisch keine Naturgesetze mehr, die sich der Gestaltung in den Weg stellen. Ideen und Konzepte sind der

Themengrafik: 100 Tage Ministerpräsident Teufel

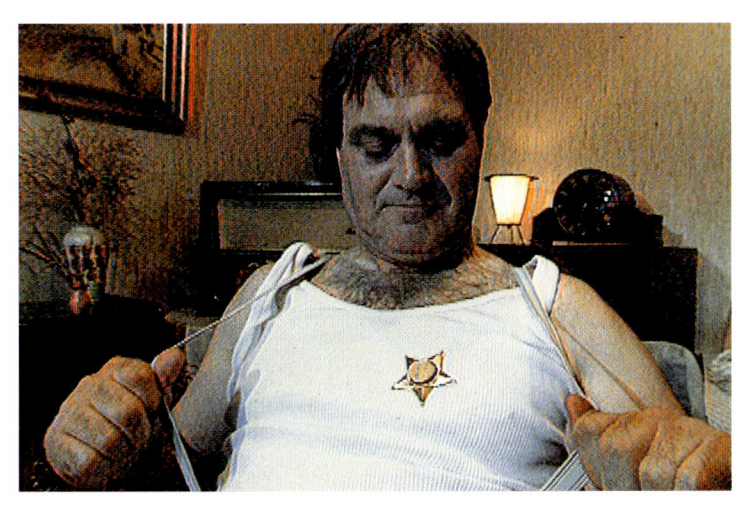

Beispiele für Trailer »Pro und Contra«

FS-Grafik-Design

Beispiele für Computeranimation: Vorspann Olympiade 1992

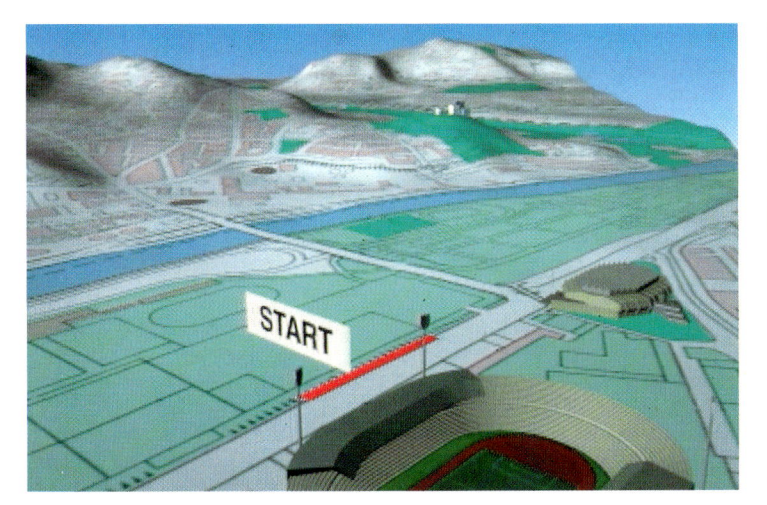

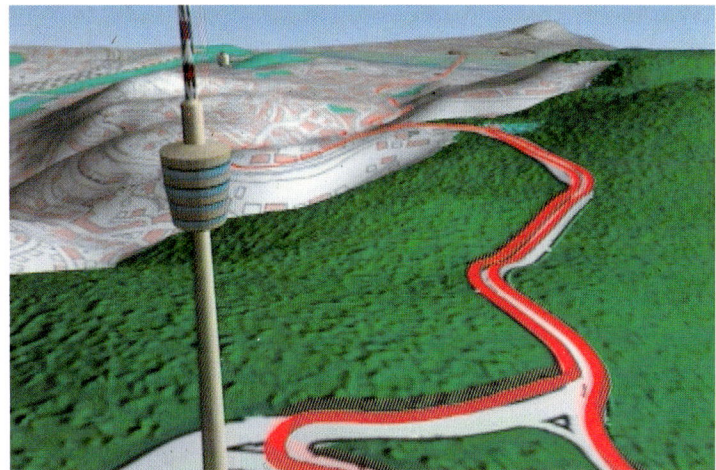

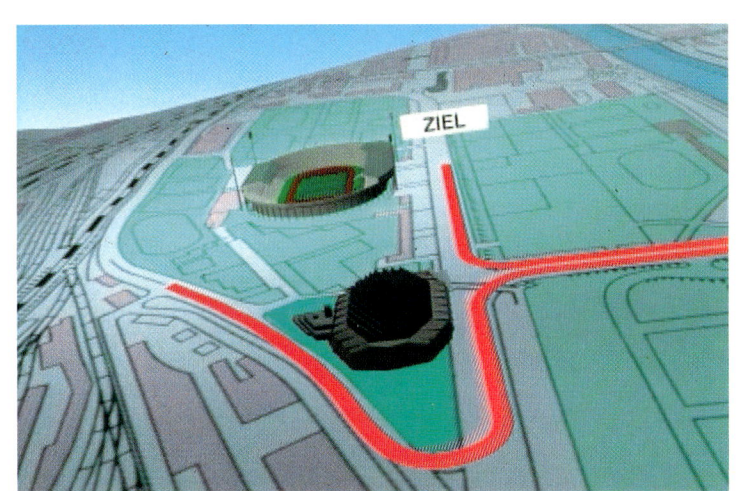

Vorspann Rad-Weltmeisterschaft 1991

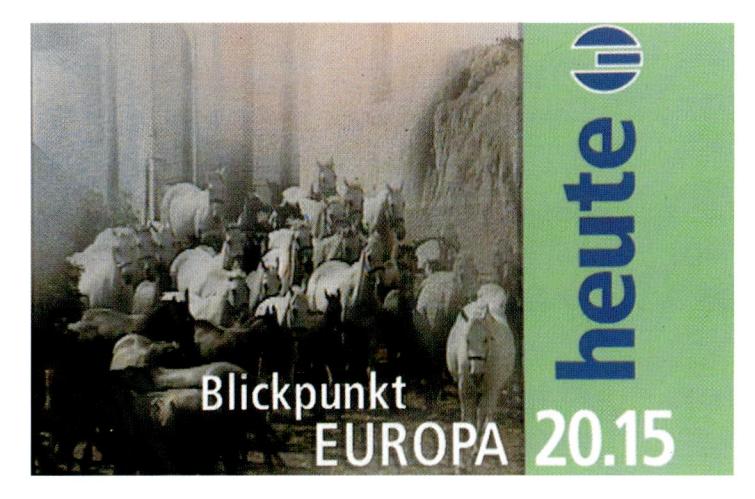

Beispiele für Vorspanne

173

FS-Grafik-Design

Schwerkraft enthoben, frei für die Formgebung im virtuellen Raum.

Farben und Lichtsituationen lassen sich in jedem Stadium verändern, Oberflächenstrukturen beliebig ergänzen.

Die Kontrolle über den Gestaltungsprozess geht bis in jedes Bild und öffnet somit eine besondere Qualität.

Als Federführer im Design von Südwest 3 erhielten wir 1985 von der Programmkonferenz – dem höchsten Entscheidungsgremium der Direktoren – den Auftrag, ein neues Logo zu entwickeln. Dieses gemeinsame Signet wurde dann als erste 3D-Animation in diesem Verfahren produziert. Andere Vorspanne für Sendungen wie die »Landesschau«, »Abendschau«, »Politik Südwest«, »MuM« und »Weltspiegel« verdeutlichen auf ihre Art die Möglichkeiten dieser neuen Technik.

Heute, fast ein Jahrzehnt später, werden bereits abendfüllende Spielfilme einschließlich der Schauspieler auf diesem Produktionsweg hergestellt. Und es ist sicher, daß diese Möglichkeit wie damals die Fotografie die Medien und die Künste verändern wird.

So wie die Erfindung des Buchdrucks die schreibenden Berufe gefördert hat, so bringen die neuen Produktionsverfahren die Mediengestalter hervor. Gestalter, die keine Vorurteile haben, sondern die Chancen sehen, die in dieser digitalen Technik angelegt sind.

Das Südwest 3 Design

Seit dem ersten Corporate Design im Mai 1986 wurde das gemeinsame Design von Südwest 3 kontinuierlich weiterentwickelt.

Als federführende Anstalt koordiniert der SDR regelmäßige Workshops, in denen neue Formen und Formate skizziert und diskutiert werden.

Die Vielzahl der kommerziellen Programme hat nämlich vor allem in den letzten Jahren zu einer höheren Notwendigkeit von Unverwechselbarkeit geführt. So werden heute, im Abstand von zwei Jahren, Designerkonzepte überarbeitet oder modifiziert, denn auf der Suche nach einem visuellen Profil ist Grafik-Design der sichtbare Rahmen eines guten Programms.

Im Jahre 1992 wurde das Erscheinungsbild von Südwest 3, einschließlich der Programmansage, in einem gemeinsamen Anlauf der Präsentations- und Designbereiche aller drei Häuser SDR, SR und SWF grundlegend verändert.

Trailer und Teaser haben die klassische Programmansage erweitert und verbinden nun die Programme auf eine werbewirksame Art. Die elegante Schriftfamilie »Frutiger« löste damals die etwas gesetzte »Eurostile« ab.

Das gesamte Design wurde von überflüssigen Formen befreit und auf eine frische Farbigkeit festgelegt.

Kontrastreiche plakative Wirkung ist heute ein besonderes Merkmal unserer Gestaltung.

Die besondere Neuheit in diesem Konzept war jedoch die Herstellung von Logovariationen.

Kurze, das Auge reizende, bewegte Spiele mit dem Signet, die als Kennung, Ein- und Überleitung zugleich zum Schauen einladen.

Nach dem Vorbild der BBC wurde diese emotionale Signetform im Januar 1993 zum ersten Mal in Südwest 3 eingesetzt und erhielt spontane Zustimmung in allen Häusern.

Auch unser Publikum honorierte diesen von uns eingeschlagenen Weg, und ich hoffe, daß diese besonders fernsehgerechte Form noch viele gute künstlerische Welten hervorbringt, die ja auch ein wesentlicher Teil unserer Fernsehkultur sind.

Design ist kein Programm, aber Design kann Programm bereichern.

Südwest 3 Design

Beispiele für das visuelle Profil von Südwest 3

Fernseh-Ausstattung im Produktionsbetrieb
Ausstattung – verlangt mehr als Ausstatten
Von Maximilian Britzger

»… all die gestalteten Szenenbilder, wenn sie auf den Punkt gebaut sind, entstehen aus den Denkwurzeln, dem Erzählhumus, dem Erinnerungsgeröll der Autoren.« So brachte Friedrich Dürrenmatt – bis zu seinem Tod dem SDR-Fernsehspiel in kritisch-fruchtbarer Freundschaft verbunden – die Symbiose von Kunst und Kunst-Handwerk im Szenenbau auf den Punkt. Er hat damit zwar die besonders effektvolle Sparte des Bereichs »Ausstattung« anschaulich beschrieben. Doch Ausstattung heißt auch und gerade beim Fernsehen mehr als nur Szenenbild.

Auch wenn in den Pionierzeiten auf dem Killesberg die Herstellung von Studio-Dekorationen für die live-ausgestrahlten Fernsehspiele dominierende Pflicht des Ausstattungs-Teams waren, so entwickelte sich ebenfalls in dem kunsthandwerklichen Sektor die Struktur der Abteilung parallel zum und mit dem Wandel des Programms.

Zunächst war es ein kluger Schachzug der Gründerväter, daß sie mit dem jungen Karl Wägele einen Künstler als Szenenbildner verpflichteten, der weder vom Theater noch vom Spielfilm vorgeprägt, sondern zum Experiment bereit war. Seine Neigung und Fähigkeit zur Abstraktion entsprach zwar nicht in allen Fällen konkret-naturalistischen Vorstellungen ge-

> Fernseh – Ausstattung und Fernsehproduzenten im Süddeutschen Rundfunk unterliegen folgenden Satzungen des Rundfunkgesetzes:
> (Auszug)
> § 1 (2) Der »Süddeutsche Rundfunk« ist berechtigt, alle Geschäfte zu betreiben, die seiner Zweckbestimmung und seinem Aufgabengebiet entsprechen.
> § 2 (4) … die ganze Berichterstattung auf ein hohes Niveau wahrheitsgetreuer Objektivität an Inhalt, Stil und Wiedergabe einzustellen …
> § 8 (5) Der Intendant trägt die Verantwortung für die Gesamthaltung des Rundfunks, seine künstlerische und kulturelle Gestaltung …

Schauspiel »Achterloo IV« von Friedrich Dürrenmatt – Schwetzinger Festspiele, Bühnenbild und Ausstattung Josef Svoboda/Stefan Schaaf.

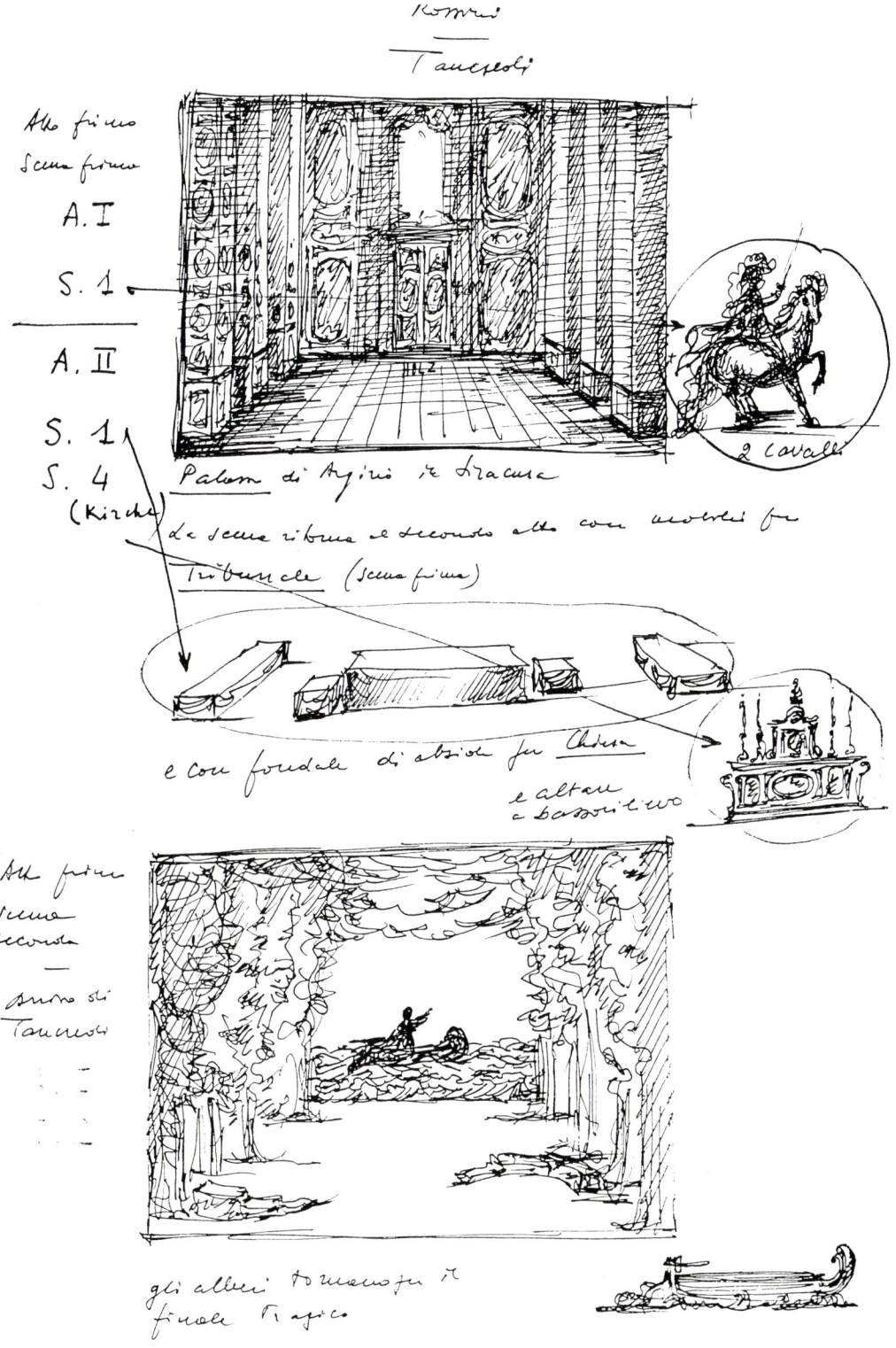

standener Handwerker, sie erleichterte aber die kostengünstige und rationell flexible Einrichtung von Dekorationen für die FS-Spiele, die dann auch wegen ihres Szenarios mit dem »Stuttgarter Stil« Zeichen setzten.

Neben dem Spiel war es sehr bald die Unterhaltung – an ihrer Spitze Michael Pfleghar –, die der Ausstattungs-Mannschaft mit den Valente-Shows oder Frankenfelds »Viel Vergnügen«-Produktionen neue Herausforderungen bescherte. Dabei reihte sich Rolf Illg zunächst als Szenenbildner in das Pionierteam der Ausstattung ein, das er später als Chef zu leiten hatte. ▷

Modell und Original-
Studiodekoration
SDR »Landesschau« –
Szenenbild Klaus-Peter Platten

Skizzen von Bühnenbildner
Pier Luigi Pizzi
zu G. Rossinis Oper »Tancredi« –
Ausstattung Maximilian Britzger

Fernseh-Ausstattung im Produktionsbetrieb

Noch aber lag der Schwerpunkt der Arbeit im Studio oder in den Saalbauten, in denen und aus denen das Fernsehen Faszination ausstrahlte. Als es aber den Regisseuren und Produzenten im Studio zu eng und zu »steril« wurde, mußten sich auch Szenenbildner und Szenenbauer von der neuen Begeisterung für den »Originalschauplatz« anstecken lassen. Nur waren allzu oft die Originale den Machern nicht originell genug, also mußte auch draußen umgebaut, kaschiert, verblendet, aufpoliert oder »antiquiert« werden. Das ging meist nicht ohne Vorbau in den Stuttgarter Werkstätten, wo Schreiner, Zimmerleute, Glaser, Schlosser, Maler, Bildhauer, Kascheure und Dekorateure die Entwürfe und Modelle der Szenenbildner in Einzelteilen vorfertigten, um sie dann vor Ort zum Gesamtbild zu vereinen.

In gleicher Form war die zweite kunsthandwerkliche Sektion gefordert – die Kostümwerkstatt, die vor allem bei historischen Themen, bei denen auch fremde Fundus-Lager nicht aushelfen konnten, so originalgetreu wie möglich »nachschneidern« mußte.

Heute schwärmt man in verklärender Erinnerung von Kostüm-Exzessen wie zur Zeit der Courths-Mahler-Serie, die zunächst mit Heidenarbeit, aber auch mit hoher Identifikation der Mitarbeiter verbunden war. Was ist gegen den Entwurf und die Ausführung der Gewänder von »Griseldis« die simple, aber fachkundige Beratung eines Moderators, der für seinen Auftritt als Präsentator einer Talkrunde ein kamera-adäquates und image-gerechtes Outfit sucht.

Vergleichbarer Aufgabenänderung – nicht in der Quantität, aber in der Qualität – waren im Laufe der Zeiten auch andere Bereiche der Ausstattung unterworfen, z. B. die Requisite. Zur Hochblüte-Zeit des Stuttgarter Fernsehspiels galt es, für »Die Physiker« oder »Flug in Gefahr«, für den »Guten Menschen von Sezuan« oder den »Bel ami« all jene großen und kleinen

»Villa Fantastica« – Realmodell im SDR Fernsehstudio – Szenenbildner Kurt Spöri

vermeintlichen Nebensachen zu beschaffen und zur rechten Zeit am rechten (Dreh-) Ort bereitzuhalten, die nach sorgfältiger Drehbuchanalyse exakt angestrichen und aufgelistet wurden. Bei einem Gang durch die Fundus von Kostümbild und Requisite könnte man einer Vielzahl von Kleinoden begegnen, alle mit Geschichte und Geschichten der SDR-Historie verknüpft.

Daß neben handwerklichem Geschick, medienspezifischer Fachkunde und schöpferischer Phantasie oft auch Diskretion zum Berufsbild der Ausstattungs-Dienstleister gehört, wird vor allem beim Maskenbild deutlich. Nicht nur am Schminktisch offenbart der Spiegel den Mitarbeiterinnen und Mitarbeitern dieser Gilde die differenzierten Eitelkeiten und Eigenheiten der Stars und jener, die sich dafür halten. Wohl mag das »Aufputzen« von Ansagerinnen, Moderatoren und Studiogästen den Hauptanteil der Alltagsarbeit ausmachen, aber schon bei den Perücken und Bärten wie auch bei echten Masken-Köpfen und lebensechten Puppen zeigt sich, daß Maskenbildner weit mehr beherrschen müssen als Schminkpinsel, Lippenstift, Kamm und Fön: Ob nun für eine Serie über den »Roten Oktober« die Büsten der Sowjet-Größen nachzuformen, für einen Tatort-Fenstersturz ein Darsteller als personennahe Puppe zu gestalten, für eine Comedie-Serie ein Redakteur in ein »Munster«-Monster zu entstellen, für eine Polizeiruf-Folge ein »Narbengesicht« zu schminken oder ein Abendschau-Moderator in einen perfekten Nikolaus zu verwandeln waren.

Und bei all diesen Leistungen haben die Experten in der Ausstattung viele fernsehspezifische Prinzipien zu beachten, die sich im Verlauf der 40jährigen TV-Geschichte nur wenig gewandelt haben: Nach wie vor ist die Kamera indiskreter als das menschliche Auge, will heißen, was beim größeren Abstand zwischen Bühne und Publikum im Theater gerade

ARD Fernseh-Studiodekoration »Pro & Contra« – Szenenbild Kurt Spöri (links).

»Ihr, ich und das Pianola III – Robert Kreis« – Szenenbild-Modell M. 1:20 – Entwurf Kurt Spöri (links unten).

Szenenbild-Modell M. 1:20 für die Fernsehsendung »Jetzt schlägt's Richling« – Entwurf Stefan Schaaf.

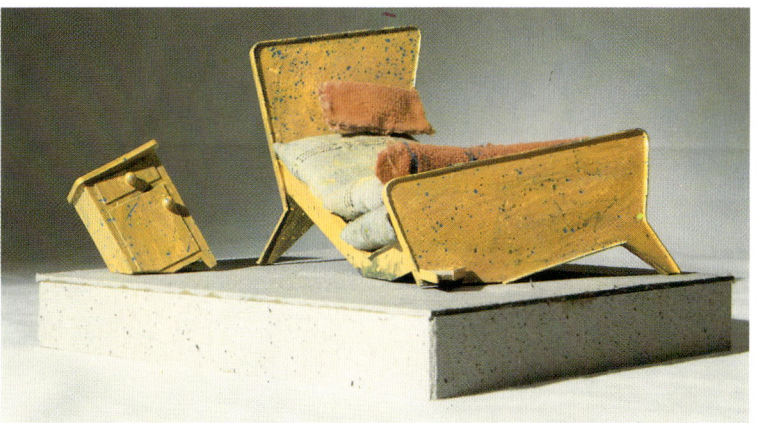

Fernseh-Ausstattung im Produktionsbetrieb

Aktuelle Studiodekoration
»Wendepunkte« – Szenenbild
Klaus-Peter Platten (oben).

»Der chinesische Kaiser und die
Nachtigall« – Puppenfilm –
Szenenbild Stefan Schaaf.

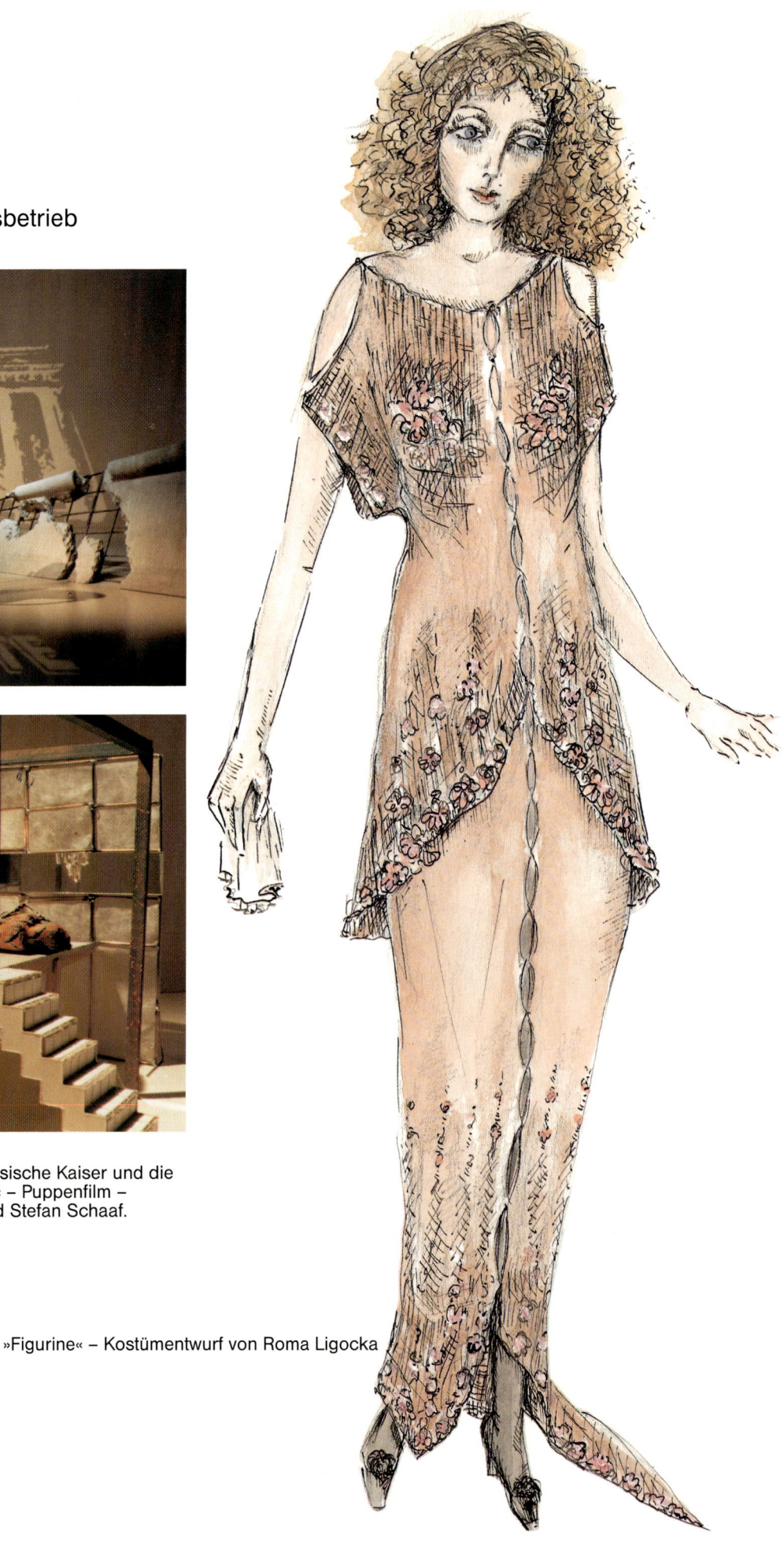

»Figurine« – Kostümentwurf von Roma Ligocka

Modell »Moderationsstudio« Olympische Sommerspiele Barcelona '92 – Szenenbild Klaus-Peter Platten

Fernseh-Studiodekoration
»mal ehrlich« –
Szenenbild Klaus-Peter Platten.

Fernseh-Ausstattung im Produktionsbetrieb

noch hingehen mag, muß für das Fernsehen so exakt gestaltet sein, daß es nicht nur in der Totale, sondern auch in der Großaufnahme echt wirkt, von der Beständigkeit in der Hitze der Scheinwerfer ganz zu schweigen. Außerdem muß für Transporte und schnelle Umbauten zwar stabil, aber doch leicht gebaut werden. Mag auch dieser »Leichtbau« nicht immer dem Handwerker-Ethos entsprechen, solid Dauerhaftes zu schaffen, so erfüllt es sie doch mit Stolz, wenn ihre Werkstücke zu Markenzeichen für das Programm werden, wie etwa das berühmte Loriot-Sofa oder Richlings schräges Gammel-Bett. Bei der Sendereihe »Auf der Couch«

Ausstattung – Fachwörter – Katalog* – Zeit, Ort, Handlung! Aus, Ausstattung, Aufbau, Abbau, Atmosphäre, Arbeitsplanung, Aufbauphase, Abwicklung, Arbeitsstunden, Ambiente, Aufträge, Abwicklung, Abspann, Akt, Ausschnitt, Ausstattungskosten, Autor, Arbeitsrecht, AZO, ARD, AZUBI, AÜ, Bau, Bestellantrag, Blue-Box, Baubesprechung, Ballettkostüme, Barttracht, Beschaffungsordnung, Bauhöhe, Bauzeit, Beleuchtungskontrast, Background, Bibliothek, BR, Bücher, Bühne, Brennweite, Container, Chaos, Cabaret, Couvert, Chef, Charakterköpfe, Carnet, Casting, Co-Produktion, Computer, Cursor, CAD, Direktkosten, Drehbuch, Drehzeit, Dolly, Detail, Darsteller, Dekoration, Design, DIA, DIN, Disposition, Datenschutz, Drehbank, E-Kamera, Eisen, Etatbesprechung, Entwurfszeichnung, Epoche, Einkauf, Eigenhaar, Eidophor, Emblem, Exposé, EDV, EB, EBU, Format, Farbflächen, Fundus, Farbnuancen, Farbkontrast, FAZ, Fotos, Farben, Fremdfirmen, Figurinen, Folge, Farbgebung, Fluchtwege, Folie, Filmaufnahmen, Feature, Grafiken, Grundrisse, Gestorben, Großaufnahme, Gage, Gegenschuß, Gesetze, Grauskala, GEZ, Handlung, Heiße Proben, Helligkeit, Honorare, Historisch, Handwerker, Hardware, Holz, Hebebühne, HDTV, Hall, Inszenierung, Innovation, Indirekte Kosten, Ideenskizzen, Input, Inventarisieren, IRT, Kostüme, Kalkulation, Kapazität, Kreativität, Konzeption, Kamerapodest, Künstler, Komparsen, Kooperation, Kelvin, Kabelhelfer, Kalte Probe, Kanal, Kopie, Kostenträger, Kastenwagen, Kostenart, Kugel, KEF, Leitfaden, Lagerzwecke, Lichtaufbau, Latexgummi, Laser, Leistung, Laut, Leasing, Leistung, Lichtplan, Live, Leim, Leise, Leuchter, LvD, Leiter, Möbel, Mehrkosten, Medienbereich, Mühldorfer, Modell, Motiv, Mileu, Make-up, Mode, Minutenkosten, Mustervorführung, Malersaal, Maßstab, Maske, MAZ, Nebel, Neu-Leih, Negativ, Nute, Nachspann, Neger, Norm, Nagel, Nadel, NK, Ort, Objektiv, Optik, Organisationsablauf, On, Overheadprojektor, Produktionsscheck, Publikum, Planung, Podest, Pinsel, Poster, Passform, Perspektive, Phase, Playback, Probe, Projekt, Programmkosten, Qualitätsfernsehen, Remmissionsgrad, Rotlicht, Requisite, Regisseure, Rundhorizont, Raster, Realtime, Rolltitel, Regie, Szenenbildner, Spiel, Sparvorhaben, Studiomeister, Signet, Spot, Schwenk, Serie, Script, Show, Storyboard, Stilepoche, Schreiner, Scheinwerfer, Schatten, Spezialeffekte, Szene, SK, Take, Tribüne, Treppen, Testbild, Taktgeber, Trockeneis, Talk, Toupets, Titelliste, Totale, Turm, Theater, Uniform, Umbau, Überwachung, UVR, UVV, Vorbau, Verleihfirma, Vorkalkulation, Versicherungswert, Verbesserungsvorschlag, Vertrag, Vorspann, Vidi-Wall, VPS, Werk, Weisung, Wände, Wirkung, Weitwinkel, Walkie-Talkie, Warenkunde, Werkbank, Xenonlampe, Yucca, Zitat, Zeilen, Zeichnungen, Zuckerflasche, Zeichentrick, Zukunftsorientierung.

* Ohne Anspruch auf Vollständigkeit

In »Kostüm und Maske« – SDR Studioproduktion »Auf der Couch« – Szenenbild Stefan Schaaf.

Live-Musik – in der SDR Studioproduktion »Auf der Couch« – Szenenbild Stefan Schaaf.

avancierte ein Ausstattungsstück sogar zu Titel-Ehren.

Einen großen Wandel brachte der Fortschritt des PAL-Farb-Systems: Farben von Bild, Kostüm und Maske mußten nun abgestimmt werden. Stilkundig, stilsicher mußten alle nun mehr denn je sein. Aber auch nervenstark, weil manchen Regisseur morgen schon ein Detail entsetzlich stören kann, das ihm gestern noch ausnehmend gefiel.

Zitieren wir wieder den großen Dürrenmatt: »... natürlich muß das Unmögliche stets möglich gemacht werden – und sei auch der Verschleiß an Geistes- und Nervenkraft hirnwütig.«

Wenn an anderer Stelle immer wieder der »Verlust an Werkstatt-Intimität« beklagt wird, so ist vor allem in den letzten Jahren auch das Team der FS-Ausstattung davon nicht verschont geblieben. Dennoch herrscht in den Werkstätten zwischen Schreinerei und Maske, Malersaal und Kostümbildnerei noch viel von dem Mannschaftsgeist, ohne den auch die neuen, sachlichen, schnelleren Aufgaben nicht zu lösen wären.

Die Hundertschaft (ca. 80 Festangestellte und ca. 20 »Freie«) ist mit Engagement bemüht, all das korrekt ins richtige Bild zu setzen, was im Programm erdacht wird. Auch die dominante Information kommt ohne die Hilfstruppe aus der (Kunst-)Handwerker-Etage nicht aus – sei es wegen einer neuen Dekoration fürs Landesmagazin, der Einrichtung eines Olympia-Studios, der Beschaffung einer klassischen Öchslewaage für eine Diskussion zum Weingesetz oder des Aufbaus einer Küche – ausgerechnet für »Sport im Dritten«.

Bühnenbild von Stefan Schaaf zum 11. Südfunk-Ball in der Stuttgarter Liederhalle.

FS-Technik
Ausblick nach 40 Jahren SDR-Fernsehen
Von Prof. Dr.-Ing. Dietrich Schwarze

Wenn wir heute auf 40 Jahre SDR-Fernsehen zurückblicken, läßt sich anhand der Entwicklung in unserem Hause auch 40 Jahre Fernsehtechnik-Geschichte zurückverfolgen.

Die ersten elektronischen Kameras mit den sogenannten Riesel-Ikonoskopen waren noch schwergewichtig und schwerfällig. Dann kamen die Super-Orthikon-Kameras auf den Markt, die schon elegantere Erscheinungsformen aufwiesen. Mit dem Farbzeitalter zogen Plumbikon-Röhren-bestückte Kameras in die Studios ein. Heute wird in der Ü-Technik und zunehmend auch im Studio mit den handlichen CCD-Halbleiter-Kameras gearbeitet. Deren Elektronik nimmt vergleichsweise weniger Raum ein als deren Optiken.

Denken wir weiter an die ersten magnetischen Aufzeichnungs-Maschinen. Eine komplette Anlage füllte einen 60 m^3-Raum aus, und ständig mußte ein Wartungsingenieur bereitstehen, um zu justieren, zu kontrollieren, zu messen und zu pegeln. Der Bildschnitt wurde »blutig« (d. h. mechanisch) ausgeführt, eine zeitraubende und aufwendige Prozedur.

Im SDR wird mittelfristig die Signalspeicherung nicht mehr auf Magnetband erfolgen, durch die MOD-Platte wird ein zeitunkritischer Zugriff für Bearbeitungsprozesse ermöglicht werden. Der Redakteur wird zukünftig den Schnitt seiner aktuellen Beiträge am Schreibtisch elektronisch vorbereiten können. Das Schnittgerät ist Teil seines Arbeitsplatzes mit direktem Zugriff ins Archiv. Das muß nicht allein das SDR-Archiv sein. Über breitbandige Datenverbindungen kann on line z. B. auf das Rundfunkarchiv in Frankfurt oder Berlin oder auf die Archive anderer Rundfunkanstalten zugegriffen werden.

Die vergangenen 40 Jahre Fernsehtechnik-Geschichte können wir gut überblicken. Ich möchte diese Zeit als Epoche der Analog-Technik bezeichnen. In den letzten Jahren schlichen sich mehr und mehr digitale Geräte in das analoge fernsehtechnische Umfeld ein. In den letzten zehn Jahren deutete sich die Digitalisierung auch in unserem Hause in Form erster Geräte und Insel-Lösungen an.

Rieselikonoskop – elektronische Schwarzweiß-Fernseh-Aufnahmekamera aus den 50er Jahren.

Superorthikon – elektronische Schwarzweiß-Fernseh-Aufnahmekamera aus den 60er Jahren.

Als weiterer Schritt der sich fortentwickelnden Digitalisierung sind wir Ingenieure heute im Begriff, neue digitale Übertragungsverfahren kennenzulernen. Sie sparen Frequenzbandbreiten, und ihre Methoden der Signalverarbeitung sind eng mit Begriffen wie Datenkompression und Datenreduktion verknüpft. Die Eigenschaften unserer Sinnesorgane Augen und Ohren werden gezielt bei der Einsparung von Übertragungsbandbreite oder der Verbesserung der subjektiv wahrgenommenen Qualität ausgenutzt.

Auch dies kann nur als weiterer Zwischenschritt auf dem Weg zu einer völ-

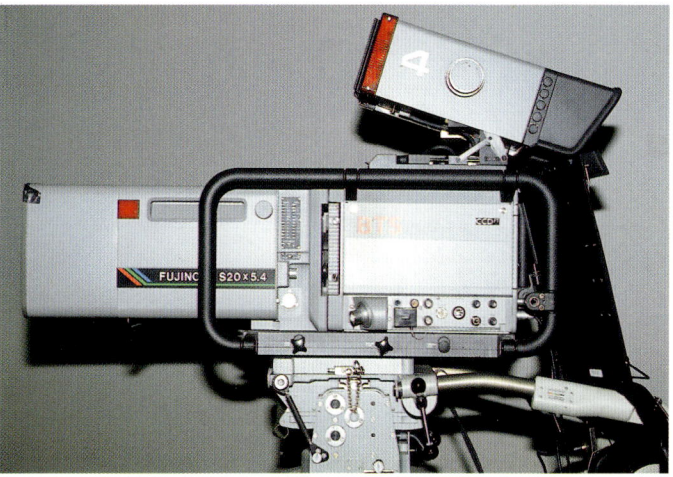

Plumbikon – Farbfernsehkamera in den 70er Jahren im Einsatz in der Liederhalle.

CCD-Halbleiter-Farbfernsehkamera der 90er Jahre.

FS-Technik

ligen Digitalisierung des Signalweges vom Studio bis zum Teilnehmer gewertet werden.

Was vor diesem Hintergrund in den nächsten 10 Jahren an Möglichkeiten auf die Fernsehtechnik zukommen wird, wenn die Digitaltechnik Signalverarbeitung und -übertragung bestimmt und diese Technik von jedermann genutzt werden kann, darüber wage ich keine konkrete Prognose. Was möglich sein wird, da kann ich mir vieles vorstellen. Ob aber ein Bedarf vorhanden ist, das muß getestet werden. Deshalb gibt es zahlreiche Pilotprojekte – nicht nur in Deutschland oder Europa, sondern überall auf der Welt.

500 Fernsehkanäle über Satelliten, heißen diese nun Astra, Eutelsat oder vielleicht ganz anders, werden in den kommenden Jahren dank Datenreduktion Realität. Aber auch das Breitbandkabelnetz der Telekom soll erweitert werden. Schon bis zum Jahresende 1994 beabsichtigt die Telekom 70% der Kabelhaushalte mit 30 weiteren Fernsehprogrammen in digitaler Übertragungstechnik zu versorgen. Wir Zuschauer werden mit Spartenkanälen, zeitversetzt ausgestrahlten Beiträgen, aber sicher nur einer begrenzten Zahl von Vollprogrammen, aus denen aber wiederum Teile für Spartenkanäle entnommen werden können, beglückt.

Eine zentrale Rolle wird dem PC im eigenen Heim zuwachsen. Schon jetzt sind ca. 30% der Haushalte in Deutschland mit einem PC bestückt. Der Computer wird mit dem Fernseher ebenso wie mit dem Radio und dem Telefon verbunden sein und u. a. der Navigation durch die mindestens 500 Programme dienen und zugleich die Möglichkeiten des interaktiven Fernsehens eröffnen.

Parallel dazu ermöglichen die zunehmenden Übertragungskapazitäten den Einstieg in MultiMedia-Anwendungen. Interaktive Nutzungen werden wegen der erforderlichen Realisierung eines Rückkanals überwiegend auf kabelgebundener Technik basieren. Längerfristig werden für die Teilnehmer dieselben Zugriffsmöglichkeiten auf Archive denkbar, wie ich sie mittelfristig bereits für die Redaktionen sehe.

Wenn nun jeder alles selbst machen kann, dann wird Fernsehen selbstverständlich. Fernsehen tritt aus der Exklusivität in die Verfügbarkeit heraus.

Dennoch hat der SDR über terrestrische Sender und über einen Satellitenkanal – in der weiteren Entwicklung vielleicht auch über Datennetze? – eine große Zukunft. Der SDR hat die Chance, einer jener Vollprogrammanbieter zu sein, der –

RCA Magnetische Bildaufzeichnungs-Maschine (MAZ) 1960.

EFP-Electronic Field Production, Prof. Dr.-Ing. D. Schwarze vor Ort.

nicht zuletzt durch seine regionale Bindung – für die Bewohner des Landes Baden-Württemberg von Bedeutung bleiben wird.

Der SDR verfügt über eine ausreichende Basis, um sich auf die möglichen Entwicklungen technisch und programmlich einstellen zu können. Sehen wird den nächsten 40 Jahren gespannt und aufmerksam, flexibel und aktiv, aber durchaus mit der notwendigen Gelassenheit entgegen.

Satellitenempfangsanlage auf dem Dach des SDR-Funkhauses.

FS-Technik
Der Bleistift in der Hand der Programmgestalter
Die bildtechnischen Einrichtungen der Fernsehstudios Stuttgart-Berg 1965

Von Jakob Bühler

Nach über zehnjährigem Betrieb aus den provisorischen Fernsehstudios Stuttgart-Killesberg hat der Süddeutsche Rundfunk am 10. April 1965 die Fernsehstudios Stuttgart-Berg in Betrieb genommen. Ein Rückblick auf die Planungsgeschichte der neuen Fernsehstudios macht deutlich, wie schnell die Vorstellung von einem modernen Fernsehstudio und die technische Entwicklung immer wieder überrollt wurde.

Bereits 1954 lag ein Entwurf für ein kleines Fernsehstudio vor, das der damaligen Bedeutung des Fernsehens entsprach. Bereits 1955, kurz nach dem Produktionsbeginn im provisorischen Fernsehstudio Killesberg, erkannte man, daß für fortlaufende Produktionen zwei Studios zweckmäßig wären. 1958 hatten die Pläne eine gewisse Reife erlangt, mit der Vorstellung, »die Durchführung eines zweiten Programmes ist nicht zu berücksichtigen. Man rechnet damit, daß ein zweites Programm nicht gleichzeitig von derselben Rundfunkanstalt gesendet wird.« Die Technik mußte weiter vorausssehen und sah den Platz für zusätzliche Geräte vor, damit gleichzeitig zwei Programme gesendet werden können. 1959 entschloß man sich, die weitgehend fertigen Baupläne noch einmal radikal umzuwerfen. Der Technik kam dies nicht ungelegen, weil nun die Bildtechnik auf die neue Einschub- und Kassetten-Bauweise, deren Einführung bevorstand, umgestellt werden konnte.

Bild 1 zeigt den gesamten Studiokomplex Stuttgart-Berg. Die ehemalige Großbaustelle ist inzwischen mit einer Grünanlage überdeckt, so daß man den Baukörper unter der Erde nur noch erahnen kann.

1. Planungsgrundlagen

Beim endgültigen Entwurf der Fernsehstudios Stuttgart-Berg, Ende der 50er Jahre, war davon ausgegangen worden, daß der SDR mit 8 % am ARD-Programm beteiligt ist und täglich die Abendschau und ein Werbeprogramm überträgt. Die Studiokapazität und die technischen Einrichtungen sollten so bemessen sein, daß gleichzeitig ein weiteres Programm (SDR-Anteil am späteren dritten Programm der ARD) produziert und gesendet werden kann.

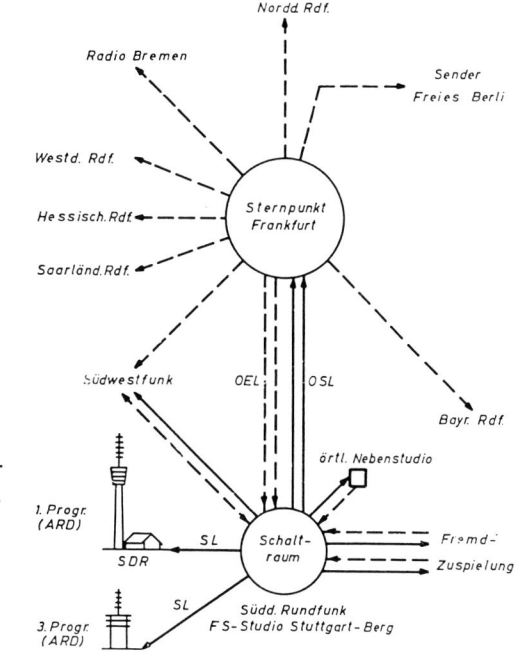

Bild 2 Verteilung der Fernsehsignale

Die Bildsignale des ersten und des dritten Programmes des SDR werden vom Schaltraum aus dem Sternpunkt Frankfurt über Orts-Sendeleitungen (OSL) zugeführt und dort an andere Rundfunkanstalten weitergeschaltet. Über Orts-Empfangsleitungen (OEL) werden vom Sternpunkt Frankfurt dem SDR sowohl die eigenen Produktionen als auch die Produktionen anderer Rundfunkanstalten zugeführt und schließlich über die Sender-Leitungen (SL) an die Sender des SDR (1. Programm der ARD) bzw. an die Sender der Bundespost (3. Programm der

Bild 1 Gesamtansicht des Studiokomplexes Stuttgart-Berg

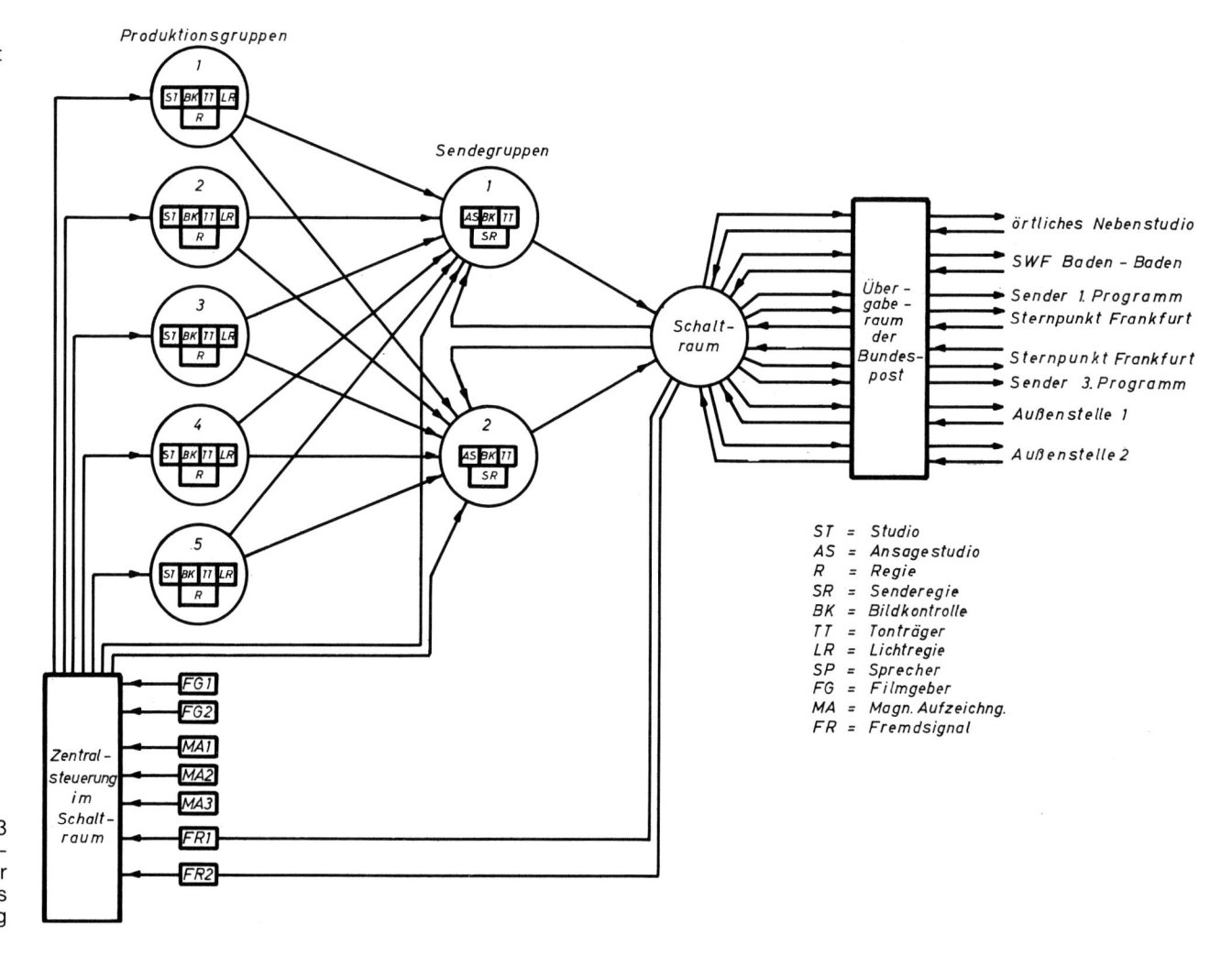

Bild 3 Funktionsschema der Fernsehstudios Stuttgart-Berg

ST = Studio
AS = Ansagestudio
R = Regie
SR = Senderegie
BK = Bildkontrolle
TT = Tonträger
LR = Lichtregie
SP = Sprecher
FG = Filmgeber
MA = Magn. Aufzeichn.
FR = Fremdsignal

FS-Technik

ARD) weitervermittelt. Da Abendschau und Werbefernsehen gemeinsam mit dem SWF Baden-Baden übertragen werden, sind hierfür zwei Austausch-Leitungen, eine von und eine nach Baden-Baden, vorgesehen. Außerdem sind Leitungen zu einem örtlichen Nebenstudio und Zuspielleitungen für Außenübertragungen eingeplant (Bild 2).

Die Fernsehstudios sind mit modernsten technischen Geräten ausgerüstet und entsprechen dem (damals) neuesten Stand der Technik. Durch die Verwendung von neuentwickelten, leicht auswechselbaren Einschub- und Kassettengeräten ist in Störungsfällen ein schneller Austausch der Einzelgeräte möglich, längere Ausfallzeiten werden vermieden.

2. Funktionsschema

In den Produktionsgruppen kann unabhängig von anderen Einrichtungen geprobt und vorproduziert werden. Bei Livesendungen wird die sendende Produktionsgruppe auf eine der Sendegruppen geschaltet (Bild 3). Vorlauf, Ansagen, Umschaltungen usw. kommen dann aus der Sendegruppe. Die Sendegruppen sind dem ersten bzw. dritten Programm fest zugeordnet. Filme, Magnet-Bildaufzeichnungen, Werbung oder einfache Produktionen, z. B. Interviews, können direkt aus den Sendegruppen übertragen werden.

Die Fernsehsignale der Sendegruppen sind über den Schaltraum und den Post-Übergaberaum zum Sternpunkt der ARD in Frankfurt bzw. den Sendern des SDR und der Bundespost geschaltet. Die Fernsehsignale der Außenstellen des SDR und die über den Sternpunkt geschalteten Signale anderer Rundfunkanstalten gelangen über Orts-Empfangsleitungen und Post-Übergaberaum zum Schaltraum. Dort erfolgt die Weitervermittlung auf die Sende- und Produktionsgruppen. Die Filmgeberräume und die Magnet-Bildaufzeichnungen können durch den Schaltmeister im Schaltraum jeder Produktions- bzw. Sendegruppe zugeteilt werden.

Im Bild 4 ist die gesamte bildtechnische Ausrüstung der Fernsehstudios

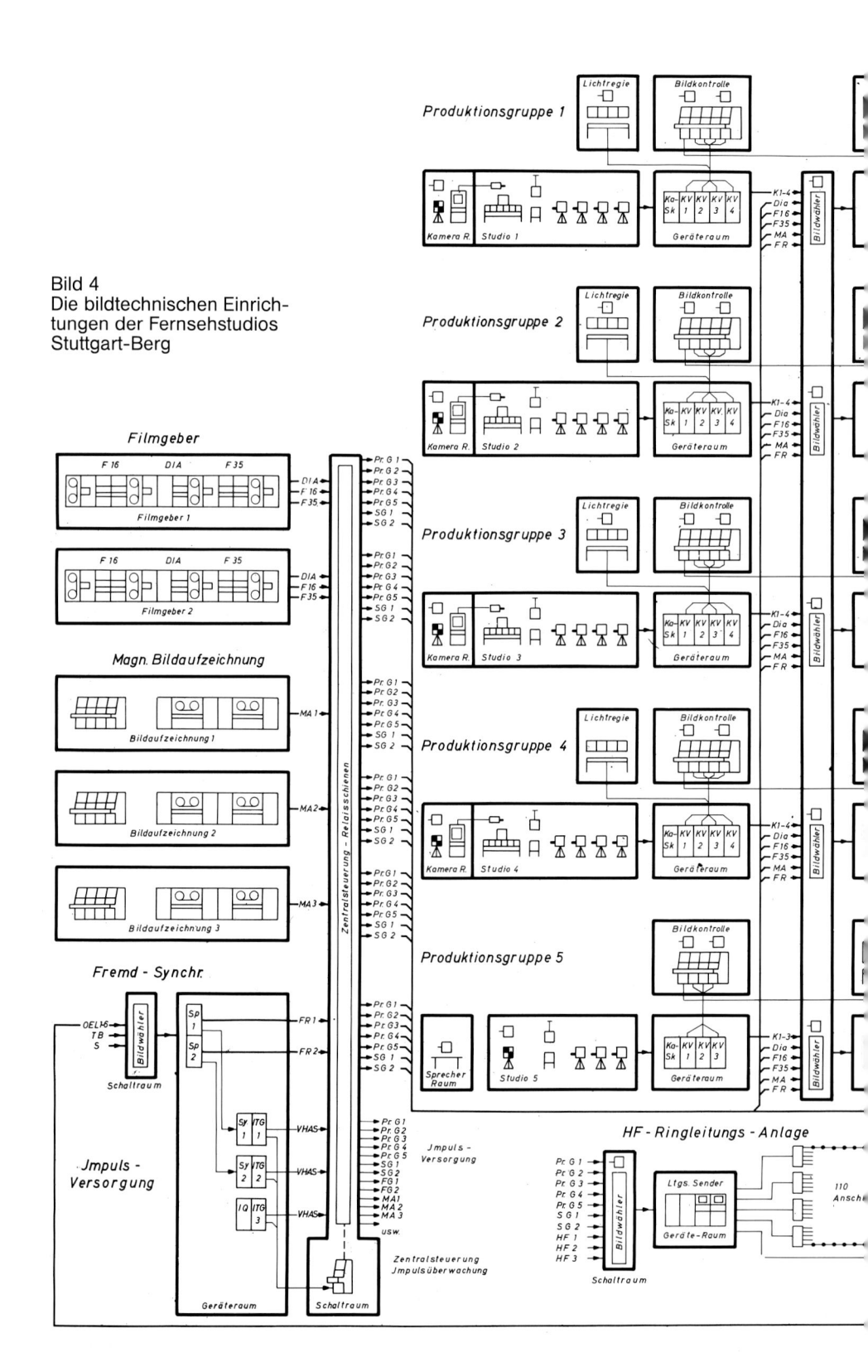

Bild 4
Die bildtechnischen Einrichtungen der Fernsehstudios Stuttgart-Berg

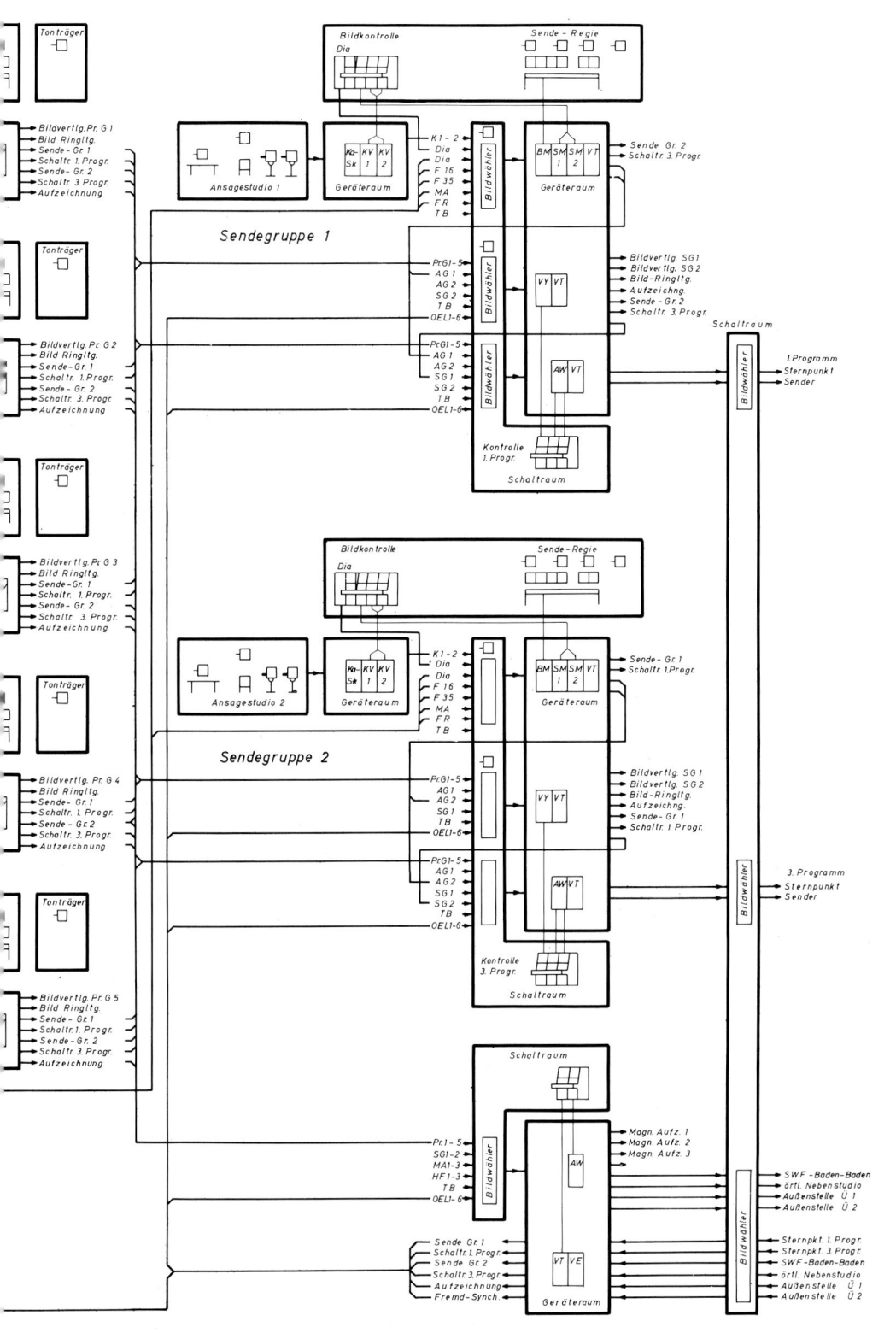

Stuttgart-Berg in schematischer Form dargestellt. Soweit möglich wurden alle technischen Geräte, die der elektrischen Signal-Erzeugung, -Verarbeitung und -Verteilung dienen, in den beiden Geräteräumen aufgestellt. Diese Geräte werden von den Betriebsräumen, wie Bildregie, Bildkontrolle und Schaltraum, ferngesteuert. Lediglich bei den Filmgebern und den Magnet-Bildaufzeichnungen befinden sich die Bedien- und Kontrollgeräte im gleichen Raum wie die Abspielgeräte.

3. Die Produktionsgruppen

Zu einer Produktionsgruppe gehören Studio, Regie, Bildkontrolle, Lichtregie, Tonträger, Kameraraum, und zum Abendschaustudio der Sprecherraum.

In den Studios 1 bis 4 sind je vier, im Studio 5 drei 3-Zoll-Superorthikon-Kameras installiert. Die Kameras der Studios 1 bis 4 haben Objektive mit 35 bis 150 mm Brennweite und zusätzlich eine Varioptik. Die drei Kameras im Abendschaustudio 5 sind alle mit Variobjektiven ausgerüstet.

Bild 5 zeigt eine Kamera mit einer Varioptik, bei der die Brennweiten- und Schärfeeinstellung über Servomotore erfolgt. Nach dem Wegklappen der Varioptik können z. B. langbrennweitige Objektive eingesetzt, die Kameraröhre gewechselt, Wartungen und Reparaturen vorgenommen werden.

In den Kameraräumen befinden sich die Anschlußstellen für die 50 m langen Kamerakabel. Hier sind auch die zur Justierung der Kameras notwendigen Test- und Prüfgeräte installiert.

Bei den Bildmischern sind sechs Sendekanäle vorgesehen, auf die 10 Bildquellen geschaltet werden können. Im Normalfalle liegen auf: Kamera 1 bis 4, Diageber, Filmgeber 16 mm und 35 mm, Magnet-Bildaufzeichnung, Trickmischer und Testbildgeber. Im Bedarfsfalle können vom Schaltmeister auf dem Bildwählergestell im Schaltraum (Bild 6) auch andere Bildquellen aufgelegt werden.

FS-Technik

Jedem Studio wurde eine Bildkontrolle mit einem verantwortlichen Bildingenieur zugeordnet. Der Bildingenieur hält die Verbindung zum Programm, überwacht die Kamerakontrolle, die Aussteuerung der Bildsignale und das Funktionieren der technischen Geräte. In den Regien sind für die Bildingenieure Plätze mit Kontrollgeräten reserviert, so daß auch bei Proben ein enger Kontakt zwischen Programm und Technik möglich ist.

Bild 7 zeigt die vier Kamerakontrollpulte und links daneben das Endkontrollpult in einer Bildkontrolle. Außer den Bedieneinsätzen zur Kontrolle der Kameras sind Schalt- und Regelaggregate vorgesehen, mit deren Hilfe die Geräte im Geräteraum überwacht und ausgesteuert werden. Die beiden Kontrollempfänger über den Kontrollpulten gehören zur Bildsignalverteilungsanlage der Produktionsgruppe.

In den Regien (Bild 8) sind in den Bildregietischen die Bedieneinsätze zur Steuerung der Vorschau-Kreuzschienen, der Bild- und Trickmischer sowie der Separatoren für Fremdsignal-Einblendungen vorgesehen. Die Kontrollempfänger zeigen die Vorschaubilder der aufgeschalteten Bildquellen und das Endbild der Produktionsgruppe.

In allen Räumen der Produktionsgruppe sind Ausgangsbild-Empfänger aufgestellt. Im Studio selbst können bis zu 10 Empfänger an 30 verschiedenen Stellen angeschlossen werden.

Wenn ein Studio für Filmaufnahmen benutzt wird, hält sich der Regisseur mit seinem Aufnahmestab im Studio auf. Der Toningenieur und die Tontechnikerin sind jedoch in der Regie am Tonregietisch bzw. im Tonträgerraum tätig. Damit diese nicht »blind« arbeiten müssen, kann das Bildsignal einer Vidikonkamera mit Weitwinkelobjektiv, die den gesamten Studioraum überblickt, auf die Bildsignal-Verteilungsanlage geschaltet werden. Das Geschehen im Studio kann dadurch auch in den Nebenräumen beobachtet werden.

4. Die Sendegruppen

Die zwei Sendegruppen mit Ansagestudio und Senderegie sind dem ersten bzw. dem dritten Programm des SDR fest zugeordnet. Im Bedarfsfalle können die Ansagestudios den Produktionsgruppen als Sprecherräume (ohne Kameras) zugeteilt werden.

Die Sendegruppen sind ähnlich wie die Produktionsgruppen eingerichtet. Bei den Bildmischern sind vier Sendekanäle vorgesehen, auf die ebenfalls 10 Bildquellen aufgeschaltet werden können. An den Bildmischer schließen sich im Leitungszug (Bild 4) die zwei Signalmischer (Prüfzeilen-Einblendung), der Y-Überblender und der Ausgangsbildwähler (Ortssendeleitungen und Senderleitungen) an. Die Bildsignale werden außerdem an den Aufzeichnungswähler und die Bildsignal-Ringleitung verteilt.

In den Ansagestudios sind für die Ansage und die Uhr zwei 3-Zoll-Superorthi-

Bild 5
Nach dem Wegklappen der Varioptik kann die Kameraröhre gewechselt werden

Bild 6
Bildwähler im Schaltraum

kon-Kameras mit Varioptiken und motorgesteuerten Stativköpfen installiert. Die Schußpositionen, d. h. Schwenken, Neigen, Brennweite und Schärfe der Kameras werden von der Bildkontrolle aus über Servosteuerungen voreingestellt. In den Ansagestudios werden daher keine Kameramänner benötigt.

Die Bedieneinsätze im Bildregietisch (Bild 9) sind ähnlich aufgebaut wie in den Produktionsgruppen. Die Steuerung des Bildmischers, des Y-Überblenders und des Separators ebenso wie das Abrufen der Schußpositionen der Kameras (je 5 für jede Kamera) erfolgt durch den Senderegisseur. Eine Bildmischerin wird daher nicht benötigt. Links im Bild 9 erkennt man den Tonregietisch. Die Kontrollempfänger unter dem Fenster zum Ansagestudio zeigen die Vorschau- und Ausgangsbilder der Sendegruppe.

Bild 10 zeigt die Bildkontrolle einer Senderegie. Links befindet sich der Diageber, daneben das Endkontrollpult und rechts die beiden Kamerakontrollpulte. Der Bildingenieur ist verantwortlich für die Aussteuerung der Kameras, des Diagebers und der Signalmischer.

5. Der Schaltraum

Der Schaltraum (Bild 11) ist die technische Zentrale. Hier befinden sich die Gestelle mit den Steckfeldern zur Vermittlung der Bild- und Tonsignale sowie Kontrollpulte zur Überwachung und Durchschaltung aller Bild- und Tonleitungen. Bild 6 zeigt die Wählergestelle für die Produktions- und Sendegruppen. Das Eckgestell enthält ein Fernsehgerät zur Kontrolle der Hochfrequenz-Ringleitung und die Steckfelder für die Ortsempfangs- und Ortssendeleitungen. Im Schaltraum erfolgt außerdem über eine drucktastengesteuerte zentrale Relaissteuerung die Zuordnung der Filmgeber- und Bildaufzeichnungsräume mit allen dazugehörigen Bild-, Ton- und Signalisations-Leitungen zu den Produktions- und Sendegruppen sowie bei Fremdeinspielungen die Vermittlung der Produktionsgruppen auf die fremdsynchronisierten Impulsgeber.

6. Die Filmgeberräume

Es sind zwei Filmgeberräume eingerichtet, die im Schaltraum wahlweise jeder Produktions- oder Sendegruppe zugeordnet werden können. Die Filmgeberräume sind ausgerüstet mit einem Diageber, zwei 16-mm- und zwei 35-mm-Vidikon-Filmabtastern. Wegen der Regelung der Projektionslampen-Spannung können auch dunkelkopierte Filme und Farbfilme in Schwarzweiß-Wiedergabe ohne Minderung der Bildqualität abgespielt werden. Ein weiterer betrieblicher Vorteil ist, daß bei den Vidikon-Filmgebern der Filmdurchlauf vollkommen getrennt von der Bildabtastung ist. Bei der Wartung und Reparatur der Anlagen kann ein Mechaniker das Filmlaufwerk untersuchen und

Bild 7
Gesamtansicht einer Bildkontrolle

Bild 8
Regie mit Bild- und Ton-Regietisch

FS-Technik

unabhängig davon ein Elektroniker die Vidikonkamera testen.

7. Die Magnet-Bildaufzeichnungsräume

Die drei Bildaufzeichnungsräume können ebenfalls im Schaltraum jeder Produktions- und Sendegruppe zugeordnet werden. In diesen Räumen sind zwei Aufzeichnungsanlagen und durch Glaswände getrennt Bild- und Tonkontrollpulte vorgesehen (Bild 12). In den Aufzeichnungsräumen sind Plätze für zwei Magnetocordgeräte reserviert, damit später auch ein Zwei-Band-Betrieb (Video-Sepmag) eingerichtet werden kann. Zum mechanischen Schneiden der Bänder ist in jedem Betriebsraum eine Schneidelehre vorhanden.

Anmerkung 1: MAZ-Schnitt

Da damals aus technischen Gründen ein elektronisch gesteuerter Bildschnitt noch nicht möglich war, wurden die 2 Zoll breiten Bänder mechanisch geschnitten (Bild 13). Bei den ersten Schneidelehren wurden die Magnetspuren der Bänder durch Auftragen einer Eisenstaubsuspension sichtbar gemacht. Dann wurden die Bänder unter dem Mikroskop mit einem Spezialmesser zwischen den Spuren geschnitten und mit einer Aluminiumfolie zusammengeklebt. Später verbesserte Schneidelehren benutzten zur Festlegung der Schnittstelle den Schneideimpuls in der Steuerspur, der im Oszilloskop der Schneidelehre sichtbar gemacht wurde.

Anmerkung 2: Filmaufzeichnung (FAZ)

Beim Fernsehen trat schon frühzeitig der Wunsch auf, Livesendungen und Vorproduktionen auf Film oder Magnetband zu speichern, um sie später wiederholen zu können. Da ein im Fernsehstudio einsetzbares Verfahren zur Speicherung von Fernsehsignalen auf Magnetband noch nicht bekannt war, hat man sich mit der Filmaufzeichnung beholfen und fotografierte das Schirmbild eines Fernsehempfängers mit einer Filmkamera. Bild 14 zeigt den Versuchsaufbau (Anfang der

Bild 9 Teilansicht einer Senderegie

Bild 10 Bildkontrolle in einer Senderegie

Bild 11 Teilansicht des Schaltraumes

Bild 12 Gesamtansicht eines Bildaufzeichnungsraumes

50er Jahre) einer Filmaufzeichnungsanlage, bei der das Schirmbild eines normalen Studioempfängers mit einer 16-mm-Filmkamera aufgenommen wurde. Bild 15 zeigt eine verbesserte Filmaufzeichnungsanlage. Diese arbeitet nach dem sog. Negativ-Verfahren, das beim Süddeutschen Rundfunk erarbeitet und Ende Oktober 1958 eingeführt wurde. Diese Anlage schreibt auf dem Bildschirm einer Hochleistungs-Bildröhre ein negatives Bild und speichert dieses auf 35-mm-Negativfilm. Bild 16 zeigt die Qualität der 35-mm-Filmaufzeichnung nach dem Negativ-Verfahren.

8. Die Geräteräume

In den beiden Geräteräumen sind alle zu den bildtechnischen Anlagen gehörigen Geräteschränke aufgestellt. Es erfolgt also eine räumliche Trennung zwischen den Überwachungsgeräten in den Kontrollräumen und den stark wärmeerzeugenden Apparaten in den Geräteräumen, die an ein eigenes Be- und Entlüftungssystem angeschlossen sind. Durch diese Trennung kann die Wartung und Reparatur der Geräte ohne Behinderung der Proben und Sendungen erfolgen.

9. Die Bildsignalverteilung

Zum reibungslosen Ablauf der Proben, Vorproduktionen und Sendungen muß in allen technischen Räumen, die zu einer Produktions- oder Sendegruppe zugeordnet sind, das gleiche Ausgangsbild zu sehen sein. Die Umschaltung der Leitungen zu den Kontrollempfängern in den vermittelbaren Räumen erfolgt deshalb automatisch mit der Zuschaltung des betreffenden Raumes zu einer Produktions- oder Sendegruppe durch die zentrale Sammelsteuerung im Schaltraum.

10. Die Bildsignal-Ringleitung

Bei dem weitverzweigten Fernsehstudiokomplex ist es notwendig, die verschiedenen Studioausgangssignale an zahlreiche Diensträume zu verteilen, damit von dort

FS-Technik

das Geschehen in den Studios verfolgt oder eine Fernsehproduktion begutachtet werden kann. Damit die Dienststellen die Bildsignale selbst auswählen können, wurde eine Hochfrequenz-Verteilungsanlage mit 240 Anschlußstellen installiert.

Bei dieser Anlage arbeiten die Ausgänge von zehn Leitungssendern, denen die verschiedenen Studiosignale (Bild und Ton) aufmoduliert werden, auf das weitverzweigte Koaxialkabelsystem. In den Diensträumen werden handelsübliche Fernsehgeräte verwendet. Beim Durchdrehen des Kanalschalters des Fernsehgerätes können die gewünschten Bildsignale angewählt werden.

Obwohl in den Fernsehbereichen I und II sämtliche Kanäle, außer Kanal 11 (Stuttgart), belegt sind, treten keine Nachbarkanal-Störungen auf.

11. Die Impulsversorgung

Mit Rücksicht darauf, daß von den Fernsehstudios Stuttgart-Berg zwei voneinander unabhängige Programme gesendet werden können, diese u. U. gleichzeitig von verschiedenen Außenstellen fremdsynchronisiert werden und außerdem zur gleichen Zeit in einem Studio eine Vorproduktion laufen kann, wurden drei Impulsgeber vorgesehen.

Der Impulsgeber Nr. 3 ist der Mutter-Impulsgeber, der im Präzisionsquarzbetrieb läuft und im Normalfall sämtliche Geräte synchronisiert. Die Impulsgeber Nr. 1 und Nr. 2 sind dem ersten bzw. dritten Programm fest zugeordnet. Auf diese Impulsgeber werden die Produktions- und Sendegruppen mit den zugeteilten Bildquellen über die zentrale Sammelsteuerung nur dann umgeschaltet, wenn sie von Außenstellen fremdsynchronisiert werden.

Die unterschiedlichen Kabellängen von den Bildquellen zu den Bildwählern im Schaltraum werden dadurch ausgeglichen, daß in die Impulsleitungen zu den Bildquellen Laufzeitketten eingeschaltet werden. Bezogen auf die weitest entfernte Bildquelle werden näher am Schaltraum liegende Bildquellen impulsmäßig so ver-

Bild 13
Schneidelehre zum mechanischen Schneiden von 2-Zoll-Magnetbändern

Bild 15
Filmaufzeichnungsanlage nach dem Negativ-Verfahren (1958)

Bild 14
Versuchsaufbau einer Filmaufzeichnungsanlage (Anfang der 50er Jahre)

zögert, daß alle auf den Bildwählern im Schaltraum aufliegenden Bildsignale in einer einheitlichen Zeitebene liegen. Die Bildsignale können dadurch bei der Vermittlung auf die verschiedenen Bildmischer beliebig vertauscht werden.

12. Schutzleiter und Bilderde

Aufgrund früherer Erfahrungen wurden Schutzleiter und Nulleiter des technischen Netzes, abweichend von den damals noch geltenden Vorschriften, getrennt von einander geführt und nur am Sternpunkt des Starkstromnetzes miteinander verbunden. In den technischen Räumen sind Schutzleiter und Bilderdleitungen von den Raumverteilern sternförmig zu den einzelnen Geräteschränken verlegt und an den Raumverteilern miteinander verbunden. Das stromlose Schutzleitersystem ist also gleichzeitig die Bilderde. Durch die vielen Querverbindungen der Koaxialkabel, deren Außenleiter auf Bilderde liegen, besteht ein niederohmiges vermaschtes Flächensystem der Bilderde. Brummstörungen treten daher nicht auf. Wenn Brummstörungen auftraten, lag es jedesmal an einer Verbindung zwischen Nulleiter und Schutzleiter. Durch den sternförmigen Aufbau des Schutzleitersystems konnten solche Fehler verhältnismäßig schnell gefunden und behoben werden.

Bild 16 Universal-Testbild, 35-mm Filmaufzeichnung

13. Die Entzerrung der Kabel

Bei dem weitverzweigten Aufbau der Fernsehstudios ließen sich längere Kabelstrecken nicht vermeiden. Durch den Einsatz von transistorisierten Kabelentzerrern vor den Steckfeldern im Schaltraum, vor den Bildmischern, Y-Überblendern, Aufzeichnungs- und Ausgangswählern konnten die frequenzabhängigen Kabeldämpfungen ausgeglichen werden, so daß selbst über längere Kabelstrecken und mehrere Geräte hinweg keine im Fernsehbild erkennbaren Signalverzerrungen auftreten.

FS-Produktionsbetrieb
Fernsehstudio Berg, Stand 1994
Von Manfred Sorn

Die Studio- und Produktionsmittel-Konzeption der 60er Jahre basierte auf der Vorstellung, daß der SDR als ARD-Anstalt entsprechend seinem Gebührenaufkommen am ARD-Programm beteiligt ist und ein weiteres ARD-Programm, das heutige Dritte Programm, aufgebaut wird. Inzwischen ist dies in ungeahnter Dimension Realität. Die Mehrheit der Mitarbeiter arbeiten heute für das Dritte Programm. Gleiches gilt für den Einsatz der Produktionsmittel.

War der SDR in den 50er und 60er Jahren bekannt für seine szenischen und dokumentarischen Produktionen, so dominiert heute die Aktualität, die Live-Sendung. Täglich werden bis zu 4 Nachrichten- und Magazinsendungen produziert und gesendet. 40 Prozent des Südwest 3-Verbundes (SDR, SWF, SR) steuert der SDR zum Dritten Programm bei.

Dementsprechend haben sich auch die Produktionsmittel verändert. Von den ehemals 5 Produktions-Studios werden noch 3 genützt. Studio 5, das kleine Aktualitätenstudio, ist heute Grafikzentrum, Studio 3 ist seit 1994 Vorbauhalle für die Ausstattung und Lager für die Technik. In den Studios 1 und 2 arbeiten wir seit 1980, in den Sendekomplexen 6 und 7 seit 1987/88 mit der zweiten Gerätegeneration. Im Studio 4 wurde seit Mitte 1994 bereits die dritte und erste digitale Generation in Betrieb genommen. Ob das Grafik-Zentrum oder das Studio 4, der SDR war bei den Ersten, die sich an die neue Gerätetechnik wagten. Noch sprunghafter ging es in der Magnetaufzeichnungstechnik voran. Nach 2″, 1″, 3/4″ kam die 1/2″-Technik, die inzwischen im Studio dominiert. Insbesondere in der Aktualität und im Featurebereich wird in dieser Technik heute produziert und gesendet.

Der gute und bewährte Film hat mit Ausnahme in der szenischen Produktion kaum noch Bedeutung. Das Kopierwerk, vor 8 Jahren noch mit einer Jahresleistung von 1,5 Mio. Metern, mußte wegen mangelnder Auslastung 1993 geschlossen werden. Von 55 Filmschneidetischen blieben noch 10 in Betrieb. Wo früher Film bearbeitet wurde, entstanden 13 Zwei-

Sendekomplex FS Studio Berg

Bildregie 4 – der erste digitale Produktionskomplex

Teilansicht des Farbfilm-Kopierwerks

Bildkontrolle Fernsehstudio 4 mit Lichtregie und Monitorwand

Sechs-Teller-Filmschneidetisch

Teilansicht des Schaltraumes

Mit der 16-mm-Filmkamera im Einsatz

FS-Produktionsbetrieb

und Drei-Maschinen-EB-Schneideräume. Auch die Tonbearbeitung, die seit 1964 an vielen Orten des Hauses untergebracht war, wurde 1984 im ehemaligen Synchronstudio zusammengefaßt und generell ersetzt. In Teilen stand diese Geräteerneuerung schon unter dem Aspekt der sich wandelnden Programmanforderungen.

War die Betriebs- und Planungsphilosophie der 60er Jahre die Zentralisierung von Steuerungs- und Signalverteilungssystemen, so wird heute die Insellösung mit flexibler Anbindung an den Schaltraum und der Produktionsmittel untereinander der Vorzug gegeben.

Generell erneuert wurden auch die lichttechnischen Einrichtungen. Dies gilt sowohl für die Lastteile zur Regelung der Scheinwerfer als auch für deren Ansteuerung auf digitaler Basis. Der Ersatz des aus den Jahren 1964/65 stammenden Beleuchtungsmaterials war Ende 1994 fast abgeschlossen.

Heute betreibt das SDR-Fernsehen
- 1 Aktualitäten-Studio (Studio II)
- 2 Vorproduktions-Studios (Studio I und IV)
- 2 Senderegien (SK 6/SK 7)
- 1 Schaltraum
- 1 MAZ-Zentrale (7 MAZ-Räume)
- 3 Tonbearbeitungsräume
- 1 Grafik-/Trick-Zentrum
- 13 EB-Schneideräume
- 4 Filmschneideräume.

Eine unerwartete Entwicklung hat die Außenübertragungstechnik genommen. Die Beteiligung von SDR-Mitarbeitern an sportlichen Großereignissen in den 70er Jahren, u. a.

1972 Olympische Spiele in München sowie eine leistungsstarke und erfolgreiche FS-Sportredaktion brachten den SDR in eine fast 20 Jahre währende Führungsrolle bei der Durchführung von Sport-Großveranstaltungen.

- 1974 Fußball-WM in Stuttgart und München
- 1984 Olympische Spiele in Los Angeles
- 1986 Leichtathletik-Europa-Meisterschaften in Stuttgart

Erstes EB-Reportageteam

EB-Reportageteam heute

Elektronisches Trick-
atelier Fernsehen

Drei-
Maschinen-
EB-Schnittplatz

Im Fernseh-
studio:
Beleuchter-
brücke mit
Scheinwerfern
(links),
Kamera-Dolly
und Ton-
Galgen (rechts)

FS-Produktionsbetrieb

1988 Fußball-Europa-Meisterschaften
1989 Leichtathletik-WM in Rom
1990 Leichtathletik-Europa-Meisterschaften in Split
1991 Rad-Weltmeisterschaften in Stuttgart
1992 Olympische Spiele in Barcelona
1993 Leichtathletik-WM in Stuttgart
waren die herausragenden Übertragungen.

Die 2 Schwarz-weiß-Übertragungswagen (FÜ 1/2 und FÜ 3) und der Magnetaufzeichnungswagen (MW 1) wurden in den Jahren 1980–88 ersetzt. Heute betreibt die Ü-Techik

1 Großer Farbübertragungswagen (FÜ 1)
2 Mittlere Farbübertragungswagen (FÜ 2/FÜ 3)
1 MAZ-Wagen (FM 1)
2 Reportagewagen REP 1, REP 2
1 Schnittmobil (SM 1).

Einen Wandel gab es auch beim Service der Geräte. Brauchte man in den 60er Jahren noch den messenden und lötenden Techniker bzw. Ingenieur für die überwiegend als Eigenservice ausgeprägte Dienstleistung, so ist heute der Systemingenieur mit Schnittstellen-Sachverstand gefragt. Reparaturen von Geräten und Platinen werden inzwischen überwiegend außer Haus erledigt.

Der SDR-Produktionsbetrieb der 90er Jahre befindet sich mitten in einem Wandel. Überall da, wo Strukturen der vergangenen Jahre den heutigen Anforderungen nicht mehr gerecht werden, muß im Interesse des SDR und damit dem öffentlich-rechtlichen Rundfunk über Änderungen nachgedacht werden. Nicht alles, was wir senden, müssen wir selbst herstellen, zumal dann nicht, wenn wir es auf einem expandierenden Produktionsfirmen-Markt vergleichbar preiswert beschaffen können. Kleiner und konzentrierter wird der Produktionsbetrieb der 90er Jahre werden müssen und er wird weiter bestehen als öffentlich-rechtlicher Produktionsbetrieb.

Kommentatorenplätze bei der Leichtathletik – WM '93 in Stuttgart

Farbübertragungswagen

Flotte der Bild- und Tonübertragungswagen des SDR der 90er Jahre

FS-Technik
Die Symbiose von Bild und Ton

Von Herbert Wallner

Die Erfinder unseres Fernsehsystems nannten ihn den »Begleitton«. Sie haben mit diesem Begriff von Anfang an deutlich gemacht, daß Fernsehen Symbiose von Bild und Ton bedeutet, weil das eine ohne das andere nicht bestehen kann. Für die Herstellung dieses »Begleittons« standen in den ersten Fernsehstudios auf dem Killesberg Tonregie-Einrichtungen zur Verfügung, die wohl dem damaligen technischen Stand entsprachen, deren Leistungsstandard an heutigen Maßstäben gemessen aber mehr als bescheiden war. Immerhin hatte der Tonregietisch zehn Kanal- und zwei Summenregler. Die Kondensatormikrofone KM 54 benötigten eine Speisespannung von 160 Volt, und Hall wurde in Hallräumen mit Lautsprechern und Mikrofonen, später mit Hallplatten erzeugt. Mit dieser Ausrüstung wurden abendfüllende Unterhaltungssendungen und Fernsehspiele, aber auch aktuelle Nachrichten- und Magazin-Sendungen produziert, und es wurde live gesendet. Bei Vorproduktionen mußten die elektronisch erzeugten Fernsehbilder auf Film aufgezeichnet werden. Für die Tonbearbeitung konnten bei solchen Produktionen aber alle Möglichkeiten der Filmtonbearbeitung eingesetzt werden.

Komplizierte Aktivitäten wie Filmmischungen, Schleifensynchronisationen und Geräuschaufnahmen waren wegen der räumlichen Enge in den Killesbergstudios nicht möglich. Synchronisiert wurde im Sitzungssaal des Funkhauses. Dort hatte man eine provisorische Filmvorführung und einen winzigen Regieraum eingebaut. Es standen zwei 16/35-mm-Filmprojektoren zur Verfügung, die über eine Rotosyn-Einrichtung mit vier Siemens-Klangfilm-Cordlaufwerken verkoppelt waren.

Provisorisches Synchronstudio im 6. Stock des Funkhauses

Bild- und Tonregie im Fernsehstudio Berg 1965

Die Abmischung von Kommentar und Geräuschen erfolgte mit einem Telefunken-V65-Röhrenmischpult mit fünf Kanal- und einem Summenregler.

Die Einführung der 2-Zoll-Videomagnetaufzeichnung im Jahre 1960/61 war der Beginn eines neuen Zeitalters. Bild- und Tonsignale konnten gleichzeitig auf einem 2 Zoll breiten Magnetband gespeichert werden. Da Bild- und Toninformationen auf dem Band mit an unterschiedlichen Stellen sitzenden Magnetköpfen aufgezeichnet wurden, mußte beim mechanischen Schnitt der Bänder jeweils entschieden werden, ob bild- oder tonrichtig geschnitten werden sollte. Eine getrennte Tonaufnahme und Bearbeitung war wegen der fehlenden Synchronverkoppelung nicht möglich. Um dieses Problem zu lösen, wurde je ein Magnetfilmlaufwerk über eine Rotosyn-Einrichtung nach dem Prinzip der elektronischen Welle mit zwei MAZ-Maschinen verkoppelt. Mit diesem 4-Spur-Magnetfilm war nun wie beim Film eine 2streifige Produktion und Bearbeitung möglich. Nach diesem Verfahren wurde bis zur Einführung der timecodegestützten Laufwerkverkoppelung über viele Jahre erfolgreich produziert.

Nach dem Umzug in das neue Fernsehstudiogebäude im Park der Villa Berg ging 1965 die Zeit der Provisorien zu Ende. Für die vielfältigen Aufgabenstellungen standen in dem neuen Haus ein Aktualitätenstudio und fünf Produktionsstudios mit unterschiedlichen Grundflächen, zwei Sendeabwicklungen und ein Synchronstudio zur Verfügung. Ein Umschnittraum, ein Tonmischraum und zwei Sprecherräume waren als zentrale Einrichtungen mit eingebunden. In den Produktionsstudios waren Bild- und Tonregie zusammen in einem Raum untergebracht. Da die Tonregieeinrichtungen in erhöhter Position hinter dem Bildregietisch installiert waren, konnte die Monitorwand gemeinsam genutzt werden. Die Tonregietische – von Telefunken aus der V70-Serie – hatten zehn bzw. zwanzig Kanäle mit zwei Summen und waren noch in Röhrentechnik aufgebaut. In den Studios gab es für maximal acht bzw. fünfzehn Mikrofone Anschlußmöglichkeiten.

Der Tonregie war noch ein Tonträgerraum zugeordnet für Mitschnitte und Zuspielungen von Playback oder Geräuschen. ▷

FS-Technik

Das Synchronstudio war mit optischen Bildprojektoren für 16- und 35-mm-Film ausgerüstet, die mit jeweils vier 16- bzw. 17,5-mm-Magnetfilmläufern verkoppelt werden konnten. Das Synchronstudio selbst war bestens ausgerüstet für Geräuschbearbeitung und Nachsynchronisation. Die Röhrentechnik war sehr wartungsintensiv. Deshalb erhielt 1971/72 die Tonregie 4 eine neue volltransistorische Toneinrichtung in Siemens-Sitral-Technik. In den folgenden Jahren wurde diese Umrüstung weitergeführt und 1980/81 mit der Erneuerung der Tonregie-Einrichtungen in den Produktionskomplexen 1 und 4 abgeschlossen. Beide Produktionskomplexe waren nun stereotüchtig.

In dieser Zeit wurden auch die Magnetofon-Maschinen durch leistungsfähigere transistorisierte Maschinen ersetzt. Nach der M10 und M15 haben sich die M15A-Magnetofone seit mehr als fünfzehn Jahren als wahre »Arbeitspferde« bewährt. Die Hallplatten wurden durch digitale Hallgeräte ersetzt. Die Halbleitertechnik ermöglichte neue digitale Effektgeräte. Miniaturmikrofone mit niedriger Speisespannung und die Drahtlostechnik eröffneten dem Toningenieur neue Möglichkeiten bei den Tonaufnahmen.

Gewisse Programmstrukturen und moderne Techniken bei der Herstellung von Fernsehprogrammen auf dem MAZ-Band als gemeinsamem Bild- und Tonträger machten den Umbau des bisherigen Synchronstudios zu einem Tonbearbeitungszentrum erforderlich.

Folgende Aufgabenstellung wurde festgelegt:
– Sprachaufnahmen für Dokumentationen
– Nachsynchronisation von Primär-Tonaufnahmen
– Bildsynchrone Sprach- und Geräuschaufnahmen
– Ton-Nachbearbeitung von MAZ-Produktionen
– Stereophonische Tonbearbeitung von MAZ- und Filmproduktionen
– Tonbearbeitung von EB-EFP-Produktionen

Filmprojektionsraum im Synchronstudio 1965

Tonmischraum

Tonregie im Produktionskomplex 1

Tonumschnittraum 1

– Pilottonumspielungen
– Tonmischungen.

Mit dem Umbau wurden diese Aufgaben zusammengefaßt, um bessere betriebsorganisatorische Arbeitsabläufe zu erreichen. Folgende Produktionsräume entstanden:
– der Tonbearbeitungskomplex 1 – mit Studioraum, Regieraum und Maschinenraum (TNB 1)
– die Umschnitträume 1–3
– die Geräuschbearbeitung
– der Tonbearbeitungskomplex 2 (TNB 2)

Die Umgestaltung machte umfangreiche bautechnische und bauakustische

FS-Technik

Maßnahmen erforderlich. Im Bereich des ehemaligen Synchronstudios wurde eine Zwischendecke eingezogen. Damit konnte auf einer Geschoßebene eine optimale räumliche Zuordnung der einzelnen Betriebsräume erreicht werden. Der Studioraum des TNB 2 erhielt eine veränderbare Akustik. Auf die optische Fremdprojektion wurde zugunsten einer elektronischen Bildprojektion verzichtet. Mit einem fernsteuerbaren Mikrofongalgen kann der Toningenieur den Abstand zwischen Sprecher und Mikrofon individuell einstellen. Dazu wurden Tonregie-Einrichtungen für den Tonbearbeitungskomplex 2 und den Umschnittraum 3 neu beschafft.

Der von der Firma Neumann/Berlin hergestellte Tonregietisch TNB 2 mit 24 Kanälen, vier Gruppen, vier Summen und sechs Ausspielwegen ist so konzipiert, daß damit auch stereophonische Tonbearbeitungen durchgeführt werden können.

Für die Bild-Ton-Verkoppelung wurden die automatische Positionierungssteuerung AP50 und das Timecode-Synchronisier-System MTS15A-2 eingesetzt. Das elektronische Anlege- und Schnittverfahren mit diesen beiden Verkoppelungssystemen läßt sich bei der Tonbearbeitung von Fernseh- und Filmproduktionen vorteilhaft einsetzen. Während bei der herkömmlichen Bearbeitung das im Schneideraum auf einzelne Cordbänder geschnittene Tonmaterial in der Endmischung verarbeitet wird, können nun die Synchronisation und Geräusche auf einer 16-Kanal-Mehrspurmaschine bearbeitet und für die Endfassung abgemischt werden. Die Tonbearbeitung führt zu höherer Qualität und besserer Effizienz, denn die Mischzeit konnte gegenüber dem herkömmlichen Verfahren um ca. 50 % reduziert werden.

Nach knapp zweieinhalbjähriger Bauzeit wurde im Jahr 1984 der letzte Teilabschnitt dieser umfangreichen Umbaumaßnahme in Betrieb genommen.

Am 4. April 1994 wurde der erste in digitaler-serieller Videotechnik ausgebaute Produktionskomplex PK 4 in Betrieb genommen. Die Toneinrichtung wurde in

Tonträgerraum mit freiem Blick in den Tonregie- und Tonstudioraum

Tonregie TNB 2

Synchronstudio-Sprecherraum mit elektronischer Farbbildprojektion

Tonregie PK 4 – Tonregietisch mit Monitorwand und Fernbedien-Rack für Tonträger

analoger Technik realisiert. Beschafft wurde ein softwaregesteuerter, analoger Tonregietisch der Calrec T-Serie mit 64 Kanälen, acht Gruppen, vier Summen und acht Ausspielwegen. Dieser Regietisch ist mit einer Dynamics-Option und einem Rechner ausgerüstet. Er kann individuell konfiguriert werden, wobei alle Einstellungen auf Diskette abgespielt werden können. Im Studio stehen sechzig Mikrofoneingänge zur Verfügung. Als Peripherie dient dem Toningenieur eine digitale 32-Spur-Maschine DTR 900, drei DAT-Recorder DTR 90 von Otari, ein MOD-Gerät DD 1000 von Akai und ein Beta SP-Recorder von Sony.

Auf dem Weg in die digitale Zukunft werden zur Zeit Tonregieeinrichtungen in Digitaltechnik im MAZ-Bereich verwirklicht. Im Jahr 1995 werden ein neuer MAZ-Raum (MAZ 8) und eine neue MAZ-Bearbeitung (MAB 3) in Betrieb genommen, deren Bild- und Toneinrichtungen in Digitaltechnik nach CCIR/656 bzw. AES-EBU-Standard ausgeführt werden. Für den SDR ist die Realisation dieser digitalen Tonregie-Einrichtungen ein Pilotprojekt.

Dieser kurze Abriß zur Entwicklung der Tontechnik im SDR-Fernsehen kann nicht in allen Punkten vollständig sein, aber ich denke, er vermittelt einen Eindruck, wie und wohin sich die Tontechnik in den vergangenen vierzig Jahren entwickelt hat. Wie es weitergehen wird – darüber ließe sich sicher trefflich diskutieren.

Medienforschung für das SDR-Fernsehen

Kein Diktat der Quote

Von Dr. Michael Buß

»Verwaltungsforschung«

In den ersten Jahren war die Forschung für das Südfunk-Fernsehen primär auf Fragen von Organisation und Verwaltung und nicht auf Programm und Sendungen ausgerichtet. Zunächst wurden Umfragen durch das Institut für Demoskopie IfD Allensbach, also von Frau Noelle-Neumann und Gerhard Schmidtchen, durchgeführt, die im Forschungsschwerpunkt dem Hörfunk dienten. Auftraggeber waren die in der Kommunikationswissenschaft heimischen Intendanten Fritz Eberhard und – seit 1958 – Hans Bausch sowie Programmdirektor Peter Kehm, der in den ersten drei Fernsehjahren neben dem Hörfunk auch das Fernsehen »dirigierte«. Die zumindest jährlich stattfindenden Untersuchungen mit etwa jeweils 1000 Befragten wurden direkt zwischen Intendant/Programmdirektor und dem Institut abgesprochen und die Ergebnisdarstellungen und Interpretationen waren Bestandteil des Beratungsvertrags mit dem Institut.

Bei den ersten Umfragen ging es um das Potential, auf das sich das neue Medium stützen kann, weil zunächst das Fernsehen von der Alimentierung des Hörfunks leben mußte.

»Innovationsphase: Skepsis gegenüber dem Fernsehen«

Im März 1954, als die Haushalte ein Einkommen in Höhe von etwa einem Zehntel des 40 Jahre später Üblichen zur Verfügung hatten, signalisierte nur etwa jeder vierte Befragte ab 18 Jahren im Gebühreneinzugsgebiet des Süddeutschen Rundfunks »sehr großes« Interesse am Fernsehen – im Sektor Landwirtschaft war es gar nur jeder sechste. »Bestimmt« wollten sich ein Fernsehgerät zu einem Preis von etwa DM 1000 (mit monatlichen Kosten in Höhe von etwa DM 15 für Gebühren und Wartung) gerade einmal zwei Prozent anschaffen und neun Prozent sagten »vielleicht«. Allerdings war bei den in der Landwirtschaft Beschäftigten die Quote mit 6 Prozent »vielleicht« noch deutlich geringer: Ende 1954 waren denn auch nur 4663 Teilnehmer im Sendegebiet angemeldet. Die Anmeldungen stiegen sehr zögerlich und 1957 stellte das IfD dann in einer weiteren Befragung fest, daß auf dem Lande und in kleinen Städten – wie entsprechende Erhebungen für Bayern ebenfalls bestätigten – weniger Bereitschaft besteht, sich technische Neuerungen zu »leisten«. Das konnte man für Elektrorasierer, elektrische »Eisschränke« und Fernsehgeräte in gleicher Weise finden. Ursache für diese Skepsis war keineswegs nur das geringere Einkommen, sondern hauptsächlich die konservativere Einstellung gegenüber Neuerungen, ein geringer ausgeprägter Hedonismus und die Ablehnung, sich auf Ratenzahlungen einzulassen. 1958 wurde ergänzend ermittelt, daß die Adoption des Fernsehens den Freiberuflern und Selbständigen am leichtesten fiel, gefolgt von den Angestellten; Beamte lagen im Durchschnitt, Arbeiter bei einem Index von 86 Prozent und landwirtschaftlich Beschäftigte mit einem Indexwert von nur 5 Prozent am Ende der Skala. Insgesamt hatten im Frühjahr 1958 im SDR-Gebiet 11 Prozent der Personen ab 18 Jahren einen Fernseher und 12 Prozent gaben an, an einem durchschnittlichen Werktag fernzusehen – einige als Fernsehgast in anderen Privathaushalten. Die Bildungsstruktur der damaligen Zuschauer war schon aufgrund der finanziellen Lage im Bürgertum der Städte überdurchschnittlich: Der Index für die Fernsehverbreitung lag in der Oberschicht bei 130, in der breiten Mittelschicht waren es 94 und in der Unterschicht 87 Prozent. 1960 gab es in jedem vierten Haushalt ein Fernsehgerät, während sich ca. 60 Prozent der Personen ab 60 Jahren, der in der Landwirtschaft Beschäftigten, der Geringverdiener und der Dorfbewohner »kaum« oder »bestimmt nicht« vorstellen konnten, daß sie sich einmal einen Apparat anschaffen würden.

Das Werbefernsehen konnte, als es sich 1960 beim SDR/SWF als GmbH verselbständigt hatte, in der mittleren Altersgruppe der 30–44jährigen die treuesten Zuschauer verzeichnen. Die Programmbewertung insgesamt war damals bereits eher negativ: 3 Prozent sagten »sehr gut«, 34 Prozent meinten »gut«, 54 Prozent »nicht besonders gut«, 6 Prozent »gar nicht gut« und 3 Prozent machten keine Angabe.

»Ende des Monopols«

In den 50er Jahren hatte es nur ein Programm, das »Deutsche Fernsehen«, von der ARD gegeben. Gegen die Bestrebungen Konrad Adenauers hatte man dann mit einem II. ARD-Kanal auf UHF zu senden begonnen.

1961/62 konnten laut IfD 12 Prozent mittels UHF-Konverter auch ein II. Programm (den Vorläufer des ZDF) empfangen, es blieb jedoch dabei, daß auf dem Lande die Fernsehakzeptanz deutlich geringer war: »Auf dem Lande stockt die Ausbreitung des Fernsehens. Die Motive dafür sind bis heute nur zum Teil aufgeklärt: In den Dörfern sind die Menschen soziologisch anders und vielseitiger verankert als in der Stadt. Man denke nur an die Unterschiede in den Tendenzen des Kirchenbesuchs in Stadt und Land. Die Primärgruppen scheinen auf dem Lande besser intakt: Fernsehen und Primärgruppen aber sind antagonistische Kräfte.«

Auch der Umfang der Fernsehnutzung unterlag noch anderen Bedingungen als heute: Das Wochenende beginnt für die meisten noch am Samstag, den allerdings 42 Prozent bereits frei haben, auf dem Land hingegen haben 73 Prozent noch keinen freien Samstag. 1962 besitzen 38 Prozent einen Fernseher, aber die Unterschiede zwischen Großstadt (48 %) und Dorf (14 %) sind immens geblieben.

1962 wurde vom IfD auch nach der Werbefernsehnutzung und danach gefragt, was im Vorabendprogramm häufiger gezeigt werden sollte: Dokumentarfilme, Abenteuerfilme, Kriminalfilme!

Auch bei der Befragung 1963/64 verweist das IfD wiederum darauf, daß die

Landwirte wenig Interesse am Fernsehen haben, in Baden-Württemberg weniger noch als im übrigen Bundesgebiet. Sechs Monate nach Start des Zweiten Deutschen Fernsehens hatten 49 Prozent im SDR-Gebiet einen Fernsehapparat, 31 Prozent konnten auch das II. empfangen, wobei die Spätanschaffer offensichtlich im Vorteil waren und häufiger auch UHF-Tuner hatten.

»Die Fernsehnutzung am Ende der ersten Dekade«

Das Fernsehangebot stand zu dieser Zeit noch in einem angemessenen Verhältnis zur Nutzung – ohne großes Klagen fanden auch anspruchsvolle Sendungen ihr Publikum. Die maximale Fernsehnutzung wurde bereits damals zwischen 20 und 20.30 Uhr erreicht: 35 Prozent sahen um diese Zeit fern, 23 Prozent hörten Radio. Fünf Jahre später, 1968/69, lag das Fernsehen um 20 bis 20.30 Uhr bei 57 Prozent und der Hörfunk hatte mit 9 Prozent schon fast so wenig Zuspruch wie heutzutage. Natürlich war bereits mit den Anfängen des II. Fernsehprogramms der Ruf nach (besserer) Koordination erschallt und Hans Bausch schaltete sich als Vermittler in diese Runde zwischen dem »Deutschen Fernsehen« und dem »Zweiten Deutschen Fernsehen« ein.

»Infratest und Infratam als Datenlieferanten«

Je mehr Erfahrungen mit dem neuen Medium vorlagen, desto mehr wurden von Verantwortlichen und Machern auch Fragen zum Publikum gestellt: Wieviele schauen zu, wer sieht was (gerne), welche Interessenverteilung liegt vor, wie sieht der Umgang mit dem Fernsehen ganz allgemein, das Zeitbudget der Zuschauer aus? Fragen, die an Relevanz gewannen, als es mehr als ein kleines Programmangebot – also Auswahlmöglichkeiten – gab.

Soweit die IfD-Umfragen hierzu keine Antworten anbieten konnten, kam die sogenannte kontinuierliche quantitative Fernsehforschung zum Zuge, die auf der Nutzerseite erfaßte, was das Publikum mit dem Angebot macht. Helmut Jedele war seit 1953 »Beauftragter« für das Südfunk-Fernsehen gewesen und 1958/1959 sein Direktor bis zur Übernahme der Bavaria-Geschäftsleitung. Horst Jaedicke hatte 1959 – zunächst kommissarisch – die Nachfolge angetreten und dann für lange Jahre das Amt des Direktors des Südfunk-Fernsehens übernommen. Er hatte zu formalen Diskussionen wie zur Koordination eine sehr pragmatische Einstellung. Auch seine Vorstellungen vom Programm entsprangen eher den Erfahrungen, was man machen sollte, als der Analyse des Publikums. Trotzdem spielten die Einschaltquoten von Infratam, die seit Sendebeginn des ZDF am 1. April 1963 im gemeinsamen Auftrag von Erstem und Zweitem in zunächst 625 bundesrepublikanischen Haushalten (125 davon im SDR/SWF-Gebiet) erhoben wurden, eine wachsende Rolle. Sie flossen in die Diskussionen der Programmleute untereinander ein. Insbesondere wurden auch die zusätzlich in mündlichen Interviews erhobenen Sendungsbeurteilungen des Infratest-Instituts (Infratest-Index) und die von diesem Institut erstellten Tageskommentare, die nach vier Wochen vorlagen, zur Kenntnis genommen und bereicherten das Feedback an Kommentaren aus dem Macher-Dunstkreis und den Programmkritiken der Presse. Neben den Urteilen und ergänzenden Inhalten in den täglichen Infratest-Umfragen mit anfangs bundesweit 300 Befragten zu Programmwünschen und Interessen der Zuschauer, boten die Infratest-Berichte auch die Möglichkeit, sich einen Eindruck von der demographischen Zusammensetzung des jeweiligen Sendungspublikums zu machen. Die Berichte waren allerdings stets eher »Herrschaftswissen« und fanden sich in den Schränken von Intendant und Direktor.

»Hauseigene Medienforschung«

Die direkte »äußerliche« Anwendung von demoskopischen Forschungsergebnissen, ohne Vermittlung durch eigene Fachleute, endete jäh, als Hans Bausch 1969/70 ein Medienreferat einrichtete, das erste in der ARD. Gleichzeitig setzte eine Diskussion über die seitherigen Forschungsansätze ein. Die methodischen Änderungen waren um so leichter ins Werk zu setzen, als Hans Bausch zu dieser Zeit als Vorsitzender der Medienkommission ARD/ZDF eine »Verwissenschaftlichung« der Forschung unterstützte. Es kam im Zuge dieser Reform der Meßmethoden zum Einsatz besserer Stichproben, zum Ausbau der Erhebungsbasis auf 600 repräsentative Infratestbefragte pro Tag und zu ersten Infratam-Einschaltquoten auch für die III. Programme. Am schmerzlichsten war jedoch für viele Programmleute die Einstellung der Benotung und des Infratest-Index, weil diese Werte eher von »astrologischem«, denn von sozialwissenschaftlich-objektivem Wert waren. Während das Fernsehen deshalb vielfach die »rosigen« alten Zeiten zurücksehnte, hatte Hans Bausch mit Blick auf die Zukunft erkannt, wie wichtig unangreifbare, objektiv ermittelte Daten für die Weiterentwicklung des Fernsehens im Interesse des Publikums sind. Man benötigt sie insbesondere zum Vergleich und um sich mit der aus den weiter entwickelten Ländern USA und Japan sowie mit dem ZDF bekannten Konkurrenz im Markt auseinanderzusetzen.

»Erste Analysen für Südwest 3«

Für die Planung von S3, das seit April 1969 »on air« war, legte die Medienforschung anläßlich der Programmstruktur-Reform von ARD und ZDF zum 1. 10. 1973 ein Empfehlungspapier vor, das man in Thesen zusammenfassen kann: 1. S3 muß sich als Alternative zu ARD und ZDF anbieten; 2. S3 muß die

Medienforschung für das SDR-Fernsehen

»Lücken« im ARD/ZDF-Koordinations-Korsett (z. B. die sog. Schutzzonen) ausnutzen; 3. Ein Gegenkonzept zum vertikalen Farbenwechsel bei ARD/ZDF könnte ein homogenes S3-Angebot sein; 4. Interessenten von ARD/ZDF-Sendungen sollten zur Vertiefung und Erweiterung übernommen werden; 5. S3 braucht Zugpferde/-sendungen; 6. S3 muß neue Formen erproben wie Talk-Show, Late-Night-Show; 7. S3 muß das Bedürfnis nach regionaler Information befriedigen und Feedback-Möglichkeiten schaffen.

»Tagesablaufstudien«

Die ARD/ZDF-Tagesablaufstudien – beginnend mit dem Jahr 1970 – schufen Grundlagen für eine exaktere Programmplanung: Das ZDF legte – wie Jahre später auch S3 – den Beginn des Abendprogramms auf 19 Uhr, nachdem man beim Zweiten aus den vorausgegangenen Mißerfolgen, der 20-Uhr-Tagesschau ernsthaft Konkurrenz zu machen, und den Tagesablaufstudien entsprechende Empfehlungen ableitete. Hans Bausch dagegen verteidigte – mit Sicht auf die Zwänge der regionalen Vorabendprogramme und die Werbung (er war auch Geschäftsführer der SDR-Werbegesellschaft RFW) und im Interesse einer guten Koordination mit dem ZDF – die 20-Uhr-Tagesschau.

»Neue Formen der Fernsehforschung«

1975 begann in Deutschland die Neuzeit der quantitativen Fernsehforschung: Auf Vorschlag der SDR-Medienforschung wurden die Personen- (Erwachsene und Kinder) und Haushaltserhebungen sowie die Erfassung sämtlicher empfangbarer Programme – auch der Dritten! – in einem Meßsystem zusammengefaßt, im weltweit ersten, elektronischen Push-Button-System der teleskopie, einer Arbeitsgemeinschaft der Institute infas/Bad Godesberg und IfD Allensbach. Dieses System ermöglichte es, am nächsten Tag bereits auf die Nutzungswerte vom Vortag zuzugreifen: Das telequick (später TV-Quick) war geboren. Erstaunlich schnell gewöhnten sich die Redaktionen an diese Dienstleistung und beschwerten sich, wenn es einmal – wegen technischer Probleme – zu Verspätungen kam. Die Miterfassung der Nutzung von Kindern ab 3 Jahren war nicht zuletzt in der neuerlichen Gewaltdiskussion eine wertvolle Erfahrung, die zur Versachlichung des Streits über »Gewalt im Fernsehen« beitrug.

»Kinder und Fernsehen«

Kinder und Fernsehen wurden und blieben ein Reizthema, geschürt von den Ängsten des Bildungsbürgertums über vermutete oder tatsächliche Gewalttendenzen in der Gesellschaft. SDR-eigene Erfahrungen mit der Gewaltdiskussion brachte etwa die Anfang der 70er Jahre ausgestrahlte japanische Serie »Speed Racer«, die nach psychologischen Studien der SDR-Medienforschung aus dem Programm genommen wurde. Außer einer wöchentlichen Kindernachrichtensendung »Durchblick« von Sibylle Storkebaum, die das Medienreferat in Kooperation mit Kommunikationsforschern von der Universität Tübingen begleitete, kam es bis zur Einführung des »Disney-Club« jahrelang nicht mehr zu großen Forschungsanfragen wegen Kinderprogrammaktivitäten, sondern das Südfunk-Fernsehen verlegte sich mehr auf die Jugend: Werner Schretzmeier und Albrecht Metzger entwickelten mit Unterstützung der Medienforschung Jugendsendungen mit direkter Einbeziehung der Zielgruppe für das ARD-Programm. Sie konnten – schon wegen des Sendeplatzes am Sonntagmorgen – nie große Einschalterfolge erzielen.

Die Dritten Programme – S3 wie alle anderen nur regional verbreiteten Programme – waren anfangs mit dem Quotenzauber der teleskopie eher unzufrieden, weil sie darin ihren qualitativen Anspruch nicht angemessen gewürdigt fanden. Am liebsten hätten sie keine Quoten gesehen – es gab leider auch kaum von größeren Quotenerfolgen zu berichten: Zwischen 0 und 2 Prozent lagen die Haushaltseinschaltquoten. Maßnahmen wurden diskutiert und schließlich, nach langen Diskussionen, wurde die Notwendigkeit erkannt, daß man im Massenmedium Fernsehen, und damit auch in S3 – zumindest ab und an – Zuschauer braucht. Daraus resultierte das klassische Wechselstrickmuster der Planung: Information/Unterhaltung/Information/Unterhaltung usw.

»Die Bedeutung des Regionalen«

Gegen Mitte der 70er Jahre hatten Intendant Bausch und seine Direktoren die Bedeutung des Regionalen für die öffentlich-rechtliche Landesrundfunkanstalt ins Visier genommen. Nach Untersuchungen der Medienforschung 1974 in Mannheim, 1975 in Stuttgart und 1975 im Gebiet der Kurpfalz konnte man mit der Akzeptanz der wichtigsten Fernsehsendung in diesem Sektor im Ersten, der »Landesschau aus Baden-Württemberg«, zufrieden sein: 55 Prozent der Mannheimer und Stuttgarter sahen sie zumindest »häufig«. Die Magazinsendung »Abendjournal«, die bereits um 18 Uhr in Südwest 3 gesendet wurde, sahen immerhin 37 Prozent »häufig«. Allerdings war man in Stuttgart mit der Vollständigkeit der Berichterstattung zufriedener als in Mannheim. Auch das landeseigene Äffle (mit dem Stuttgarter Pferdle) vom SDR-Werbefernsehen kam schon Mitte der 70er gut an. Auf SDR-Anregung gab es dann eine bundesweite Studie »Regionale Medien und Bürgerinteressen« 1978/79, die herausfand, daß für viele die Hauptinformationsquelle über das Bundesland das Fernsehen ist – und zwar die regionalen Sendungen im Ersten Programm der ARD-Landesrundfunkanstalten und im jeweiligen Dritten.

»Für und wider ein moderiertes Programm«

1978 hatten es Horst Jaedicke und seine Leute gewagt, in S3 vom starren Zeitkonzept nach dem Schema des Ersten und Zweiten Programms abzugehen: Aus S3 wurde ein durchmoderiertes Programm, dem die Moderatoren/innen ein eigenes, unverwechselbares Gesicht gaben, indem sie Programmankündigungen und aktuelle Informationen an das Publikum heranbrachten und als ›erste Zuschauer‹ alle Sendungen im Studio mitverfolgten. Eine Befragung der SDR-Medienforschung mit 4500 mündlich-persönlichen Interviews ergab 1979, daß jeweils die Hälfte des Publikums das Experiment begrüßten bzw. ablehnten. Gebildetere, Städter und Jüngere bevorzugten dabei eher das neuartige, flexible Angebot, wobei Moderationen von 5 bis 10 Minuten, die zu drei Viertel Nachrichten und zu einem Viertel Programminformationen zum Gegenstand haben, die meiste Zustimmung fanden.

1981/82 wurde mit der teleskopie-Strukturerhebung (11 000 mündlich-persönliche Interviews bundesweit) die Diskussion über das Time-budget von 1970 wieder aufgenommen: Radio und Fernsehen erfüllten komplementär sehr gut das Potential des Publikums zu Hause (wenn es nicht schläft). Der Nutzungsschwerpunkt des Fernsehens lag weiterhin zwischen 20 und 21 Uhr (55 %), wobei von den 14–29jährigen nur 45 Prozent erreicht wurden, von den 30–49jährigen 50 Prozent und von den ab 50jährigen 60 Prozent.

»Medienzukunft«

Die Medienzukunft beschäftigte das Haus seit 1983 zunehmend: 16 Prozent der Baden-Württemberger hatten noch nichts vom – wie es damals hieß – »Kabelfernsehen« gehört, insbesondere ältere Menschen. Von konkreten Planungen und der Existenz wußten 27 Prozent. Über zwei Drittel (70 %) waren allerdings mit dem Umfang des Fernsehangebots bereits zufrieden, nur 35 Prozent wünschten weitere Angebote, und zwar mehr Unterhaltung und nicht, wie die Landespolitiker es propagierten, mehr Informationsvielfalt. Private Fernsehveranstalter wünschten ganze 20 Prozent.

1985 übernahm die GfK-Fernsehforschung das »Erbe« der teleskopie-Fernsehzuschauerforschung: Die Meßtechnik der neuen elektronischen Metergeräte war weiter verfeinert worden. Satellitenreceiver, Videotext und Videorecorder wurden miterfaßt. Das Panel der Meßhaushalte in Baden-Württemberg wurde auf 250 vergrößert, wodurch die Meßgenauigkeit zunahm.

»Programmreform«

Nach der Programmreform 1986 wurde – wie nach fast jeder Reform – ein leichter Rückgang des SW3-Marktanteils verzeichnet. Neu war jedoch die Erkenntnis, daß mit der Zahl der empfangbaren Dritten Programme deren Marktanteil insgesamt deutlich zunahm und dies auch in Haushalten, die bereits die Privatsender RTL-plus und SAT.1 empfangen konnten.

Als das Magazin »Abendschau« – wie das frühere Abendjournal und heutige Landesschau-Magazin zu dieser Zeit hieß –, auf 19 Uhr verlegt worden war, hatte sich die Konkurrenzlage bereits deutlich verschärft. So gehörten 1988 nur 20 Prozent zu den häufigen Nutzern; unter denjenigen, die im allgemeinen schon vor 20 Uhr fernsehen, waren es 37 Prozent. Die Mehrheit begrüßte die spätere Ausstrahlung, einige meinten, das Magazin könnte noch später gebracht werden. Die häufigsten Nutzer waren noch stärker als zuvor die älteren Menschen – dieselbe Tendenz galt für Rheinland-Pfalz, noch deutlicher wurde sie in NRW festgestellt. Die gebotene Mischung von Information und Unterhaltung ist gut gelungen und war der Hauptgrund für die Einschaltung der Sendung, wobei die Auftritte von Musikgruppen nicht von allen positiv aufgenommen wurden. 78 Prozent der Zuschauer sind sehr zufrieden mit der Abendschau Baden-Württemberg. 1990/91 setzte das Publikum in einer Image-Befragung zu Südwest 3 diese positive Einschätzung fort und 55 Prozent stellten für das Programm insgesamt ein Schwergewicht bei der besten Information über das Land Baden-Württemberg und seine Regionen fest. Ebenfalls 55 Prozent sahen bei Südwest 3 die höchste Kompetenz für Kultur- und Bildungssendungen.

Neuerliche Schemaveränderungen zeigten Anfang 1991 Verbesserungspotentiale auf, obgleich die Auswirkungen der politischen Geschehnisse nicht überschaubar erschienen. Die sog. »gestrippte« Serie, die werktäglich – außer mittwochs – lief, machte von Anfang an keine gute Figur; die Wochenendnutzung verbesserte sich.

»Von Planung und Zapping«

1990/91 legte die SDR-Medienforschung eine Reihe Sonderanalysen zum generellen Fernsehverhalten in den 90er Jahren aus Daten der GfK-Fernsehforschung vor, die weithin Beachtung fanden, weil sie ein Zuschauerverhalten erkennen ließen, das alle Macher betroffen macht: Die geplante, sinnvolle Programmabfolge steht in teilweise krassem Gegensatz zur Nutzung durch das Publikum, das fast nach Belieben ein-, um- und ausschaltet. Eine Programmplanung der Zukunft muß versuchen, dieser individuellen »Willkür« Herr zu werden, indem sie gleichzeitig die »Reingucker« und die durchgängigen Zuseher wie auch die zufälligen »Zapper« befriedigt. Da die Auswertungsmöglichkeiten des individuellen Sehverhaltens noch in den Kinderschuhen stecken, kann die Medienforschung dazu – zumindest derzeit – keine Lösungsrezepte anbieten.

Chronik

1952

17. Juli
Rundfunkrat bildet Fernsehausschuß
(Vorsitz Dr. Manfred Müller)

1953

12. Juni
Fernsehvertrag der ARD bestimmt 10%
Anteil des SDR

16. Juli
Drehbeginn »Man erholt sich« –
Provisorisches Fernsehstudio Hoffeld

15. September
Dr. Helmut Jedele Fernsehbeauftragter

10. Dezember
FS-Umsetzer auf dem Degerlocher
Aussichtsturm nimmt Versuchsbetrieb
auf.

Dezember bis Januar
Gründungsteam Jedele, Walser,
Gottschalk und Huber macht Studien-
reisen zu Fernsehproduktionsstätten in
Paris und London.

1954

26. April
Erster Beitrag des SDR zur Tagesschau
(aus Karlsruhe)

1. Juni
Erster Spatenstich Fernsehturm Hoher
Bopser. Entwurf Professor Fritz Leon-
hardt
Landtag setzt Fernsehgebühr auf DM 5,-
fest.

29. Juni
Die Halle 4 auf dem Ausstellungsgelände
Killesberg wird provisorisches Fernseh-
studio

24. August
Erstes Probeprogramm auf dem
Killesberg.

14. September
Änderung des ARD-Fernsehvertrages
senkt SDR-Anteil auf 9%

4. Oktober
SDR übernimmt Regionalsendung
»Sport im Südwesten«, die der SWF
seit 5. 7. ausstrahlt.

3. November
FS-Sender auf dem Fernmeldeturm
Frauenkopf nimmt Betrieb auf

5. November
Fernsehstart des SDR

16. Dezember
Beginn der Sendereihe »Zeitgenossen«
mit Rennleiter Neubauer – 6 Folgen

24. Dezember
Weihnachtsprogramm vom Südfunk
Stuttgart

31. Dezember
4663 FS-Teilnehmer registriert

1955

28. Januar bis 6. Februar
»Fernsehschau Stuttgart 1955« auf dem
Killesberg mit täglichen Filmsendungen
über Ausstellungssender und Frauenkopf

27. Februar
Erste Außenübertragung: Deutsche
Eiskunst- und Eistanzmeisterschaften
im Mannheimer Eisstadion

18. März
Fernsehspiel »Die unruhige Nacht« von
Albrecht Goes, Regie Franz Peter Wirth

30. März
Erste Fußballübertragung
Deutschland : Italien aus dem
Neckarstadion

23. April
Fernsehregionalsendungen auf mittwochs
und samstags 19.00 Uhr erweitert
»Von Rhein und Neckar« (zusammen mit
SWF)

29. April
Erste Fernsehoper des SDR »Das
Telefon« von Menotti, Regie Franz Peter
Wirth

8. Mai
Festakt zum 150. Todestag von Schiller
mit einer Ansprache von Thomas Mann
wird übertragen – angeschlossen das
Schweizer Fernsehen.

3. Juni
»Ein Abend im Tessin«, eine Gemeinschaftssendung mit der Schweiz kommt
wegen Fehler an der Verbindungsstrecke
nie in Stuttgart an

15. Juni
»Guter Rat ist billig« mit Egon Jameson
(3 Folgen)

1. Juli
10 000 Fernsehteilnehmer

16. Juli
HR kommt zum Regionalprogramm
Jetzt: »Von Rhein, Main und Neckar«
(SDR federführend)

26. Juli
Fernsehsender Aalen-Braunenberg in Betrieb

25. August
»Man erholt sich« – Sendung des Films aus den Versuchstagen

29. Oktober
Fernsehsender Hoher Bopser in Betrieb

11. Dezember und 18. Dezember
Industriesendungen für die Verkaufssonntage vor Weihnachten

1956

5. Januar
»Im Blickpunkt«, dokumentarische Sendereihe von Peter Dreesen beginnt

6. Januar
Erstes Nachmittagsprogramm

14. Januar
Erste öffentliche FS-Unterhaltung »7 Wünsche«

5. Februar
Einweihung des Stuttgarter Fernsehturms

4. März
Sondersendung zur Wahl des Landtags von Baden-Württemberg

7. April
Fernsehspiel »Der Hexer« nach Edgar Wallace, Regie Franz Peter Wirth

8. Mai
Dokumentarsendung »Die Vergessenen« löst (zusammen mit einer Hörfunksendung) Spendenaktion (1,5 Millionen) für jüdisches Altersheim in Paris aus

6. Juni
Aus dem Rokokotheater Schwetzingen: »Die schlaue Witwe« von Goldoni

31. August bis 9. September
Deutsche Fernsehschau Killesberg mit täglich 13stündigem Ausstellungsprogramm (308 000 Besucher)

16. Oktober
»Die deutsche Bundeswehr« – Dokumentation von Heinz Huber – anschließend eine Diskussion mit Bundesverteidigungsminister Dr. Franz Josef Strauß

3. November
BR beginnt als erster mit Werbefernsehen

30. Dezember
Fernsehspiel »Jeanne oder die Lerche« von Jean Anouilh, Regie Franz Peter Wirth

1957

1. April
Regionalprogramm jetzt werktäglich im Wechsel mit HR und SWF
Neuer Titel: Abendschau

12. April
»Das Haus der Vergessenen«
Rechenschaftsbericht über die Spendenaktion für jüdische Emigranten in Paris

1. August
Beginn der (dokumentarischen) Reihe »Zeichen der Zeit: Ein Großkampftag« von Dieter Ertel

7. September
Erster Fernsehfilm des Deutschen Fernsehens »Der Richter und sein Henker« – nach Drehbuch Friedrich Dürrenmatt und Hans Gottschalk, Regie Franz Peter Wirth

1. September
Erste Valente-Schau: Bonsoir Kathrin
Regie Bernhard Thieme

21. Dezember
Beginn der Sendereihe »Viel Vergnügen« mit Peter Frankenfeld, Regie Horst Jaedicke und Georg Friedel.
Erster Einsatz des neuen Fernsehübertragungszuges

1958

1. Januar
Dr. Helmut Jedele Fernsehdirektor

23. Februar
»Besuch aus der Zone«, Fernsehspiel von Dieter Meichsner, Regie Rainer Wolffhardt

19. April
»Spannungsfeld Nahost« – Dokumentation in 5 Folgen von Peter Dreesen und Justus Pankau

1. Juni
100 000 Fernsehteilnehmer

27. Juni
Rundfunkrat wählt Dr. Hans Bausch zum neuen Intendanten

1. September
Intendant Bausch beginnt seinen Dienst als Nachfolger von Dr. Fritz Eberhard

12. September
»Expedition ins Unbekannte«
Sendereihe von Hans Hass – 13 Folgen

25. September
»Der Kaukasische Kreidekreis« – Fernsehspiel nach Brecht, Regie Franz Peter Wirth

Chronik

29. November
»Umgang mit Menschen« von und mit Wolf Schmidt
Regie Hans Ulrich Reichert

1959

2. Januar
SDR übernimmt Werbefernsehen der Südschiene (BR/HR/SWF) ohne Eigenprogramm

17. April
Koordinierungsvertrag für das 1. Fernsehprogramm

26. Mai
Rundfunkwerbung Stuttgart gegründet (programmverantwortlich Ernst von Mossner)

6. Juli
»Klasse 7a filmt« – ein Wettbewerb unter Schülern (bis 1963)

10. Juli
Bavaria Atelier Gesellschaft mbH gegründet. Rundfunk-Werbung Stuttgart beteiligt sich mit 25%

1. August
Horst Jaedicke wird kommissarisch Fernsehdirektor.
Dr. Jedele übernimmt Bavaria-Geschäftsführung

21. September
»Wenn Sechse eine Reise tun« – erstes Fernsehmusical, Regie Michael Pfleghar

31. Dezember
Südschiene des Werbefernsehens wird aufgelöst.
Sender Heidelberg-Königstuhl in Betrieb

1960

2. Januar
Süddeutscher Rundfunk und Südwestfunk produzieren eigenes Werbefernsehen im Wechsel (8. Min. reine Werbung)

8. Februar
Bau des Fernsehstudios Villa Berg beginnt

12. Februar
»Verblaßte Fassaden« – Dokumentation über Montreux von Corinne Pulver

21. März
Fernsehstudio II als Provisorium auf dem Killesberg mit Ü-Wagen als Regie in Betrieb genommen

1. August
Horst Jaedicke Fernsehdirektor

31. August
Fernsehstudio Killesberg für 5 Wochen wegen einer Drogisten-Fachmesse geräumt (zweite Räumung 1961, dritte Räumung 1964)

20. September
Südafrika-Berichte von Peter Dreesen – 2 Folgen

21. Oktober
«Das Dritte Reich« – Dokumentation in 14 Folgen von Heinz Huber, Arthur Müller, Gerd Ruge und Waldemar Besson

30. Oktober
»Hier stimmt was nicht« - Kinderquiz mit Arnim Dahl, Regie Korbinian Köberle

16. Dezember
»Bei der Arbeit beobachtet« – Die erste Folge mit Ferenz Fricsay – insgesamt 9 Folgen, Regie Rolf Unkel und Dieter Ertel

1961

1. Januar
SDR und SWF produzieren nach Ausscheiden des HR Abendschau gemeinsam (täglicher Wechsel außer sonntags)

25. April
Magazin »Anno 61« zusammen mit BR Moderator Helmut Hammerschmidt

1. Mai
Badische Fernsehredaktion wird eingerichtet. Redaktionsleiter Ulrich Gläser

1. Juni
SDR beteiligt sich mit 6% am 2. Fernsehprogramm der ARD.
Helmut Hammerschmidt wird Chefredakteur

22. Juli
»Durch die Blume« – Übertragung von der Bundesgartenschau Stuttgart

1. Oktober
Dr. Reinhard Müller-Freienfels wird Leiter des Fernsehspiels

8. Dezember
»Komische Geschichten mit Georg Thomalla« Regie Korbinian Köberle

1962

5. Mai
»Meine Meinung, Deine Meinung« – Quiz mit Klaus Havenstein – Coproduktion mit dem SWF
Regie Hans Ulrich Reichert

1. Juli
Magazinsendung »Anno ...« bekommt den Titel »Report«
Johannes Mohn neuer Leiter der Badischen Fernsehredaktion

11. Juli
»Augenzeugen berichten« Sendereihe eröffnet mit dem Nordpolflug Nobiles. Buch und Regie Hans Ulrich Reichert

6. September
Telstar-Übertragung nach Canada mit Ansprache des Intendanten Dr. Bausch

9. September
Jugendkundgebung aus dem Ludwigsburger Schloß mit Staatspräsident de Gaulle

1. Dezember
Johannes-Heesters-Schau – 3 Folgen Regie Heinz Liesendahl

31. Dezember
Silvesterprogramm mit »Streichquartett« und »Nach Mitternacht im Studio«

1963

1. Januar
SDR-Anteil am 1. Programm sinkt auf 8 %

17. Februar
»Fernfahrer« - Spielserie für Kinder – 8 Folgen

23. Februar
»Schwäbische Geschichten« mit Willy Reichert
10 Folgen, Regie Karl Ebert, Theo Mezger und Bruno Voges

1. April
Erweiterung der Werbung auf 20 Minuten täglich

29. Juni
Letztes Endspiel um die Deutsche Fußballmeisterschaft im Neckarstadion Borussia Dortmund: 1. FC Köln

28. September
»Zirkus Dahl« für Kinder – 10 Folgen

14. November
»Umbruch« (Fernsehspiel mußte wegen Störung abgebrochen werden)

22. November
Sonderprogramm zum Tod von Präsident Kennedy mit Bundestagspräsident Gerstenmaier

1964

1. Januar
Genfer Büro auch für Fernsehberichterstattung eingerichtet – Redaktionsleiter Eberhard Gelbe-Hausen

16. Januar
Adolf-Grimme-Preis in Gold für »Dritte-Reich«-Serie

1. April
Dr. Emil Obermann Chefredakteur Fernsehwerkstatt des SDR eröffnet, Leiter Arthur Müller

3. Mai
»(P)Reise auf Raten« mit Richard von Frankenberg – 12 Folgen

11. Mai
»Lieder, Arien und Geschichten« – Unterhaltungssendung aus der Opernwelt – 6 Folgen – Regie Kurt Wilhelm

11. Juni
Gründung der Maran Film GmbH & Co KG

18. August
»Flug in Gefahr«, Regie Theo Mezger

20. September
»Telemekel und Teleminchen« Puppenspiel mit Albrecht Roser

5. November
Zehn Jahre Südfunk
Fernsehspiel »Die Physiker« von Friedrich Dürrenmatt, Regie Fritz Umgelter

1965

7. Januar
»Fluchtversuch« Fernsehspiel von der Zonengrenze von Rolf Defrank und Gustav Strübel

14. Januar
Adolf-Grimme-Preis für »Zeichen der Zeit«

15. März
Erste Sendung aus dem neuen Fernsehstudio Berg: »Report«

5. April
»Der amerikanische Bürgerkrieg« von Wilhelm Bittorf – 3 Folgen

10. April
Fernsehstudio Berg wird eingeweiht

16. April
Fernsehteam unter Walter Mechtel geht zur Berichterstattung nach Vietnam

24. Mai
Der Baden-Württemberg-Besuch der englischen Königin wird mit 16 Kameras übertragen.
Der Satellit »Early Bird« übermittelt dieses Ereignis bis in die USA

Chronik

7. Juni
»So schön wie heute« Marika-Rökk-Show – 2 Folgen
Regie Heinz Liesendahl

27. August
Deutsche Funkausstellung 1965 Stuttgart
Eröffnung durch Ludwig Erhard
ZDF sendet aus dem früheren Südfunkstudio Halle 4

27. September
»Faust aufs Auge – Hand aufs Herz«.
3 biographische Sendungen mit Bubi Scholz
Regie Klaus Überall

1966

1. Januar
Hans Ulrich Reichert Chef der FS-Produktion

3. Januar
Regionalprogramm für Baden-Württemberg beginnt als Gemeinschaftsproduktion mit SWF. SDR ist »Federführer«

18. Januar
»Der Mitbürger« Fernsehfilm von Wolfgang Menge
Regie Rainer Wolffhardt

2. Februar
»Berichte aus Hinterwang: Die Meerschweinchen«

26. Februar
»Die Girls von Takarazuka«, Michael Pfleghar portraitiert das japanische Revuetheater

1. März
Nahostbüro in Beirut eröffnet
Chef: Walter Mechtel

6. März
»Stuttgarter Gespräch: Wer war Jesus?« – 6 Folgen.
Regie Dr. Franz M. Dülk

14. März
Samuel Beckett inszeniert sein Stück »He Joe« im Stuttgarter Fernsehstudio

1. April
Gemeinschaftliche Abendschau (SDR/SWF) mit Stuttgarter Federführung beginnt

23. Mai
»Wir Menschen« – eine Untersuchung von Hans Hass – 13 Folgen

2. Juni
»Freiheit im Dezember« Fernsehfilm von Leo Lehmann, Regie Fritz Umgelter

4. Juni
»Jugend forscht« mit Günter Wölbert – 24 Folgen

3. Juli
»Königgrätz 1866« von Heinz Huber

4. September
»Reporter anno 20... 30...« Egon Jameson erzählt
»Die sieben Weltwunder« von Artur Müller – 8 Folgen

17. September
»Raumpatrouille« - erste Science-Fiction-Sendung im ARD-Programm (unter Beteiligung des SDR)

19. September
»Zwischenstation« – Journalistische Unterhaltung mit Henno Lohmeyer – 12 Folgen

25. Oktober
»Der Beginn« Fernsehfilm von Günter Herburger. Regie Peter Lilienthal

3. November
»Abenteuer mit Telemekel« von Albrecht Roser

27. November
»Der gute Mensch von Sezuan« von Bertolt Brecht. Regie Fritz Umgelter

1967

1. Januar
Manfred Strobach neuer Leiter der Badischen Fernsehredaktion

29. Januar
»Ferdinand Fuchs bittet um Mitarbeit« – Fälle für junge Detektive – 16 Folgen

5. Februar
»Cartoon« Reihe mit Loriot beginnt – 21 Folgen.
»Sie 67« von Georg Friedel wird mit Helene Weigel als 10teilige Sendereihe eröffnet

14. Februar
Ministerpräsident Filbinger drängt Bundespostministerium auf Ausbau der 3. Fernsehprogrammsender

15. März
Als 1 000 000ster Fernsehteilnehmer erhält Herbert Plauen aus Mannheim-Käfertal ein Fernsehgerät
Dr. Jörg Stokinger Präsident des Verbandes Deutsche Sportpresse
»Miterlebt« – Reihe nach dem Prinzip der Living Camera mit »Der Untergang der Graf Bismarck«
Regie Wilhelm Bittorf

22. April
DAG-Fernsehpreis für Fernsehspiel »Der Beginn« von Günter Herburger

30. April
»Grün für Karlsruhe« - eine Übertragung von der Bundesgartenschau

21. Mai
»Kleiner machen Leute« – das 14. Programm der Münchener Lach- und Schießgesellschaft

19. Juni
»Liebesgeschichten« mit Sonja Ziemann – 6 Folgen.
Beginn der Reihe mit »Smit 2 heiratet«

26. Juli
»Zeichen der Zeit: Der Polizeistaatsbesuch« von Roman Brodmann

25. August
Beginn des Farbfernsehens auf der Deutschen Funkausstellung Berlin.

30. August
»Das Attentat« – Reihe beginnt mit »Der Tod des Engelbert Dollfuß« – 4 Folgen

14. Oktober
Erste Farbsendung des SDR: »Lord Arthur Saviles Verbrechen« nach Oscar Wilde von Herbert Asmodi

18. November
Walter Mechtel in Aden erschossen

2. Dezember
»Die Reise nach Jerusalem« – Ratespiel aus der Welt der Bibel mit Johannes Kuhn

1968

1. Januar
Horst Jaedicke Koordinator für das Fernsehspiel der ARD

8. Februar
Dieter Ertel übernimmt nach dem Tod von Heinz Huber Programmbereich Kultur und Gesellschaft

8. März
Adolf-Grimme-Preis (Silber und Presse) für »Polizeistaatsbesuch« von Roman Brodmann
Preis des Sportfilmfestivals 1968 für »Der Zehnkampf« von Wilhelm Bittorf
Bildübermittlung zur Tagesschau eingerichtet

19. März
»Bel ami« von Helmut Käutner nach Maupassant – 2 Teile

7. April
»Abenteuer des starken Wanja« von Albrecht Roser – 3 Teile

28. April
»Wirb oder stirb« – ein Unterhaltungsfilm von Louis Jent und Reinhard Hauff

29. April
»Chronik der Familie Nägele« von Fritz Eckhardt mit Willy Reichert – 7 Folgen

14. Juni
Jugendwettbewerb »Schreib ein Stück« 1350 Einsendungen von jungen Autoren
»Wer wem was« – Aktion für alle, die gern schenken

1. Juli
Gerhard Konzelmann ARD-Korrespondent in Beirut

1. August
Troika-Farb-Ü-Zug in Betrieb

3. Oktober
»Pro und Contra«-Reihe beginnt
Thema: »Verjährung für Mord«
Moderator Emil Obermann

7. Dezember
SDR beteiligt sich an der »Rudi-Carrell-Schau« zusammen mit Radio Bremen

24. Dezember
»Nußknacker« Ballett von Peter Tschaikowsky
Regie Heinz Liesendahl

1969

14. Januar
»Zeitgeschichte vor Gericht: Der Fall Liebknecht/Luxemburg« von Dieter Ertel
»Physiognomie des Verbrechens« von Georg Friedel – 3 Folgen

19. Februar
»Zeitgeschichte vor Gericht: Der Kampf um den Reigen« von Gustav Strübel

2. März
»Komische Geschichten mit Georg Thomalla« – Neue Auflage – 8 Folgen
Regie Klaus Überall

5. April
Beginn des 3. Programms (»S 3«)
Freitag, Samstag, Sonntag mit HR und SWF

23. April
Internationale Fernsehspieltagung in Stuttgart

31. Mai
Wettbewerb »Schreib ein Stück«
2. Auflage

10. Juni
»Die Zimmerschlacht« von Martin Walser

Chronik

16. bis 20. Juni
Evangelischer Kirchentag Stuttgart

23. Juni
Der 10 000 000 Besucher auf dem Fernsehturm

28. August bis 7. September
Deutsche Funkausstellung Stuttgart

28. August
Erste Sendung »Omnibus« – Fernsehabend mit Gästen und Musik
Moderator Günther Bauer

19. September
»Notizen von Nachbarn« – eine dokumentarische Sendereihe – 13 Folgen

21. September
»p« – Unterhaltung für junge Leute von Werner Schretzmeier – 4 Folgen

30. Oktober
»Rebellion der Verlorenen« von Wolfgang Menge nach Henry Jäger – 3 Teile
Regie Fritz Umgelter

9. November
»Der Attentäter« von Hans Gottschalk
Regie Rainer Erler

29. November
»Gropius & Co«, Erinnerungen an das Bauhaus von Gisela Reich – 3 Folgen

1. Dezember
Ausweichlager Endersbach wird in Betrieb genommen

23. Dezember
»TV intim« von Gisela Reich – eine ARD-Selbstbetrachtung

31. Dezember
»Das kleine Gespenst« Puppenfilm nach Otfried Preussler

1970

1. Januar
Erste Erhöhung der Fernsehgebühr von DM 5.– auf DM 6.–
Sendeleitung des Fernsehens wird selbständige Abteilung, Leiter: Klaus Hohmann

4. Januar
»Das unbekannte Ich« Psychologie mit Tobias Brocher – 13 Folgen

13. Januar
»Sterns Stunde« – Horst Stern beginnt mit Bemerkungen über das Pferd

6. März
Adolf-Grimme-Preis in Gold für »Der Attentäter« von Hans Gottschalk

22. März
»Vidocq« – 13 Geschichten um den Gründer der französischen Kriminalpolizei

22. April
»Wer dreimal lügt« mit Harald Scherer von Edwin Friesch (31 Folgen)

12. Mai
Der Autor führt Regie: »Der Übergang über den Ebro« von Armand Gatti

16. Mai bis 5. Juni
SDR betreibt Farbstudio auf der Internationalen Messe in Kairo

14. Juni
»Päng« ein Kindermagazin – 19 Folgen

27. Juni
»Journal 70/71« – Bericht über einen Krieg, wie wenn es schon Fernsehen gegeben hätte – 7 Folgen

23. Juli
Bundesfilmpreis für den Südfunk-Kameramann Justus Pankau

21. September
Schulfernsehen beginnt

31. Dezember
Abendschau gemeinsam mit Antenne Zürich und Alsace Actualité

1971

5. Februar
Livegeschichten: »Plonk« mit Dieter Hildebrand

7. Februar
Erster Tatort des Südfunks: »Auf offener Straße« von Leonie Ossowski und Gunther Soloview

25. Februar
»Abenteuer heute« von Karl Ebert

16. April
»Jour fix« – eine Sendung für Lehrlinge, Schüler und junge Arbeitnehmer

19. Juni
DFB Pokalendspiel 1. FC Köln – Bayern München
Übertragung aus dem Neckarstadion

8. Juli
6 Tage-Live-Übertragung der Landtagsdebatte über die Verwaltungsreform

1. August
Dr. Heinrich Büttgen übernimmt Fernsehredaktion Mannheim
»Tatsachen über Legenden« Sendereihe mit 4 Folgen

19. September
Das Dritte Programm »S 3« jetzt täglich

21. September
»S 3« beginnt mit Schulfernsehen

28. September
»Task Force Police« – eine englische Serie mit 66 Folgen

12. Oktober
»Lokaltermin« Beginn mit »Tarifkonflikte« Moderator Dr. Kurt Stenzel

1. November
Dr. Franz Dülk Leiter der Ausbildungsstätte für ausländische Fernsehfachkräfte in Berlin

17. November
Unterwasser-Report von Hans Hass: »Das Geheimnis der Cheviot Bay« – bis heute 13 Folgen

24. Dezember
»Ein Bahnhof am 24. Dezember« – Weihnachtliche Live-Sendung vom Stuttgarter Hauptbahnhof

28. Dezember
Der Autor führt Regie: »Warum läuft Herr R. Amok« von Rainer Werner Fassbinder

1972

1. Januar
Keine Tabakwerbung mehr im Werbefernsehen

16. Januar
»Deutschland Deine Schwaben« –
5 Portraits über eine Landschaft und ihre Menschen von Thaddäus Troll und Willy Reichert
Regie Kurt Wilhelm

9. Februar
»Ein Chirurg erinnert sich« von Hans Kilian – 5 Folgen, Regie Bruno Voges

17. Februar
Ottmar Feichtner – Chef der Filmbearbeitung – gestorben (45 Jahre)

9. März
»Millionendiener«
von Karl Günter Simon – 6 Folgen

21. März
Der Autor führt Regie: »Die Edegger-Familie« von Wolfgang Bauer

1. Juli
Dr. Rudolf Gerhardt übernimmt Berichterstattung von den Obersten Bundesgerichten in Karlsruhe

17. Juli
»Der Film des Henkers« – Dokumentation zum 20. Juli von Wolf von Tucher

16. August bis 11. September
Olympische Spiele in München mit 123 Fernsehmitarbeitern und einem neuen Farbstudio des Südfunks

18. August
»Die Kinder von dem Hasenbergl« von Gloria Behrens – 5 Folgen

9. Oktober
»Experimente« – naturwissenschaftliche Reihe für Kinder von Ernst W. Bauer – 14 Folgen

17. Oktober
»Deep end« – Erste Film-Fernseh-Coproduktion
Regie Jerzy Skolimowsky

11. November
»Der blaue Bock« in Stuttgart – Gemeinschaftssendung mit dem Hessischen Rundfunk

1. Dezember
Manfred Strobach Abendjournalchef

17. Dezember
»Grenzstationen: Matterhornhütte« von Dieter Ertel – dokumentarische Sendereihe in 10 Folgen
»Der große Irrtum« – Film-Fernseh-Coproduktion
Regie Bernardo Bertolucci

1973

23. Januar
»Lawinenpatrouille« – 7 Folgen
Regie Theo Mezger

28. Januar
Schweizer Kabarett: »E wie Emil« –
9 Folgen

31. Januar
»Heiß oder kalt« – Ratereihe mit Hans Dieter Reichert – 7 Folgen

14. Februar
»Kompaß« - ein Auslandsmagazin einmal monatlich (Redaktion Ulrich Kienzle)

24. Februar
»Diskuss« - eine Sendereihe für Jugendliche von Werner Schretzmeier und Albrecht Metzger

1. April
Dr. Gustav Strübel (Dramaturg und Autor im FS-Spiel) wird Leiter des Hörfunkstudios Heidelberg-Mannheim

6. Mai
»Abrakadabra« – die Geschichte der Zauberkunst – 10 Folgen, Regie Artur Müller

Chronik

1. August
Erstes farbtüchtiges Fernsehstudio in Betrieb (Studio 4)
SDR übernimmt Troikawagen (HR und SWF steigen aus)
Kurznachrichten zum Abschluß des 3. Programms

2. September
»Ein Lächeln am Fuße der Leiter« – eine Valente-Retrospektive von Gisela Reich – 5 Folgen

16. September
»264626 gibt Auskunft« - Fernsehdirektor Horst Jaedicke stellt sich einmal monatlich live Zuschauerfragen

26. Oktober
»Grenzstationen: Silvrettasee« von Elmar Hügler erhält Preis der Sportfilmtage 73

8. Dezember
Willy Reichert in seinem Haus in Grassau gestorben

10. Dezember
»Große Deutsche« – Dokumentation verschiedener Autoren – 6 Folgen

31. Dezember
Dieter Ertel verläßt SDR und wird Fernsehdirektor von Radio Bremen, Verwaltungsdirektor Friedrich Müller in Ruhestand, Hermann Fünfgeld Nachfolger

1974

1. Januar
Fernsehgebühr wird auf DM 7,50 festgesetzt

19. Januar
»Witzig-witzig« Humoristen stellen sich vor – 11 Folgen

13. Februar
»Eisenbahn« – eine Dokumentation für Kinder – 4 Folgen

15. März
»Teamwörk« – eine Reihe für die Jugend

17. März
Im FS-Wettbewerb der Regionalprogramme in Bremen erhält SDR Abendjournal die meisten Preise

18. März
»Das Auto« – die Geschichte der Motorisierung – 8 Folgen

15. April
»Die Welt der Hedwig Courths-Mahler« (5 Fernsehspiele), Regisseure Tom Tölle, Peter Beauvais, Bruno Voges und Gert Westphal

8. Juni
»Grüezi wohl Herr Osterwald« – 25 Jahre Hazy-Osterwald-Sextett

Fußballweltmeisterschaft – Spiele im Neckarstadion:
15. Juni
Polen – Argentinien
19. Juni
Argentinien – Italien
23. Juni
Polen – Italien
28. Juni
Schweden – Polen

1. Juli
Gerhard Konzelmann Chef Kultur und Gesellschaft
Ulrich Kienzle Chef des Nahostbüros Beirut

16. September
»Bericht aus Zelle ...« – Dokumentation von Roman Brodmann – 4 Folgen

12. Oktober
»Prominente unter dem Hammer« – Coproduktion mit dem Hörfunk

17. Oktober
»Glotzmusik« von und mit Wolfgang Dauner – 4 Folgen

5. November
Fernsehen des Südfunks wird 20 Jahre alt

10. November
»PSI« – Berichte über Unerklärliches 3 Sendungen mit Prof. Hans Bender von Jörg Dattler

31. Dezember
Technischer Direktor Dr. Helmut Rupp in Ruhestand, Dr. Dietrich Schwarze Nachfolger
»Schimpf vor Zwölf« – Silvesterkabarett der Münchener Lach- und Schießgesellschaft

1975

5. Januar
»Krempoli – ein Platz für wilde Kinder« – 10 Folgen, Regie Michael Verhoeven

14. Januar
»Marktplatz« – eine landespolitische Reihe

19. Januar
»Radikal« – neue Diskussionsform im 3. Programm, Moderator Dr. Kurt Stenzel

26. Januar
»Weltspiegel« – zum ersten Mal aus Stuttgart
»Der goldene Sonntag« – eine Spielreihe als Teamarbeit – 18 Folgen

29. März
»Nonstop Nonsens« – Slapstick von und mit Dieter Hallervorden
Regie Heinz Liesendahl – 14 Folgen

31. März
Dr. Rolf Eberhardt, Fernsehtechnikchef, in Ruhestand

15. April
»Schnick Schnack« - Wortspiele mit Prominenten und Klaus Wildbolz – 20 Folgen

10. Mai
»Giro d'Italia – die härteste Schau der Welt« von Michael Pfleghar und Hans Gottschalk

18, Juni
»Spiele wider besseres Wissen: Evas Rippe« – 4 Folgen

30. August
»Hypnoland« – eine Schau mit Martin St. James – 3 Folgen

30. Oktober
»Der heiße Ritt« von Wilhelm Bittorf erhält Hauptpreis der Sportfilmtage 75
»Grenzstationen: Skiflugschanze Planica« von Werner Herzog erhält Hauptpreis der Sportfilmtage 75

23. November
Singvögel als Senderkennzeichen

31. Dezember
Horst Jaedicke gibt Koordination Fernsehspiel ab

1976

18. Januar
»Manegen der Welt« mit Freddy Quinn – 10 Folgen

28. Januar
»Geschichts-Punkte« – Das Leben der Ritter von Inge Suin de Boutemard und Achim Kurz – 6 Folgen

3. Februar
»S 3« – Musikpreis

18. März
Sonderpreis des Stifterverbandes der Deutschen Wissenschaft an Roman Brodmann für »Die grünen Menschen auf Intensiv 1«

13. April
»Insel der Rosen« – Fernsehfilm von Slawomir Mrozek, Regie Franz Peter Wirth

7. August
Sommersonderprogramm (zusammen mit HR, SR und SWF) in »S 3«

26. September
»Durchblick« – Nachrichten für Kinder – beginnt – Moderator Peter Kreglinger

31. Dezember
»Der Mann, der sich nicht traut« Komödie von Curt Flatow mit Georg Thomalla

1977

1. Januar
Büro Mannheim bezieht neue Räume in der Ifflandstraße 2–6

22. Januar
»Auf los geht's los« – Fernsehquiz mit Joachim Fuchsberger zusammen mit dem Südwestfunk – 4 Teile

25. Februar
»Figuren aus dem Bauernkrieg« 4teilige Dokumentation

13. April
Staatsbegräbnis für den ermordeten Bundesanwalt Siegfried Buback in Karlsruhe

24. April
»Ich trage einen großen Namen« mit Hans Gmür
Regie Max Sieber – 8 Folgen

25. Juli
»Magische Namen« – Filmreihe über Rudolf Steiner, Mussolini, Churchill, Kennedy

18. Oktober
»Nach Mogadischu« Sondersendung der Chefredaktion Fernsehen

25. Oktober
Trauergottesdienst und Staatsakt für Hanns Martin Schleyer

2. November
»Meine Mieter sind die besten« – eine Fernsehreihe nach Zuschauerwünschen – 6 Teile

11. November
»Schatten« – drei Stücke von Samuel Beckett

22. November
Studio-Hocketse »Wenn es den reichen Nachbarn nicht gefällt«

1978

6. Januar
»Die wirren Jahre« – Dokumentation der Nachkriegsjahre von Helmuth Rompa – 3 Folgen

9. Januar
Rundfunkrat stimmt Vorbereitungen für Videotext zu.

Chronik

2. März
»Rätselbox« mit Günter Tolar (8 Folgen)

22. März
Der Autor führt Regie: »Amor« von Slawomir Mrozek

3. Juli
Beginn »Schlechtwetterkino« in »S 3«

10. bis 21. Juli
Komödianten-Workshop mit 14 Nachwuchskräften und einem Experten: Peter Frankenfeld

30. August
Übertragung der Vereidigung des neuen Ministerpräsidenten von Baden-Württemberg Lothar Späth

1979

1. Januar
1 736 881 Fernsehteilnehmer gemeldet

Fernsehgebühr beträgt jetzt DM 9,20

Landesschau und Abendjournal firmieren unter dem gemeinsamen Namen »Abendschau«

8. Januar
Samuel Beckett inszeniert zum zweiten Mal sein Stück »He Joe«

13. Januar
»Abendschau am Samstag« beginnt

19. Januar
Rundfunkrat lehnt das von der Landesregierung geplante Kabelfernsehprojekt Mannheim-Ludwigshafen wegen privater Beteiligung und Staatseinfluß ab

7. Februar
»Was wären wir ohne uns« – ein Potpourri in Bild und Ton über die 50er Jahre von Wolfgang Menge und Ulrich Schamoni – 4 Folgen

4. März
»Ich hoffe, daß es ein Leben lang hält« – eine Hochzeit auf der Schwäbischen Alb von Constanze von Schilling erhält den Ersten Preis beim Wettbewerb der ARD-Regionalprogramme in Bremen

21. März
»Glückssachen« – Fernsehspiel mit Paula Wessely von Loek Huisman (Coproduktion mit ORF) erhält Wilhelmine-Lübke-Preis 1978

22. März
»Die Stellvertreter« von Horst Stern erhält Sonderpreis des Stifterverbandes für die deutsche Wissenschaft

5. November
25jähriges Jubiläum des Südfunk Fernsehens

Das Südfunk-Fernsehen feiert heute seinen 25. Geburtstag. Deswegen schenken wir unseren Zuschauern einen freien Abend.

Stutt-
gart

Spanisch-Kurs
Mittwoch 19.30 Uhr
Sonntag 19.00 Uhr

Schul-
fernsehen

Chronik

1979

5. November
25jähriges Jubiläum des Südfunk Fernsehens

3. Dezember
In Karlsruhe wird eine Zweitredaktion der badischen Fernsehredaktion eröffnet

Großer Preis von Deutschland, das Formel-1-Rennen auf dem Hockenheimring, die aufwendigste Außenübertragung in der Bundesrepublik Deutschland; für Motorsport-Fans, wie für Redaktion und Produktion des SDR das Ereignis des Jahres

1980

1. Januar
Manfred Strobach wird Nachfolger von Hans Ulrich Reichert als Fernseh-Produktionschef

13. Januar
Tatort »Kein Kinderspiel« von Peter Scheibler

31. Januar
Erstmals »Verstehen Sie Spaß?« mit Kurt Felix (von 1980–83 als Koproduktion mit NDR, dann nur SDR)

16. März
Landtagswahlen – ARD Live-Berichterstattung

1. April
Manfred Sorn wird Leiter der Fernseh-Studio-Technik

11. April
Jahrestagung des Fernsehprogramm-Komitees der Europäischen Rundfunkunion (UER/EBU) mit 70 Repräsentanten beim SDR in Stuttgart

22. April
Heinz Bühringer, Vorsitzender des Verwaltungsrats des SDR, mit dem Bundesverdienstkreuz ausgezeichnet

27. April
Fernsehspiel: Drei Verfilmungen von Romanen des Schweizer Autors Friedrich Glauser (»eidgenössischer Simenon«)

29. Mai
»In Ulm, um Ulm und um Ulm herum« – 90 Minuten aus Anlaß der Landesgartenschau

21. Juni
Kommunalwahl-Livesendungen in Südwest 3

15. September
Ulrich Kienzle wird FS-Chefredakteur von Radio Bremen

5. Oktober
Bundestagswahl-Sondersendung für die ARD

7. Dezember
SDR strahlt ein Programm des jungen Parodisten Mathias Richling in S3 aus (Entdeckung des SDR-Talentschuppens in Fellbach)

18. Dezember
»Pro und Contra« 100 Sendung Thema: »Palästinenserstaat« mit Live-Schaltungen nach Tel Aviv
Moderation: Emil Obermann

1981

2. Januar
Hermann Fünfgeld wird 50 Jahre alt

28. Januar
Die ARD überträgt dem SDR die Federführung der Berichterstattung über die Olympischen Sommerspiele 1984 in Los Angeles/USA

1. Februar
Termingerechte Inbetriebnahme der umgebauten Einrichtungen der Bild-, Licht- und Tontechnik für die Fernsehstudios I, II und IV

5. Februar
Fernsehturm wird 25 Jahre

10. Februar
»Wünsche, die ich mir erfüllte«, eine Catarina-Valente-Show zu ihrem 50. Geburtstag

12. Februar
»Treffpunkt Fernsehturm« (Stuttgart) und »Treffpunkt Feuerwache« (Mannheim, ab März '82) – Fünf Sendungen als Versuch der Subregionalisierung

13. März
Friedrich Müller, ehem. Verwaltungsdirektor des SDR, feiert seinen 75. Geburtstag

1. April
Südfunk-Tanzorchester Erwin Lehn feiert 30jähriges Jubiläum

26. April
Roman Brodmanns »SOS am Piz Palü« wird von der ARD für den Prix Italia nominiert

1. Juni
Gerhard Konzelmann wird ARD-Fernsehkorrespondent in Kairo für das Nahost Gebiet

1. Juli
Manfred Naegele leitet den Fernsehbereich »Kultur und Gesellschaft«

1. September
Dr. Kurt Stenzel übernimmt die Leitung der Badischen Fernsehredaktion

20. September
Wilhelm Bittdorf dokumentiert die Dreharbeiten zu »Das Boot«

1. Oktober
Dr. Wieland Backes wird Leiter der »Abendschau« (seit 1966 in Kooperation mit SWF)

6. Oktober
Ermordung des ägyptischen Präsidenten Anwar el Sadat: Sondersendung über dieses historische Ereignis vom SDR-Kairo Team

8. Oktober
Samuel Beckett inszeniert seine Kurzspiele »Quadrat I und II«

30. Oktober
Karl Ebert, dem SDR seit über 50 Jahren verbunden, feiert seinen 75. Geburtstag

15. Dezember
»Barockfiguren aus Süddeutschland«, eine 4teilige Reihe der Redaktion Kultur und Gesellschaft

23. Dezember
Intendant Prof. Dr. Hans Bausch wird 60 Jahre

1400 Einsendungen beim Autorenwettbewerb »Jugend- und Seniorenprogramm«

1982

10. Januar
Tatort »Blinde Wut« von Peter Scheibler erreicht eine Einschaltquote von 54%

30. Januar
»Abendschau auf Achse« – an 12 Samstagen präsentiert sich die Abendschau vor Ort

1. März
»Vogel flieg«, Start der sechsteiligen Fernsehspiel-Reihe »Steckbriefe« über die Schicksale von fünf Strafgefangenen

29. März
Prof. Dr. Fritz Eberhard, Intendant des SDR 1949–1958, verstarb im Alter von 85 Jahren

4. April
SDR-Beteiligung am Chabrol-Film »Die Wahlverwandtschaften« (Beitrag zum Goethe-Jahr, deutsch-französische Koproduktion)

25. April
»Landespolitik aktuell« Livesendung von der Feierstunde des Landtags zum 30jährigen Bestehen Baden-Württembergs

9. September
Der Funk- und Fernseh-Pionier Heinz Rudolf Fritsche wird 70 Jahre alt

7. Oktober
Michael Pfleghar inszeniert auf einem Kreuzfahrtschiff eine Bühnenshow auf hoher See: »Wencke voraus« mit Wencke Myhre

14. Oktober
SDR soll vom Rechnungshof geprüft werden – nach Beschluß des Landtags von Baden-Württemberg

17. Oktober
Start der 13teiligen Reihe »Europa unterm Hakenkreuz – Städte und Stationen«, der »Sonderredaktion Drittes Reich« unter Leitung von Hans Ulrich Reichert
Autoren: Roman Brodmann, Helmut Rompa, Rainer C. M. Wagner und Willy Reschl

25. November
»Fernseh-Memoiren« – Aufzeichnung: Prof. Dr. Bausch im Gespräch mit Dr. Georg Kiesinger

»Eurobier nach Deutschland«, die »Pro und Contra« – Redaktion des SDR liefert den politischen Beitrag der ARD für das erste Europäische Satelliten-Versuchsprogramm (Euricon)

SDR liegt mit 458 Südfunk-Beiträgen an die Tagesschau/Tagesthemen der ARD weit über dem Soll von acht Prozent. Nach dem Live-Auftakt von der IFA '81 in Berlin, geht »Ich wollt', ich wär ...« mit 9 x 90 Minuten in Serie

»Ich trage einen großen Namen«, das SDR-Ratespiel wird im Austausch der Dritten Programme die am häufigste übernommene Unterhaltungsserie aller ARD-Anstalten

1983

11. Januar
Klaus Hohmann, Sendeleiter des SDR Fernsehens, stirbt im Alter von 52 Jahren

7. März
Ansagerinnen des Südfunk-Fernsehens wieder im »Ersten« auf dem Bildschirm

1. April
Dr. Heinrich Büttgen wird ARD-Fernsehkorrespondent in Johannesburg, Südafrika

23. Mai
Neue Sendeform in »S3«: der »Große Abend«, historische Themen werden vielfältig aufgearbeitet: mit Filmdokumenten, Spielszenen, Musik und Studiogästen (1. Folge: »Suez«)

1. Juni
Fernsehfilm »Gefährliche Spiele« von Felix Huby, (über Spitzenspieler der Fußball-Bundesliga)

19. Juni
Der EG-Gipfel live in »S3« – Eine zweistündige Auftaktsendung zur Ankunft der Regierungschefs in Stuttgart

Chronik

30. Juni
Hans Ulrich Reichert, ehemals Produktionschef und Leiter der Sonderredaktion »Europa unterm Hakenkreuz« tritt in den Ruhestand

6. Juli
SDR Stuttgart strahlt die fünftausendste »Landesschau« für Baden-Württemberg aus

31. Juli
Bundesfinanzminister a. D. Prof. Dr. Alex Möller scheidet aus dem Verwaltungsrat des SDR aus

1. September
Wolf Trippel wird Leiter des neugeschaffenen SDR Videotext-Redaktion »Südfunk-Text«

25. September
Jugendserie »Hoffmans Geschichten«, Regie Werner Schretzmeier, sonntags um 11.15 in der ARD

12. November
Zum 60. Geburtstag von Loriot große SDR/RB Samstagabendsendung

29. November
SDR Media-Preis Verleihung an Sir Hugh Carlton Greene

16. Dezember
Erste Aufzeichnung »Prominenz im Renitenz« mit Plauderer Elmar Gunsch

25. Dezember
Zweiteiliges Feature von Hans Beller über den gebürtigen Schwaben und späteren Boss der Hollywood-»Universal-Studios« Carl Laemmle

28. Dezember
»Unser Mann aus dem All – Ulf Merbold, der erste deutsche Astronaut«, Dokumentation von Helmar Spannenberger

Im Krisengebiet Nah-Ost, vor allem im Libanon, mehrere Kamerateams und drei Korrespondenten (Konzelmann, Staisch und Leclerq) im Einsatz

Fernsehgebühr beträgt DM 11,20

1984

1. April
Der »Südfunk-Text« startet zunächst als Versuchsprogramm

5. April
Das gemeinsame Dritte Fernsehprogramm von SDR/SWF und SR wird 15 Jahre alt

17. Mai
50. Folge »Wer dreimal lügt« mit Wolfgang Spier

26. Mai
Unvorhergesehener Großeinsatz für die Fernsehproduktion – der VfB wurde Deutscher Fußballmeister

31. Mai
Horst Jaedicke, seit 1960 Fernsehdirektor, tritt in den Ruhestand – sein Nachfolger wird Dr. Hans Heiner Boelte

15. Juli
Übertragung der Feier zum 450. Geburtstag der Evangelischen Landeskirche in Württemberg in Südwest 3

29. Juli bis 13. August
Übertragung der XXIII. Olympischen Sommerspiele in Los Angeles – 16 Tage lang sind etwa drei Hundertschaften von Mitarbeitern des SDR im ARD/ZDF-Team Tag und Nacht im Einsatz, sowohl vor Ort in Kalifornien, wie im Heimatstudio in Stuttgart, für das im Studio 1 die Redaktionen von ARD und ZDF einquartiert sind.

»Kinder malen Olympia« – mit 156 000 Arbeiten beteiligen sich kleine Fernsehzuschauer an dem ARD-Wettbewerb, der mit einem Kinderfest im Park der Villa Berg abgeschlossen wird

5. November
Fernsehen des Südfunks wird 30 Jahre alt

12. Dezember
Glanzstück im Weihnachtsprogramm: »Ein Weihnachtstraum« von Friedrich Hechelmann und Peter Weisflog

1985

1. Februar
Ernst Elitz wird Chefredakteur des Südfunk-Fernsehens – Dr. Emil Obermann, über 20 Jahre Chefredakteur, geht in den Ruhestand

1. März
Walter Helfer neuer Fernsehkorrespondent im ARD-Büro Naher Osten (Kairo-Beirut)

31. März
Dr. Reinhard Müller-Freienfels, Leiter der Hauptabteilung Fernsehspiel, geht in den Ruhestand – seine Nachfolge übernimmt Werner Sommer

8. Mai
ARD Programm: »8. Mai – die Sendung zum 40. Jahrestag der deutschen Kapitulation«, von Rainer C. M. Wagner, Willy Reschl und Helmut Rompa, präsentiert von Emil Obermann

22. Mai
Neues Programmschema für Südwest 3 verabschiedet. Das reformierte Programm wird als »regionale Alternative« zu ARD und ZDF sowie zu künftigen kommerziellen Angeboten konzipiert

2. Oktober
Alex Möller, der frühere langjährige Verwaltungsratsvorsitzende des SDR, stirbt im Alter von 82 Jahren

26. November
Sendestart des Dreiteilers »Das Boot«, Koproduktion mit dem WDR (mit dem »Emmy Award« ausgezeichnet)

1986

1. Januar
Neue Rundfunkgebühr: Fernsehen
DM 16,60

5. Januar
»Bravo Catrin«, Hommage an Caterina Valente zu ihrem 50jährigen Bühnenjubiläum. Die Sendung erreicht eine Einschaltquote von 42%

29. Januar
»Die Zukunft hat Geburtstag« – eine Veranstaltung der Automobilindustrie zum 100. Geburtstag des Autos, die der SDR aus der Hanns-Martin-Schleyerhalle überträgt – laut Pressekritik der »Flop des Jahres«

20. Februar
Nach 131 Sendungen »Pro & Contra« Stabwechsel von Emil Obermann zu Ernst Elitz

13. April
Anläßlich des 80. Geburtstages von Samuel Beckett, dem weltberühmten Autor, wird in Südwest 3 als »Hommage à Beckett« eine Zusammenfassung aller seiner Fernsehspiele präsentiert

23. April
ARD-Werbetreff in Stuttgart im Neuen Schloß, von Ministerpräsident Lothar Späth eröffnet

1. Mai
Südwest 3 erhält neue Programmstruktur – Ausbau zum Vollprogramm – u. a. »Neun Aktuell«, die Nachrichtensendung um 21.00 Uhr (Federführung für Baden-Württemberg beim SDR)

30. Juni
Dr. Heinrich Büttgen, seit 1983 ARD-Fernsehkorrespondent in Johannesburg, wird aus Südafrika ausgewiesen

1. Juli
Manfred Strobach übernimmt als Stellvertreter des Fernsehdirektors die Sendeleitung des SDR-Fernsehens. Sein Nachfolger als Produktionschef wird Dr. Dieter Schickling

14. Juli
Badische Fernsehdirektion feiert ihr 25jähriges Bestehen, verbunden mit dem Richtfest für den Studio-Neubau des SDR in Mannheim

26. August bis 31. August
Leichtathletik-Europameisterschaften in Stuttgart – 60 Stunden Live-Sendungen für die europäischen Fernsehpartner produziert. Juan Antonio Samaranch (Präsident des IOC) lobt die »exzellenten Fernsehübertragungen«

10. Oktober
Media-Preis des SDR an den ehemaligen ZDF-Intendanten Prof. Dr. Karl Holzamer

1. November
Karl Dieter Möller übernimmt die Leitung der Fernsehredaktion »Recht und Justiz« in Karlsruhe

23. Dezember
Prof. Dr. Hans Bausch, seit 1958 Intendant des SDR, feiert seinen 65. Geburtstag

1987

1. Februar
Dr. Wieland Backes übernimmt die Leitung des neuen Fernseh-Programmbereichs »Talks und Sonderformen«

14. Februar
Erste Sendung »Nachtcafé – Gäste bei Wieland Backes«

1. April
Kristina Reichert wird Leiterin der »Abendschau«

2. April
Dr. Jörg Stokinger, früher Leiter der Redaktion Fernsehen-Sport, stirbt mit 62 Jahren

29. April bis 21. Juni
35. Schwetzinger Festspiele – Fernseh-Livesendung der Rossini-Oper »Die Italienerin in Algier« unter der Leitung von Michael Hampe und Ralf Weikert

18. Juni
»Super Drumming«, sechsteilige Serie – in Stereo – präsentiert von Pete York

29. August bis 6. September
SDR festigt seinen Ruf als »Sportsender« durch erfolgreiche Berichterstattung von den Leichtathletik-Weltmeisterschaften in Rom

1. Oktober
Dr. Christof Schmid wird Leiter der neu geschaffenen Fernseh-Hauptabteilung »Kultur, Spiel und Unterhaltung«

7. November
Im Alter von 83 Jahren stirbt Oberkirchenrat i. R. Dr. Manfred Müller, von 1969–1979 Vorsitzender des SDR Rundfunkrats

Der SDR erhält den Auftrag der ARD-Programm-Konferenz, alle Übertragungen von den Olympischen Sommerspielen 1992 in Barcelona federführend zu verantworten

Südwest 3-Telefon 26 46 26 hat weit über 3500 Anregungen, Wünsche, Beschwerden, Lob und Tadel, Anregungen und Kritik registriert

Im Fernseh-Archiv lagern jetzt 43 723 Beiträge auf unterschiedlichen Bild- und Tonträgern

Chronik

1988

1. Januar
SDR-Intendant Prof. Dr. Hans Bausch erneut ARD-Vorsitzender

20. März
Landtagswahlen in Baden-Württemberg – Live-Berichterstattung im Fernsehen der ARD und in Südwest 3 (Wahlstudio im Neuen Schloß in Stuttgart)

1. April
Viktor von Oertzen wird Leiter des neuen Fernseh-Programmbereichs »Politik und Gesellschaft«

28. April
Im ARD-Gemeinschaftsprogramm Feature von Roman Brodmann: »Die Wahl nach Barschel«, die Folgen einer politischen Affäre

31. Mai
Günter Wölbert, Sportchef des SDR-Fernsehens geht in den Ruhestand, sein Nachfolger wird Gerhard Meier-Röhn

9. Juni
Zur Neuordnung des Rundfunks im Südwesten greift Baden-Württembergs Ministerpräsident Lothar Späth die Frage nach einer Struktur-Reform des öffentlich-rechtlichen Rundfunks im deutschen Südwesten wieder auf

17. Juni
Uraufführung im Rokokotheater in Schwetzingen – »Achterloo IV« – Schauspiel von Friedrich Dürrenmatt, Inszenierung: Friedrich Dürrenmatt, Bühnenbild: Josef Svoboda

8. September
Einweihungsfest des Gebäudes »Teckstraße«, neues Arbeitsumfeld für kreative Fernseh-Redaktionen

1. Oktober
Theo Mezger, Fernsehregisseur (u. a. »Tatort«) geht in den Ruhestand

3. Oktober
Sendestart der 13teiligen Fernseh-Serie »Oh Gott, Herr Pfarrer« im ARD-Programm

6. Oktober
Brodmann-Feature »Das ARD-Flaggschiff« – Bericht über ARD-Aktuell/Hamburg

8. Oktober
Premiere der neuen Sendereihe »Auf der Couch« in Südwest 3, mit Luigi Colani

21. Oktober
SDR Studioneubau in Mannheim vollendet

4. Dezember
Zum ersten Mal »ARD-Sportgala« – 100 Minuten live aus dem neuen Forum-Theater in Ludwigsburg mit TED-Abstimmung zur »Sport Eins«

1989

14. Januar
Von allen Dritten Programmen der ARD wird »Dürrenmatts großes Welttheater«, sein letztes Stück »Achterloo IV«, dazu eine Proben-Dokumentation von Roman Brodmann, übertragen. Produzent ist Gerhard Konzelmann

6. Februar
Fernsehjournalistin (Abendschau und Feature) Gisela Reich-Kyriakidis gestorben (51 Jahre)

1. April
Manfred Sorn neuer Leiter der Hauptabteilung »Technischer Fernsehbetrieb«

14. Juni
»Gorbatschow in Baden-Württemberg« – Live-Berichterstattung von mehreren Schauplätzen für Südwest 3 und ARD

20. Juli bis 31. Juli
»World Games Karlsruhe« – eine neue Erfahrung für die Badische Fernsehredaktion, die mit etwa 100 Mitarbeitern von SDR, SWF und NDR in vorbildlicher Kooperation die Spiele zu einem Medienereignis werden läßt

15. September
Beim »World Cinema Stunt Festival« in Toulouse gewann das TV-Team unter der Leitung von Helmar Spannenberger den ersten Preis

22. September
SDR Rundfunkrat wählt Hermann Fünfgeld zum Intendanten des SDR. Er wird Nachfolger von Prof. Dr. Hans Bausch ab 31. Dezember

1. Oktober
Neues elektronisches Grafik-Design-Zentrum des SDR in Betrieb

27. Oktober
Staatsministerium Baden-Württemberg stellt dem SDR das McKinsey-Gutachten »Neuordnung des öffentlich-rechtlichen Rundfunks im Südwesten« zur Stellungnahme zu (SDR und SWF üben profunde Kritik – nicht nur wegen eklatanter Rechenfehler)

30. Dezember
Fernseh-Abschiedssendung für Hans Bausch »Glück gehabt«

31. Dezember
Prof. Dr. Hans Bausch, seit 1. September 1958 Intendant des SDR, geht in den Ruhestand

EBU-Science-Producers-Konferenz, SDR Gastgeber für TV-Wissenschaftsjournalisten aus Europa

50 000 selbstproduzierte Sendeminuten im Kalenderjahr

1990

1. Januar
Als Nachfolger von Prof. Dr. Bausch wird Verwaltungsdirektor Hermann Fünfgeld Intendant des SDR (Wiederwahl 1993)

3. Januar
Innenpolitischer Schwerpunkt: die deutsche Vereinigung. Gegenstand mehrerer SDR-Brennpunkte

3. Januar
»Auf der Couch«: Inge Meysel; weitere Sendungen mit: Wolfgang Joop, Tomi Ungerer, Manfred Krug, Monika Griefahn, Niki Lauda und Marcel Reich-Ranicki

1. Februar
Roman Brodmann, mehrfach ausgezeichneter Dokumentarfilmer (über 70 SDR-Beiträge), stirbt in Basel

12. Februar
Kooperationsvereinbarung zwischen dem SDR und SWF vertraglich abgeschlossen

15. Februar
Margret Wittig-Terhardt leitet die neue Direktion »Finanzen und Recht«

12. Mai
Start des Kirchenmagazins »Miteinander« (jeden 2. Samstag in Kooperation mit dem SWF)

31. Mai
Arno Henseler, langjähriger Leiter der »Landesschau«, geht in den Ruhestand

27. August bis 1. September
Federführung für ARD/ZDF bei Leichtathletik-Europameisterschaften in Split/Jugoslawien

12. Oktober
»Im Gespräch« – Ernst Elitz mit Bundespräsident Richard von Weizsäcker

21. Oktober
»Fernost in Südwest« – China-Woche in Südwest 3

26. November
Fernsehspiel: 13teilige Reihe »Pfarrerin Lenau«

30. November
Edwin Friesch, Chef der Fernseh-Unterhaltung, geht nach 27jähriger Tätigkeit in den Ruhestand
Dr. Dieter Schickling übernimmt als Hauptabteilungsleiter »Kultur, Spiel, Unterhaltung«

1. Dezember
Live-Sendung »Verstehen Sie Spaß« mit Kurt Felix erreicht eine Traum-Einschaltquote von 46% bei über 18 Millionen Fernseh-Zuschauern

14. Dezember
Schweizer Dramatiker Friedrich Dürrenmatt (mit zahlreichen Stücken im SDR vertreten) gestorben

»Tiger, Löwe, Panther«, eine SDR-Auftragsproduktion der Bavaria, erhält Fernsehspielpreis der Deutschen Akademie der darstellenden Künste

Beginn der Umrüstung der EB-Ausrüstungen von U-Matic-High-Band auf Beta-SP

1991

5. Januar
»Schlagende Beweise« – Fernsehfilme – kombiniert aus inszenierten und dokumentarischen Elementen zu wissenschaftlichen Methoden der Verbrechensaufklärung – Koproduktion des SDR mit Partnern aus Neuseeland (TVNZ), Australien (ABC) und England (BBC)

14. Januar
Der Golfkrieg – die bislang größte Herausforderung für das SDR-Team im ARD-Büro Nah-Ost (Kairo). Neben der aktuellen Berichterstattung werden in elf Brennpunkten die Kriegsereignisse geschildert und bewertet (Einschaltquoten bis zu 36%)

24. März
100. Sendung »Ich trage einen großen Namen«, und immer noch ein Publikumsrenner

31. Mai
Werner Sommer, Leiter des Programmbereichs Fernsehspiel und Spielfilm, geht in den Ruhestand

8. Juli
Prof. Dr. Gerhard Häussler wird zum Vorsitzenden des Rundfunkrates gewählt

1. August
Andreas Cichowicz neuer ARD-Korrespondent in Johannesburg

13. August bis 25. August
Von der Rad-WM in Stuttgart werden unter Federführung des SDR 30 Stunden Programm in ARD/ZDF und in Südwest 3 gesendet

14. November
Dr. Franz Dülk wird zum Geschäftsführer des neugegründeten »Haus des Dokumentarfilms« bestellt

23. November
Prof. Dr. phil. Dr. h. c. Hans Bausch, von 1958 bis 1989 Intendant des Süddeutschen Rundfunks, stirbt kurz vor Vollendung seines 70. Lebensjahres – Südwest 3 überträgt die offizielle Trauerfeier aus dem Studiosaal des SDR

Chronik

1992

5. April
Landtagswahlen in Baden-Württemberg – Livesendung aus dem Wahlstudio im Stuttgarter Landtag für ARD und Südwest 3

25. April
Zum 40jährigen Bestehen Baden-Württembergs wird der Festakt aus dem Großen Haus der Württembergischen Staatstheater live gesendet

1. Mai
Fernsehdirektor Dr. Hans Heiner Boelte übernimmt zusätzliche Aufgaben für die ARD als nebenamtlicher Koordinator für kirchliche Sendungen und für Musikprogramme

30. Mai
Der europäische Kulturkanal ARTE, 1990 durch einen Staatsvertrag zwischen Frankreich und Deutschland beschlossen und im April 1991 gegründet, geht auf Sendung – getragen von ARD, ZDF und dem französischen Kulturkanal La Sept (vom SDR kommen 2%, d. h. ca. 35 Programmstunden im Jahr)

17. Juni bis 21. Juni
Über fünfeinhalb Stunden Berichterstattung vom Katholikentag in Karlsruhe

25. Juli bis 9. August
25. Olympische Sommerspiele in Barcelona – unter Federführung des SDR, der erneut auch für Produktion und Technik verantwortlich zeichnet, werden in ARD, ZDF, Eins plus und 3sat 340 Stunden live gesendet

17. Oktober
»Verstehen Sie Spaß« wieder als große Samstagabendshow in der ARD – erstmals mit neuem Moderator Harald Schmidt live aus dem Forum in Ludwigsburg

31. Oktober
Guntram von Ehrenstein, Leiter der Abteilung »Bearbeitung Bild« und Walter Leitenberger, Leiter der Abteilung »Kamera«, gehen in den Ruhestand

6. Dezember
»Bienzle und der Biedermann« – D. W. Stecks Debut als neuer Tatort-Kommissar vom SDR

25. Dezember
»Tancredi« – Oper von Gioacchino Rossini, Ausstrahlung einer Opern-Eigenproduktion des SDR-Fernsehens, aufgezeichnet im Rokokotheater in Schwetzingen unter der Leitung von Gianluigi Gelmetti und des Radio-Sinfonie-Orchesters Stuttgart, inszeniert von Pier Luigi Pizzi

»Drei in einem Boot« – erste gemeinsam produzierte Unterhaltungssendung der Landesprogramme von SDR, SWF und SR aus dem Land, geht mit 10 Folgen im Sommer auf Sendung

»Senegal – Alternativer Tourismus« von Rudolf Werner erhält den 1. Preis beim Wettbewerb Internationaler Tourimusfilm »Toura d'Or«

1993

1. Januar
Manfred Sorn leitet die neue Hauptabteilung »Fernseh-Produktionsbetrieb« Dr. Kurt Stenzel, Leiter der Badischen Fernsehredaktion, übernimmt zusätzlich die Geschäftsführung im »Haus des Dokumentarfilms«

1. Februar
Dr. Franz Dülk, Geschäftsführer im »Haus des Dokumentarfilms«, geht in den Ruhestand

23. April
Internationale Gartenbauausstellung (IGA) in Stuttgart – Live-Übertragung der Eröffnungsfeier auf dem Killesberg

1. Juni
Die Landesschau Baden-Württemberg wird im Doppelpack mit der Tagesschau ins Südwest 3-Programm verlegt

19. Juli bis 25. Juli
Partnerschaftswoche: »Fernost in Südwest« – zahlreiche Beiträge in Südwest 3 aus der Region von Jiangsu TV, Nanjing (Partnersender des Süddeutschen Rundfunks in China)

13. August bis 22. August
Leichtathletik-WM in Stuttgart – die umfangreichste Sportberichterstattung für Fernsehen und Radio in der Bundesrepublik Deutschland in den letzten 20 Jahren, bewältigt von »S.T.A.R.T. '93« (Stuttgart Athletics Radio Television) – produktionstechnischer Zusammenschluß von SDR, SWF und ZDF für die Leichtathletik-Weltmeisterschaft

27. August
ARD/ZDF und Südwest 3 beginnen mit der zusätzlichen Ausstrahlung über ASTRA-Satelliten

27. September
Hermann Fünfgeld als Intendant des Süddeutschen Rundfunks wiedergewählt

27. November
Harald Schmidt, Showmaster von »Verstehen Sie Spaß?« erhält die »Goldene Europa 1993« außerdem eine »Goldene Kamera«, einen »Bambi« und einen »Telestar«

Bei den 40. Werbefilm-Festspielen in Cannes erhielten ARD und ZDF für den TV-Spot »Schienbeintreter« aus der TV-Spot-Serie »1. Reihe« den einzigen »Goldenen Löwen« für Deutschland – An der »1. Reihe – Kampagne« ist der SDR maßgeblich beteiligt

1994

3. Februar
»Gemischte Gefühle«: erstes Thema »Leidenschaft« – neue Talk-Show in der ARD, mit Dr. Wieland Backes

23. Februar
Dr. Emil Obermann, ehemaliger Fernseh-Chefredakteur, im Alter von 73 Jahren verstorben

23. März
»Die Rachegöttin«, SDR-Fernsehspiel im Programm der ARD

26. März
Dr. Günther Bauer, Fernsehjournalist, verstorben im Alter von 65 Jahren

1. April
Ernst Elitz, Fernseh-Chefredakteur des SDR, wechselt zum Deutschlandradio als neugewählter Intendant

3. bis 28. April
»Jahrhundertwahl in Südafrika« – zahlreiche Filmbeiträge in der ARD und in Südwest 3 – Redaktion: Andreas Cichowicz

5. April
»25 Jahre Südwest 3« – ein Gemeinschaftsprogramm von SDR, SWF und SR. Zum Jubiläum präsentiert der SDR den Zuschauern als Kostprobe des Zeitgeschmacks die erste Sendung »Omnibus« von 1969

22. April
Video-Satellitenkonferenz zum »Tag der Erde« live aus Stuttgart mit US-Vizepräsident Al Gore

1. Juni
Dr. Kurt Stenzel, bisheriger Leiter der Badischen Fernsehredaktion und seit 1993 Geschäftsführer des »Hauses des Dokumentarfilms«, wird neuer Fernseh-Chefredakteur des Süddeutschen Rundfunks

23. Oktober
»Kennen wir uns?« – neue SDR Quiz-Show zum Thema wiedervereintes Deutschland, Sendung in Südwest 3

26. Oktober
SDR-Fernsehen produziert das Fernsehspiel »Drei Tage im April« – Buch und Regie Oliver Storz

28. Oktober
209. ARD-Kindersendung »Disney-Club« vom Süddeutschen Rundfunk produziert

5. November
40jähriges Jubiläum des SDR-Fernsehen

Das Denkmal als Kunstwerk. Von Mai bis Oktober 1993 machten 24 leuchtendrote, 16 Meter lange Windsäcke des slowenischen Installationskünstlers Branko Šmon den denkmalgeschützten Fernsehturm zum Kunstobjekt.

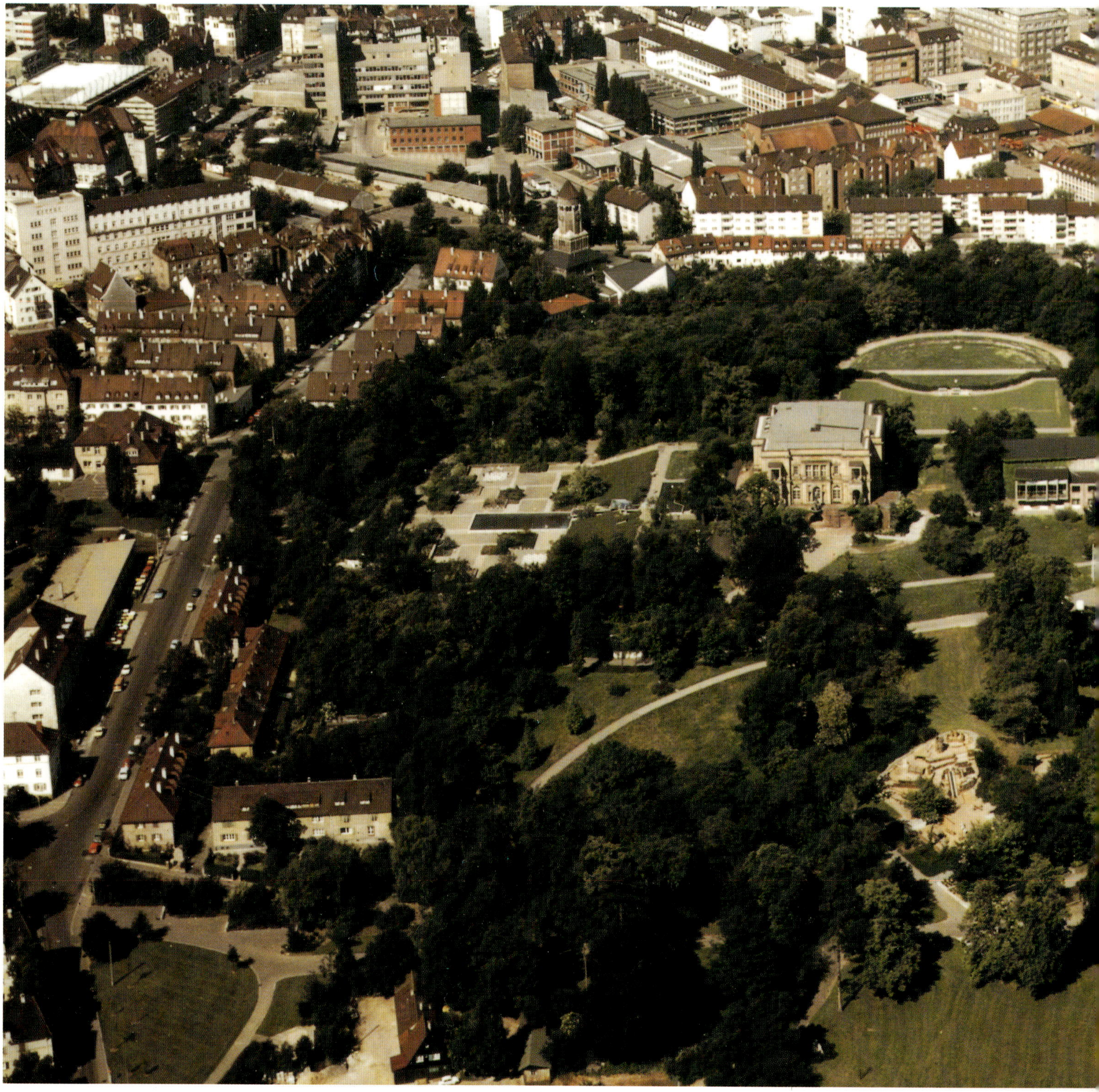

Die SDR-Gebäude um die historische Villa Berg (Mitte): das Fernsehstudio rechts vorn, dahinter das Kasino, links daneben das Funkstudio und rechts hinten die drei Hochhäuser des Hörfunk-Komplexes.

Die Organe des Süddeutschen Rundfunks

Stand: November 1994

Rundfunkrat

Der Rundfunkrat ist die Vertretung der Öffentlichkeit auf dem Gebiet des Rundfunks (Hörfunk und Fernsehen) und damit oberstes Organ des SDR. Ihm gehören 33 Mitglieder als Vertreter gesellschaftlicher Gruppen an. Die Mitglieder werden auf vier Jahre gewählt und zwar von dem im Rundfunkgesetz (Gesetz Nr. 1096 vom 21. November 1950 bzw. in der als Bestandteil des Gesetzes geltenden Satzung) festgelegten Kreis entsendungsberechtigter Organisationen. Die Mitglieder des Rundfunkrates dürfen nicht Mitglieder der Regierung oder Angestellte einer privaten oder öffentlich-rechtlichen Rundfunkgesellschaft sein und auch nicht anderen Aufsichtsgremien von Rundfunkanstalten o. ä. Institutionen (z. B. ZDF, LfK) angehören. Ein Vorsitzender und ein Stellvertreter werden jährlich aus der Mitte des Rundfunkrates gewählt.

Die Ausschüsse des Rundfunkrates

Aus der Mitte des Rundfunkrates werden vier Programm-Ausschüsse gebildet. Es sind dies: der Fernseh-Ausschuß, sowie für den Hörfunk der Politik-Ausschuß, der Kultur-Ausschuß und der Musik-Ausschuß. Aus der Arbeit der Ausschüsse wird regelmäßig zusammenfassend in den öffentlichen Sitzungen des Rundfunkrates berichtet.

Verwaltungsrat

Der Verwaltungsrat des SDR ist für die Überwachung der Geschäftsführung und die Sicherstellung der wirtschaftlichen Grundlagen des SDR verantwortlich. Er besteht aus neun Mitgliedern, von denen fünf vom Rundfunkrat, vier vom Landtag jeweils auf die Dauer von vier Jahren gewählt werden. Die Mitglieder des Verwaltungsrates dürfen ebenso wie die Rundfunkratsmitglieder nicht Mitglieder der Regierung oder einer öffentlich-rechtlichen oder privaten Rundfunkgesellschaft oder ihrer Aufsichtsgremien sein. Sie müssen über wirtschaftliche, finanzielle und organisatorische Kenntnisse und Erfahrungen verfügen, die sie befähigen, den SDR in allen geschäftlichen Angelegenheiten zu beraten und zu überwachen. Der Vorsitzende des Rundfunkrates sowie der/die Vorsitzende des Personalrates und sein/e Stellvertreter/in nehmen beratend an den Sitzungen des Verwaltungsrates teil.

Der Verwaltungsrat stellt den Haushaltsplan für den SDR fest. Er überwacht die Geschäftsführung des Intendanten in wirtschaftlicher Hinsicht und muß zu wichtigen Organisations- und Personalentscheidungen des Intendanten seine Zustimmung erteilen. Der Rundfunkrat hat den Verwaltungsrat bei der Wahl des Intendanten anzuhören.

Die Sitzungen des Verwaltungsrates sind nicht öffentlich. Das gilt auch für die Sitzungen seiner Ausschüsse.

Der Verwaltungsrat hat aus seiner Mitte drei Ausschüsse gebildet, nämlich den Personal- und Organisations-Ausschuß, den Finanz-Ausschuß und den Ausschuß für Bauliche und Technische Anlagen des SDR (ABTA).

Intendant und Geschäftsleitung

Intendant:
Hermann Fünfgeld, Senator h. c.

Geschäftsleitung:
Dr. Hans Heiner Boelte,
Fernsehdirektor;

Dr. Friedmar Lüke,
Hörfunkdirektor;

Prof. Dr.-Ing. Dietrich Schwarze,
Technischer Direktor und Stellvertreter des Intendanten;

Margret Wittig-Terhardt,
Direktorin für Finanzen und Recht.

Mitglieder des Rundfunkrates

Vorsitzender:
: Prof. Dr. Gerhard Häussler

Stellvertretende Vorsitzende:
: Erika Stöffler

Evangelische Kirche:
: Ulrich Lang
  Oberstudiendirektor,
  Michelbach/Bilz

Katholische Kirche:
: Generalvikar Werner Redies
  Bischöfliche Kanzlei Rottenburg a. N.

Israelitische Religionsgemeinschaft:
: Joel Berger
  Landesrabbiner, Stuttgart

Freikirchen:
: Hans Härle
  Pastor, Plochingen

Hochschulen:
: Prof. Dr. Günther Groth, Mannheim

Erzieherverbände:
: Rainer Dahlem
  Landesvorsitzender der GEW
  Baden-Württemberg,
  Schwaigern

Volkshochschulen:
: Renate Krausnick-Horst
  Direktorin des Volkshochschulverbandes
  Baden-Württemberg, Stuttgart

Gewerkschaften:
: Horst Bäuerle
  Vorsitzender des Beamtenbundes
  Baden-Württemberg, Stuttgart

Bauernverband:
: Ernst Geprägs
  Präsident des Landesbauernverbandes
  Baden-Württemberg, Stuttgart

Handwerkskammern:
: Klaus Hackert
  Präsident der Handwerkskammer, Heilbronn

Industrie- und Handelskammern:
: Prof. Dr. Gerhard Häussler
  Hauptgeschäftsführer der Industrie- und Handelskammer Nordschwarzwald, Pforzheim

Frauenvertreterin Gewerkschaften:
: Ingeborg Siegel
  Stellvertretende Landesbezirksvorsitzende des
  DGB-Landesbezirks Baden-Württemberg,
  Stuttgart

Landesfrauenverbände Nordwürttemberg:
: Dr. Heide Rotermund
  Rechtsanwältin,
  Vorsitzende des Landesfrauenrates, Heidelberg

Frauenarbeit der Evangelischen Landeskirche:
: Erika Stöffler
  Stuttgart

Katholischer Deutscher Frauenbund:
: Gisela Wöhler
  Rechtsanwältin, Gerlingen

Städtetag Baden-Württemberg:
: Werner Hauser
  Oberbürgermeister a. D.
  Geschäftsführendes Vorstandsmitglied des
  Städtetages Baden-Württemberg, Stuttgart

Gemeindetag:
: Alexander Huber
  Bürgermeister, Forst
  (Landkreis Karlsruhe)

Journalisten- und Verlegerorganisationen:
: Erhard Röder
  Journalist, Ludwigsburg

Jugendorganisationen:
: Bernhard Löffler
  Sozialpädagoge, Stuttgart

Sportorganisationen:
: Anton Häffner
  Wirtschaftsprüfer und Steuerberater, Ettlingen

Bühnenverein:
: Prof. Dr. Dr. Hannes Rettich
  Ministerialdirigent und Koordinator für
  Kunstförderung i. R., Stuttgart

Bühnengenossenschaft:
: Klaus Wendt
  Direktor des künstlerischen Betriebs am
  Nationaltheater Mannheim

Schriftsteller-Organisationen:
: Dr. med. Christoph Lippelt
  Schriftsteller, Stuttgart

Komponistenverband:
: Prof. h. c. Hans-Joachim Wunderlich
  Ottersweier

Baden-Württembergischer Landtag:
: Dr. Peter Wetter
  Geschäftsführer der Toto-Lotto-GmbH, Stuttgart

Baden-Württembergischer Landtag:
: Bernd Kielburger MdL, Bürgermeister
  Königsbach-Stein

Baden-Württembergischer Landtag:
: Winfried Scheuermann MdL
  Verbandsdirektor, Regionalverband
  Nordschwarzwald, Illingen

Baden-Württembergischer Landtag:
: Birgit Kipfer MdL
  Hausfrau, Gärtringen

Baden-Württembergischer Landtag:
: Dr. Helmut Ohnewald MdL
  Justizminister a. D., Schwäbisch Gmünd

Hauptarbeitsgemeinschaft der Organisationen
der Heimatvertriebenen e. V. im Lande Baden-Württemberg:
: Leopold Erben
  Diözesangeschäftsführer, Stuttgart

Bund der Vertriebenen, Landesverband
Baden-Württemberg e. V.,
Bezirksverband Nord-Württemberg:
: Helmut Haun
  Ministerialdirigent i. R., Ostfildern

Bund der Vertriebenen, Landesverband
Baden-Württemberg e. V.,
Bezirksverband Nordbaden:
: Ulrich Klein
  Landesgeschäftsführer des Landesverbandes
  Baden-Württemberg, Neckargemünd

Der Vorsitzende des Verwaltungsrates:
: Heinz Bühringer
  Bürgermeister a. D., Waiblingen

Mitglieder des Verwaltungsrates

Vorsitzender:
: Heinz Bühringer

Stellvertretender Vorsitzender:
: Dr. Dr. Horst Poller

Vom Landtag gewählt:
: Hans Albrecht MdL
  Forstdirektor i. R., Wiernsheim;
  Ulrich Lang
  Studiendirektor, Michelbach/Bilz;
  Dr. Dr. Horst Poller
  Verleger, Gerlingen;
  Michael Sieber MdL
  Wiesloch.

Vom Rundfunkrat gewählt:
: Werner Hauser
  Oberbürgermeister a. D.
  Geschäftsführendes Vorstandsmitglied des
  Städtetages Baden-Württemberg, Stuttgart;
  Walter Ayass
  Verwaltungsdirektor i. R., Karlsruhe;
  Heinz Bühringer
  Bürgermeister i. R., Waiblingen;
  Prof. Dr. Dr. Hannes Rettich
  Ministerialdirigent und Koordinator für
  Kunstförderung i. R., Stuttgart;
  Dr. Heide Rotermund
  Rechtsanwältin,
  Vorsitzende des Landesfrauenrates, Heidelberg.

Organisationsschema Süddeutscher Rundfunk

Stand: 1. Juli 1994

Programmleistungen 1993

Sendezeiten Hörfunk

SDR 1	612.110 Min.
S2 Kultur	513.180 Min.
SDR 3	487.025 Min.
S4 Baden-Württemberg	621.567 Min.

Gesamt-Sendezeiten	
– in Minuten	2.233.882 Min.
– in Stunden	37.231 Std.
– durchschnittl./Kalendertag	102:00 Std.

Sendezeiten Fernsehen

ARD-Gemeinschafts-programm	272.431 Min.
SDR/SWF-Regional-programm	39.653 Min.
ARD/ZDF-Vormittags-programm	126.229 Min.
Zwischensumme	438.313 Min.
III. Fernsehprogramm Südwest 3	343.207 Min.

Gesamt-Sendezeiten	
– in Minuten	781.520 Min.
– in Stunden	13.026 Std.
– durchschnittl./Kalendertag ARD-Gemeinschaftsprogramm einschl. SDR/SWF-Regional- und ARD/ZDF-Vormittags-programm	20:00 Std.
III. Fernsehprogramm Südwest 3	15:40 Std.

Gebührensätze je Rundfunkempfangsgerät und Vierteljahr

	DM
Hörfunk Grundgebühr	24,75
Fernsehen (einschl. ZDF-Anteil 13,71 DM)	46,65

Personalstand 1993

Festangestellte Mitarbeiter zum 31. Dezember	1.972

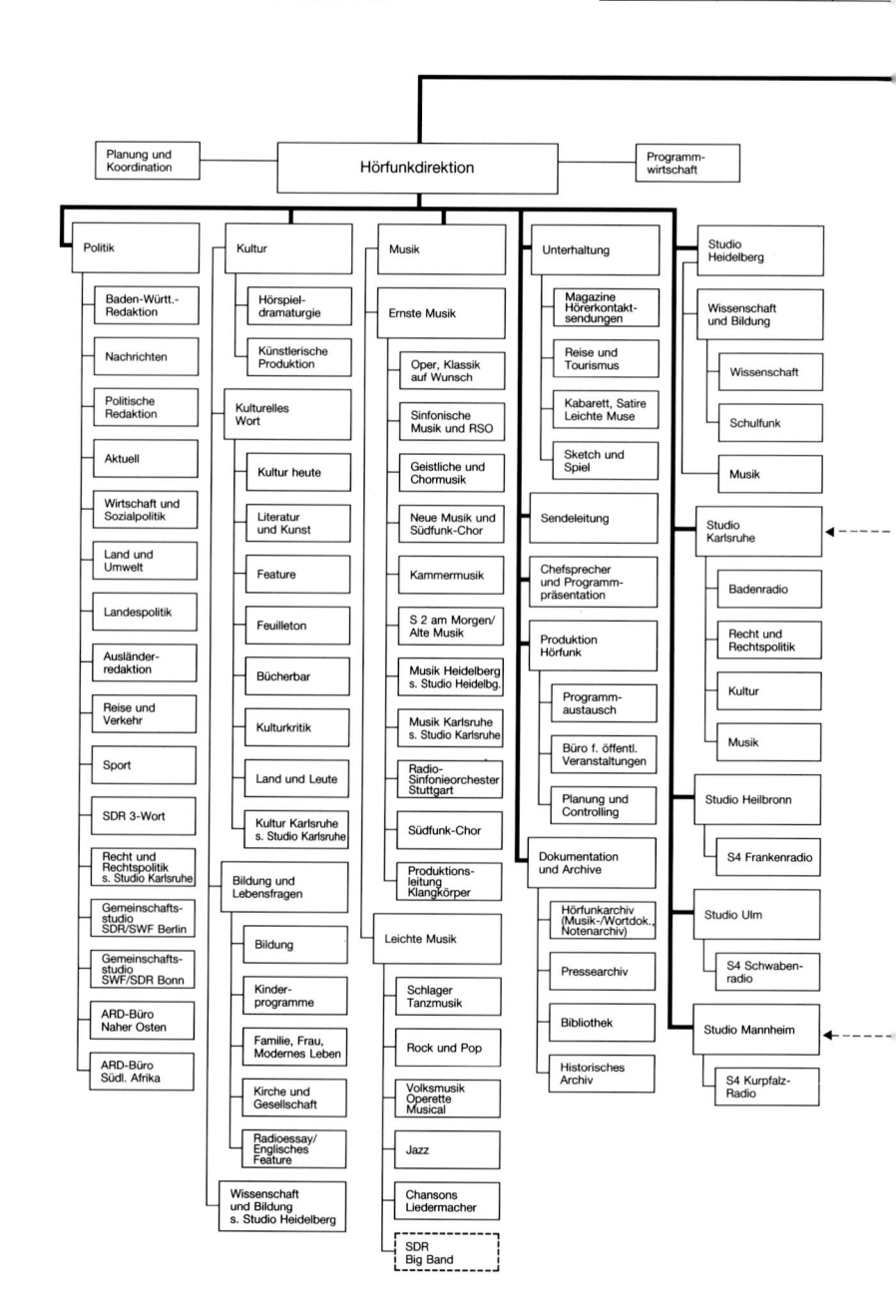

Personalrat
Beauftragte für: Schwerbehinderte, Gleichstellung
Gremienbüro — Datenschutzbeauftragter — Revision

Hörfunkdirektion
- Planung und Koordination
- Programmwirtschaft

Politik
- Baden-Württ.-Redaktion
- Nachrichten
- Politische Redaktion
- Aktuell
- Wirtschaft und Sozialpolitik
- Land und Umwelt
- Landespolitik
- Ausländerredaktion
- Reise und Verkehr
- Sport
- SDR 3-Wort
- Recht und Rechtspolitik s. Studio Karlsruhe
- Gemeinschaftsstudio SDR/SWF Berlin
- Gemeinschaftsstudio SWF/SDR Bonn
- ARD-Büro Naher Osten
- ARD-Büro Südl. Afrika

Kultur
- Hörspieldramaturgie
- Künstlerische Produktion
- Kulturelles Wort
- Kultur heute
- Literatur und Kunst
- Feature
- Feuilleton
- Bücherbar
- Kulturkritik
- Land und Leute
- Kultur Karlsruhe s. Studio Karlsruhe
- Bildung und Lebensfragen
- Bildung
- Kinderprogramme
- Familie, Frau, Modernes Leben
- Kirche und Gesellschaft
- Radioessay/Englisches Feature
- Wissenschaft und Bildung s. Studio Heidelberg

Musik
- Ernste Musik
- Oper, Klassik auf Wunsch
- Sinfonische Musik und RSO
- Geistliche und Chormusik
- Neue Musik und Südfunk-Chor
- Kammermusik
- S 2 am Morgen/Alte Musik
- Musik Heidelberg s. Studio Heidelbg.
- Musik Karlsruhe s. Studio Karlsruhe
- Radio-Sinfonieorchester Stuttgart
- Südfunk-Chor
- Produktionsleitung Klangkörper
- Leichte Musik
- Schlager Tanzmusik
- Rock und Pop
- Volksmusik Operette Musical
- Jazz
- Chansons Liedermacher
- SDR Big Band

Unterhaltung
- Magazine Hörerkontaktsendungen
- Reise und Tourismus
- Kabarett, Satire Leichte Muse
- Sketch und Spiel
- Sendeleitung
- Chefsprecher und Programmpräsentation
- Produktion Hörfunk
- Programmaustausch
- Büro f. öffentl. Veranstaltungen
- Planung und Controlling
- Dokumentation und Archive
- Hörfunkarchiv (Musik-/Wortdok. Notenarchiv)
- Pressearchiv
- Bibliothek
- Historisches Archiv

Studio Heidelberg
- Wissenschaft und Bildung
- Wissenschaft
- Schulfunk
- Musik

Studio Karlsruhe
- Badenradio
- Recht und Rechtspolitik
- Kultur
- Musik

Studio Heilbronn
- S4 Frankenradio

Studio Ulm
- S4 Schwabenradio

Studio Mannheim
- S4 Kurpfalz-Radio

238

Organigramm

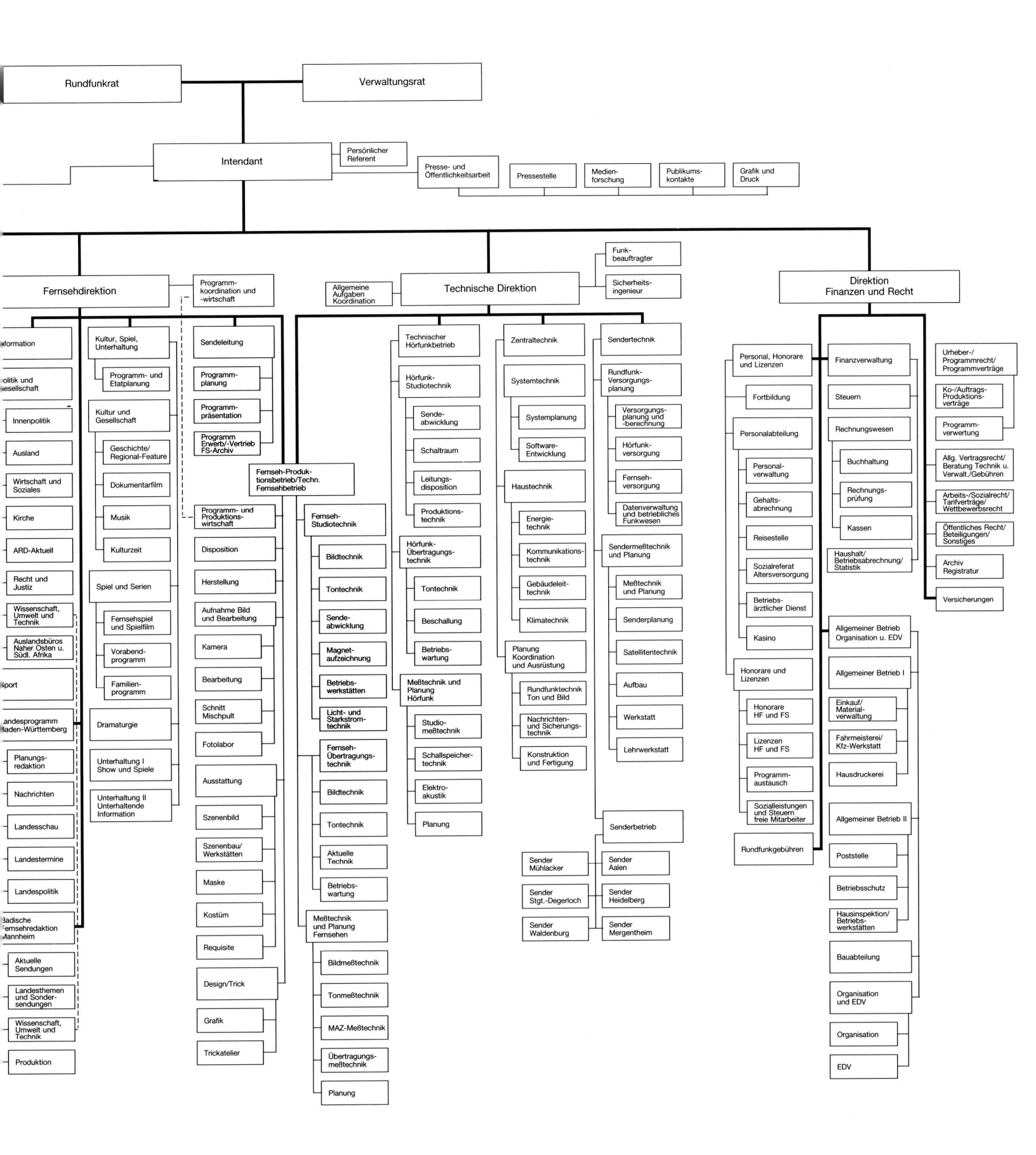

Rundfunkrat — Verwaltungsrat

Intendant
- Persönlicher Referent
- Presse- und Öffentlichkeitsarbeit
  - Pressestelle
  - Medienforschung
  - Publikumskontakte
  - Grafik und Druck

Fernsehdirektion

- Information
  - olitik und esellschaft
  - Innenpolitik
  - Ausland
  - Wirtschaft und Soziales
  - Kirche
  - ARD-Aktuell
  - Recht und Justiz
  - Wissenschaft, Umwelt und Technik
  - Auslandsbüros Naher Osten u. Südl. Afrika
  - port
  - andesprogramm aden-Württemberg
  - Planungsredaktion
  - Nachrichten
  - Landesschau
  - Landestermine
  - Landespolitik
  - Badische Fernsehredaktion Mannheim
  - Aktuelle Sendungen
  - Landesthemen und Sondersendungen
  - Wissenschaft, Umwelt und Technik
  - Produktion

- Kultur, Spiel, Unterhaltung
  - Programm- und Etatplanung
  - Kultur und Gesellschaft
    - Geschichte/Regional-Feature
    - Dokumentarfilm
    - Musik
    - Kulturzeit
  - Spiel und Serien
    - Fernsehspiel und Spielfilm
    - Vorabendprogramm
    - Familienprogramm
  - Dramaturgie
  - Unterhaltung I Show und Spiele
  - Unterhaltung II Unterhaltende Information

- Programmkoordination und -wirtschaft
  - Sendeleitung
  - Programmplanung
  - Programmpräsentation
  - Programm Erwerb/-Vertrieb FS-Archiv
  - Fernseh-Produktionsbetrieb/Techn. Fernsehbetrieb
  - Programm- und Produktionswirtschaft
  - Disposition
  - Herstellung
  - Aufnahme Bild und Bearbeitung
  - Kamera
  - Bearbeitung
  - Schnitt Mischpult
  - Fotolabor
  - Ausstattung
  - Szenenbild
  - Szenenbau/Werkstätten
  - Maske
  - Kostüm
  - Requisite
  - Design/Trick
  - Grafik
  - Trickatelier

Technische Direktion
- Allgemeine Aufgaben Koordination
- Funkbeauftragter
- Sicherheitsingenieur

- Technischer Hörfunkbetrieb
  - Hörfunk-Studiotechnik
    - Sendeabwicklung
    - Schaltraum
    - Leitungsdisposition
    - Produktionstechnik
  - Fernseh-Studiotechnik
    - Bildtechnik
    - Tontechnik
    - Sendeabwicklung
    - Magnetaufzeichnung
    - Betriebswerkstätten
    - Licht- und Starkstromtechnik
  - Fernseh-Übertragungstechnik
    - Bildtechnik
    - Tontechnik
    - Aktuelle Technik
    - Betriebswartung
  - Meßtechnik und Planung Fernsehen
    - Bildmeßtechnik
    - Tonmeßtechnik
    - MAZ-Meßtechnik
    - Übertragungsmeßtechnik
    - Planung
  - Hörfunk-Übertragungstechnik
    - Tontechnik
    - Beschallung
    - Betriebswartung
  - Meßtechnik und Planung Hörfunk
    - Studiomeßtechnik
    - Schallspeichertechnik
    - Elektroakustik
    - Planung

- Zentraltechnik
  - Systemtechnik
    - Systemplanung
    - Software-Entwicklung
  - Haustechnik
    - Energietechnik
    - Kommunikationstechnik
    - Gebäudeleittechnik
    - Klimatechnik
  - Planung Koordination und Ausrüstung
    - Rundfunktechnik Ton und Bild
    - Nachrichten- und Sicherungstechnik
    - Konstruktion und Fertigung

- Sendertechnik
  - Rundfunk-Versorgungsplanung
    - Versorgungsplanung und -berechnung
    - Hörfunkversorgung
    - Fernsehversorgung
    - Datenverwaltung und betriebliches Funkwesen
  - Sendermeßtechnik und Planung
    - Meßtechnik und Planung
    - Senderplanung
    - Satellitentechnik
    - Aufbau
    - Werkstatt
    - Lehrwerkstatt
  - Senderbetrieb
    - Sender Mühlacker
    - Sender Stgt.-Degerloch
    - Sender Waldenburg
    - Sender Aalen
    - Sender Heidelberg
    - Sender Mergentheim

Direktion Finanzen und Recht

- Personal, Honorare und Lizenzen
  - Fortbildung
  - Personalabteilung
    - Personalverwaltung
    - Gehaltsabrechnung
    - Reisestelle
    - Sozialreferat Altersversorgung
    - Betriebsärztlicher Dienst
    - Kasino
  - Honorare und Lizenzen
    - Honorare HF und FS
    - Lizenzen HF und FS
    - Programmaustausch
    - Sozialleistungen und Steuern freie Mitarbeiter
  - Rundfunkgebühren

- Finanzverwaltung
  - Steuern
  - Rechnungswesen
    - Buchhaltung
    - Rechnungsprüfung
    - Kassen
  - Haushalt/Betriebsabrechnung/Statistik

- Allgemeiner Betrieb Organisation u. EDV
- Allgemeiner Betrieb I
  - Einkauf/Materialverwaltung
  - Fahrmeisterei/Kfz-Werkstatt
  - Hausdruckerei
- Allgemeiner Betrieb II
  - Poststelle
  - Betriebsschutz
  - Hausinspektion/Betriebswerkstätten
  - Bauabteilung
- Organisation und EDV
  - Organisation
  - EDV

- Urheber-/Programmrecht/Programmverträge
- Ko-/Auftrags-Produktionsverträge
- Programmverwertung
- Allg. Vertragsrecht/Beratung Technik u. Verwalt./Gebühren
- Arbeits-/Sozialrecht/Tarifverträge/Wettbewerbsrecht
- Öffentliches Recht/Beteiligungen/Sonstiges
- Archiv Registratur
- Versicherungen

239

Herausgegeben
vom Süddeutschen Rundfunk
Stuttgart 1995

Redaktion:
Dr. Hans Heiner Boelte
Maximilian Britzger
Manfred Strobach
Rainer C. M. Wagner

Mitarbeit:
Jürgen Müller
Thomas Klinghammer

Fotos: SDR
Grafik-Design:
Robert Rettenmayr

Gesamtherstellung:
Dr. Cantz'sche Druckerei
73760 Ostfildern (Ruit)

Die Redaktion dankt
den Mitarbeiterinnen und
Mitarbeitern des SDR,
vor allem im Fotolabor,
für die unermüdliche Hilfe.
ISBN-Nr. 3-922 308-88-0